Israel Finkelstein
Neil Asher Silberman

Keine Posaunen vor Jericho

Israel Finkelstein
Neil Asher Silberman

Keine Posaunen vor Jericho

Die archäologische Wahrheit über die Bibel

Aus dem Englischen
von
Miriam Magall

Verlag C.H. Beck

Titel der amerikanischen Originalausgabe:
The Bible Unearthed. Archaeology's New Vision of Ancient Israel
and the Origin of Its Sacred Texts

Published by arrangement with the original publisher,
The Free Press, a division of Simon & Schuster, Inc.

Mit 27 Karten und Abbildungen

Die deutsche Bibliothek – CIP-Einheitsaufnahme

Finkelstein, Israel, und Silberman, Neil Asher:
Keine Posaunen vor Jericho : die archäologische Wahrheit über die Bibel / Israel Finkelstein ; Neil Asher Silberman. Aus dem Engl. von Miriam Magall. - München : Beck, 2002. Einheitssacht.: The Bible Unearthed ‹dt.› ISBN 3 406 49321 1

Für die deutsche Ausgabe:

Satz: Fotosatz Reinhard Amann, Aichstetten
Druck und Bindung: Ebner & Spiegel, Ulm
Gedruckt auf säurefreiem, alterungsbeständigem Papier
(hergestellt aus chlorfrei gebleichtem Zellstoff)
Printed in Germany
ISBN 3 406 49321 1

www.beck.de

Inhalt

ZWEITER TEIL
Aufstieg und Niedergang des alten Israel

DRITTER TEIL
Juda und die Entstehung der biblischen Geschichte

ANHANG

Vorbemerkung

Vor beinahe acht Jahren – während eines friedlichen Wochenendes im Sommer mit unseren Familien an der Küste von Maine – wurde die Idee zu diesem Buch geboren. Wieder einmal entfachte die Diskussion über die historische Zuverlässigkeit der Bibel beträchtliches Interesse außerhalb von Expertenkreisen, und wir kamen zu der Ansicht, daß ein Buch mit den neuesten wissenschaftlichen Erkenntnissen für das allgemeine Publikum dringend benötigt wird. Darin wollten wir die unserer Überzeugung nach zwingenden archäologischen und historischen Beweise für ein ganz neues Verständnis vom Aufstieg des alten Israel und der Entstehung seiner heiligen Texte darlegen.

In den folgenden Jahren wurde die archäologische Schlacht um die Bibel immer heftiger. Sie sank – zu bestimmten Zeiten und an einigen Orten – auf das Niveau persönlicher Angriffe und Beschuldigungen über verborgene politische Motive herab. Hat sich der Auszug aus Ägypten überhaupt zugetragen? Wurde Kanaan tatsächlich erobert? Herrschten David und Salomo wirklich über ein Großreich? Mit solchen und ähnlichen Fragen beschäftigten sich Journalisten und Kommentatoren auf der ganzen Welt. Die öffentliche Diskussion jeder dieser Fragen ging häufig genug weit über die Grenzen von akademischer Archäologie und Exegese hinaus, um auf heiß umstrittene Bereiche wie Theologie und religiöse Überzeugung überzugreifen.

Trotz der hierdurch aufgewühlten Leidenschaften glauben wir, daß eine Neubewertung von Funden aus früheren Ausgrabungen sowie die laufenden Entdeckungen bei neuen Grabungen deutlich zeigen, daß Wissenschaftler das Problem des Ursprungs von Bibel und altisraelitischer Gesellschaft jetzt aus einem völlig neuen Blickwinkel angehen müssen. In den folgenden Kapiteln bringen wir Beweise, die diese Hypothese untermauern und auf deren Grundlage wir eine ganz andere Geschichte des alten Israel rekonstruieren. Es ist am Leser zu beurteilen, ob unsere Rekonstruktion den Belegen entspricht.

Doch zunächst einige Bemerkungen zu den Quellen und zur Transkription: Die wörtlichen Bibelzitate sind in der Regel der Lutherbibel in der revidierten Fassung von 1984 entnommen. Dort wird der Name des Gottes Israel mit «HERR» wiedergegeben, die Gottesbezeichnungen Elohîm und Elohê dagegen mit «Gott». In unserem eigenen Text schreiben wir den Gottesnamen (das sogenannte Tetragramm) als JHWH.

Bei der biblischen Chronologie mit ihren zahlreichen Unsicherheiten und Fallstricken haben wir uns zu einer Kombination mehrerer Datierungssysteme entschlossen, weil sie am besten zu den archäologischen Befunden paßt: Für die Anfänge der israelitischen Königszeit bis auf Ahab halten wir uns an die von Gershon Galil in *The Chronology of the Kings of Israel and Judah* (1996) festgelegten Daten. Für die Zeit danach mit ihrer Aufeinanderfolge israelitischer und judäischer Könige folgen wir Mordecai Cogans Artikel «Chronology» im *Anchor Bible Dictionary* (1992). Natürlich bleiben auch dann noch viele Unsicherheiten (etwa bei der genauen Datierung der ältesten Könige und späteren Mitregenten oder bei Widersprüchen im biblischen Text), dennoch meinen wir, daß es eine für diese allgemeine Darstellung verläßliche Chronologie ist.

Bei den wieder aufgenommenen Ausgrabungen von Tell Megiddo, die von der Universität Tel Aviv zusammen mit der Pennsylvania State University durchgeführt wurden, bot sich eine einmalige Gelegenheit, das Thema dieses Buches zu durchdenken und mit Kollegen zu diskutieren. Wir danken ganz besonders den anderen Leitern der Megiddo-Expedition, Professor David Ussishkin und Professor Baruch Halpern, den vielen Helfern und den Teilnehmern der Expedition, die im Laufe der Jahre eine bedeutende Rolle bei den Ausgrabungen und in der biblischen Archäologie allgemein gespielt haben.

Israel Finkelstein begann die Arbeit an diesem Buch während eines Forschungsjahrs in Paris, Neil Asher Silberman in New Haven. Der Kollege und Freund Professor Pierre de Miroschedji ermöglichte eine produktive und angenehme Zeit in Paris. Die Bibliotheken des Institute of Archaeology der Universität Tel Aviv, des Institut Catholique, des Centre d'Archéologie Orientale der Sorbonne, der Abteilung Études Sémitiques des Collège de France in Paris, die Sterling Memorial Library in Yale sowie die Bibliothek der Yale Divinity School stellten ihre ausgezeichneten Forschungseinrichtungen zur Verfügung.

Ganz besonders danken wir Judith Dekel vom Institute of Archaeology der Universität Tel Aviv. Sie fertigte alle Karten, Diagramme und Zeichnungen für dieses Buch an.

Die Professoren Baruch Halpern, Nadav Naaman, Jack Sasson und

David Ussishkin stellten uns großzügig ihren Rat und ihr Wissen zur Verfügung. In vielen spätabendlichen Telefonaten beantworteten Nadav Naaman und Baruch Halpern unsere Fragen; mit ihrer Hilfe konnten wir die komplizierten Probleme der Redaktion der Bibel und der biblischen Geschichtsschreibung lösen. Baruch hat außerdem die ersten Entwürfe vieler Kapitel gelesen und mit uns diskutiert. Wir danken diesen und all den anderen Freunden und Kollegen, die wir konsultiert haben, möchten aber ausdrücklich darauf hinweisen, daß ausschließlich wir die Verantwortung für das Endergebnis tragen.

In New York betreute unsere Agentin Carol Mann das Projekt einfühlsam von der ersten Idee bis zur Veröffentlichung. Daniel Freedberg, dem Lektoratsassistenten bei «The Free Press», sei hier für seine große Hilfe bei jedem Arbeitsschritt gedankt. Von Anfang an hat der Cheflektor Bruce Nichols dieses Buch begeistert und unermüdlich begleitet. Unser Manuskript hat sich dank seiner scharfsinnigen Einsichten und seines redaktionellen Geschicks unermeßlich verbessert.

Für die Übertragung ins Deutsche danken wir Miriam Magall. Professor Christoph Levin von der Universität München hat die Übersetzung fachlich durchgesehen. Durch seinen Rat und seine große Hilfsbereitschaft hat der deutsche Text in jeder Hinsicht gewonnen. Privatdozent Uwe Becker von der Universität Jena hat die Literaturhinweise überarbeitet, so daß sie nun auch für deutsche Leser ein verläßlicher und aktueller Wegweiser sind. Beiden gilt unser besonderer Dank. Ulrich Nolte hat die deutsche Ausgabe im Lektorat des Verlags C. H. Beck klug und umsichtig begleitet.

Schließlich haben auch unsere Familien – Joëlle, Adar und Sarai Finkelstein sowie Ellen und Maya Silberman – einen großen Dank für ihre Liebe, Geduld und die Bereitschaft verdient, auf viele Wochenendausflüge und Familienfeiern zu verzichten, während dieses Buch entstand. Wir können nur hoffen, daß das Ergebnis unserer Anstrengungen ihr Vertrauen in uns – und in unsere Idee von einem Buch über Archäologie und die Bibel, die nur wenige Jahre zuvor in ihrer Anwesenheit Gestalt annahm – rechtfertigt.

Israel Finkelstein
Neil Asher Silberman

Prolog:
In den Tagen des Königs Josia

Die Welt, in der die Bibel entstand, war kein mythisches Reich mit glanzvollen Städten und heiligen Helden, sondern ein erdverbundenes, nüchternes Königtum, in dem die Menschen sich angesichts nur allzu menschlicher Ängste vor Krieg, Armut, Ungerechtigkeit, Hungersnot und Dürre für ihre Zukunft plagten. Die Geschichtsdarstellung, die in der Bibel steht – von Abrahams Begegnung mit Gott und seiner Wanderung nach Kanaan über Moses Befreiung der Israeliten aus der Sklaverei bis zum Aufstieg und Niedergang der Königreiche Israel und Juda –, ist keine wunderbare Offenbarung, sondern ein herausragendes Ergebnis der menschlichen Einbildungskraft. Sie wurde – wie die jüngsten archäologischen Funde schließen lassen – in einem Zeitraum von zwei oder drei Generationen vor beinahe 2600 Jahren entworfen. Entstehungsort war das Königreich Juda, eine hauptsächlich von Schafhirten und Bauern dünn besiedelte Gegend, regiert von einer abgelegenen Königsstadt aus, die inmitten des Berglands gefährdet auf einem schmalen Kamm inmitten steiler, felsiger Abgründe thronte.

Während einiger weniger außergewöhnlicher Jahrzehnte geistiger Gärung und politischer Agitation gegen Ende des 7. Jahrhunderts v. Chr. fand sich eine zufällige Koalition von judäischen Hofbeamten, Schreibern, Priestern, Bauern und Propheten zusammen, um eine neue Bewegung zu schaffen. In ihrem Mittelpunkt stand eine heilige Schrift von beispielloser literarischer und geistiger Genialität. In diesem Epos ist eine erstaunlich reichhaltige Sammlung historischer Schriften, Erinnerungen, Sagen, volkstümlicher Erzählungen, Anekdoten, königlicher Propaganda, Prophezeiungen und uralter Dichtung zusammengefaßt. Dieses literarische Meisterwerk, teils original, teils übernommen von älteren Fassungen und Quellen, wurde anschließend weiter redigiert und umgearbeitet, bis es ein geistiger Anker nicht nur für die Nachkommen der Bewohner Judas wurde, sondern für Gemeinden überall auf der Welt.

Der historische Kern der Bibel entstand im geschäftigen Treiben auf den vollen Straßen Jerusalems, in den Höfen des Königspalasts der davidischen Dynastie und im Tempel des Gottes Israels. Im krassen Gegensatz zu den unzähligen anderen Heiligtümern im alten Vorderen Orient, die stets internationale Beziehungen pflegten, indem sie die Gottheiten und religiösen Symbole ihrer Verbündeten ehrten, stand der Tempel in Jerusalem ausdrücklich allein. Als eine Reaktion auf Tempo und Umfang der Veränderungen, die von außen nach Juda hineingetragen wurden, erklärten führende Männer im 7. Jahrhundert in Jerusalem, allen voran König Josia – ein Nachkomme König Davids in der sechzehnten Generation –, alle Spuren fremder Verehrung zum Greuel, ja, sie sahen darin die Ursache für das damalige Unglück Judas. Sie begannen einen energischen Feldzug mit religiösen Säuberungen auf dem Land, ordneten die Zerstörung aller Kultstätten dort an und erklärten sie zur Quelle alles Bösen. Der Tempel in Jerusalem mit seinem Allerheiligsten im Inneren, dem Altar und den angrenzenden Höfen auf dem höchsten Punkt der Stadt galt fortan als das einzige legitime Heiligtum für das Volk Israel. Mit dieser Erneuerung war der moderne Monotheismus geboren.* Zur gleichen Zeit wuchsen die politischen Ambitionen der Führung in Juda. Sie strebte an, den Tempel in Jerusalem und den Königspalast zum Zentrum eines gewaltigen pan-israelitischen Königreichs zu machen und damit das legendäre vereinte Israel Davids und Salomos zu verwirklichen.

Wie eigenartig, daß Jerusalem nur spät – und noch dazu so plötzlich – in den Mittelpunkt des israelitischen Bewußtseins rückte. Die Geschichte in der Bibel ist so mächtig, daß sie die Welt davon überzeugt hat, Jerusalem habe stets im Mittelpunkt ganz Israels gestanden und Davids Nachkommen seien stets mit besonderer Heiligkeit gesegnet gewesen – statt nur eine weitere adlige Sippe zu sein, die darum kämpft, trotz interner Streitigkeiten und beispielloser Bedrohungen von außen an der Macht zu bleiben.

Wie winzig ihre Königstadt einem heutigen Betrachter vorkommen muß! Im 7. Jahrhundert v. Chr. nahm das bebaute Gebiet Jerusalems rund sechzig Hektar ein, ungefähr die Hälfte seiner heutigen Altstadt. Mit einer Bevölkerung von knapp 15 000 Menschen glich es wohl eher

* Mit israelitischem »Monotheismus« beziehen wir uns auf die in der Bibel angeordnete Verehrung des einen Gottes an einem Ort – dem Tempel in Jerusalem –, dem eine besondere Heiligkeit innewohnte. Die moderne wissenschaftliche Literatur hat vielerlei Arten der Verehrung identifiziert, in der ein einziger Gott zwar im Mittelpunkt steht, aber nicht alle anderen ausschließt (zum Beispiel ist er begleitet von Nebengöttern und diversen himmlischen Wesen). Es ist uns bewußt, daß in der späten Königszeit und lange danach die Verehrung des Gottes Israels generell mit der Verehrung göttlicher Helfer und anderer himmlischer Wesen einherging. Aber wir meinen doch, daß zur Zeit Josias mit Hilfe der im Deuteronomium enthaltenen Vorstellungen ein entscheidender Schritt in Richtung auf einen modernen Monotheismus getan wurde.

einem kleinen nahöstlichen Marktstädtchen, das hinter Mauern und Toren kauerte, mit Märkten und Häusern westlich und südlich eines bescheidenen Königspalasts und seiner Tempelanlage. Und doch ist Jerusalem nie zuvor so groß gewesen. Im 7. Jahrhundert platzte es mit einer stark angewachsenen Bevölkerung von Hofbeamten, Priestern, Propheten, Flüchtlingen und vertriebenen Bauern aus allen Nähten. Kaum eine andere Stadt in einer historischen Zeit ist sich je so nachdrücklich ihrer Geschichte und Identität, ihres Schicksals und ihrer direkten Beziehung zu Gott bewußt gewesen.

Das neue Bild vom alten Jerusalem und den historischen Umständen, die zur Entstehung der Bibel geführt haben, ist größtenteils den jüngsten archäologischen Entdeckungen zu verdanken. Die Befunde haben die Erforschung des frühen Israel revolutioniert und nachhaltige Zweifel an der Historizität bekannter biblischer Überlieferungen wie der Wanderung der Erzväter, des Auszugs aus Ägypten, der Eroberung Kanaans und des ruhmreichen Großreichs Davids und Salomos geweckt.

Dieses Buch will die Geschichte des alten Israel* sowie die Entstehung seiner heiligen Schriften aus einem neuen Blickwinkel erzählen: dem archäologischen. Dabei versuchen wir, Geschichte von Sage zu trennen. Auf Grundlage der jüngsten Entdeckungen konstruieren wir eine neue Geschichte des alten Israel, in der einige der bekanntesten Ereignisse und Personen der Bibel eine unerwartet andere Bedeutung erhalten. Dennoch streben wir nicht nur Zerstörung an. Vielmehr möchten wir den Leser an den jüngsten archäologischen Erkenntnissen – außerhalb von Gelehrtenkreisen noch weitgehend unbekannt – teilhaben lassen und nicht nur erklären, *wann*, sondern auch *warum* die Bibel geschrieben wurde und warum sie ihre große Bedeutung bis heute bewahrt hat.

* Im gesamten Buch verwenden wir den Namen »Israel« in zweierlei Bedeutung: zum einen als den Namen des Nordreichs, zum anderen als Kollektivbezeichnung für alle Israeliten. In den meisten Fällen nennen wir das Nordreich »das Königreich Israel« und die Israeliten insgesamt das »alte Israel« oder »das Volk Israel«.

Einleitung: Archäologie und die Bibel

Wie und warum die Bibel geschrieben wurde – und wie sie sich in die so besondere Geschichte des Volkes Israel einfügt –, hängt eng mit der faszinierenden Geschichte einer modernen Entdeckung zusammen. Die Suche hat sich auf ein winziges, auf zwei Seiten von Wüste und auf einer Seite vom Mittelmeer umfangenes Land konzentriert, das im Laufe der Jahrtausende immer wieder von Dürre und beinahe unablässigem Krieg heimgesucht wurde. Verglichen mit den Nachbarreichen Ägypten und Mesopotamien waren seine Städte und Bevölkerung winzig klein. Auch seine materielle Kultur war bescheiden verglichen mit deren Pracht und Extravaganz. Und dennoch entstand in diesem Land ein literarisches Meisterwerk, das sowohl als heilige Schrift als auch als Geschichtsbuch einen beispiellosen Einfluß auf die Zivilisation der gesamten Welt ausgeübt hat.

Mehr als zweihundert Jahre gründliches Studium der Bibel und die immer umfangreichere archäologische Forschung in allen Ländern zwischen Nil sowie Tigris und Euphrat lassen uns heute verstehen, wann, warum und wie die Bibel entstanden ist. Dank eingehender Analyse der Sprache und der verschiedenen literarischen Gattungen der Bibel konnten Wissenschaftler die mündlichen und schriftlichen Quellen identifizieren, auf denen der heutige Text beruht. Gleichzeitig hat die Archäologie ein erstaunliches, beinahe enzyklopädisches Wissen über die materiellen Bedingungen, die Sprachen, Gesellschaften und die historischen Entwicklungen über die Jahrhunderte hinweg beigesteuert, in denen sich die Traditionen des alten Israel im Verlauf von ungefähr sechshundert Jahren – von ca. 1000 bis 400 v. Chr. – allmählich herauskristallisierten. Aber, und das ist am wichtigsten, die aus den Texten gewonnenen Einsichten und die archäologischen Beweise zusammen haben auch geholfen, zwischen der Macht und Poesie des biblischen Textes und den handfesten Ereignissen und Entwicklungen der Geschichte im alten Vorderen Orient zu unterscheiden.

Seit der Antike war die Welt der Bibel nicht mehr so zugänglich, noch wurde sie je so gründlich erforscht. Dank archäologischer Ausgrabungen wissen wir, welche Feldfrüchte die Israeliten und ihre Nachbarn anbauten, was sie aßen, wie sie ihre Städte anlegten und mit wem sie Handel trieben. Dutzende von in der Bibel erwähnten Städten und anderen Ortschaften wurden freigelegt und identifiziert. Mit modernen Ausgrabungsmethoden und einer Vielfalt von Labortests hat man die Zivilisationen der Israeliten und ihrer Nachbarn, der Philister, Phöniker, Aramäer, Ammoniter, Moabiter und Edomiter, datiert und analysiert. In einigen wenigen Fällen wurden Inschriften und Siegel entdeckt, die man direkt mit in der Bibel erwähnten Personen in Verbindung setzen kann. Das soll aber nicht heißen, daß die Archäologie die Wahrheit des biblischen Textes in allen seinen Einzelheiten bewiesen hat. Weit davon entfernt! Offensichtlich haben sich viele Ereignisse der biblischen Erzählung nicht in der beschriebenen Zeit oder Weise zugetragen. Einige der berühmtesten Ereignisse haben nie stattgefunden.

Mit Hilfe der Archäologie können wir die Geschichte, die hinter der Bibel steht, sowohl auf der Ebene großer Könige und Königreiche als auch im Alltagsleben rekonstruieren. Und wie in den kommenden Kapiteln noch zu erklären sein wird, weiß man heute, daß die ältesten Bücher der Bibel und ihre berühmten Erzählungen über die frühe israelitische Geschichte an einem einzigen Ort und zu einer bestimmten Zeit kodifiziert (und in entscheidenden Punkten verfaßt) wurden: in Jerusalem im 7. Jahrhundert v. Chr.

Was ist die Bibel?

Vorab einige grundlegende Definitionen. Wenn wir von der Bibel sprechen, bezeichnen wir damit die Sammlung heiliger Schriften des antiken Judentums, die Christen als das Alte Testament bekannt ist. Sie wird neuerdings oft auch als «Hebräische Bibel» bezeichnet. Es handelt sich um eine Sammlung von Sagen, Gesetzen, Dichtung, Prophezeiungen, Philosophie und Geschichte, fast ausschließlich auf Hebräisch verfaßt (mit einigen wenigen Texten in einem abweichenden semitischen Dialekt, dem Aramäischen, das nach 600 v. Chr. die Lingua franca im Vorderen Orient wurde). Sie besteht aus 39, ursprünglich jeweils einem Thema oder Verfasser zugeteilten Büchern – oder richtet sich bei längeren Büchern wie dem 1. und 2. Buch Samuel, dem 1. und 2. Buch der Könige und dem 1. und 2. Buch der Chronik nach der genormten Länge einer Schriftrolle aus Pergament oder Papyrus. Die Hebräische Bibel ist die zentrale Schrift des Judentums, als Altes Testament der erste Teil des christlichen Kanons, ferner in der Wiedergabe des Koran eine reiche Quelle von Anspielungen und ethischen Lehren im Islam. Die jüdische Tradition gliedert die Bibel in drei Hauptteile (Tabelle 1).

Tora	Schriften
Genesis	**Dichtung**
Exodus	Psalmen
Leviticus	Sprüche
Numeri	Hiob
Deuteronomium	
	Die Fünf Schriftrollen
Propheten	Hoheslied
	Ruth
Vordere Propheten	Klagelieder
Josua	Prediger
Richter,	Esther
1. Samuel	
2. Samuel,	**Prophezeiung**
1. Könige	Daniel
2. Könige	
	Geschichte
Hintere Propheten	1. Chronik
Jesaja	2. Chronik
Jeremia	Esra
Ezechiel	Nehemia
Hosea	
Joel	
Amos	
Obadja	
Jona	
Micha	
Nahum	
Habakuk	
Zephanja	
Haggai	
Sacharja	
Maleachi	

Tabelle 1: Die Bücher der Hebräischen Bibel

Zur *Tora* – auch bekannt als die fünf Bücher Mose oder der Pentateuch («fünf Bücher» im Griechischen) – gehören Genesis, Exodus, Leviticus, Numeri und Deuteronomium. Darin wird die Geschichte des Volkes Israel seit der Erschaffung der Welt berichtet: die Sintflut, die Geschichte der Erzväter, der Auszug aus Ägypten, der Zug durch die Wüste und die Gabe des Gesetzes am Sinai. Die Tora endet mit Moses Abschied vom Volk Israel.

Der nächste Teil, die *Propheten*, besteht aus zwei Gruppen. Die Vorderen Propheten – Josua, Richter, das 1. und 2. Buch Samuel und das 1. und 2. Buch der Könige – erzählen die Geschichte des Volkes Israel, angefangen mit dem Zug durch den Jordan und der Einnahme Kanaans, gefolgt vom Aufstieg und Niedergang der israelitischen Königreiche, ihrer Eroberung durch Assyrer und Babylonier und dem Exil. Die Hinteren Propheten enthalten Orakel, soziale Mahnungen, harte Verurteilungen und messianische Hoffnungen, die über einen Zeitraum von etwa dreihundertfünfzig Jahren, zwischen der Mitte des 8. und dem Ende des 5. Jahrhunderts v. Chr., von einer in sich sehr unterschiedlichen Gruppe inspirierter Menschen verfaßt wurden.

Die *Schriften* schließlich enthalten eine Sammlung von Predigten, Gedichten, Gebeten, Sprichwörtern und Psalmen. Sie bilden den eindrücklichen, machtvollen Ausdruck der Hingabe des gewöhnlichen Israeliten in Zeiten der Freude oder der Not, von Verehrung und persönlicher Besinnung. In den meisten Fällen ist es ungemein schwierig, sie bestimmten historischen Ereignissen oder Verfassern zuzuschreiben. Sie sind eher das Ergebnis eines fortdauernden literarischen Prozesses, der sich über Hunderte von Jahren erstreckte. Wenngleich der älteste Stoff in dieser Sammlung (Psalmen und Klagelieder) vermutlich schon in der späten Königszeit oder kurz nach der Zerstörung Jerusalems 586 v. Chr. verfaßt worden sein dürfte, ist der Großteil dieser Schriften wahrscheinlich sehr viel später, vom 5. bis zum 2. Jahrhundert v. Chr., in persischer und hellenistischer Zeit, entstanden.

Das vorliegende Buch untersucht die wichtigsten «historischen» Bücher der Bibel, insbesondere die Tora und die Vorderen Propheten, die vom Volk Israel von seinen Anfängen bis zur Zerstörung des Tempels in Jerusalem im Jahr 586 v. Chr. berichten. Die biblische Darstellung wird mit der Fülle archäologischer Daten verglichen, die im Verlauf der letzten Jahrzehnte gesammelt wurden. Als Ergebnis entdeckt man eine faszinierende, komplexe Beziehung zwischen dem, was sich im Land der Bibel während der biblischen Zeit (soweit das nachvollziehbar ist) *tätsächlich* zugetragen hat und den wohlbekannten Einzelheiten der sorgfältig ausgearbeiteten Geschichtserzählung, die die Bibel enthält.

Von Eden bis Zion

Kernstück der Hebräischen Bibel ist das Epos über den Aufstieg des Volkes Israel und seine kontinuierliche Beziehung zu Gott. Im Gegensatz zu anderen alten nahöstlichen Mythen wie den ägyptischen Erzählungen von Osiris, Isis und Horus oder dem mesopotamischen Gilgamesch-Epos ist die Bibel in der irdischen Geschichte gegründet: Sie bietet ein göttliches Drama, das vor den Augen der Menschheit aufgeführt wird. Wiederum im Gegensatz zu den Geschichtsdarstellungen und Königschroniken anderer Staaten des alten Vorderen Orients rühmt sie nicht nur die Macht der Tradition und der herrschenden Dynastien. Vielmehr bietet sie einen komplizierten und doch klaren Ausblick, *warum* sich die Geschichte für das Volk Israel – und gleichzeitig auch für die gesamte Welt – auf eine Weise entfaltet hat, die direkt mit Gottes Forderungen und Verheißungen zusammenhängt. Das Volk Israel spielt in diesem Drama die Hauptrolle. Durch sein Verhalten und das Befolgen von Gottes Geboten bestimmt es die Richtung, in der die Geschichte verläuft. Es hängt vom Volk Israel ab – aber auch von allen, die die Bibel lesen –, die Geschicke der Welt zu bestimmen.

Die biblische Geschichte beginnt mit dem Garten Eden und fährt fort mit den Geschichten von Kain und Abel, von der Sintflut und von Noah, um sich schließlich auf das Schicksal einer einzigen Familie – derjenigen Abrahams – zu konzentrieren. Abraham ist der von Gott Erwählte, er soll der Vater einer großen Nation werden, und er befolgt treu Gottes Gebote. Er zieht mit seiner Familie von seiner ursprünglichen Heimat in Mesopotamien nach Kanaan. Dort wandert er während seines langen Lebens als Außenseiter inmitten einer seßhaften Bevölkerung umher. Mit seiner Frau Sara zeugt er einen Sohn, Isaak, der die zunächst Abraham gemachte göttliche Verheißung erben soll. Isaaks Sohn Jakob – der dritte Erzvater – wird der Vater von zwölf verschiedenen Stämmen. Während seines farbenreichen, bunten Wanderlebens, in dem er eine große Familie gründet und überall im Land Altäre errichtet, ringt Jakob mit einem Engel und erhält den Namen Israel (was bedeutet: «der mit Gott gekämpft hat»), den alle seine Nachfahren tragen werden. Die Bibel berichtet, wie Jakobs zwölf Söhne sich streiten, zusammenraufen und schließlich ihre Heimat verlassen, um während einer Hungersnot in Ägypten Zuflucht zu suchen. Der Erzvater Jakob erklärt in seinem letzten Willen und Testament, der Stamm seines Sohnes Juda werde über alle anderen herrschen (Gen. 49,8–10).

Anschließend weitet sich die Schilderung von einem Familiendrama zu einem historischen Schauspiel aus. Der Gott Israels beweist dem Pharao von Ägypten, dem mächtigsten menschlichen Herrscher der Welt, seine ehrfurchtgebietende Macht. Die Israeliten sind eine große Nation geworden, trotzdem sind sie als verachtete Minderheit versklavt und bauen großartige Monumente für die ägyptischen Herrscher. Gottes Wille, sich der Welt gegenüber zu erkennen zu geben, geschieht, indem er Mose als seinen Vermittler wählt, um die Befreiung der Israeliten zu erlangen, damit sie ihr wahres Schicksal antreten können. Und in der vielleicht lebhaftesten Abfolge von Ereignissen in der Literatur der westlichen Welt beschreiben die Bücher Exodus, Leviticus und Numeri, wie der Gott Israels mit seinen Zeichen und Wundern die Israeliten aus Ägypten hinaus und in die Wüste führt. Auf dem Sinai offenbart Gott der Nation seine wahre Identität als JHWH (der heilige Name, gebildet aus vier hebräischen Buchstaben) und gibt ihnen einen Gesetzeskodex, nach dem sie ihr Leben als Gemeinschaft und als Einzelmenschen ausrichten sollen.

Die heiligen Bedingungen für den Bund Israels mit JHWH, die auf Steintafeln geschrieben sind und in der Bundeslade aufbewahrt werden, dienen ihnen als heiliges Schlachtenbanner, als sie ins verheißene Land aufbrechen. In mancher Kultur wäre der Gründungsmythos an diesem Punkt zu Ende – als eine wunderbare Erklärung dafür, wie das Volk entstand. Aber die Bibel erzählt noch über Jahrhunderte hinweg von unzähligen Triumphen, Wundern, unerwarteten Wenden und kollektivem Leid. Auf die großen Triumphe der israelitischen Einnahme Kanaans, König Davids Gründung eines Großreichs und Salomos Bau des Tempels in Jerusalem folgen Spaltung, wiederholte Rückfälle in die Abgötterei und schließlich Verbannung. Denn die Bibel beschreibt, wie die zehn nördlichen Stämme sich kurz nach Salomos Tod nicht länger den davidischen Königen in Jerusalem unterwerfen wollen, sich einseitig von der vereinten Monarchie lösen und so die Entstehung zweier rivalisierender Königreiche erzwingen: des Königreichs Israel im Norden und des Königreichs Juda im Süden.

In den zweihundert Jahren danach lebt das Volk Israel in zwei getrennten Königreichen und fällt immer wieder den Lockungen fremder Götter anheim. Die Herrscher im Nordreich werden in der Bibel alle als verstockte Sünder beschrieben; aber auch einige Könige von Juda weichen gelegentlich vom Pfad der völligen Hingabe an Gott ab. Schließlich schickt Gott Invasoren und Unterdrücker von außen, um das Volk Israel für seine Sünden zu strafen. Als erste überfallen die syrischen Aramäer immer wieder das Königreich Israel. Danach bringt das mächtige Assyrische Reich den Städten des Nordreichs Zerstörung ohnegleichen und im Jahr 720 v. Chr. für einen beträchtlichen Teil der zehn Stämme das bittere Schicksal von Verwüstung und Verbannung. Das Südreich Juda behauptet sich über hundert Jahre länger, aber auch seine Bewohner können das unentrinnbare Gottesurteil nicht abwenden. 586 v. Chr. dezimiert das erstarkende, brutale Babylonische Reich das Land Israel und steckt Jerusalem und seinen Tempel in Brand.

Mit dieser großen Tragödie weicht die biblische Erzählung dramatisch und wiederum in charakteristischer Weise vom üblichen Muster religiöser Epen ab. In vielen derartigen Geschichten bedeutet die Niederlage eines Gottes durch eine andere Armee auch das Ende seines Kultes. In der Bibel wird die Macht des Gottes Israels nach dem Fall Judas und der Verbannung der Israeliten dagegen sogar als noch *höher* angesetzt. Der Gott Israels ist keineswegs durch die Zerstörung seines Tempels gedemütigt, vielmehr wird er als eine Gottheit mit unübertroffener Macht betrachtet. Schließlich hat er sich der Assyrer und Babylonier als seiner ahnungslosen Helfer bedient, um das Volk Israel für seine Untreue zu strafen.

Nach der Rückkehr eines Teils der Verbannten nach Jerusalem und dem Wiederaufbau des Tempels ist Israel keine Monarchie mehr, sondern eine Religionsgemeinschaft, geleitet vom göttlichen Gesetz und angehalten, die in den heiligen Texten der Gemeinschaft vorgeschriebenen Rituale zu befolgen. Und allein die freie Entscheidung von Männern und Frauen, diese göttlich verfügte Ordnung zu befolgen oder dagegen zu verstoßen – weder das Verhalten seiner Könige noch der Aufstieg und Niedergang großer Reiche –, sollte fortan den Verlauf der Geschichte Israels bestimmen. Die Wirkung der Bibel liegt genau darin, daß sie sich so außerordentlich stark auf die Verantwortung des Menschen konzentriert. Andere alte Epen verblassen im Laufe der Zeit, dagegen ist der Einfluß der biblischen Geschichte auf die westliche Zivilisation ständig gewachsen.

Wer schrieb den Pentateuch und wann?

Jahrhundertelang haben Leser die Heilige Schrift wie selbstverständlich als göttliche Offenbarung und gleichzeitig als exakte Geschichte betrachtet, von Gott einer vielfältigen Zahl israelitischer Weisen, Propheten und Priester direkt übermittelt. Etablierte jüdische wie christliche Autoritäten nahmen natürlich an, die fünf Bücher Mose seien eigenhändig von Mose – kurz vor seinem Tod auf dem Berg Nebo, wie im Buch Deuteronomium geschildert – niedergeschrieben worden. Die Bücher Josua, Richter und Samuel galten als heilige Berichte, vom ehrwürdigen Propheten Samuel in Silo aufbewahrt, so wie die Bücher der Könige als der Feder des Propheten Jeremia entflossen betrachtet wurden. Dementsprechend hielt man König David für den Verfasser der Psalmen und König Salomo für den der Sprüche und des Hohenlieds. Zu Beginn der Moderne, im 17. Jahrhundert, stellten Gelehrte, die die Bibel eingehend aus literarischer und sprachwissenschaftlicher Sicht studierten, jedoch fest, daß es nicht ganz so einfach war. Im Licht von Logik und Vernunft betrachtet, warf der Text der Heiligen Schriften einige sehr beunruhigende Fragen hinsichtlich seiner historischen Zuverlässigkeit auf.

Als erstes stellte sich die Frage, ob Mose tatsächlich der Verfasser der fünf Bücher Mose gewesen sein kann, denn schließlich beschreibt das letzte Buch, Deuteronomium, sehr ausführlich und genau Zeit und Umstände von Moses eigenem Tod. Bald schon zeigten sich weitere Unstimmigkeiten: Die Bibel ist voll von literarischen Exkursen, die die alten Namen bestimmter Orte erklären; dazu heißt es dann häufig, die Beweise für bekannte biblische Ereignisse seien «bis zum heutigen Tag» sichtbar. Aufgrund dieser Faktoren gelangten einige Gelehrte des 17. Jahrhunderts zu der Überzeugung, daß zumindest die ersten fünf Bücher der Bibel im Laufe der Jahrhunderte von späteren, ungenannten Redaktoren und Bearbeitern umgeformt, erweitert und ausgeschmückt worden sein mußten.

Im ausgehenden 18., verstärkt noch im 19. Jahrhundert hegten viele kritische Exegeten Zweifel daran, ob Mose beim Verfassen der Bibel überhaupt seine Hand im Spiel hatte; sie gelangten zu der Überzeugung, daß die Bibel ausschließlich das Werk späterer Verfasser war. Diese Gelehrten verwiesen auf die allem Anschein nach unterschiedlichen Versionen derselben Erzählungen in den Büchern des Pentateuch, die nahelegten, daß der Text von mehreren unterscheidbaren Verfassern stammt. Liest man zum Beispiel sorgfältig das Buch Genesis, zeigen sich zwei widersprüchliche Versionen der Schöpfung (1,1–2,3 und 2,4–25), zwei recht unterschiedliche Stammbäume für Adams Nachfahren (4,17–26 und 5,1–28) und zwei geklitterte und neu angeordnete Berichte von der Sintflut (6,5–9,17). Darüber hinaus existieren Dutzende weiterer Doppel- und manchmal selbst Dreierversionen derselben Ereignisse in den Berichten über die Wanderungen der Erzväter, den Auszug aus Ägypten und die Gesetzgebung.

Trotzdem herrscht in dieser scheinbar chaotischen Wiederholung eine klare Ordnung vor. Wie bereits im 19. Jahrhundert erkannt, handelt es sich bei den Doppelversionen, die hauptsächlich in Genesis, Exodus und Numeri zu finden sind, nicht um willkürliche Varianten oder Verdoppelungen derselben Erzählungen. Sie halten zwar an bestimmten, leicht erkennbaren Merkmalen in Terminologie und geographischem Brennpunkt fest, aber – das fällt auf – gebrauchen in ihrer Schilderung für den Gott Israels verschiedene Namen. So verwendet ein Erzählstrang konsequent das Tetragamm, den vierbuchstabigen Namen JHWH (von dem die meisten Gelehrten annehmen, daß er *Jahwe* ausgesprochen wurde); hier gilt die Darstellung des historischen Berichts vor allem dem Stamm Juda und seinem Gebiet. Ein zweiter Strang der Schilderung gebraucht die Namen *Elohim* oder *El* für Gott, und er befaßt sich hauptsächlich mit den Stämmen und Gebieten im Norden des Landes, vor allem Ephraim, Manasse und Benjamin. Mit der Zeit wurde klar, daß die Doppelversionen aus zwei verschiedenen Quellen stammen, verfaßt zu unterschiedlichen Zeiten und an verschiedenen Orten. Die jahwistische Quelle kennzeichneten die Gelehrten mit «J» («Jahwist»), die elohistische mit «E» («Elohist»).

Die unterschiedliche Verwendung geographischer Terminologie und religiöser Symbole sowie die Rollen, die die verschiedenen Stämme in den beiden Quellen spielen, überzeugten die Gelehrten davon, daß der J-Text in Jerusalem verfaßt worden war und die Perspektive des vereinten Königreichs bzw. des Südreichs Juda, vermutlich zur Zeit König Salomos (ca. 970–930 v. Chr.) oder kurz darauf, widerspiegelt. Der E-Text dagegen wurde im Norden geschrieben und stellt die Perspektive des Nordreichs Israel dar; er dürfte während des unabhängigen Bestehens eben dieses Königreichs (ca. 930–720 v. Chr.) entstanden sein. Dagegen ist das Buch Deuteronomium mit seiner unverkennbaren Botschaft und ebensolchem Stil anscheinend ein unabhängiges Dokument, «D» genannt. Und jene Teile des Pentateuch, die weder J oder E noch D zugeordnet werden können, enthalten zahlreiche Textstellen, die sich mit

Rituellem befassen. Mit der Zeit betrachtete man sie als Teil einer langen, als «P», das heißt «priesterliche Quelle», bezeichneten Abhandlung, denn ihr spezifisches Interesse gilt dem Kultus sowie den Reinheits- und Opfervorschriften. Mit anderen Worten: Die Gelehrten gelangten allmählich zu dem Schluß, daß die ersten fünf Bücher der Bibel, wie wir sie heute kennen, das Ergebnis eines komplizierten Redaktionsvorgangs sind, bei dem die vier wichtigsten Quellen – J, E, P und D – geschickt von Schreibern oder «Redaktoren» zusammengefügt wurden; ihre literarischen Spuren (von einigen Gelehrten als «R» bezeichnet) erkennt man bei Übergangssätzen und redaktionellen Exkursen. Die letzte dieser Überarbeitungen erfolgte in nachexilischer Zeit.

In den letzten Jahrzehnten hat es viele stark voneinander abweichende Ansichten über Datierungen und Urheber dieser einzelnen Quellen gegeben. Einige Wissenschaftler vertreten die Meinung, die Texte seien zur Zeit des vereinten Königreichs und des Reichs Juda und Israel geschrieben und redigiert worden (ca. 1000–586 v. Chr.), andere bestehen dagegen darauf, es müsse sich um spätere Texte handeln, die von Priestern und Schreibern im babylonischen Exil und nach der Rückkehr (im 6. und 5. Jahrhundert v. Chr.) oder sogar erst in hellenistischer Zeit (4. bis 2. Jahrhundert v. Chr.) gesammelt und überarbeitet wurden. Aber alle sind sich darin einig, daß der Pentateuch kein nahtloses Werk aus einem Guß ist, sondern sich vielmehr wie ein Mosaik aus verschiedenen Quellen zusammensetzt, jede unter unterschiedlichen historischen Umständen verfaßt, um verschiedene religiöse bzw. politische Ansichten auszudrücken.

Zwei Versionen von Israels späterer Geschichte

Die ersten vier Bücher der Bibel – Genesis, Exodus, Leviticus und Numeri – wirken wie das Ergebnis einer geschickten Verflechtung der Quellen J, E und P. Aber das fünfte, das Buch Deuteronomium, ist ein völlig anderer Fall. Es ist geprägt durch eine ganz eigene Sprache, die sonst in keiner der anderen Quellen anzutreffen ist, und enthält eine kompromißlose Verurteilung der Anbetung anderer Götter, eine neue Sichtweise Gottes als völlig transzendent und das absolute Verbot des Opfergottesdienstes für den Gott Israels an jedem anderen Ort außer im Tempel von Jerusalem. Vor langem schon haben Gelehrte eine mögliche Verbindung dieses Buchs mit dem ansonsten geheimnisvollen «Buch des Gesetzes» erkannt, das der Hohepriester Hilkia während der Renovierungsarbeiten unter der Herrschaft König Josias 622 v. Chr. entdeckt haben soll. Wie in 2. Könige 22,8–23,24 berichtet, inspirierte dieses Dokument eine beispiellos strenge religiöse Reform.

Der Einfluß des Buchs Deuteronomium auf die endgültige Botschaft der Hebräischen Bibel geht weit über ihre strikten Gesetzesvorschriften hinaus. Die durchlaufende Geschichtsdarstellung der Bücher, die auf den Pentateuch folgen – Josua, Richter, 1. und 2. Samuel, 1. und 2. Könige –, hängt sprachlich und theologisch so eng mit dem Deuteronomium zusammen, daß Wissenschaftler sie seit der Mitte der 1940er Jahre als das «Deuteronomistische Geschichtswerk» bezeichnen. Es ist das zweite große literarische Werk über die Geschichte Israels in der Bibel und führt die Schilderung von Israels Schicksal seit der Einnahme des verheißenen Landes bis zum babylonischen Exil fort und drückt die Ideologie einer neuen religiösen Bewegung aus, die im Volk Israel zu einem relativ späten Zeitpunkt entstand. Auch dieses Werk wurde mehr als einmal redigiert. Nach Ansicht einiger Forscher wurde es im Exil als der Versuch geschaffen, Geschichte, Kultur und Identität der geschlagenen Nation nach der Katastrophe der Zerstörung Jerusalems zu bewahren. Andere meinen dagegen, das Deuteronomistische Geschichtswerk sei zur Zeit König Josias verfaßt worden, um dessen religiöse Ideologie und territoriale Ambitionen zu fördern, und sei einige Jahrzehnte später während des Exils beendet worden.

Die Bücher der Chronik – des dritten großen historischen Werks in der Bibel über Israel nach dem Exil – wurden erst im 5. oder 4. Jahrhundert v. Chr. niedergeschrieben, mehrere hundert Jahre nach den Ereignissen, die sie schildern. Ihre historische Perspektive ist stark zugunsten der historischen und politischen Ansprüche der davidischen Dynastie und Jerusalems gefärbt; den Norden übergehen sie beinahe völlig. In vielerlei Hinsicht spiegeln die Bücher der Chronik Ideologie und Bedürfnisse des zweiten Jerusalemer Tempels und gestalten größtenteils eine historische Erzählung neu, die bereits in schriftlicher Form vorlag. Aus diesen Gründen verwenden wir in diesem Buch die Bücher der Chronik ganz selten und konzentrieren uns stattdessen stärker auf den älteren Pentateuch und das Deuteronomistische Geschichtswerk.

Wie in den folgenden Kapiteln noch zu sehen sein wird, hat die Archäologie genug Beweise für eine neue Hypothese geliefert, derzufolge der historische Kern von Pentateuch und Deuteronomistischem Geschichtswerk im wesentlichen im 7. Jahrhundert v. Chr. geformt wurde. Deshalb beleuchten wir ganz besonders Juda im späten 8. und im

7. Jahrhundert, als dieser literarische Prozeß ernsthaft einsetzte, und argumentieren, daß der Pentateuch größtenteils eine Schöpfung der späten Königszeit ist; er verteidigt Ideologie und Bedürfnisse des Südreichs Juda und weist damit eine enge Beziehung zum Deuteronomistischen Geschichtswerk auf. Gleichzeitig schließen wir uns jenen Forschern an, die die Ansicht vertreten, das Deuteronomistische Geschichtswerk sei hauptsächlich zur Zeit König Josias zusammengestellt worden und habe darauf abgezielt, spezifische politische Ambitionen und religiöse Reformen ideologisch zu untermauern.

Geschichte oder Fiktion?

In den Diskussionen über Zusammensetzung und historische Zuverlässigkeit der Bibel hat die Archäologie stets eine entscheidende Rolle gespielt. Zunächst sah es danach aus, als widerlege die Archäologie die Behauptung der radikaleren Kritiker, die Bibel sei recht spät entstanden und größtenteils historisch unzuverlässig. Seit dem Ende des 19. Jahrhunderts, als die moderne Forschung in den Ländern der Bibel einsetzte, ließ eine Reihe aufsehenerregender Entdeckungen und Jahrzehnte ununterbrochener archäologischer Ausgrabung und Interpretation für viele darauf schließen, in bezug auf die wichtigsten Umrisse der Geschichte des alten Israel sei den biblischen Berichten grundsätzlich zu trauen, stützten diese sich doch anscheinend auf ein Korpus exakt bewahrter Erinnerungen, selbst wenn der biblische Text lange nach den darin geschilderten Ereignissen niedergeschrieben wurde. Diese Schlußfolgerung beruhte auf mehreren neuartigen archäologischen und historischen Beweisen.

Die geographische Identifizierung. – Zwar streiften westliche Pilger und Forscher seit byzantinischer Zeit durch das Land der Bibel, aber erst seit dem Beginn moderner historischer und geographischer Untersuchungen im späten 18. und frühen 19. Jahrhundert begannen Gelehrte, die sowohl in der Bibel als auch in anderen alten Quellen bewandert waren, die Landschaft des alten Israel auf der Grundlage von Topographie, biblischen Hinweisen und archäologischen Überresten zu rekonstruieren, statt sich an die kirchlichen Traditionen über die verschiedenen heiligen Stätten zu halten. Wegweisend auf diesem Gebiet war der amerikanische Geistliche Edward Robinson. 1838 und 1852 führten ihn zwei lange Forschungsreisen durch das osmanische

Palästina, auf denen er die Theorien von Bibelkritikern widerlegen wollte, indem er sich bemühte, die authentischen, historisch überprüften biblischen Stätten zu finden und zu identifizieren.

Einige der wichtigsten Stätten der biblischen Geschichte wie Jerusalem, Hebron, Jaffa, Beth-Schean und Gaza hatte man zwar nie vergessen, aber Hunderte anderer in der Bibel erwähnter Orte waren unbekannt. Robinson stellte fest, daß Dutzende alter Hügel und Ruinen mit vordem vergessenen biblischen Stätten identifiziert werden konnten, wenn man die in der Bibel enthaltene geographische Information nutzte und sorgfältig mit den modernen arabischen Ortsnamen im Land verglich.

So konnten Robinson und seine Nachfolger die umfangreichen Ruinen an Orten wie ed-Dschib, Betin und Selun, alle nördlich von Jerusalem, als mögliche Überreste des biblischen Gibeon, Bethel und Silo identifizieren. Dieses Verfahren erwies sich in Regionen, die im Laufe der Jahrhunderte ununterbrochen bewohnt gewesen waren und in denen sich der Name der Stätte erhalten hatte, als sehr erfolgreich. Spätere Generationen von Forschern stellten fest, daß an anderen Orten, an denen die modernen Namen keinerlei Verbindungen zu biblischen Stätten in der Nachbarschaft aufwiesen, andere Kriterien wie Größe und datierbare Töpferscherben zum Identifizieren verwendet werden konnten. So kamen Megiddo, Hazor, Lachisch und Dutzende anderer biblischer Orte allmählich zur sich entfaltenden Rekonstruktion der biblischen Geographie hinzu. Im späten 19. Jahrhundert führten britische Royal Engineers des Palestine Exploration Fund diese Arbeit sehr systematisch durch und erstellten detaillierte topographische Karten des ganzen Landes, von den Jordanquellen im Norden bis nach Beerscheba im Negev im Süden.

Noch wichtiger als die Identifizierung von Orten war die wachsende Vertrautheit mit den wichtigsten geographischen Regionen des Landes der Bibel (Abb. 1): die breite, fruchtbare Küstenebene am Mittelmeer, die Ausläufer des Hügellands, das zur Berglandschaft im Süden ansteigt, der trockene Negev, das Gebiet von Totem Meer und Jordangraben, das nördliche Bergland und die weiten Täler im Norden. Das biblische Land Israel war ein Gebiet starker klimatischer und landschaftlicher Gegensätze. Außerdem verband es die beiden großen Zivilisationen Ägypten und Mesopotamien als natürliche Landbrücke. Seine typischen Landschaften und Bedingungen spiegelten sich in praktisch jedem Fall ziemlich exakt in den Schilderungen der Bibel wider.

Monumente und Archive in Äypten und Mesopotamien. – In Mittelalter und Renaissance unternahm man wiederholt Versuche, eine feste Chronologie für die in der Bibel beschriebenen Ereignisse aufzustellen. Um die in der Bibel enthaltene Chronologie zu stützen, benötigte man Quellen von außerhalb, und man fand sie schließlich zwischen den archäologischen Überresten von zwei der wichtigsten – und schreibkundigsten – Zivilisationen der Alten Welt.

Im ausgehenden 18. Jahrhundert wandten sich europäische Gelehrte der intensiven Erforschung Ägyptens mit seinen ehrfurchtgebietenden Monumenten und dem Riesenschatz an Hieroglypheninschriften zu. Aber erst mit der Entzifferung der ägyptischen Hieroglyphen (auf der Grundlage des dreisprachigen Rosetta-Steins) durch den französischen Gelehrten Jean-François Champollion in den 1820er Jahren erwies sich, welchen historischen Wert die ägyptischen Überreste zum Datieren und möglichen Überprüfen auch der historischen Ereignisse in der Bibel besaßen. Wenngleich man sich bei der Identifizierung bestimmter Pharaonen, die in den Geschichten um Joseph und den Auszug aus Ägypten erwähnt werden, immer noch unsicher war, traten andere, direkte Bezüge zutage. In einer 1207 v. Chr. errichteten Siegesstele erwähnt Pharao Merenptah etwa seinen großartigen Sieg über ein Volk namens Israel. Etwas später wurde Pharao Schischak (1. Könige 14,25 erwähnt, er sei vor Jerusalem gezogen, um im fünften Jahr der Herrschaft von Salomos Sohn Tribut zu fordern) als Scheschonk I. aus der 22. Dynastie identifiziert, der von 945 bis 924 v. Chr. herrschte. Er hinterließ einen Bericht über seinen Feldzug an der Wand des Amun-Tempels in Karnak in Oberägypten.

Eine weitere reiche Quelle für die Chronologie und historische Identifizierungen stammt aus den weiten Ebenen zwischen Tigris und Euphrat, dem alten Mesopotamien. Seit den 1840er Jahren legten Forscher aus England, Frankreich und später auch den Vereinigten Staaten und Deutschland die Städte, Riesenpaläste und Archive mit Keilschrifttafeln der assyrischen und babylonischen Reiche frei. Damit wurden zum ersten Mal seit biblischer Zeit die Hauptmonumente und Städte dieser mächtigen östlichen Reiche zutage befördert. Orte wie Ninive und Babel, zuvor hauptsächlich aus der Bibel bekannt, erwiesen sich jetzt als die Hauptstädte mächtiger, aggressiver Reiche, deren Künstler und Schreiber die militärischen Feldzüge und politischen Ereignisse ihrer Zeit dokumentiert hatten. Man fand auch Hinweise auf eine Reihe bedeutender biblischer Könige in den Keilschriftarchiven in Mesopotamien: unter anderem auf die israelitischen Könige Omri, Ahab

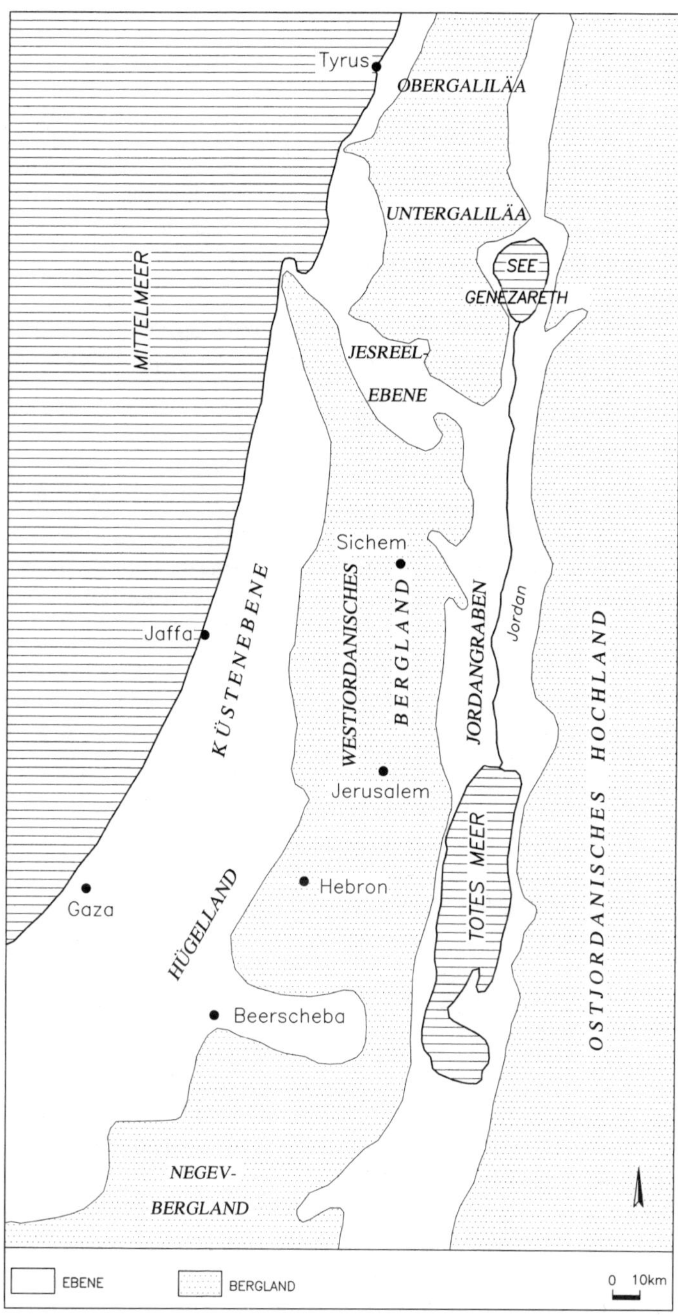

Abb. 1: Die geographischen Zonen in Israel.

und Jehu und auf die judäischen Könige Hiskia und Manasse. Diese Bezüge von außerhalb erlaubten es den Gelehrten, die biblische Geschichte in einer breiteren Perspektive zu betrachten und die Regierungszeiten der biblischen Könige mit den vollständigeren Datierungssystemen des alten Vorderen Orients zu synchronisieren. Allmählich wurden die Verbindungen hergestellt und die Regierungszeiten israelitischer und judäischer Könige, assyrischer und babylonischer Herrscher und ägyptischer Pharaonen geordnet, so daß man zum ersten Mal recht exakte Daten erhielt.

Schließlich warfen die sehr viel älteren mesopotamischen und ägyptischen Archive aus der mittleren und Spätbronzezeit (ca. 2000–1150 v. Chr.) an Stätten wie Mari, Tell el-Amarna und Nuzi Licht auf die Welt des alten Vorderen Orients und somit auf das kulturelle Milieu, in dem die Bibel entstand.

Vereinzelt fand man auch Inschriften in Gegenden näher beim Land Israel, die noch spezifischere Bezüge boten. Eine Siegesinschrift des Moabiterkönigs Mescha, im 19. Jahrhundert in Ostjordanien entdeckt, erwähnt seinen Erfolg über Israels Armeen und bezeugt damit einen Krieg zwischen Israel und Moab, von dem in 2. Könige 3,4–27 berichtet wird. Die wohl bedeutendste Inschrift – und damit einen historischen Beweis – entdeckte man 1993 auf dem Tell Dan in Nord-Israel. Sie berichtet vom Sieg des Aramäerkönigs Hasaël über den König von Israel und den König aus dem «Hause Davids» im 9. Jahrhundert v. Chr. Wie die moabitische Inschrift stellt sie eine außerbiblische Stütze für die Geschichte des alten Israel dar.

Ausgrabungen biblischer Stätten. – Die weitaus wichtigste Beweisquelle für den historischen Kontext der Bibel entstammt den seit über hundert Jahren durchgeführten modernen archäologischen Ausgrabungen in Israel, Jordanien und den angrenzenden Regionen. In der biblischen Archäologie ist es dank der weltweiten Fortschritte archäologischer Techniken gelungen, eine lange Abfolge gut datierbarer Architekturstile, Töpferscherben und anderer Artefakte zu identifizieren, so daß man Siedlungsschichten und auch Gräber ziemlich genau datieren kann. Dieser vom amerikanischen Gelehrten William Albright zu Beginn des 20. Jahrhunderts eingeführte Zweig der Archäologie konzentrierte sich hauptsächlich auf das Ergraben großer Stadthügel (auf arabisch «Tell», auf hebräisch «Tel» genannt), die aus zahlreichen Siedlungsschichten übereinander bestehen, in denen die Entwicklung von Gesellschaft und Kultur über Jahrtausende hinweg verfolgt werden kann.

Archäologische Epochen*

Frühbronzezeit	3500–2200 v. Chr.
Zwischenzeit	2200–2000 v. Chr.
Mittlere Bronzezeit	2000–1550 v. Chr.
Spätbronzezeit	1550–1150 v. Chr.
Eisenzeit I	1150–900 v. Chr.
Eisenzeit II	900–586 v. Chr.
Babylonische Zeit	586–538 v. Chr.
Persische Zeit	538–333 v. Chr.

* Die Daten folgen dem System in diesem Buch. Daten aus der Frühbronzezeit bis zur mittleren Bronzezeit sind geschätzt und folgen hauptsächlich aus kulturgeschichtlichen Erwägungen. Daten aus der Spätbronzezeit bis zur Persischen Zeit hängen im wesentlichen mit historischen Ereignissen zusammen.

Die Könige von Israel und Juda*

Juda			Israel
	Saul	ca. 1025–1005	
	David	ca. 1005–970	
	Salomo	ca. 970–931	
Rehabeam	931–914	Jerobeam I.	931–909
Abia	914–911	Nadab	909–908
Asa	911–870	Baesa	908–885
Josaphat	870–846**	Ela	885–884
Joram	851–843**	Simri	884
Ahasja	843–842	Tibni	884–880***
Athalja	842–836	Omri	884–873
Joas	836–798	Ahab	873–852
Amazja	798–769	Ahasja	852–851
Asarja	785–733**	Joram	851–842
Jotham	759–743**	Jehu	842–814
Ahas	743–727**	Joahas	817–800**
Hiskia	727–698	Joas	800–784
Manasse	698–642	Jerobeam II.	788–747**
Amon	641–640	Sacharja	747
Josia	639–609	Schallum	747
Joahas	609	Menahem	747–737
Jojakim	608–598	Pekachja	737–735
Jojachin	597	Pekach	735–732
Zedekia	596–586	Hosea	732–724

* Nach dem *Anchor Bible Dictionary*, Bd. 1, S. 1010, und Galil: *The Chronology of the Kings of Israel and Judah*.
** Zusammen mit den Mitregentschaften.
*** Rivalisierende Herrscher.

Tabelle 2: Die wichtigsten archäologischen Epochen und die Chronologie der judäischen und israelitischen Könige

Nach jahrzehntelangen Ausgrabungen ist es Forschern gelungen, den gewaltigen archäologischen Kontext zu rekonstruieren, in den die biblische Geschichte eingefügt werden muß (Tabelle 2). Beginnend mit den ältesten Spuren einer Landwirtschaft und dem Seßhaftwerden in der Region gleich am Ende der Steinzeit haben Archäologen den Aufstieg einer städtischen Zivilisation in der Bronzezeit (3500–1150 v. Chr.) umrissen sowie ihre Umwandlung in Territorialstaaten im folgenden Zeitraum, der Eisenzeit (1150–586 v. Chr.), während der die meisten in der Bibel beschriebenen Ereignisse stattgefunden haben dürften.

Am Ende des 20. Jahrhunderts hatte die Archäologie nachgewiesen, daß es einfach zu viele handfeste Entsprechungen zwischen den Funden in Israel und im gesamten alten Vorderen Orient einerseits und der in der Bibel beschriebenen Welt andererseits gab, als daß man darauf hätte schließen können, bei der Bibel handele es sich um eine erst spät entstandene, phantasievolle Priesterliteratur, die ohne jegliche historische Grundlage verfaßt worden wäre. Andererseits gab es jedoch zu viele Widersprüche zwischen den archäologischen Funden und dem biblischen Text, als daß man daraus hätte schließen können, die Bibel liefere eine genaue Beschreibung der tatsächlichen Ereignisse.

Von einer Illustration der Bibel zur Anthropologie des alten Israel

Solange biblische Exegeten und biblische Archäologen an ihren grundsätzlich widersprüchlichen Einstellungen zur historischen Zuverlässigkeit der Bibel festhielten, lebten sie in zwei verschiedenen geistigen Welten. Die Exegeten betrachteten die Bibel weiterhin als Gegenstand einer Analyse, den sie entsprechend ihren unterschiedlichen religiösen und politischen Vorstellungen in zusehends winzigere Quellen und Nebenquellen zerlegen konnten. Die Archäologen nahmen die historischen Berichte der Bibel dagegen oft als bare Münze. Statt die archäologischen Daten als unabhängige Quelle für die Rekonstruktion der Geschichte der Region zu nutzen, verließen sie sich weiterhin auf die biblische Darstellung – insbesondere auf die Traditionen über den Aufstieg Israels –, um ihre Funde zu interpretieren. Natürlich entwickelte sich, während Ausgrabungen und Vermessungen fortschritten, ein neues Verständnis von Aufstieg und Entwicklung Israels. Es erhoben sich Fragen im Hinblick auf die historische Existenz der Erzväter und bezüglich

Datum und Umfang des Auszugs aus Ägypten. Ebenso kamen neue Theorien auf, die schlossen, die israelitische Einnahme Kanaans sei möglicherweise nicht, wie im Buch Josua geschildert, in einer einzigen Militärkampagne erfolgt. Was aber die biblischen Ereignisse seit der Zeit Davids – um ungefähr 1000 v. Chr. – betrifft, herrschte zumindest bis in die 1990er Jahre unter den Archäologen Übereinstimmung darüber, daß alles, was in der Bibel nachzulesen war, als grundsätzlich verläßliches historisches Dokument zu betrachten sei.

Aber um die 1970er Jahre wirkten sich neue Tendenzen auf die biblische Archäologie aus, die schließlich ihren Hauptbrennpunkt veränderten und die traditionelle Beziehung zwischen Artefakt und biblischem Text völlig auf den Kopf stellten. Zum ersten Mal verzichteten Archäologen, die in den Ländern der Bibel arbeiteten, darauf, ausgegrabene Funde als Illustrationen der Bibel zu nutzen; in einer dramatischen Verlagerung hin zu den Methoden der Sozialwissenschaften strebten sie danach, die menschliche Wirklichkeit zu untersuchen, die *hinter* dem Text lag. Beim Ausgraben antiker Stätten legte man den Nachdruck nicht länger auf die biblischen Beziehungen zu einer Stätte. Ausgegrabene Artefakte, Architektur und die Anlage von Ortschaften sowie Tierknochen, Samen, die chemische Analyse von Bodenproben sowie langfristige, aus vielen Weltkulturen bezogene anthropologische Modelle wurden als Schlüssel herangezogen, um umfassende Veränderungen in Wirtschaft, politischer Geschichte, religiösen Praktiken, Bevölkerungsdichte und sogar in der Struktur der alten israelitischen Gesellschaft herauszufinden. Eine wachsende Anzahl von Gelehrten übernahm die von Archäologen und Anthropologen in anderen Regionen verwendeten Methoden, um zu verstehen, wie der menschliche Umgang mit der komplizierten, zersplitterten, natürlichen Umwelt des Landes Israel die Entfaltung seines einzigartigen Gesellschaftssystems, seiner Religion und seines geistigen Erbes beeinflußten.

Eine neue Sicht der biblischen Geschichte

Jüngste Entwicklungen in der Archäologie haben es schließlich gestattet, die Lücke zwischen dem Studium der biblischen Texte und den archäologischen Funden zu überbrücken. So ist zu sehen, daß die Bibel selbst – neben den klar bestimmten Formen der Keramik, Architekturstilen und hebräischen Inschriften – ein typisches Artefakt ist, das viel über die Gesellschaft aussagt, in der sie entstand.

Denn heute weiß man, daß Erscheinungen wie das Aufzeichnen von Berichten, Verwaltungsschreiben, Königschroniken und das Verfassen einer nationalen Literatur – besonders einer so tiefgründigen, anspruchsvollen wie der Bibel – an ein spezifisches Entwicklungsstadium in der Gesellschaft gebunden sind. Auf der ganzen Welt tätige Archäologen und Anthropologen haben eingehend das Umfeld studiert, in dem anspruchsvolle schriftliche Zeugnisse entstehen, und in beinahe jedem Fall sind sie ein Zeichen für die Bildung eines Staates, in dem die Macht in Institutionen wie einem offiziellen Kultus oder einer Monarchie zentralisiert ist. Andere Merkmale für dieses Entwicklungsstadium der Gesellschaft sind monumentale Bauten, eine Spezialisierung der Wirtschaft und ein dichtes Netz miteinander verflochtener Gemeinden, die von Großstädten über regionale Zentren bis zu mittelgroßen Ortschaften und kleinen Dörfern reichen.

Bis in die jüngste Zeit hinein nahmen Philologen und Archäologen an, das alte Israel habe zur Zeit der vereinten Monarchie unter David und Salomo das Stadium der vollen Ausbildung eines Staates erreicht. Für viele Wissenschaftler gilt das J- oder jahwistische Dokument als die älteste Quelle des Pentateuch – niedergeschrieben in Juda zu Davids und Salomos Zeit im 10. Jahrhundert v. Chr. In diesem Buch vertreten wir die Auffassung, daß solch eine Schlußfolgerung äußerst unwahrscheinlich ist. Die Archäologie liefert keine Anzeichen für eine weitverbreitete Fähigkeit zu lesen und zu schreiben oder für eine volle Eigenstaatlichkeit in Juda – und insbesondere in Jerusalem. Diese Phänomene lassen sich erst für die Zeit zweihundertfünfzig Jahre später, gegen Ende des 8. Jahrhunderts v. Chr., nachweisen. Natürlich wird kein Archäologe leugnen, daß die Bibel Sagen, Personen und Bruchstücke von Erzählungen enthält, die in eine weit zurückliegende Zeit reichen. Aber die Archäologie kann beweisen, daß die Tora und die Deuteronomistische Geschichtsdarstellung unverwechselbare Kennzeichen für ihre ursprüngliche Abfassung im 7. Jahrhundert v. Chr. aufweisen. Warum das so ist und was das für unser Verständnis der großartigen biblischen Geschichte bedeutet, darum dreht sich dieses Buch.

Wir werden sehen, wie sehr der biblische Text ein Ergebnis der Hoffnungen, Ängste und Ambitionen des Königreichs Juda ist, das mit der Herrschaft König Josias Ende des 7. Jahrhunderts v. Chr. seinen Gipfel erreichte. Der historische Kern der Bibel ging unserer Meinung nach aus klaren politischen, gesellschaftlichen und geistigen Bedingungen hervor und nahm dank der Schöpferkraft und Vision außergewöhnlicher Frauen und Männer Gestalt an. Bei vielem von dem, was gewöhnlich als reale Geschichte gilt – die Geschichten über die Erzväter, der Auszug aus Ägypten, die Einnahme Kanaans und sogar die Schilderung der ruhmreichen vereinten Monarchie unter David und Salomo –, handelt es sich vielmehr um den schöpferischen Ausdruck einer mächtigen religiösen Reformbewegung, die in der späten Eisenzeit im Königreich Juda blühte. Zwar dürften diese Geschichten auf einem bestimmten historischen Kern beruhen, dennoch spiegeln sie hauptsächlich Ideologie und Weltbild der Verfasser. Wir zeigen, wie der biblische Text sich unvergleichlich dafür eignete, die religiöse Reform und die Gebietsansprüche Judas in jenen bedeutungsvollen letzten Jahrzehnten des 7. Jahrhunderts v. Chr. zu fördern.

Der Schluß, daß die bekanntesten biblischen Geschichten sich nicht wie in der Bibel berichtet ereigneten, bedeutet noch lange nicht, daß das alte Israel auf keine echte Geschichte zurückblicken kann. In den folgenden Kapiteln rekonstruieren wir die Geschichte des alten Israel auf der Grundlage archäologischer Befunde – der einzigen Informationsquelle über die biblische Zeit, die nicht von vielen Generationen biblischer Schreiber umfassend korrigiert, redigiert oder zensiert wurde. Anhand archäologischer Funde und außerbiblischer Berichte wird verfolgt, wie die biblischen Texte selbst Teil der Erzählung sind, nicht aber der unbestrittene historische Rahmen, in den sich jeder spezifische Fund oder jede Schlußfolgerung einfügen muß. Unsere Geschichte weicht dramatisch von der vertrauten Darstellung ab. Sie erzählt die Geschichte nicht eines, sondern *zweier* erwählter Königreiche, die zusammen die historischen Wurzeln des Volkes Israel bilden.

Eines dieser Königreiche – das Nordreich Israel – entstand in den fruchtbaren Tälern und welligen Höhen Nord-Israels und wuchs, bis es zu den reichsten, weltoffensten und mächtigsten der Region gehörte. Heute ist es nur noch wegen seiner Rolle als Bösewicht, die es in den Büchern der Könige spielt, bekannt. Das zweite Königreich – das Südreich Juda – entfaltete sich im felsigen, ungastlichen südlichen Bergland. Es behauptete sich, weil es an seiner Isolierung und glühenden Hingabe für Tempel und Königsdynastie festhielt. Diese beiden Königreiche sind zwei Seiten der Erfahrung des alten Israel, zwei völlig verschiedene Gesellschaften mit unterschiedlichen Einstellungen und nationalen Identitäten. Wir verfolgen Schritt für Schritt die Etappen, in denen Geschichte, Erinnerung und Hoffnungen beider Königreiche machtvoll in einer einzigen Schrift verschmolzen wurden, die mehr als jedes andere seither geschriebene Dokument das Angesicht der westlichen Gesellschaft geprägt hat – und bis heute prägt.

ERSTER TEIL

Die Bibel als historischer Bericht?

1. Die Suche nach den Erzvätern

Am Anfang war eine einzige Familie mit einer besonderen Beziehung zu Gott. Mit der Zeit war diese Familie fruchtbar und vermehrte sich stark, bis sie zum Volk Israel wurde. Das ist die erste große Saga der Bibel, eine Geschichte von den Einwanderer-Träumen und göttlichen Verheißungen, ein vielfarbiger, inspirierender Auftakt für die spätere Geschichte des Volkes Israel. Abraham war der erste Erzvater, ihm wurde die göttliche Verheißung vom Land und von ungezählten Nachfahren zuteil, die über die Generationen hinweg an seinen Sohn Isaak und Isaaks Sohn Jakob, auch als Israel bekannt, weitergereicht wurde. Unter Jakobs zwölf Söhnen, von denen jeder der Vater eines Stammes Israels werden sollte, erhielt Juda die besondere Ehre, über alle anderen zu herrschen.

Der biblische Bericht über das Leben der Erzväter ist eine glänzende Schilderung sowohl einer Familie als auch einer Nation. Er bezieht seine emotionale Kraft aus der Tatsache, daß er von tiefen menschlichen Kämpfen zwischen Vätern und Müttern, Männern und Frauen, Töchtern und Söhnen erzählt. In gewisser Hinsicht ist er eine typische Familiensaga mit all ihrer Freude und Trauer, Liebe und Haß, Betrug und List, Hunger und Wohlstand. Aber er ist auch eine universale, philosophische Geschichte von der Beziehung zwischen Gott und Mensch; von Hingabe und Gehorsam; von Recht und Unrecht; von Glaube, Frömmigkeit und Unsterblichkeit. Er berichtet davon, wie Gott eine Nation erwählt, und von Gottes ewiger Verheißung von Land, Wohlstand und Wachstum.

Aus beinahe jeder Sicht – der historischen, der psychologischen wie der geistigen – sind die Erzählungen über die Erzväter kraftvolle literarische Leistungen. Sind sie aber auch zuverlässige Annalen über die Entstehung des Volkes Israel? Gibt es irgendwelche Anhaltspunkte dafür, daß die Erzväter Abraham, Isaak und Jakob – und die Erzmütter Sara, Rebekka, Lea und Rahel – tatsächlich gelebt haben?

Eine Saga von vier Generationen

Das Buch Genesis beschreibt Abraham als den archetypischen Mann des Glaubens und als Patriarchen, der aus Ur in Südmesopotamien stammt und sich mit seiner Familie in der Stadt Haran niederläßt, die an einem der Arme des oberen Euphrats liegt (Abb. 2). Hier erscheint ihm Gott und befiehlt ihm: «Geh aus deinem Vaterland und von deiner Verwandtschaft und aus deines Vaters Hause in ein Land, das ich dir zeigen will. Und ich will dich zum großen Volk machen und will dich segnen und dir einen großen Namen machen und du sollst ein Segen sein» (Gen. 12,1–2). Gehorsam nimmt Abram (so heißt er noch zu diesem Zeitpunkt) seine Frau Sarai und seinen Neffen Lot und bricht nach Kanaan auf. Er wandert mit seinen Herden durch das westjordanische Bergland vor allem zwischen Sichem im Norden, Bethel (bei Jerusalem) und Hebron weiter südlich, gelangt aber auch in den Negev noch weiter im Süden (Abb. 3).

Während seiner Wanderungen errichtet Abram Gott an mehreren Orten Altäre und entdeckt allmählich, was wirklich sein Schicksal ist. Gott verspricht Abram und seinen Nachkommen alle Länder «von dem Strom Ägyptens an bis an den großen Strom Euphrat» (Gen. 15,18). Und um seine Rolle als Stammvater vieler Völker zu unterstreichen, ändert Gott Abrams Namen in Abraham: «denn ich habe dich gemacht zum Vater vieler Völker» (Gen. 17,5). Ebenso verändert er den Namen seiner Frau von Sarai in Sara, um ihm zu bedeuten, daß sich auch ihre Stellung geändert hat.

Abrahams Familie ist der Ursprung aller Nationen in der Region. Im Laufe ihrer Wanderung durch Kanaan kommt es zum Streit zwischen Abrahams und Lots Hirten. Um weiteren Familienstreit zu vermeiden, beschließen Abraham und Lot, das Land unter sich aufzuteilen. Abraham und seine Leute bleiben im westlichen Bergland, Lot und seine Familie ziehen dagegen nach Osten ins Jordantal und lassen sich in Sodom beim Toten Meer nieder. Die Einwohner von Sodom und der Stadt Gomorrha sind böse und verräterisch; deshalb läßt Gott Schwefel und Feuer auf die sündhaften Städte regnen, so daß sie völlig zerstört werden. Danach zieht Lot allein ins östliche Hochland; dort wird er der Ahn der Völker Moab und Ammon im Ostjordanland. Auch Abraham wird der Vater mehrerer anderer alter Völker. Da seine Frau Sara im fortgeschrittenen Alter von neunzig Jahren keine Kinder gebären kann, nimmt Abraham Saras ägyptische Sklavin Hagar zur Nebenfrau. Mit ihr zeugt er einen Sohn namens Ismael, der später zum

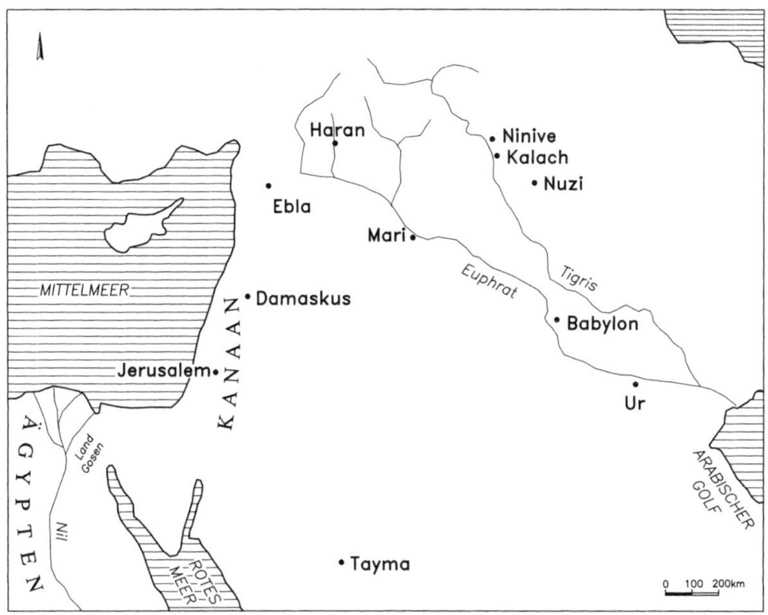

Abb. 2: Mesopotamien und andere Orte im alten Vorderen Orient, die in den Erzählungen über die Erzväter vorkommen.

Vorfahren aller arabischen Völker in der südlichen Wüste werden sollte.

Am wichtigsten für den gesamten biblischen Bericht ist, daß Gott Abraham einen weiteren Sohn verspricht und daß seine geliebte Frau Sara einen Sohn, Isaak, auf die Welt bringt, als Abraham einhundert Jahre alt ist. Die Bibel malt eines ihrer mächtigsten Bilder, als Gott Abraham den größten Beweis seines Glaubens abverlangt, indem er ihm befiehlt, ihm seinen geliebten Sohn Isaak auf einem Berg im Land Moria zu opfern. Gott unterbricht das Opfer und belohnt Abrahams Beweis seiner Treue, indem er seinen Bund erneuert. Nicht nur sollen Abrahams Nachkommen wachsen und eine großartige Nation werden – so zahlreich wie die Sterne am Himmel und der Sand am Ufer des Meers –, auch alle Völker der Erde werden in Zukunft durch ihn gesegnet werden.

Isaak wächst heran und zieht mit seinen eigenen Herden in den Süden bis zur Stadt Beerscheba. Schließlich heiratet er Rebekka, eine junge Frau, die man ihm aus der Heimat seines Vaters hoch oben im

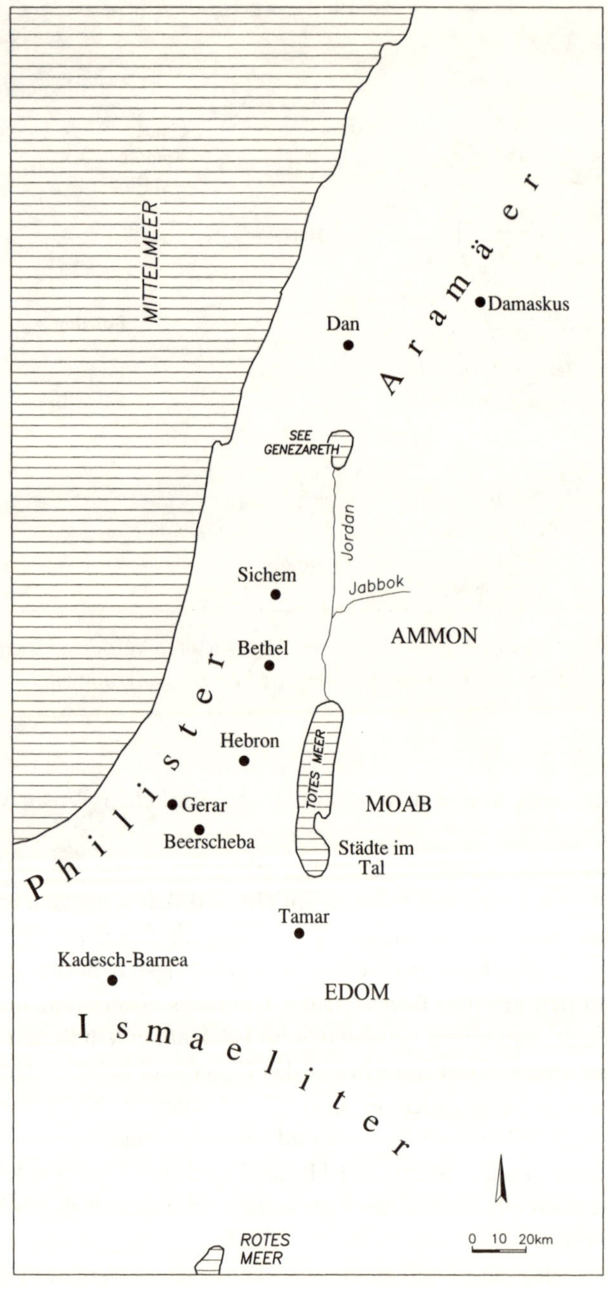

Abb. 3: Die wichtigsten Orte und Völker in Kanaan,
die in den Erzählungen über die Erzväter erwähnt werden.

Norden gebracht hat. Mittlerweile schlägt die Familie immer tiefere Wurzeln im verheißenen Land. Abraham kauft die Höhle Machpela in Hebron im südlichen Bergland, um dort seine geliebte Frau Sara zu begraben. Er selbst wird später ebenfalls dort beerdigt.

Die Generationen setzen sich fort. In ihrem Lager im Negev bringt Isaaks Frau Rebekka Zwillinge auf die Welt. Sie unterscheiden sich völlig in Charakter und Temperament, und ihre eigenen Nachkommen bekämpfen sich später mehrere hundert Jahre lang. Esau, ein mächtiger Jäger, ist der ältere und Isaaks Lieblingssohn; Jakob, der jüngere, ist der empfindsamere und zartere und der Lieblingssohn seiner Mutter. Und obwohl Esau der ältere ist und demnach der rechtmäßige Erbe der göttlichen Verheißung, kleidet Rebekka ihren Sohn Jakob in einen Mantel aus rauhem Ziegenfell. Sie bringt ihn ans Bett des sterbenden Isaak, damit der erblindete, schwache Stammvater Jakob für Esau hält und ihn anstelle des älteren Sohns ahnungslos mit dem Erstgeburtsrecht segnet.

Bei seiner Rückkehr ins Lager entdeckt Esau die List – und erfährt vom gestohlenen Segen. Daran läßt sich aber nichts mehr ändern. Sein betagter Vater, Isaak, verspricht Esau lediglich, er werde der Vater der Edomiter in der Wüste werden: «Siehe, du wirst wohnen ohne Fettigkeit der Erde» (Gen. 27,39). Damit entsteht ein weiteres Volk in der Region; später nimmt sich Esau, wie es in Genesis 28,9 heißt, eine Frau aus der Familie seines Onkels Ismael und zeugt weitere Wüstenstämme. Und alle diese Stämme stehen stets im Widerstreit mit den Israeliten – den Nachkommen seines Bruders Jakob, der ihm das göttliche Geburtsrecht vorenthalten hatte.

Bald schon flüchtet Jakob vor dem Zorn seines verletzten Bruders und zieht weit in den Norden bis zu seinem Onkel Laban in Haran, um sich selbst eine Frau zu suchen. Unterwegs in den Norden bestätigt Gott noch einmal Jakobs Erbe. In Bethel macht Jakob halt für eine Nacht und sieht im Traum eine Leiter, die auf dem Boden steht, aber bis in den Himmel reicht, auf der Gottes Engel auf- und niedersteigen. Über der Leiter steht Gott, der die Abraham gegebene Verheißung erneuert:

> Ich bin der Herr, der Gott deines Vaters Abraham, und Isaaks Gott; das Land, worauf du liegst, will ich dir und deinen Nachkommen geben. Und dein Geschlecht soll werden wie der Staub auf Erden und du sollst ausgebreitet werden gegen Westen und Osten, Norden und Süden, und durch dich und deine Nachkommen sollen alle Geschlechter auf Erden gesegnet werden. Und siehe, ich bin mit dir und will dich behüten, wo du hinziehst, und will dich wieder her-

bringen in dies Land. Denn ich will dich nicht verlassen, bis ich alles tue, was ich dir zugesagt habe (Gen. 28,13–15).

Jakob zieht weiter in den Norden nach Haran und lebt mehrere Jahre bei Laban. Er heiratet dessen beide Töchter Lea und Rahel und zeugt mit seinen beiden Frauen und ihren beiden Mägden elf Söhne: Ruben, Simeon, Levi, Juda, Dan, Naphthali, Gad, Asser, Issaschar, Sebulon und Joseph. Danach befiehlt Gott Jakob, mit seiner Familie nach Kanaan zurückzukehren. Aber unterwegs beim Überqueren des Jabbok im Ostjordanland muß er mit einem geheimnisvollen Mann ringen. Ob es nun ein Engel oder Gott selbst ist, auf jeden Fall ändert der geheimnisvolle Mann Jakobs Namen zu Israel ab (wortwörtlich: «der mit Gott gekämpft hat»), «denn du hast mit Gott und mit Menschen gekämpft und hast gewonnen» (Gen. 32,29). Anschließend kehrt Jakob nach Kanaan zurück und schlägt sein Lager bei Sichem auf, in Bethel errichtet er einen Altar – es ist derselbe Ort, an dem Gott sich ihm auf seinem Weg nach Haran offenbart hat. Unterwegs in den Süden stirbt Rahel bei Bethlehem, als sie Benjamin, Jakobs letzten Sohn, zur Welt bringt. Kurz darauf stirbt auch Jakobs Vater Isaak und wird in der Höhle Machpela in Hebron begraben.

Allmählich entwickelt sich aus der Familie erst eine Sippe und schließlich eine Nation. Aber noch sind die Israeliten eine Familie streitsüchtiger Brüder, die ihren Bruder Joseph, Jakobs Lieblingssohn, wegen seiner eigenartigen Träume, denen zufolge er einst über seine Familie herrschen soll, hassen. Obwohl die übrigen Brüder ihn töten wollen, halten Ruben und Juda sie davon ab. Statt Joseph zu erschlagen, verkaufen die Brüder ihn an eine Gruppe ismaelitischer Händler, die mit einer Kamelkarawane unterwegs nach Ägypten sind. Die Brüder täuschen Trauer vor und erklären ihrem Vater Jakob, ein wildes Tier habe Joseph verschlungen. Jakob trauert um seinen geliebten Sohn.

Aber der Neid der Brüder verhindert nicht, daß sich Josephs Schicksal erfüllt. In Ägypten steigt er dank seiner herausragenden Fähigkeiten schnell zu einem reichen, mächtigen Mann auf. Nachdem er dem Pharao einen Traum gedeutet und vorausgesagt hat, auf sieben gute Jahre würden sieben schlechte Jahre folgen, ernennt ihn der Pharao zu seinem Minister. In diesem hohen Amt regelt er die ägyptische Wirtschaft so, daß er den Überschuß aus den guten Jahren für die kommenden schlechten Jahre speichert. Als dann die schlechten Jahre kommen, ist Ägypten gut vorbereitet. Im nahegelegenen Kanaan leiden Jakob und seine Söhne unter der Hungersnot, und Jakob schickt zehn seiner elf verbliebenen Söhne nach Ägypten, um Nahrung zu kaufen. In Ägypten suchen sie den Minister Joseph auf – der jetzt ein Erwachsener ist. Jakobs Söhne erkennen ihren vor langer Zeit verlorenen Bruder nicht, und anfangs gibt Joseph sich ihnen nicht zu erkennen. Schließlich aber offenbart Joseph ihnen in einer bewegenden Szene, daß er der verachtete Bruder ist, den sie in die Sklaverei verkauft haben.

Zu guter Letzt werden die Israeliten wieder vereinigt, und der betagte Erzvater Jakob kommt, um mit seiner gesamten Familie bei seinem hochgestellten Sohn im Land Gosen zu leben. Auf seinem Todeslager segnet Jakob seine Söhne und seine beiden Enkel, Josephs Söhne Manasse und Ephraim. Bei diesen Ehrungen empfängt Juda das königliche Geburtsrecht:

> Juda ... Dich werden deine Brüder preisen. Deine Hand wird deinen Feinden auf dem Nacken sein, vor dir werden deines Vaters Söhne sich verneigen. Juda ist ein junger Löwe. Du bist hochgekommen, mein Sohn, vom Raube. Wie ein Löwe hat er sich hingestreckt und wie eine Löwin sich gelagert. Wer will ihn aufstören? Es wird das Zepter von Juda nicht weichen noch der Stab des Herrschers von seinen Füßen, bis daß der Held komme, und ihm werden die Völker anhangen (Gen. 49,8–10).

Nach Jakobs Tod wird sein Leichnam zurück nach Kanaan gebracht – auf das Gebiet, das eines Tages Judas Stammeserbe werden soll – und von seinen Söhnen in der Höhle Machpela in Hebron begraben. Auch Joseph stirbt, und die Israeliten bleiben in Ägypten, wo sich das nächste Kapitel ihrer Geschichte als Nation abspielt.

Die vergebliche Suche nach dem historischen Abraham

Bevor nun die wahrscheinliche Zeit und die historischen Umstände beschrieben werden, unter denen die biblische Darstellung über die Erzväter aus früheren Quellen zusammengestellt wurde, muß noch erklärt werden, warum so viele Gelehrte in den vergangenen hundert Jahren davon überzeugt waren, die Erzählung über die Erzväter sei wenigstens im Umriß historisch zutreffend. Der Lebensstil der Erzväter als Hirten schien allgemein gut zu dem zu passen, was die Archäologen zu Beginn des 20. Jahrhunderts bei zeitgenössischen Beduinen im Nahen Osten beobachteten. Die Vorstellung der Gelehrten, das Leben der Beduinen sei über die Jahrtausende hinweg im wesentlichen unverändert geblieben, verlieh den biblischen Geschichten über den in Schafen und Ziegen gemessenen Reichtum (Gen. 30,30–43), die Konflikte der Sippe mit den Dorfbewohnern über Wasserquellen (Gen. 21,25–33) und den Streit um Weideland (Gen. 13,5–12) einen Anschein von Echtheit. Die auffälligen Bezüge zu mesopotamischen und syrischen Stätten wie Abrahams Geburtsort Ur und Haran an einem Nebenfluß des Euphrats (wo Abrahams Familie auch nach seinem Auszug nach Kanaan weiterhin größtenteils lebte) scheinen außerdem gut zu den archäologischen Ausgrabungen im östlichen Teil des fruchtbaren Halbmonds zu passen, in dem einige der ältesten Zentren alter nahöstlicher Zivilisationen gefunden worden waren.

Doch bewegte die Gelehrten auf ihrer Suche nach den «historischen» Erzvätern etwas sehr viel Tieferes, etwas, das sehr eng mit dem heutigen religiösen Glauben zu tun hatte. Viele der frühen biblischen Archäologen waren Geistliche oder Theologen. Sie waren aufgrund ihres Glaubens davon überzeugt, daß Gottes Verheißung an Abraham, Isaak und Jakob – das Geburtsrecht des jüdischen Volkes und das Geburtsrecht, das an die Christen weitergegeben wurde, wie vom Apostel Paulus in seinem Brief an die Galater erklärt – echt war. Und wenn die Verheißung echt war, mußte sie auch einem echten Volk gemacht worden sein, keinen phantasievollen Schöpfungen irgendwelcher anonymer Schreiber im Altertum.

So stellte der französische dominikanische Bibelwissenschaftler und Archäologe Roland de Vaux zum Beispiel fest: «Wenn sich der historische Glaube Israels nicht auf Geschichte gründet, ist solch ein Glaube falsch und daher auch unser Glaube.» Und der Nestor der amerikanischen biblischen Archäologie, William F. Albright, wiederholte diese Ansicht, als er darauf bestand: «Das Bild im Buch Genesis aufs Ganze gesehen ist historisch, und es besteht kein Grund, die allgemeine Genauigkeit der biographischen Details anzuzweifeln.» Seit Beginn des 20. Jahrhunderts waren zahlreiche Bibelhistoriker und Archäologen auf Grund der großartigen Entdeckungen in Mesopotamien und der verstärkten archäologischen Tätigkeit in Palästina davon überzeugt, daß neue Entdeckungen es wahrscheinlich erscheinen ließen – wenn sie es nicht schon bewiesen –, daß es sich bei den Erzvätern um historische Gestalten handelte. Sie vertraten die Ansicht, daß die biblischen Texte, selbst wenn sie erst recht spät unter der vereinten Monarchie kompiliert worden waren, eine authentische, alte historische Wirklichkeit wenigstens in ihren Hauptumrissen bewahrten.

Tatsächlich liefert die Bibel viele spezifische Zeitangaben, die auf den ersten Blick dazu geeignet scheinen, genau festzulegen, wann die Erzväter lebten. Die Bibel berichtet von der ältesten Geschichte Israels in geordneter Folge, von den Erzvätern bis Ägypten, vom Auszug aus Ägypten bis zur Wanderung durch die Wüste, von der Einnahme Kanaans bis zur Richterzeit und zur Einsetzung der Monarchie. Außerdem liefert sie auch einen Schlüssel, um spezielle Daten zu berechnen. Der wichtigste Schlüssel ist der Hinweis in 1. Könige 6,1, der Auszug aus Ägypten habe sich vierhundertachtzig Jahre vor dem Beginn des Tempelbaus in Jerusalem im vierten Herrschaftsjahr Salomos zugetragen. Außerdem heißt es in Exodus 12,40, die Israeliten hätten vierhundertdreißig Jahre der Sklaverei in Ägypten vor dem Exodus erlitten. Geben wir etwas mehr als zweihundert Jahre für die sich überschneidenden Lebenszeiten der Erzväter in Kanaan dazu, *bevor* die Israeliten nach Ägypten aufbrachen, kommen wir ungefähr auf das Jahr 2100 v. Chr., in dem Abraham nach Kanaan aufbrach.

Natürlich gab es einige Probleme, diese Datierung für eine exakte historische Rekonstruktion zu akzeptieren, nicht zuletzt wegen der ungewöhnlich langen Lebensspannen Abrahams, Isaaks und Jakobs, die weit über hundert Jahre betrugen. Hinzu kommt, daß die späteren Stammbäume, die Jakobs Nachkommen anführen, verwirrend, wenn nicht gar eindeutig widersprüchlich sind. So werden zum Beispiel Mose und Aaron als Nachkommen von Jakobs Sohn Levi in der *vierten* Generation identifiziert, während Josua, ein Zeitgenosse Moses und Aarons, als Nachkomme Josephs, also eines weiteren von Jakobs Söhnen, in der *zwölften* Generation bezeichnet wird. Das ist kaum als geringfügige Diskrepanz zu bezeichnen.

Der amerikanische Wissenschaftler Albright vertrat jedoch die Ansicht, bestimmte einmalige Details in den Erzählungen des Buches Genesis könnten den Schlüssel für eine Bestätigung ihrer historischen Grundlage enthalten. Elemente wie die Namen von Personen, ungewöhnliche Heiratsbräuche und Gesetze über den Landkauf könne man in den Aufzeichnungen mesopotamischer Gesellschaften vom 2. Jahrtausend v. Chr., aus denen die Erzväter ja stammen sollen, identifizieren. Auch seien die Erzväter, und das sei nicht weniger wichtig, realistisch als Träger eines nomadischen Lebensstil beschrieben, die mit ihren Herden durch das westjordanische Bergland zwischen Sichem, Bethel, Beerscheba und Hebron herumgezogen seien. Diese Einzelheiten überzeugten Albright davon, daß es das Zeitalter der Erzväter tatsächlich gegeben haben muß. Er und seine Kollegen begannen daher, Beweise für das Vorhandensein von ursprünglich aus Mesopotamien zugewanderten Hirtengruppen zu suchen, die um 2000 v. Chr. durch ganz Kanaan gezogen waren.

Aber die Suche nach den historischen Erzvätern erwies sich schließlich als erfolglos, weil keiner der Zeiträume um die in der Bibel angedeuteten Daten einen Hintergrund lieferte, der mit den biblischen Geschichten in Einklang gebracht werden konnte. Später erwies sich die vorgebliche Wanderung von Menschen aus Mesopotamien nach Kanaan – die sogenannte amoritische Wanderung, die Albright zufolge mit der Ankunft Abrahams und seiner Familie zusammenfiel – als illusorisch. Die Archäologie widerlegte entschieden die Behauptung, zu jenem Zeitpunkt sei es zu einer plötzlichen, massenhaften Bevölkerungsbewegung gekommen. Und die scheinbaren Parallelen zwischen mesopotamischen Gesetzen und Bräuchen im 2. Jahrtausend v. Chr. und jenen im Text über die Erzväter waren so allgemein gehalten, daß sie praktisch zu jeder Zeit in der Geschichte des alten Vorderen Orients paßten. Auch das Jonglieren mit Daten brachte wenig ein. Spätere Versuche von de Vaux, die Erzählungen über die Erzväter in die mittlere Bronzezeit (2000–1550 v. Chr.) zu legen, oder der amerikanischen Gelehrten Speiser und Gordon, sie vor dem Hintergrund eines in Nuzi im Nord-Irak gefundenen Archivs aus dem 15. Jahrhundert v. Chr. anzusiedeln, ebenso wie der Versuch des israelischen Bibelhistorikers Benjamin Mazar, sie in die Eisenzeit I zu verlegen, stellten ebenfalls keine überzeugende Verbindung her. Die in den Blick genommenen Parallelen waren jeweils so allgemein, daß sie in vielen Zeiträumen begegneten.

Das Ganze führte zu einer Art circulus vitiosus. Die Theorien der Gelehrten über das Alter der Erzväter (deren historische Existenz nie in Frage gestellt wurde) reichte je nach den Entdeckungen entweder von der Mitte des 3. Jahrtausends v. Chr. bis zum ausgehenden 3. Jahrtausend oder vom frühen 2. Jahrtausend bis zur Mitte des 2. Jahrtausends, also bis zur Eisenzeit I. Das Hauptproblem lag darin, daß die Gelehrten, die die biblischen Berichte als zuverlässig akzeptierten, die Ansicht vertraten, das Zeitalter der Patriarchen sei auf die eine oder andere Weise als der älteste Abschnitt einer in einer glatten Abfolge verlaufenden Geschichte Israels zu sehen.

Einige beredte Anachronismen

Die kritischen Exegeten, die mehrere Quellen im Text der Genesis unterscheiden, bestanden darauf, die Texte über die Erzväter seien erst ziemlich spät niedergeschrieben worden, entweder zur Zeit der Monarchie (10.–8. Jahrhundert v. Chr.) oder sogar noch später, im Exil oder in der nachexilischen Zeit (6.–5. Jahrhundert v. Chr.). Der deutsche Bibelwissenschaftler Julius Wellhausen vertrat die Ansicht, die Erzählungen über die Erzväter spiegelten sowohl in der Quelle J als auch in der Quelle E Belange der späteren israelitischen Königszeit, die auf das Leben der sagenhaften Väter in einer weitgehend mythischen Vergangenheit projiziert wurden. Demnach seien die biblischen Geschichten als nationale Mythen zu betrachten, mit keiner stärkeren historischen Grundlage als Homers Odyssee oder Vergils Geschichte von der Gründung Roms durch Äneas.

In jüngerer Vergangenheit stellten die amerikanischen Bibelwissenschaftler John Van Seters und Thomas Thompson die vorgeblichen archäologischen Beweise für die historischen Erzväter im 2. Jahrtausend v. Chr. weiter in Frage. Sie vertraten die Ansicht, daß, selbst wenn die jüngeren Texte einige ältere Traditionen enthielten, Auswahl und Anordnung der Erzählungen doch eher die Botschaft der biblischen Redaktoren zur Zeit der Kompilation als einen zuverlässigen historischen Bericht wiedergäben.

Aber wann fand diese Kompilation statt? Der Text gibt einige klare Hinweise, mit deren Hilfe die Zeit seiner endgültigen Abfassung eingegrenzt werden kann. Man betrachte zum Beispiel die wiederholte Erwähnung von Kamelen. In den Geschichten über die Erzväter wimmelt es von Kamelen, im allgemeinen von Kamelherden; aber in der Geschichte von Josephs Verkauf in die Sklaverei durch seine Brüder (Gen. 37,25) werden Kamele auch als Lasttiere beschrieben, die man im Karawanenhandel verwendet. Dank archäologischer Forschung weiß man inzwischen, daß Kamele nicht vor dem ausgehenden 2. Jahrtausend gezähmt und im alten Vorderen Orient erst weit nach 1000 v. Chr. allgemein als Lasttiere genutzt wurden. Ein noch vielsagenderes Detail – die Kamelkarawane, die «Harz, Balsam und Myrrhe» in der Josephsgeschichte befördert – verrät eine offensichtliche Vertrautheit mit den Hauptererzeugnissen des lukrativen arabischen Handels, der unter der Oberaufsicht des assyrischen Reichs im 8.–7. Jahrhundert v. Chr. blühte.

Tatsächlich hat man bei Ausgrabungen am Tell Ǧemme in der südlichen Küstenebene Israels – ein besonders wichtiger Stop an der großen Karawanenstraße zwischen Arabien und dem Mittelmeer – im 7. Jahrhundert eine dramatische Zunahme von Kamelknochen verzeichnet. Die Knochen stammten beinahe ausschließlich von ausgewachsenen Tieren, was darauf schließen läßt, daß sie von auf Reisen verwendeten Lasttieren stammen und nicht von vor Ort gezüchteten Herden (dann hätte man auch die Knochen jüngerer Tiere gefunden). Assyrische Quellen um genau diese Zeit berichten, daß Kamele als Lasttiere in Karawanen verwendet wurden. Erst um diese Zeit waren Kamele so häufig in der Landschaft zu sehen, um als ein weiteres Detail in eine literarische Schilderung aufgenommen zu werden.

Dann ist da noch die Sache mit den Philistern. Wir hören von ihnen im Zusammenhang mit Isaaks Begegnung mit «Abimelech, dem König der Philister» in der Stadt Gerar (Gen. 26,1). Die Philister stammten aus der Ägäis oder dem östlichen Mittelmeer und hatten erst nach 1200 v. Chr. ihre Ortschaften an der kanaanäischen Küstenebene gegründet. Im 11. und 10. Jahrhundert blühten ihre Städte und beherrschten das Gebiet bis weit in die assyrische Zeit hinein. Daß Gerar in den Texten über Isaak als philistäische Stadt und die Stadt (ohne das philistäische Attribut) in den Geschichten um Abraham (Gen. 20,1) erwähnt wird, läßt darauf schließen, daß es, als die Texte um die Erzväter entstanden, besonders wichtig oder zu jenem Zeitpunkt zumindest weithin bekannt war. Heute identifiziert man Gerar mit Tel Haror nordwestlich von Beerscheba, und Ausgrabungen dort haben ergeben, daß es in der Eisenzeit I – dem Beginn der philistäischen Geschichte – kaum mehr als ein kleines, recht unbedeutendes Dorf war. Aber im späten 8. und im 7. Jahrhundert war es ein starker, schwer befestigter assyrischer Verwaltungssitz im Süden, ein offensichtliches Wahrzeichen.

Handelt es sich bei diesen unstimmigen Details lediglich um spätere Einfügungen in ältere Traditionen, oder weisen sie darauf hin, daß *sowohl* die Details *als auch* der Text späteren Datums sind? Für viele Gelehrte – insbesondere jene, die die Idee der «historischen» Erzväter aufrecht erhielten – galten sie als nebensächliche Einzelheiten. Aber schon in den 1970er Jahren hat Thomas Thompson darauf hingewiesen, daß sich die Patriarchengeschichten von mythischen Volkssagen gerade dank der spezifischen Bezüge auf Städte, Nachbarvölker und bekannte Orte unterscheiden. Diese Bezüge sind ausschlaggebend, will man Datum und Botschaft des Textes herausfinden. Mit anderen Worten: Die «Anachronismen» sind für Datierung und Verständnis von Bedeutung und im historischen Kontext der Geschichten um die Erzväter weitaus wichtiger als die Suche nach alten Beduinen oder die mathematischen Berechnungen des Alters der Erzväter und ihrer Stammbäume.

Somit ist die Kombination von Kamelen, arabischen Waren, Philistern und Gerar – sowie anderen in den Geschichten um die Erzväter in der Genesis erwähnten Orte und Nationen – von größter Bedeutung. Alle Anhaltspunkte weisen darauf hin, daß die Texte viele hundert Jahre nach der Zeit verfaßt wurden, in der die Erzväter der Bibel zufolge gelebt haben sollen. Diese und andere Anachronismen lassen darauf schließen, daß man im 8. und 7. Jahrhundert v. Chr. ganz intensiv mit dem Verfassen der Patriarchentexte beschäftigt war.

Eine lebendige Karte des alten Vorderen Orients

Betrachten wir die Stammbäume der Erzväter und der vielen Nationen, die dank ihrer Begegnungen, Eheschließungen und Familienbeziehungen entstanden, ist deutlich zu erkennen, daß sie eine vielfarbige Karte der Menschen im alten Vorderen Orient aus dem eindeutigen Blickwinkel der Königreiche Israel und Juda im 8. und 7. Jahrhundert v. Chr. zeigen. Diese Geschichten enthalten einen höchst fortschrittlichen Kommentar über die politischen Angelegenheiten in dieser Region in assyrischer und babylonischer Zeit. Nicht nur lassen sich zahlreiche ethnische Begriffe und Ortsnamen in diese Zeit datieren, ihre Kennzeichen passen auch hervorragend zu dem, was über die Beziehungen Judas und Israels zu den benachbarten Völkern und Königreichen bekannt ist.

Beginnen wir mit den Aramäern, die die Geschichten über Jakobs Heirat mit Lea und Rahel und seine Beziehung zu seinem Onkel Laban beherrschen. In Texten aus dem alten Vorderen Orient werden die Aramäer als eine distinkte ethnische Gruppe nicht vor ca. 1100 v. Chr. erwähnt. Sie stiegen zu Beginn des 9. Jahrhunderts v. Chr. an der Nordgrenze der Israeliten zur vorherrschenden Macht auf, als auf dem Gebiet des modernen Syriens mehrere aramäische Königreiche entstanden. Darunter befand sich auch das Königreich Aram-Damaskus, manchmal ein Verbündeter, manchmal ein Gegner des Nordreichs Israel um die Herrschaft über die reichen landwirtschaftlichen Gebiete zwischen ihren Hauptzentren im oberen Jordangraben und Galiläa. Und tatsächlich drückt der Zyklus um Jakob und Laban metaphorisch die komplizierten und oft stürmischen Beziehungen zwischen Aram und Israel im Verlauf vieler Jahrhunderte aus.

Auf der einen Seite waren Israel und Aram häufig militärische Gegner. Andererseits dürfte die Bevölkerung in den nördlichen Gegenden Israels aramäischen Ursprungs gewesen sein. Das Buch Deuteronomium geht soweit, Jakob sagen zu lassen: «Ein umherirrender Aramäer war mein Vater» (26,5), und die Berichte über die Beziehungen zwischen den einzelnen Patriarchen und ihren aramäischen Vettern bringen deutlich zum Ausdruck, daß man sich des gemeinsamen Ursprungs bewußt ist. Die Beschreibung der Spannungen zwischen Jakob und Laban und die Tatsache, daß sie östlich vom Jordan einen Grenzstein aufstellen, um die Grenze zwischen ihren Völkern zu markieren (Gen. 31,51–54; bedeutsamerweise eine E-, das heißt «nördliche» Geschichte), spiegelt die Aufteilung des Gebiets zwischen Aram und Israel im 9.–8. Jahrhundert v. Chr. wider.

Die Beziehungen Israels und Judas zu ihren östlichen Nachbarn zeigen sich ebenfalls klar in den Texten über die Erzväter. Im gesamten 8. und 7. Jahrhundert v. Chr. waren ihre Kontakte zu den Königreichen Ammon und Moab oft feindselig; zu Beginn des 9. Jahrhunderts v. Chr. herrschte Israel über Moab. Es ist daher höchst bedeutsam – und belustigend –, wie die Nachbarn im Osten in den Stammbäumen der Erzväter herabgesetzt werden. Genesis 19,30–38 (ein J-Text) teilt mit, diese Nationen seien das Ergebnis einer inzestuösen Verbindung. Nachdem Gott die Städte Sodom und Gomorrha vernichtet hat, finden Lot und seine beiden Töchter Unterschlupf in einer Höhle in den Bergen. Da die Töchter, isoliert wie sie sind, keine passenden Ehemänner finden können – sich aber verzweifelt Kinder wünschen –, geben sie ihrem Vater Wein zu trinken, bis er betrunken ist. Dann legen sie sich zu ihm und bringen schließlich je einen Sohn auf die Welt: Moab und Ammon. Kein Judäer, der im 7. Jahrhundert v. Chr. über das Tote Meer zu den beiden gegnerischen Königreichen blickte, hätte wohl angesichts einer Geschichte über solch unehrenhafte Vorfahren ein verächtliches Lächeln unterdrücken können.

Die biblischen Geschichten über die beiden Brüder Jakob und Esau sind noch ein viel deutlicherer Fall, wie man die Dinge im 7. Jahrhundert als etwas Uraltes präsentierte. Genesis 25 und 27 (J-Texte, aus dem Süden) berichten, daß Isaak und Rebekka Zwillinge – Esau und Jakob – bekamen und was kurz vor ihrer Geburt geschah. Gott sagt der schwangeren Rebekka: «Zwei Völker sind in deinem Leibe, und zweierlei Volk wird sich scheiden aus deinem Leibe; und ein Volk wird dem andern überlegen sein, und der Ältere wird dem Jüngeren dienen» (25,23). Im Verlauf der Ereignisse erfahren wir, daß Esau der ältere und Jakob der jüngere ist. Somit dient die Beschreibung der beiden Brüder, des Vaters von Edom bzw. Israels, als göttliche Legitimierung für die politischen Beziehungen zwischen den beiden Nationen in der späten Königszeit. Jakob-Israel ist empfindsam und gebildet, Esau-Edom ist dagegen eher der einfache Jäger und Mann, der sich draußen am wohlsten fühlt. Allerdings hat es Edom erst ziemlich spät als unverkennbare politische Gemeinschaft gegeben. Aus assyrischen Quellen ist bekannt, daß es vor dem ausgehenden 8. Jahrhundert v. Chr. in Edom weder richtige Könige noch einen Staat gab. Erst nach der Eroberung der Region durch Assyrien taucht Edom in alten Aufzeichnungen als ein eigenständiges Gebilde auf. Zum ernsthaften Rivalen Judas wurde es, nachdem der lukrative arabische Handel begonnen hatte. Auch die archäologischen Befunde sind eindeutig: Möglicherweise gab es im späten 8. Jahrhundert v. Chr. Anfänge einer ersten Besiedlungswelle im großen Maßstab in Edom, begleitet von der Gründung größerer Ortschaften und Festungen, aber erst im 7. und beginnenden 6. Jahrhundert v. Chr. wurde ein Höhepunkt erreicht. Davor dürfte die Gegend dünn besiedelt gewesen sein. Ausgrabungen in Bosra – der Hauptstadt von Edom in der Eisenzeit II – zeigen, daß es erst in assyrischer Zeit eine große Stadt geworden war.

Auf diese Weise wurden auch die Geschichten um Jakob und Esau – dem empfindsamen Sohn und dem mächtigen Jäger – als archaisierende Sagen gestaltet, um die Rivalitäten in der späten Königszeit darzustellen.

Die Völker der Wüste und die Reiche im Osten

Im 8. und 7. Jahrhundert stellte der lukrative Karawanenhandel mit Gewürzen und seltenem Weihrauch aus Südarabien, der sich durch die Wüsten und an der Südgrenze Judas bis zu den Mittelmeerhäfen entlangzog, einen bedeutsamen Faktor im Wirtschaftsleben der gesamten Region dar. Für die Einwohner Judas war eine Anzahl von Völkern nomadischer Abstammung in diesem ausgedehnten Handelssystem äußerst wichtig. Mehrere Stammbäume in der Geschichte um die Erzväter geben ein genaues Bild von den Völkern in den Wüsten zum Süden und Osten in der späten Königszeit; sie erklären – wiederum mit Hilfe der Metapher von Familienbeziehungen –, welche Rolle sie in der zeitgenössischen Geschichte Judas spielten. Besonders Ismael, Abrahams und Hagars verachteter Sohn, wird in der Genesis als der Vorfahre zahlreicher arabischer Stämme beschrieben, die die Gebiete am südlichen Rand Judas bevölkerten. Das Bild ist keineswegs schmeichelhaft. Er wird als ein ewiger Wanderer beschrieben, «ein wilder Mensch . . .; seine Hand wider jedermann und jedermanns Hand wider ihn» (Gen. 16,12; nicht überraschend ein J-Dokument). Zu seinen zahlreichen Kindern zählen die verschiedenen südlichen Stämme, die in assyrischer Zeit erneut Kontakt zu Juda aufnehmen.

Zu Ismaels in Genesis 25,12–15 angeführten Nachkommen zählen zum Beispiel die Qedariten (von seinem Sohn Kedar), die zum ersten Mal in assyrischen Berichten aus dem späten 8. Jahrhundert v. Chr. erwähnt werden und von denen während der Herrschaft des Assyrerkönigs Assurbanipal im 7. Jahrhundert v. Chr. häufig die Rede ist. Davor siedelten sie jenseits des direkten Interessengebiets Judas und Israels am westlichen Rand des fruchtbaren Halbmonds. Auch Ismaels Söhne Adbeel und Nebajoth sind nordarabische Gruppen, die ebenfalls in assyrischen Inschriften des ausgehenden 8. und 7. Jahrhunderts v. Chr. zum ersten Mal erwähnt werden. Und schließlich dürfte Ismaels Sohn Thema etwas mit der großen Karawanenoase Tayma im nordwestlichen Arabien zu tun haben, die in assyrischen und babylonischen Quellen des 8. und 6. Jahrhunderts v. Chr. erwähnt wird. Dabei handelt es sich um eines der beiden wichtigen urbanen Zentren in Nordarabien von ca. 600 v. Chr. bis zum Ende des 5. Jahrhunderts v. Chr. Auch die Gruppe mit dem Namen Saba, in einer weiteren Liste von Südvölkern erwähnt (Gen. 25,3), siedelte in Nordarabien. Da keiner dieser Namen in der Erfahrung des Volkes Israel vor der assyrischen Zeit bedeutsam oder auch nur präsent war, dürfte kaum ein Zweifel daran bestehen, daß diese Stammbäume zwischen dem späten 8. und dem 6. Jahrhundert v. Chr. entstanden sind.*

Andere in den Texten über die Erzväter erwähnte Ortsnamen, die mit der Wüste und der Wildnis in der Umgebung zusammenhängen, bestätigen ebenfalls dieses Entstehungsdatum. Genesis 14 mit der Ge-

* Es sollte darauf hingewiesen werden, daß dieses genealogische Material im Buch Genesis, wie zum Beispiel die Liste von Ismaels Söhnen, zum Teil der Quelle P entstammt, die überwiegend in die nachexilische Zeit datiert wird. Wenngleich einige Forscher die Ansicht vertreten, P enthalte ein Element aus der späten Königszeit und könnte daher sehr wohl die Interessen und Realitäten Judas im 7. Jahrhundert spiegeln, ist es durchaus möglich, daß einige Anspielungen auch die Realitäten des 6. Jahrhunderts v. Chr. wiedergeben. Aber in keinem Fall gibt es eine irgendwie geartete überzeugende Erklärung dafür, warum all diese Wüstenbewohner in den Stammbäumen der Erzväter erwähnt werden, außer es handelt sich um spätere literarische Versuche, sie systematisch in die Frühgeschichte Israels zu integrieren.

schichte von dem großen Krieg, den Invasoren aus dem Norden (angeführt vom geheimnisvollen Kedor-Laomer aus Elam in Mesopotamien) gegen die Könige der Städte in der Ebene führten, ist als Quelle für sich zu betrachten, die wohl in die exilische oder nachexilische Zeit datiert werden muß. Aber sie liefert eine interessante geographische Information, die *nur* für das 7. Jahrhundert v. Chr. relevant ist. «En-Mispat – das ist Kadesch» (Gen. 14,7) dürfte ein Hinweis auf Kadesch-Barnea sein, die große Oase im Süden, die im Exodus-Text noch eine bedeutende Rolle spielen sollte. Sie wird mit En el-Quderat im Ost-Sinai identifiziert. Diese Stätte, die ausgegraben wurde, war nachweislich hauptsächlich im 7. und frühen 6. Jahrhundert v. Chr. bewohnt. Der im gleichen Bibelvers als Tamar bezeichnete Ort dürfte mit En Hazeva in der nördlichen Arawa gleichzusetzen sein. Ausgrabungen hier haben eine große Festung zutage befördert, die ebenfalls vor allem in der Eisenzeit II benutzt wurde. Somit dürften die Geographie und sogar die grundsätzliche Situation eines furchterregenden Konflikts mit einem mesopotamischen Eindringling den Bewohnern Judas im 7. Jahrhundert v. Chr. bedrohlich vertraut gewesen sein.

Damit nicht genug. Der Genesis-Text offenbart unmißverständlich Vertrautheit mit Lage und Ruf der assyrischen und babylonischen Reiche im 9.–6. Jahrhundert v. Chr. Assyrien wird ausdrücklich in Genesis 2,14 im Zusammenhang mit dem Tigris erwähnt, und zwei der königlichen Hauptstädte des assyrischen Reichs – Ninive (identifiziert als die Hauptstadt des Reichs im 7. Jahrhundert v. Chr.) und Kelah (ihre Vorgängerin) – sind in Genesis 10,11 erwähnt (beides J-Dokumente). Die Stadt Haran spielt in den Geschichten um die Erzväter eine vorherrschende Rolle. Die Stätte, noch immer Eski Harran («das alte Haran») genannt, liegt in der Südtürkei an der syrischen Grenze. Sie blühte zu Beginn des 2. Jahrtausends v. Chr. und noch einmal in neoassyrischer Zeit. Schließlich erwähnen assyrische Texte auch noch Städte im Gebiet von Haran. Ihre Namen erinnern an Tharah, Nahor und Serug – Abrahams Vorfahren (Gen. 11,22–26, eine P-Quelle). Möglicherweise haben sie diesen Städten ihre Namen gegeben.

Judas Schicksal

Der deutsche Bibelwissenschaftler Martin Noth hat vor geraumer Zeit die Ansicht vertreten, die Berichte über die Ereignisse aus der ältesten Zeit von Israels Existenz – die Geschichten um die Erzväter, den Auszug aus Ägypten und die Wanderung durch den Sinai – seien ursprünglich nicht als eine einzige, zusammenhängende Darstellung verfaßt worden. Er vermutet, daß es sich dabei um eigene Traditionen einzelner Stämme gehandelt haben müsse, die zu einer gemeinsamen Geschichte zusammengefaßt wurden, um der Sache der politischen Vereinigung einer zerstreuten, heterogenen israelitischen Bevölkerung zu dienen. Seiner Ansicht nach bietet der geographische Bezugspunkt jedes Erzählzyklus, besonders der der Erzväter, einen wichtigen Hinweis darauf, wo die Geschichte niedergeschrieben wurde – nicht aber unbedingt, wo die Ereignisse stattfanden. Viele der Geschichten um Abraham spielen im Südteil des Berglands, insbesondere in der Gegend von Hebron in Südjuda. Isaak wird mit dem südlichen Wüstenrand Judas, vor allem mit der Gegend um Beerscheba, in Verbindung gebracht. Jakob ist hauptsächlich im nördlichen Bergland und im Ostjordanland aktiv – Gebiete, die vor allem für das Nordreich Israel stets von besonderem Interesse waren. Deshalb stellt Noth die These auf, bei den Erzvätern habe es sich ursprünglich um regionale Vorfahren, jeder getrennt für sich, gehandelt, die schließlich in einem einzigen Stammbaum zusammengefaßt wurden, um eine gemeinsame Geschichte zu ergeben.

Es ist offensichtlich, daß die Wahl Abrahams, der enge Beziehungen zu Hebron, der ältesten Königsstadt Judas, und zu Jerusalem («Salem» in Gen. 14,18) pflegte, vor allem den Sinn hatte, die Vorrangstellung Judas schon in den frühesten Zeiten der Geschichte Israels zu behaupten. Es ist fast so, als legte eine amerikanische Schrift, die die präkolumbianische Geschichte schildert, einen unmäßigen Nachdruck auf Manhattan Island oder jenen Landstrich, auf dem später Washington D.C. erstehen würde. Die pointierte politische Bedeutung, warum solch ein Detail in den weiteren Text aufgenommen wurde, stellt seine historische Zuverlässigkeit zumindest in Frage.

Wie noch ausführlicher in den folgenden Kapiteln zu sehen sein wird, war Juda bis zum 8. Jahrhundert v. Chr. ein recht isoliertes, dünn besiedeltes Königreich. Es konnte sich im Hinblick auf Territorium, Wohlstand und militärische Macht kaum mit dem Königreich Israel im Norden messen. Die Fähigkeit zu lesen und zu schreiben war ziemlich beschränkt, und die Hauptstadt Jerusalem war eine kleine Stadt in einem entlegenen Bergland. Nachdem aber das Nordreich Israel vom assyrischen Reich 720 v. Chr. ausgelöscht worden war, schwoll Judas Bevölkerung gewaltig an, es entstanden differenzierte staatliche Einrichtungen, und das Königreich stieg unter der Herrschaft einer alten

Dynastie zu einer bedeutenden Regionalmacht auf. Außerdem besaß das Königreich den wichtigsten erhaltenen Tempel des Gottes Israels. Daher entwickelte sich im späten 8. und im 7. Jahrhundert in Juda ein besonderes Bewußtsein für seine eigene Bedeutung und sein göttliches Schicksal. Juda betrachtete sein Überleben als Beweis, daß es nach Gottes Willen schon seit der Zeit der Erzväter über das gesamte Land Israel hätte herrschen sollen. Als die überlebende israelitische politische Einheit betrachtete Juda sich in einem ganz bodenständigen Sinn als der natürliche Erbe aller israelitischen Gebiete und der israelitischen Bevölkerung, die den assyrischen Angriff überlebt hatte. Jetzt war nur noch ein machtvolles Mittel vonnöten, um dieses Verständnis sowohl den Bewohnern Judas als auch den unter assyrischer Herrschaft zerstreuten israelitischen Gemeinden nahezubringen. Damit war die pan-israelitische Idee mit Juda als ihrem Mittelpunkt geboren.

Die Vätererzählungen entwerfen daher eine gemeinsame Ahnenreihe des israelitischen Volkes, die bis zum judäischsten der Erzväter – Abraham – zurückführt. Aber wenngleich sich die Schilderungen im Buch Genesis hauptsächlich um Juda drehen, versäumen sie nicht, auch nördliche israelitische Traditionen gebührend herauszustellen. Es ist in diesem Zusammenhang bedeutsam, daß Abraham JHWH in Sichem und Bethel, den beiden bedeutendsten Kultzentren des Nordreichs, Altäre errichtet (Gen. 12,7–8) – ebenso wie in Hebron (Gen. 13,18), dem wichtigsten Zentrum Judas nach Jerusalem. Damit dient die Person Abrahams dazu, die nördlichen und südlichen Traditionen zusammenzuführen und eine Brücke zwischen Norden und Süden zu schlagen. Die Tatsache, daß Abraham das Errichten der Altäre in Bethel und Sichem zugeschrieben wird, soll sogar die Behauptung der Judäer belegen, daß die Kultstätten, die zur Zeit der israelitischen Könige durch Abgötterei verunreinigt worden waren, dank ihrer Verbindung zum südlichen Erzvater einst durchaus legitime heilige Stätten gewesen sind.*

* Ein weiteres Beispiel für die Verknüpfung nördlicher und südlicher Traditionen unter judäischer Vorherrschaft ist die Lage der Gräber der Erzväter. Diese heilige Stätte – an der Abraham und Isaak (südliche Helden) ebenso wie Jakob (ein nördlicher Held) begraben wurden – liegt in Hebron, traditionell der zweitwichtigsten Stadt im Judäischen Bergland. Die Geschichte über den Kauf des Grabs der Erzväter wird allgemein der priesterlichen (P) Quelle zugeschrieben, wofür mehr als ein Element in der Abfassung zu sprechen scheint. Falls diese Tradition ihren Ursprung in der späten Monarchie hat (selbst wenn ihre endgültige Version späteren Datums ist), drückt sie klar die zentrale Bedeutung Judas und seine Überlegenheit über den Norden aus. Der in der Erzählung geschilderte Landkauf weist starke Parallelen zur neo-babylonischen Zeit auf – ein weiterer Hinweis auf die späten Realitäten, die hinter dem Patriarchentext stehen.

Es ist durchaus möglich und sogar wahrscheinlich, daß die einzelnen Episoden der Erzväter-Erzählungen auf alten Lokaltraditionen beruhen. Aber so, wie sie verwendet und aneinandergereiht wurden, werden sie zu einem machtvollen Ausdruck der Träume Judas im 7. Jahrhundert. Ja, Judas Überlegenheit über alle anderen hätte nicht stärker ausgedrückt werden können als in Jakobs letztem Segen seiner Söhne, der schon weiter oben zitiert wurde. Obgleich überall der Feind droht, geht Juda, so die Verheißung, niemals unter.

Die Traditionen um die Erzväter sind demnach als eine Art frommer «Vorgeschichte» Israels zu betrachten, in der Juda eine entscheidende Rolle spielte. Sie beschreiben die allerfrüheste Geschichte der Nation, umreißen ethnische Grenzen und betonen den Status der Israeliten als Außenseiter und als nicht zugehörig zur einheimischen kanaanäischen Bevölkerung, ebenso absorbieren sie die nördlichen und südlichen Traditionen, um schließlich Judas Überlegenheit zu unterstreichen.* In den eingestandenermaßen fragmentarischen Belegen der E-Version von der Geschichte um die Erzväter, vermutlich im Nordreich Israel vor seiner Zerstörung 720 v. Chr. verfaßt, spielt der Stamm Juda kaum eine Rolle. Aber im ausgehenden 8. und ganz sicher im 7. Jahrhundert v. Chr. war Juda das Zentrum dessen, was noch von der israelitischen Nation übriggeblieben war. In diesem Licht sollte die J-Version der Erzvätererzählung vor allem als ein literarischer Versuch betrachtet werden, die Einheit des Volkes Israel zu definieren – und nicht als ein exakter Bericht über das Leben historischer Personen, die über tausend Jahre zuvor lebten.

Die biblische Geschichte von den Erzvätern dürfte den Einwohnern Judas im 7. Jahrhundert v. Chr. sehr bekannt vorgekommen sein. In den Erzählungen gruppieren sich die vertrauten Menschen und die bedrohlichen Feinde der Gegenwart um die Lager und Weidegründe Abrahams und seiner Nachkommen. Die Landschaft in den Geschichten von den Erzvätern gleicht einer träumerischen, romantischen Vision der Vergangenheit als Hirten, besonders abgestimmt auf die nomadische Herkunft eines großen Teils der Bevölkerung Judas. Sie war zusammengefügt aus Erinnerung, Stücken alter Bräuche, Sagen über die

* Da die priesterliche (P) Quelle im Pentateuch von den meisten Gelehrten auf die nachexilische Zeit datiert wird und die endgültige Redaktion des Pentateuch ebenfalls in diese Zeit fällt, stellt sich uns die ernste Frage, ob wir in den Genesis-Geschichten auch noch ein nachexilisches Element feststellen können. In vieler Hinsicht ähnelten die Bedürfnisse der nachexilischen Gemeinde stark den Notwendigkeiten des späten Königtums. Aber, wie wir hier vorzuführen versuchen, verweisen der grundsätzliche Rahmen und die anfängliche Ausarbeitung des Patriarchentextes deutlich auf einen Ursprung im 7. Jahrhundert.

Entstehung von Völkern und den Sorgen, hervorgerufen durch zeitgenössische Konflikte.* Die zahlreichen, hier zusammengeführten Quellen und Episoden zeugen vom Reichtum der Traditionen, aus denen der biblische Text schöpfte – und davon, wie sich das Publikum in Juda von dem in Israel unterschied.

Genesis – eine Einleitung?

Wenn sich die Geschichten im Buch Genesis um Juda drehen – und wenn sie tatsächlich im 7. Jahrhundert v. Chr. geschrieben wurden, kurz bevor das Deuteronomistische Geschichtswerk entstand –, wie kommt es dann, daß sie so weit entfernt von deuteronomistischen Ideen wie der zentralen Stellung des Kults und der Zentralität Jerusalems sind? Ja, anscheinend befürworten sie Kultstätten im Norden wie Bethel und Sichem und beschreiben das Errichten von Altären an vielen Orten außer Jerusalem. Vielleicht sollte man das als einen Versuch werten, die Traditionen der Erzväter als eine Art frommer Vorgeschichte darzustellen, vor Jerusalem, vor der Monarchie und auch vor dem Tempel, als die Väter der Nation zwar schon Monotheisten waren, aber ihre Opfer noch an anderen Orten darbringen durften. Die Darstellung der Erzväter als Hirten oder Nomaden könnte tatsächlich beabsichtigen, den entscheidenden Jahren einer Gesellschaft, die erst kurz davor ein klares nationales Bewußtsein entwickelt hatte, die Aura eines höheren Alters zu verleihen.

Das alles bedeutet, daß sowohl die J-Quelle des Pentateuch als auch die Deuteronomistische Geschichtsdarstellung in Juda, in Jerusalem,

* Die Gebietsansprüche Judas im 7. Jahrhundert auf israelitisches Land, das von den Assyrern eingenommen wurde, kommen in den abrahamitischen Traditionen ebenfalls zum Ausdruck. In der Schilderung des großen Kriegs in Genesis 14 verfolgt Abraham die mesopotamischen Könige, die seinen Neffen Lot gefangengenommen hatten, und jagt sie bis nach Dan und Damaskus (14,14–15). Mit dieser Tat befreit er seinen Verwandten aus mesopotamischer Gefangenschaft und vertreibt fremde Mächte aus dem späteren nördlichen Gebiet des Königreichs Israel.
Ebenfalls relevant für Judas Gebietsansprüche in diesem Zeitraum ist der besondere Nachdruck auf die «Joseph»-Stämme – Ephraim und Manasse – und die starke Botschaft einer Trennung der Israeliten von den Kanaanäern im Patriarchentext. Die erste Aufgabe für Juda nach dem Fall des Nordreichs war die Expansion auf ehemalige israelitische Gebiete im Bergland direkt nördlich von Juda – nämlich die Gebiete von Ephraim und Manasse. Nachdem die Assyrer Samaria zerstört hatten, siedelten sie Deportierte aus Mesopotamien auf dem Gebiet des zerschlagenen Nordreichs an. Einige wurden im Gebiet von Bethel, nahe von Judas Nordgrenze angesiedelt. Die pan-israelitische Idee mußte diese Situation neuer «Kanaanäer» berücksichtigen, die auf Gebieten wohnten, die Juda als sein Erbe betrachtete. Die Erzvätererzählungen, die die Bedeutung einer Eheschließung mit Verwandten und das Vermeiden einer Heirat mit anderen Völkern des Landes so stark betonen, passen ebenfalls hervorragend zu dieser Situation.

im 7. Jahrhundert v. Chr. niedergeschrieben wurde, als es das Nordreich Israel nicht mehr gab. Die Ideen, die grundlegenden Erzählungen und sogar die Personen, die hinter beiden Fassungen standen, dürften weitgehend vertraut gewesen sein. Die J-Quelle beschreibt die frühere Geschichte der Nation, während sich das Deuteronomistische Geschichtswerk mit den Ereignissen jüngerer Jahrhunderte befaßt, wobei der Nachdruck auf der pan-israelitischen Idee, dem göttlichen Schutz der davidischen Dynastie und dem zentralen Kult im Tempel von Jerusalem liegt.

Die Genialität der Schöpfer dieses nationalen Epos im 7. Jahrhundert lag in der Art, wie sie die älteren Geschichten zusammenfügten, ohne ihnen ihre Menschlichkeit oder ihren individuellen Charakter zu nehmen. Von Abraham, Isaak und Jakob werden lebendige geistige Porträts gezeichnet, und gleichzeitig bleiben sie die metaphorischen Vorfahren des Volkes Israel. Und Jakobs zwölf Söhne wurden als die jüngeren Mitglieder einer vollständigeren Genealogie in die Tradition hereingenommen. Mit ihrer Kunst ist es der Bibel gelungen, die Kinder Abrahams, Isaaks und Jakobs zu einer einzigen Familie zu verschmelzen. Die Macht der Legende hat sie vereinigt – und zwar weitaus machtvoller und zeitloser, als es die vergänglichen Abenteuer einiger historischer Individuen, die ihre Schafe im Bergland Kanaans hüteten, je geschafft hätten.

2. Hat sich der Auszug aus Ägypten wirklich zugetragen?

Die Heldengestalt des Mose vor dem tyrannischen Pharao, die zehn Plagen und der massenhafte Auszug der Israeliten aus Ägypten haben sich über die Jahrhunderte hinweg als die zentralen, unvergeßlichen Bilder der biblischen Geschichte eingeprägt. Dank eines von Gott geleiteten Anführers – nicht eines Urahnen–, der das Volk vor Gott vertritt und Gott vor der Nation, legen die Israeliten die beinahe unmögliche Strecke vom hoffnungslosen Status als Sklaven bis an die Grenzen des ihnen verheißenen Landes zurück. Die Geschichte von der Befreiung der Israeliten aus der Sklaverei ist so wichtig, daß die Bücher Exodus, Leviticus, Numeri und Deuteronomium – vier Fünftel der zentralen Schriften Israels – diesen bedeutenden Ereignissen gewidmet sind, die eine einzige Generation in etwas mehr als vierzig Jahren erlebt hat. Während dieser Jahre ereignen sich die Wunder vom brennenden Busch, die Plagen, die Teilung des Roten Meers, die Erscheinung des Manna in der Wüste und die Offenbarung des Gesetzes Gottes auf dem Sinai – alles sichtbare Manifestationen der Herrschaft Gottes sowohl über die Natur als auch die Menschen. Der Gott Israels, zuvor den Erzvätern nur durch persönliche Offenbarungen bekannt, offenbart sich dem Volk als universale Gottheit.

Aber hat sich dies tatsächlich zugetragen? Kann die Archäologie uns helfen, den genauen Zeitpunkt festzulegen, als ein führender Mann namens Mose sein Volk für den großartigen Akt der Befreiung aufbrechen ließ? Läßt sich der Verlauf des Auszugs und der Wanderung durch die Wüste nachvollziehen? Kann man ermitteln, ob der Auszug – wie in der Bibel beschrieben – jemals stattgefunden hat? Zweihundert Jahre intensiver Ausgrabungen und das Studium der Überreste der alten ägyptischen Zivilisation haben eine detaillierte Chronologie von Ereignissen, Personen und Orten in pharaonischer Zeit hervorgebracht. Der Exodus-Text enthält nicht nur Geschichten von den Erzvätern, sondern auch eine Fülle genauer geographischer Hinweise. Geben sie einen zuverlässigen historischen Hintergrund für das großartige Epos von der Flucht der Israeliten aus Ägypten und der Gabe des Gesetzes auf dem Sinai ab?

Israel in Ägypten: die biblische Geschichte

Die Geschichte im Buch Exodus beschreibt zwei bedeutende Veränderungen, deren Verbindung für den anschließenden Verlauf der israelitischen Geschichte entscheidend ist. Einerseits wachsen die zwölf Söhne Jakobs und ihre Familien, die im Exil in Ägypten leben, zu einer großen Nation zusammen. Andererseits erlebt diese Nation einen Prozeß der Befreiung und Unterwerfung unter göttliches Gesetz, der davor unmöglich gewesen wäre. Somit unterstreicht die Bibel mit ihrer Botschaft, welche Macht eine vereinigte, gläubige Nation potentiell hat, wenn sie ihre Freiheit sogar vom größten Königreich der Erde einfordert.

Die Bühne für diesen dramatischen geistigen Wandel wird am Ende des Buchs Genesis vorbereitet, als Jakobs Söhne in Sicherheit unter dem Schutz ihres Bruders Joseph leben, der in der ägyptischen Hierarchie als einflußreicher Beamter zu Macht gekommen ist. Sie sind wohlhabend und zufrieden in den Städten des östlichen Nildeltas und haben freien Zugang zu ihrer kanaanäischen Heimat. Nach dem Tod ihres Vaters Jakob bringen sie seinen Leichnam in das Grab, das sie für ihn bereit halten – neben dem Grab seines Vaters Isaak und seines Großvaters Abraham in der Höhle Machpela in Hebron. Über einen Zeitraum von vierhundertdreißig Jahren entwickeln sich die Nachkommen der zwölf Brüder und ihrer Familien zu einer großen Nation – genau wie von Gott verheißen – und sind der ägyptischen Bevölkerung als Hebräer bekannt: «... wuchsen die Nachkommen Israels und zeugten Kinder und mehrten sich und wurden überaus stark, so daß von ihnen das Land voll ward» (Ex. 1,7). Aber die Zeiten ändern sich, und schließlich gelangt ein neuer Pharao an die Macht, «der wußte nichts von Joseph». Da dieser neue Pharao befürchtet, daß die Hebräer Ägypten an seine Feinde verraten könnten, macht er sie zu Sklaven und zwingt sie in den Frondienst: Sie sollen die Königsstädte Pithom und Ramses bauen. «Aber je mehr sie das Volk bedrückten, desto stärker mehrte es sich» (Ex. 1,12). Der Teufelskreis der Unterdrückung verschärft sich: Die Ägypter machen den Hebräern das Leben sauer mit schwerer Arbeit «in Ton und Ziegeln und mancherlei Frondienst auf dem Felde» (Ex. 1,14).

Der Pharao befürchtet eine Bevölkerungsexplosion dieser gefährlichen Zuwanderer und ordnet an, alle männlichen Kinder der Hebräer im Nil zu ertränken. Aber gerade diesem verzweifelten Schritt verdanken die Hebräer ihre Befreiung. Ein Kind aus dem Stamm Levi – in einem Korb aus Schilfrohr ausgesetzt – wird von einer der Pharaonentöchter gefunden und adoptiert. Man gibt ihm den Namen Mose (von der hebräischen Wurzel «herausziehen» aus dem Wasser), und er wächst am Königshof auf. Jahre später, als Mose schon erwachsen ist, sieht er, wie ein ägyptischer Fronherr einen hebräischen Sklaven auspeitscht. Seine tiefsten Gefühle sind geweckt. Er erschlägt den Ägypter und «verscharrte ihn im Sande». Aus Furcht vor den Konsequenzen dieser Handlung flieht Mose in die Wüste – ins Land Midian. Dort beginnt er ein neues Leben als Nomade in der Wüste. Im Verlauf seiner Wanderungen als einsamer Hirte erlebt er beim Horeb, «dem Berg Gottes», die Offenbarung, die die Welt verändern sollte.

In den strahlenden, flackernden Flammen eines brennenden Busches in der Wüste, der vom Feuer nicht verzehrt wird, offenbart sich der Gott Israels dem Mose als der Befreier des Volkes Israel. Er verkündet, er werde es von seinen Fronherren befreien und es in ein Leben in Freiheit und Sicherheit ins verheißene Land führen. Gott gibt sich als der Gott Abrahams, Isaaks und Jakobs zu erkennen und offenbart sich Mose jetzt auch mit seinem geheimnisvollen, mystischen Namen JHWH: «Ich bin, der ich bin.» Er beauftragt Mose feierlich, mit Unterstützung seines Bruders Aaron nach Ägypten zurückzukehren, um dort mit Hilfe von Wundern vor den Pharao zu treten und Freiheit für das Haus Israel zu fordern.

Aber das Herz des Pharaos ist verstockt, und als Reaktion auf Moses Forderung verschlimmert er das Leid der hebräischen Sklaven. Daraufhin befiehlt Gott Mose, Ägypten eine Reihe schrecklicher Plagen anzudrohen, wenn der Pharao sich noch immer dem göttlichen Gebot «Laß mein Volk ziehen» (Ex. 7,16) widersetzt. Der Pharao lenkt nicht ein, und der Nil verwandelt sich in Blut. Frösche, Stechmücken und dann Fliegen schwärmen im ganzen Land aus. Eine geheimnisvolle Krankheit rafft das Vieh der Ägypter dahin. Blattern und Geschwüre brechen bei den Menschen und dem verbliebenen Vieh aus. Aus dem Himmel schlägt Hagel auf die Felder und vernichtet die Ernte. Aber noch immer ist der Pharao verstockt. Dann kommt eine Heuschreckenplage und danach die Finsternis über Ägypten – und schließlich eine furchtbare Plage, bei der alle Erstgeburten sowohl der Menschen als auch der Tiere im gesamten Land am Nil getötet werden.

Um die Erstgeborenen der Israeliten zu schützen, befiehlt Gott Mose und Aaron, die Gemeinde Israel solle ein besonderes Opfer von Lämmern vorbereiten, deren Blut an die Türpfosten jeder israelitischen Behausung zu streichen sei, so daß in der Nacht, wenn die ägyptischen

Erstgeburten erschlagen werden, ihre Häuser verschont bleiben. Ebenso befiehlt er ihnen, ungesäuertes Brot für einen hastigen Auszug vorzubereiten. Als der Pharao das schreckliche Ausmaß der zehnten Plage, bei dem die Erstgeburten einschließlich seines eigenen Sohnes getötet werden, vernimmt, gibt er endlich nach und läßt die Israeliten mit ihren Schafen und Rindern davonziehen.

So ziehen die Israeliten, «sechshunderttausend Mann zu Fuß ohne die Frauen und Kinder» (Ex.12,37) aus den Städten im Ostdelta in die Wüste Sinai. Aber «als nun der Pharao das Volk hatte ziehen lassen, führte sie Gott nicht den Weg durch das Land der Philister, der am nächsten war; denn Gott dachte, es könnte das Volk gereuen, wenn sie Kämpfe vor sich sähen, und sie könnten wieder nach Ägypten umkehren. Darum ließ er das Volk einen Umweg machen und führte es durch die Wüste zum Schilfmeer» (Ex. 13,17–18). Als dann der Pharao seinen Beschluß bereut, schickt er eine Streitmacht von «sechshundert auserlesenen Wagen und was sonst an Wagen in Ägypten war» hinter den flüchtenden Israeliten her. Aber das Rote Meer teilt sich, damit die Israeliten trockenen Fußes in den Sinai gelangen können. Sobald sie das Meer durchschritten haben, verschlingen die hoch aufgetürmten Wassermassen die sie verfolgenden Ägypter in einem unvergeßlichen Wunder, an das das biblische Meerlied erinnert (Ex.15,1–18).

Unter Moses Führung zieht die gewaltige Menge der Israeliten durch die Wüste und folgt dabei einer sorgfältig verzeichneten Route entlang an Orten, an denen sie Durst hat, hungert und murrend ihre Unzufriedenheit ausdrückt, aber dank Moses Fürsprache von Gott immer wieder besänftigt und gespeist wird. Schließlich gelangt sie an den Berg Gottes, an dem Mose seine erste Offenbarung erlebt hat. Während Mose auf den Gipfel steigt, um das Gesetz zu empfangen, nach dem die gerade befreiten Israeliten von nun an leben sollen, versammelt sich das Volk Israel. Wenngleich die Versammlung am Sinai durch die Anbetung des goldenen Kalbs (zornig zerschlägt Mose daraufhin die ersten beiden Steintafeln) getrübt wird, überbringt Mose dem Volk in Gottes Auftrag die zehn Gebote und später die vielfältigen Gesetze für den Kult, die Reinheit und Speisevorschriften. Die heilige Bundeslade mit den Tafeln mit Gottes Gesetz dient fortan als Schlachtenbanner und heiligstes nationales Symbol, das die Israeliten auf allen ihren Wanderungen begleitet.

Von ihrem Lager in der Wüste Paran schicken die Israeliten Kundschafter aus, um Informationen über die Bewohner von Kanaan einzuholen (Numeri 13). Aber diese Kundschafter kehren mit so schreckenerregenden Berichten über die Stärke der Kanaanäer und die turmhohen Befestigungen ihrer Städte zurück, daß die Mehrzahl der Israeliten den Mut verliert, sich gegen Mose erhebt und ihn anfleht, nach Ägypten zurückzukehren, wo zumindest ihre physische Sicherheit gewährleistet war. Als Gott das sieht, beschließt er, die Generation, die in Ägypten in Sklaverei gelebt hat, werde den Einzug ins verheißene Land nicht erleben, statt dessen ziehen die Israeliten weitere vierzig Jahre durch die Wüste. Deshalb betreten sie Kanaan nicht direkt, sondern erreichen es auf Umwegen über Kadesch-Barnea und die Araba durch die Länder Edom und Moab östlich des Toten Meers.

Der Schlußakt der Geschichte vom Auszug aus Ägypten findet in den Ebenen von Moab im Ostjordanland in Sichtweite des verheißenen Landes statt. Der nunmehr betagte Mose offenbart den Israeliten den vollen Wortlaut der Gesetze, die sie befolgen müssen, wenn sie Kanaan tatsächlich erben möchten. Dieser zweite Gesetzeskodex steht im Buch Deuteronomium (nach dem Griechischen *deuteronomion*, das heißt «zweites Gesetz»). Er schildert ausführlich die tödlichen Gefahren der Abgötterei, legt den Kalender mit den Feiertagen fest, führt eine breit gefächerte soziale Gesetzgebung ein und bestimmt, daß der Gott Israels nach der Einnahme nur in einem einzigen Heiligtum verehrt werden dürfe, an der «Stätte, die der Herr, dein Gott, erwählen wird» (Dtn. 26,2). Nachdem Mose, nunmehr 120 Jahre alt, Josua, den Sohn Nuns, zum Befehlshaber der Israeliten auf ihrem Feldzug für eine schnelle Einnahme ernannt hat, steigt er auf den Gipfel des Bergs Nebo, wo er stirbt. Damit ist der Wandel von Familie zu Nation vollendet. Diese Nation steht nun vor der gewaltigen Herausforderung, das ihr von Gott auferlegte Schicksal zu erfüllen.

Die Lockungen Ägyptens

Eines ist sicher: Die grundsätzliche Situation, die in der Sage vom Auszug aus Ägypten beschrieben wird – Einwanderer aus Kanaan kommen nach Ägypten und lassen sich in den östlichen Grenzregionen des Deltas nieder –, ist hinreichend mit archäologischen Funden und historischen Texten belegt. Seit den frühesten Aufzeichnungen im gesamten Altertum lockte Ägypten die Menschen Kanaans als ein Ort der Zuflucht und Sicherheit, wann immer Dürre, Hungersnot oder Krieg das Leben unerträglich oder auch nur schwer machten. Diese historische Beziehung beruht auf den grundsätzlichen Gegensätzen in Umwelt und Klima zwischen Ägypten und Kanaan, den beiden durch die Sinai-Wüste getrennten Nachbarländern. Kanaan mit einem typischen Mittelmeerklima ist im Sommer trocken, es regnet nur im Winter, und wieviel Regen in einem bestimmten Jahr fällt, ist sehr unterschiedlich. Da die Landwirtschaft in Kanaan so stark vom Klima abhängt, bedeuten Jahre mit reichlichem Regen Wohlstand, Jahre mit wenig Niederschlägen bringen dagegen im allgemeinen Dürre und Hungersnot. So war das Leben der Einwohner von Kanaan stets nachdrücklich den Schwankungen zwischen Jahren mit gutem, mit durchschnittlichem und mit wenig Regen unterworfen, denn sie übertrugen sich direkt in Jahre von Wohlstand, Not und regelrechter Hungersnot. Und bei einer strengen Hungersnot gab es nur eine Lösung: nach Ägypten zu gehen, denn Ägypten hing nicht vom Regen ab, sondern bezog sein Wasser aus dem Nil.

Auch in Ägypten gab es gute und schlechte Jahre – abhängig vom schwankenden Wasserspiegel des Nils in der Jahreszeit der Überschwemmungen, die auf die sehr unterschiedlichen Regenfälle an seinen Quellen in Mittelafrika und im äthiopischen Hochland zurückgehen, aber richtige Hungersnöte waren selten. Selbst wenn der Stand des Nils niedrig war, stellte er doch immer noch eine zuverlässige Quelle für die Bewässerung dar, und außerdem war Ägypten ein gut organisierter Staat, der sich mit Hilfe der Lagerung von Getreide in staatlichen Lagerhäusern auf bessere oder schlechtere Jahre vorbereitete. Überdies bot sich besonders das Nildelta im Altertum als eine weitaus einladendere Landschaft dar als heute. Wegen des Schwemmsands und geologischer Veränderungen teilt sich der Nil heute unmittelbar nördlich von Kairo in nur zwei Hauptarme. Aber eine Vielzahl alter Quellen, darunter zwei Karten aus römisch-byzantinischer Zeit, berichten, der Nil habe sich in bis zu sieben Arme aufgeteilt, und dadurch sei ein weitaus größeres Gebiet von gut bewässertem Land entstanden. Der östlichste Arm reichte bis in die heutige salzige, trockene Sumpfzone des nordwestlichen Sinais. Davon abzweigende, vom Menschen angelegte Kanäle versorgten das gesamte Gebiet mit Süßwasser, so daß die jetzigen trockenen Salzsümpfe am Suez-Kanal ein grünes, fruchtbares und dicht bewohntes Gebiet waren. Bei geologischen und topographischen Studien im Delta und in der Wüste östlich davon hat man in jüngster Zeit sowohl den östlichen Nil-Arm als auch die Kanäle identifiziert.

Man darf wohl mit gutem Grund annehmen, daß Nomaden und Bauern gleichermaßen nach Ägypten gezogen sind, um sich im Ostdelta niederzulassen und die zuverlässige Fruchtbarkeit dort zu genießen – genauso, wie in den biblischen Erzählungen beschrieben. Im übrigen hat die Archäologie ein stark nuanciertes Bild der großen semitischen Gemeinschaften geliefert, die in der Bronzezeit aus dem südlichen Kanaan kamen, um sich aus ganz verschiedenen Gründen im Delta niederzulassen, und dabei unterschiedlich erfolgreich waren. Als landlose Arbeiter wurden sie zum Teil für öffentliche Arbeiten herangezogen. Zu anderen Zeiten kamen sie möglicherweise nur, weil Ägypten bessere Aussichten für Handel und Wirtschaft bot. Die berühmten Grabmalereien der Beni Hassan aus Mittelägypten aus dem 19. Jahrhundert v. Chr. zeigen eine Gruppe aus dem Ostjordanland, die mit Tieren und Waren in Ägypten eintrifft – vermutlich als Händler, nicht als Fronarbeiter. Andere Kanaanäer dürften von den Armeen der Pharaonen als Kriegsgefangene ins Delta verschleppt worden sein, gefangen bei Strafaktionen gegen aufrührerische Stadtstaaten in Kanaan. Bekanntlich wurde ein Teil von ihnen versklavt und mußte die Ländereien der Tempel bearbeiten. Einige stiegen in der Gesellschaft auf und wurden schließlich Regierungsbeamte, Soldaten und sogar Priester.

Diese Völkerwanderungen ins Ostdelta – von asiatischen Völkern, die nach Äypgten zogen, um für Fronarbeit im Delta herangezogen zu werden – beschränken sich nicht auf die Bronzezeit. Vielmehr spiegeln sie den uralten Rhythmus in der Region, auch in späteren Zeiten wie der Eisenzeit, also näher an der Zeit, in der der Bericht vom Auszug aus Ägypten schriftlich festgehalten wurde.

Aufstieg und Niedergang der Hyksos

Die Geschichte im Buch Genesis von Josephs Aufstieg in eine führende Position ist die bekannteste der Geschichten über kanaanäische Einwanderer, die in Ägypten mächtig werden; aber auch andere Quellen bieten im wesentlichen das gleiche Bild – aus einem ägyptischen Blickwinkel. Die wichtigste wurde vom äygptischen Historiker Manetho im 3. Jahrhundert v. Chr. verfaßt. Er hielt die Geschichte von außerordentlich erfolgreichen Einwanderern fest, die allerdings in seiner patriotischen ägyptischen Perspektive einer nationalen Tragödie gleichkam. Manetho, der seine Schilderungen auf ungenannte «heilige Bücher» und «Volksmärchen und -sagen» gründete, beschreibt eine massenhafte, brutale Invasion Ägyptens durch Fremde aus dem Osten, die er Hyksos nennt, eine rätselhafte griechische Form eines ägyptischen Worts, das

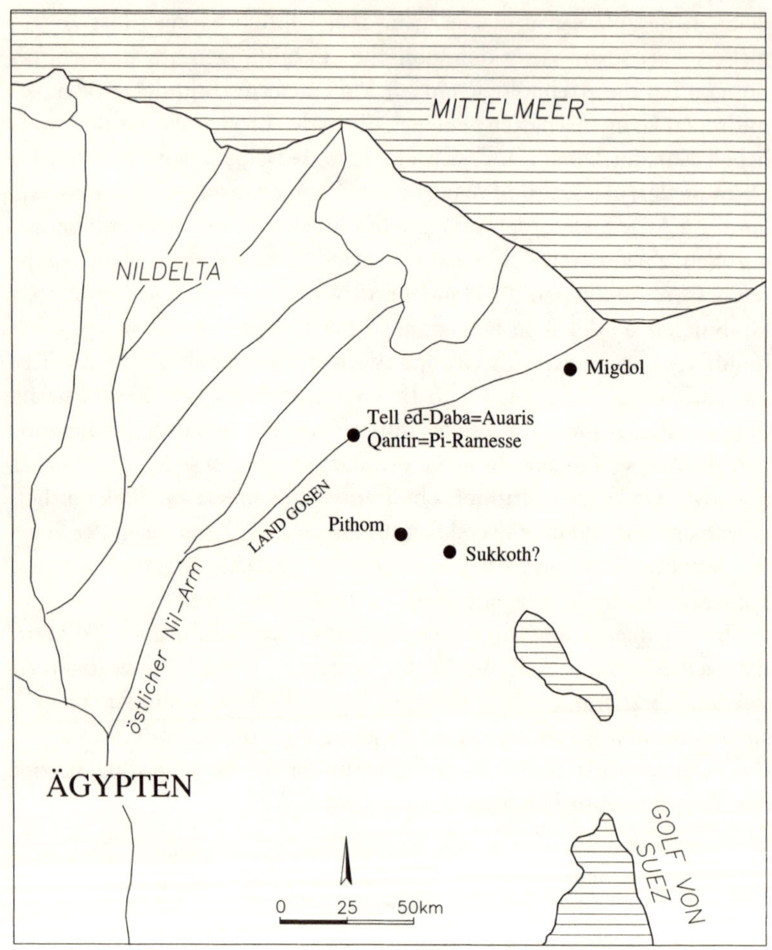

Abb. 4: Das Nildelta: die wichtigsten, in der Geschichte über den Auszug aus Ägypten erwähnten Orte.

er als «Hirtenkönige» übersetzt, das tatsächlich jedoch «Fürsten der Fremdländer» bedeutet. Manetho berichtet, daß sich die Hyksos im Delta in einer Stadt mit dem Namen Auaris niedergelassen hätten. Dann hätten sie eine Dynastie gegründet, die über fünfhundert Jahre lang sehr grausam über Ägypten geherrscht habe.

In den Anfangsjahren der modernen Forschung identifizierten die Gelehrten die Hyksos mit den Königen der 15. Dynastie von Ägypten, die von ca. 1670 bis 1570 v. Chr. herrschten. Diese frühen Gelehrten akzeptierten Manethos Bericht ziemlich wörtlich und suchten nach Beweisen für eine mächtige ausländische Nation oder ethnische Gruppe, die von weitem gekommen war, um in Ägypten einzufallen und es zu beherrschen. Spätere Untersuchungen bewiesen, daß Inschriften und Siegel mit den Namen von Hyksos-Herrschern westsemitisch, mit anderen Worten, kanaanäisch waren. Jüngste archäologische Ausgrabungen im östlichen Nildelta haben diese Schlußfolgerung bestätigt und darauf verwiesen, daß es sich bei der Hyksos-«Invasion» wohl eher um eine allmähliche Zuwanderung aus Kanaan nach Ägypten und nicht um einen blitzschnellen Militärfeldzug gehandelt haben muß.

Die wichtigste Ausgrabung wurde von Manfred Bietak von der Universität Wien am Tell ed-Daba durchgeführt, einem Ort im Ostdelta, den man als Auaris, die Hauptstadt der Hyksos, identifiziert hat (Abb. 4). Die Ausgrabungen zeigen, wie sich der kanaanäische Einfluß auf den Stil der Keramik, Architektur und Gräber von ungefähr 1800 v. Chr. an verstärkt. Zur Zeit der 15. Dynastie, etwa hundertfünfzig Jahre später, war die Kultur der Siedlung, die schließlich die Ausmaße einer Riesenstadt erreicht hatte, überwiegend kanaanäisch. Die Funde in Tell ed-Daba zeugen von einer langen, allmählichen Entfaltung der kanaanäischen Präsenz im Delta und einer friedlichen Machtübernahme dort. Diese Situation ähnelt, zumindest in ihren groben Umrissen, auf unheimliche Weise den Besuchen der Erzväter in Ägypten, bis sie sich schließlich dort niederließen. Die Tatsache, daß Manetho, der fast 1500 Jahre später schrieb, eine brutale Invasion schildert anstelle einer allmählichen friedlichen Zuwanderung, ist vermutlich vor dem Hintergrund seiner eigenen Zeit zu begreifen, als die Erinnerung an die Invasionen Ägyptens durch Assyrer, Babylonier und Perser im 7. und 6. Jahrhundert v. Chr. im ägyptischen Bewußtsein noch schmerzlich frisch waren.

Zwischen der Überlieferung über die Hyksos und der biblischen Geschichte von den Israeliten in Ägypten gibt es trotz ihres drastischen Unterschieds im Ton eine noch weitaus vielsagendere Parallele. Manetho beschreibt, wie die Hyksos-Invasion Ägyptens schließlich von einem tugendhaften ägyptischen König beendet wurde, der die Hyksos angriff, schlug und dabei «viele von ihnen tötete und den Rest bis an die Grenzen Syriens verfolgte». Tatsächlich läßt Manetho anklingen, daß die Hyksos nach ihrer Vertreibung aus Ägypten die Stadt Jerusalem gründeten und dort einen Tempel errichteten. Weitaus vertrauenswürdiger ist eine ägyptische Quelle aus dem 16. Jahrhundert v. Chr., in der von den Heldentaten von Pharao Ahmose aus der 18. Dynastie die

Rede ist, der Auaris plünderte und die verbliebenen Hyksos bis in ihre Hauptfestung in Südkanaan verfolgte – Scharuhen in Gaza –, die er nach einer langen Belagerung stürmte. Und tatsächlich wurde Tell ed-Daba in der Mitte des 16. Jahrhunderts v. Chr. aufgegeben, womit der kanaanäische Einfluß unvermittelt zu Ende ging.

Somit belegen unabhängige archäologische und historische Quellen die Wanderungen von Semiten aus Kanaan nach Ägypten und berichten von Ägyptern, die sie gewaltsam vertreiben. Dieser grundlegende Umriß von Einwanderung und einer von Gewalt begleiteten Rückkehr nach Kanaan verläuft parallel zum biblischen Bericht über den Auszug. Es bleiben noch zwei Hauptfragen. Erstens: Wer waren diese semitischen Zuwanderer? Und zweitens: Wie paßt das Datum ihres Aufenthalts in Ägypten zur Chronologie in der Bibel?

Widersprüchliche Daten und Könige

Die Vertreibung der Hyksos datiert man aufgrund ägyptischer Aufzeichnungen und der archäologischen Zeugnisse von zerstörten Städten in Kanaan generell auf ungefähr 1570 v. Chr. Wie schon im letzten Kapitel über die Datierung des Zeitalters der Erzväter erwähnt, heißt es in 1. Könige 6,1, der Baubeginn des Tempels falle in das vierte Jahr von Salomos Herrschaft vierhundertachtzig Jahre nach dem Auszug aus Ägypten. Ein Vergleich der Daten über die Herrschaft israelitischer Könige mit ägyptischen und assyrischen Quellen legt einen Auszug ungefähr im Jahr 1440 v. Chr. nahe. Das sind mehr als hundert Jahre nach der Vertreibung der Hyksos durch die Ägypter um ungefähr 1570 v. Chr. Aber es wird noch komplizierter. Die Bibel berichtet ausdrücklich über die Fronarbeit der Israeliten und erwähnt insbesondere den Bau der Stadt Ramses (Ex. 1,11). Im 15. Jahrhundert v. Chr. ist solch ein Name undenkbar. Der erste Pharao namens Ramses bestieg erst 1320 v. Chr. den Thron – über hundert Jahre nach dem traditionellen Datum in der Bibel. Deshalb neigten zahlreiche Gelehrte dazu, der biblischen Datierung jeden wirklichen Wert abzusprechen, und schlugen statt dessen vor, bei der Zahl vierhundertachtzig handele es sich um kaum mehr als eine symbolische Zeitspanne, die die Lebensspanne von zwölf Generationen, jede traditionell vierzig Jahre lang, darstellt. Diese stark schematisierte Chronologie legt den Bau des Tempels zwischen das Ende des ersten Exils (in Ägypten) und das Ende der zweiten Verbannung (in Babylon).

Allerdings betrachteten die meisten Gelehrten den spezifischen biblischen Hinweis auf den Namen Ramses als ein Detail, das eine authentische historische Erinnerung bewahrte. Mit anderen Worten, sie argumentierten, der Auszug müsse im 13. Jahrhundert v. Chr. stattgefunden haben. Und auch andere Einzelheiten in der Geschichte vom Auszug weisen in diese Zeit. Erstens berichten ägyptische Quellen, die Stadt Pi-Ramesse («Das Haus des Ramses») sei zur Zeit des großen ägyptischen Königs Ramses II. im Delta erbaut worden, der von 1279 bis 1213 v. Chr. herrschte, und bei ihrem Bau seien anscheinend Semiten eingesetzt worden. Zweitens, und das dürfte möglicherweise noch wichtiger sein, steht die älteste Erwähnung Israels in einem außerbiblischen Text, den man in Ägypten fand, auf der Stele, die den Feldzug von Pharao Merenptah – dem Sohn Ramses' II. – in Kanaan im ausgehenden 13. Jahrhundert v. Chr. beschreibt. Die Inschrift schildert einen zerstörerischen ägyptischen Feldzug nach Kanaan, in dessen Verlauf ein Volk namens Israel soweit dezimiert wurde, daß der Pharao prahlen konnte, Israels «Samen ist dahin!». Dabei handelt es sich eindeutig um eine leere Prahlerei, aber sie weist darauf hin, daß es in jener Zeit schon eine als Israel bekannte Gruppe in Kanaan gab. Tatsächlich entstanden um eben diese Zeit Dutzende von Ortschaften, die man mit den frühen Israeliten in Verbindung bringt, im Bergland von Kanaan. Wenn also ein historisch zu belegender Auszug stattfand, meinten die Gelehrten, müsse er im späten 13. Jahrhundert v. Chr. erfolgt sein.

Die Merenptah-Stele ist der älteste erhaltene Text, der den Namen Israel erwähnt. Damit stellen sich gleich mehrere grundsätzliche Fragen: Wer waren die Semiten in Ägypten? Kann man sie in irgendeinem bedeutungsvollen Sinn als Israeliten betrachten? Der Name Israel wurde weder in einer Inschrift noch in Dokumenten im Zusammenhang mit der Hyksos-Zeit gefunden. Ebensowenig taucht er in späteren ägyptischen Inschriften und auch nicht in einem umfangreichen Archiv von Keilschrifttafeln aus dem 14. Jahrhundert auf, die man in Tell el-Amarna in Ägypten gefunden hat, wenngleich die beinahe vierhundert Briefe eingehend die gesellschaftlichen, politischen und demographischen Bedingungen in Kanaan zu jenem Zeitpunkt beschreiben. In einem späteren Kapitel vertreten wir die Ansicht, daß sich die Israeliten erst am Ende des 13. Jahrhunderts v. Chr. als eine allmählich deutlich unterscheidbare Gruppe in Kanaan herauskristallisierten. Unmittelbar vor dieser Zeit hat man keine erkennbaren archäologischen Beweise für eine israelitische Präsenz in Ägypten gefunden.

Wäre ein Massenauszug zur Zeit Ramses' II. überhaupt möglich gewesen?

Jetzt wissen wir schon, daß man das Problem mit dem Auszug aus Ägypten nicht lösen kann, indem man einfach Daten und Könige aneinanderreiht. Nach der Vertreibung der Hyksos aus Ägypten 1570 v. Chr. begann eine Zeit, in der die Ägypter alle Arten von Einfällen in ihr Land durch Außenseiter äußerst argwöhnisch betrachteten. Die negative Erinnerung an die Hyksos zeigt eine Geisteshaltung, die auch in den archäologischen Überresten zu erkennen ist. Erst in den letzten Jahren ist klar geworden, daß die Ägypter seit der Zeit des Neuen Reichs, die mit der Vertreibung der Hyksos beginnt, die Überwachung derjenigen, die aus Kanaan ins Delta zuwanderten, strafften. Sie legten eine Kette von Befestigungen entlang der Ostgrenze des Deltas an und bemannten sie mit Garnisonstruppen und Verwaltern. Ein Papyrus aus dem späten 13. Jahrhundert berichtet, wie strikt die Befehlshaber der Festungen die Bewegungen von Fremden überwachten: «Wir haben den Einzug der Stämme der edomitischen Schasu [das heißt Beduinen] durch die Festung Merenptah-Zufrieden-mit-Wahrheit, der in *Tjkw* liegt, zu den Teichen von *Pr-Itm*, die in *Tjkw* [liegen], für den Unterhalt ihrer Herden vollendet.»

Dieser Bericht ist in einem anderen Zusammenhang interessant: Er erwähnt die Namen von zwei der wichtigsten, in der Bibel im Zusammenhang mit dem Auszug genannten Orte (Abb. 4, siehe Seite 68): *Sukkoth* (Ex. 12,36; Numeri 33.5) dürfte die hebräische Form des ägyptischen *Tjkw* sein, ein Name, der sich auf einen Ort oder ein Gebiet im Ostdelta bezieht, der in den ägyptischen Texten aus der Zeit der 19. Dynastie, der Dynastie Ramses' II., auftaucht. *Pithom* (Ex. 1,11) ist die hebräische Form von *Pr-Itm* – «Haus [das heißt Tempel] des Gottes Atum». Dieser Name tritt zum ersten Mal in der Zeit des Neuen Reichs in Ägypten auf. Und auch zwei weitere Ortsnamen, die im Bericht über den Auszug stehen, fügen sich anscheinend in die Realität des Ostdeltas während des Neuen Reichs ein. Der erste, schon weiter oben erwähnte ist der der als Ramses bezeichneten Stadt – Pi-Ramesse oder «Das Haus des Ramses» auf ägyptisch. Diese Stadt wurde im 13. Jahrhundert als die Hauptstadt Ramses' II. im Ostdelta nahe bei den Ruinen von Auaris erbaut. Schwerarbeit bei der Herstellung von Ziegeln, wie in der Bibel beschrieben, war eine übliche Erscheinung in Ägypten, und eine ägyptische Grabmalerei aus dem 15. Jahrhundert v. Chr. bildet dieses spezialisierte Bauhandwerk originalgetreu ab. Schließlich ist der Name Migdol, der im Bericht über den Auszug steht (Ex. 14,2), ein üblicher Name im Neuen Reich für ägyptische Festungen an der östlichen Grenze des Deltas und entlang der internationalen Straße von Ägypten nach Kanaan im nördlichen Sinai.

Demnach wurde die Grenze zwischen Kanaan und Ägypten streng überwacht. Hätte eine große Anzahl von Israeliten auf der Flucht die Grenzbefestigungen des Pharaonenreichs überschritten, müßte eigentlich ein Bericht darüber existieren. Dennoch enthalten die reichen ägyptischen Quellen, die die Zeit des Neuen Reichs im allgemeinen und das 13. Jahrhundert insbesondere beschreiben, keinerlei Hinweise auf die Israeliten, nicht einmal einen kleinen Anhaltspunkt. Man weiß von Nomaden aus Edom, die aus der Wüste nach Ägypten kamen. Die Merenptah-Stele erwähnt Israel als eine Gruppe von Menschen, die schon in Kanaan leben. Aber es gibt keine Hinweise, nicht einmal ein einziges Wort über die frühen Israeliten *in* Ägypten: weder in den monumentalen Inschriften an den Wänden von Tempeln noch in Grabinschriften und auch nicht auf Papyrus. Israel gibt es nicht – weder als möglichen Feind Ägyptens noch als Freund und auch nicht als versklavte Nation. Ebensowenig gibt es Funde in Ägypten, die man direkt mit einer bestimmten fremden ethnischen Gruppe (im Gegensatz zu einer Konzentration von Wanderarbeitern aus vielen Gegenden) in Verbindung bringen könnte, die in einem Gebiet im Ostdelta lebte, wie es im Bericht über die Israeliten, die zusammen im Land Gosen wohnten, erzählt wird (Gen. 47,27).

Da ist aber noch etwas anderes: Das Entkommen von mehr als einer winzigen Gruppe aus der ägyptischen Kontrolle zur Zeit Ramses' II. dürfte höchst unwahrscheinlich sein, genauso wie die Wanderung durch die Wüste und der Einzug nach Kanaan. Im 13. Jahrhundert stand Ägypten auf dem Gipfel seiner Machtentfaltung; es war die vorherrschende Macht in der damaligen Welt. Ägypten hatte Kanaan fest im Griff; an verschiedenen Orten im Land hatten die Ägypter Festungen errichtet, und ägyptische Beamte verwalteten die Angelegenheiten der Region. In den el-Amarna-Briefen, die hundert Jahre älter sind, heißt es, eine Einheit von fünfzig ägyptischen Soldaten reiche aus, um Unruhen in Kanaan zu befrieden. Und während des gesamten Neuen Reichs marschierten große ägyptische Armeen durch Kanaan in den Norden bis weit hinauf zum Euphrat in Syrien. Deshalb war die wichtigste Überlandstraße vom Delta entlang der Küste des Nord-Sinais bis Gaza und von dort ins Herz von Kanaan für die Pharaonen von allerhöchster Bedeutung.

Abb. 5: Ein Relief aus der Zeit von Pharao Sethos I. (ca. 1300 v. Chr.), an einer Wand im Amun-Tempel in Karnak. Das Relief zeigt die internationale Straße von Ägypten nach Kanaan entlang der Nordküste der Sinai-Halbinsel. Unten sind ägyptische Forts mit Wasserreservoirs abgebildet.

Der potentiell verletzbarste Teil der Straße – die durch die trockene, gefährliche Wüste des Nord-Sinais zwischen Delta und Gaza führte – war auch die am stärksten geschützte. Ein ausgeklügeltes System mit ägyptischen Festungen, Kornspeichern und Brunnen wurde in einer Entfernung von jeweils einem Tagesmarsch entlang der gesamten Straße angelegt, die auch als Weg des Horus bezeichnet wurde. Dank dieser Straße konnte das Pharaonenheer, wann immer nötig, bequem und schnell auf die Sinai-Halbinsel gelangen. Die Annalen des großen ägyptischen Eroberers Thutmosis III. berichten, er habe die Strecke vom Ostdelta bis Gaza, eine Entfernung von rund zweihundertfünfzig Kilometern, mit seinen Truppen in zehn Tagen zurückgelegt. Ein Relief aus der Zeit des Vaters von Ramses' II., Pharao Sethos I. (ca. 1300 v. Chr.), zeigt die Festungen und Wasserspeicher auf einer Art frühen Karte und zeichnet den Weg vom Ostdelta bis zur südwestlichen Grenze Kanaans nach (Abb. 5). Die Überreste dieser Festungen hat Eliezer Oren von der Ben-Gurion-Universität in den 1970er Jahren bei archäologischen Untersuchungen im Nord-Sinai freigelegt. Oren stellte fest, daß jede dieser Wegstationen, die den im alten ägyptischen Relief dargestellten Orten ziemlich nahekamen, drei Elemente umfaßte: eine starke Festung, in typisch ägyptischer Militärarchitektur aus Ziegeln erbaut, Speichereinrichtungen für Nahrungsvorräte und einen Wasserspeicher.

Außer der Möglichkeit eines göttlich inspirierten Wunders ist die Vorstellung von der Flucht einer großen Gruppe von Sklaven aus Ägypten durch die schwer bewachten Grenzbefestigungen in die Wüste und dann nach Kanaan zu einer Zeit, als die Ägypter hier so stark vertreten waren, kaum zu akzeptieren. Jede Gruppe, die gegen den Willen des Pharaos aus Ägypten flüchtete, hätte mühelos nicht nur von einer ihr nachjagenden ägyptischen Armee aus dem Delta, sondern ebenso von den ägyptischen Soldaten aus den Festungen im Nord-Sinai und in Kanaan verfolgt werden können.

Tatsächlich verweist die biblische Darstellung wiederholt auf die Gefahren, die der Versuch in sich birgt, auf der Küstenstraße zu fliehen. Damit bietet sich als einzige Alternative nur der Weg durch die trostlose Einöde der Sinai-Halbinsel an. Aber auch der Möglichkeit, daß eine große Gruppe von Menschen durch die Sinai-Halbinsel gezogen ist, widerspricht die Archäologie.

Geisterwanderer?

Nach dem biblischen Bericht wandern die Israeliten durch die Wüste und Berge der Sinai-Halbinsel, ziehen dort umher und lagern ganze vierzig Jahre lang an verschiedenen Orten (Abb. 6). Selbst wenn die Zahl der geflüchteten Israeliten (im Text mit 600 000 angegeben) eine wilde Übertreibung darstellt oder so verstanden werden kann, daß sie kleinere Einheiten von Menschen umfaßt, schildert der Text, wie eine große Anzahl von Menschen unter den schwierigsten Bedingungen überlebt. Von ihrer eine ganze Generation währenden Wanderung auf dem Sinai müßten zumindest einige archäologische Spuren zu finden sein. Aber außer den ägyptischen Festungen an der Nordküste hat man keinen einzigen Lagerplatz noch sonst irgendein Zeichen dafür gefunden, daß sich jemand zur Zeit Ramses' II. und seiner direkten Vorfahren oder Nachfolger auf dem Sinai aufgehalten hat. Das liegt nicht daran, daß man sie nicht gesucht hat. Wiederholte archäologische Sondierungen in allen Regionen der Halbinsel, einschließlich des Gebiets um den Berg Sinai beim Katharinenkloster haben nur negative Beweise erbracht: keine einzige Töpferscherbe, kein Gebäude, kein einziges Haus, ja, nicht einmal die Spur eines alten Lagers. Man könnte das Argument vertreten, es sei nicht zu erwarten, daß eine relativ kleine Gruppe umherziehender Israeliten irgendwelche greifbaren Überreste hinterlassen hat. Aber mit Hilfe moderner archäologischer Techniken kann man selbst die sehr bescheidenen Überreste von Jägern und Sammlern und Hirtennomaden auf der ganzen Welt aufspüren. Die Archäologie dokumentiert das Vorhandensein von Hirten auf der Sinai-

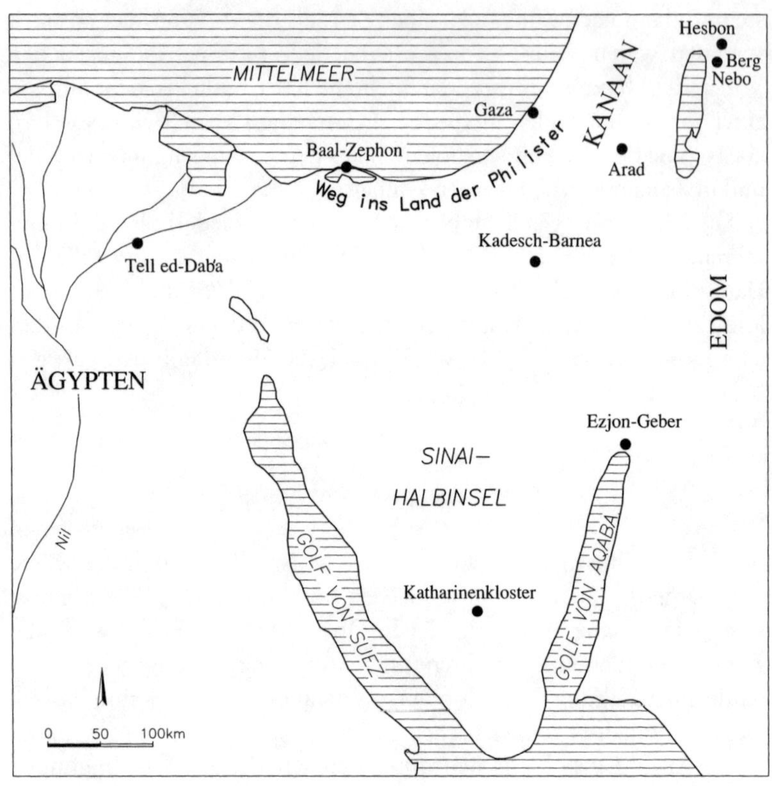

Abb. 6: Die Sinai-Halbinsel mit den wichtigsten, in der Geschichte vom Auszug aus Ägypten erwähnten Orten.

Halbinsel sowohl im 3. Jahrtausend v. Chr. als auch zur hellenistischen und byzantinischen Zeit. Für die vorgebliche Zeit des Auszugs im 13. Jahrhundert v. Chr. existieren derartige Beweise einfach nicht.

Die Schlußfolgerung, daß der Auszug sich weder zu der in der Bibel beschriebenen Zeit noch in der darin geschilderten Weise ereignet hat, ist unwiderlegbar, wenn wir die Befunde an den spezifischen Stätten überprüfen, an denen die Israeliten während ihrer Wanderung durch die Wüste längere Zeit gelagert haben sollen (Numeri 33) und an denen irgendwelche archäologischen Spuren, – falls vorhanden – mit größter Sicherheit gefunden werden müßten. Nach der biblischen Darstellung lagerten die Israeliten von den vierzig Jahren ihrer Wanderung insgesamt achtunddreißig Jahre lang in Kadesch-Barnea. Die allgemeine

Lage dieses Ortes geht aus der Beschreibung der Südgrenze des Landes Israel in Numeri 34 hervor. Archäologen haben es mit der großen, gut mit Wasser versorgten Oase En el-Quderat im Ost-Sinai an der Grenze zwischen dem modernen Israel und Ägypten identifiziert. Der Name Kadesch hat sich über die Jahrhunderte hinweg vermutlich im Namen einer kleineren Quelle namens En Qadis nahebei erhalten. In der Mitte dieser Oase erhebt sich ein kleiner Tell mit den Überresten einer Festung aus der Eisenzeit II. Wiederholte Ausgrabungen und Sondierungen im gesamten Gebiet haben dagegen nicht einmal die geringsten Beweise für Leben in der Spätbronzezeit ans Licht gebracht, nicht einmal eine einzige Töpferscherbe, die eine winzige Gruppe verängstigter Flüchtlinge zurückgelassen haben könnte.

Ezjon-Geber wird als eine weitere Lagerstätte der Israeliten erwähnt. Da es auch anderswo in der Bibel erwähnt wird, nebenbei als spätere Hafenstadt an der Nordspitze des Golfs von Aqaba, haben die Archäologen es mit einem Tell an der modernen Grenze zwischen Israel und Jordanien auf halbem Weg zwischen den Städten Elath und Aqaba identifiziert. Ausgrabungen in den Jahren 1938–1940 brachten eindrucksvolle Überreste aus der Eisenzeit II an den Tag, dagegen keinerlei Spuren einer Besiedlung in der Spätbronzezeit. Von der langen Liste von Lagerplätzen in der Wüste können nur Kadesch-Barnea und Ezjon-Geber sicher identifiziert werden, dennoch weisen dort nicht die geringsten Spuren auf durchziehende Israeliten hin.

Und wie steht es mit anderen Ortschaften und Völkern, die im Bericht über die Wanderungen der Israeliten erwähnt werden? Die biblische Erzählung schildert, wie der kanaanäische König von Arad, «der im Südland wohnte», die Israeliten angriff und einige gefangennahm. Darüber gerieten sie so sehr in Wut, daß sie den Himmel um Hilfe anflehten, damit alle kanaanäischen Städte zerstört würden (Numeri 21,1–3). In beinahe zwanzig Jahre währenden intensiven Ausgrabungen am Tel Arad östlich von Beerscheba wurden zwar die Überreste einer großen Stadt der Frühbronzezeit ans Tageslicht befördert, die ungefähr zehn Hektar einnahm, sowie eine Festung aus der Eisenzeit, dagegen jedoch keinerlei Reste aus der Spätbronzezeit, als der Ort anscheinend verlassen war. Dasselbe gilt für die gesamte Bucht von Beerscheba. In der Spätbronzezeit hat Arad einfach nicht existiert.

Die gleiche Situation wiederholt sich im Osten jenseits des Jordans, wo die herumziehenden Israeliten gegen die Stadt Hesbon, der Hauptstadt Sihons, des Königs der Amoriter, kämpfen mußten, der versuchte, den Israeliten den Weg nach Kanaan durch sein Gebiet zu versperren

(Num. 21,21–25; Dtn. 2,24–35; Ri. 11,19–21). Ausgrabungen am Tell Hesban südlich von Amman, auf dem das alte Hesbon lag, ergaben, daß es dort in der Spätbronzezeit keine Stadt gegeben hat, nicht einmal ein kleines Dorf. Mehr noch: Noch in der Bibel sollen die wandernden Israeliten auf dem ostjordanischen Hochland auf Widerstand nicht nur in Moab, sondern auch in den voll entwickelten Staaten Edom und Ammon gestoßen sein. Wir wissen aber, daß das ostjordanische Bergland in der Spätbronzezeit nur dünn besiedelt war. Tatsächlich war diese Region, einschließlich Edom, das die biblische Erzählung als einen von einem König beherrschten Staat erwähnt, zu diesem Zeitpunkt größtenteils nicht einmal von einer seßhaften Bevölkerung bewohnt. Kurz: Die Archäologie hat bewiesen, daß es keine Könige von Edom gab, auf die die Israeliten hätten stoßen können.

Mittlerweile sollte das Muster klar geworden sein. In der Auszugserzählung erwähnte Orte sind real. Einige waren wohl bekannt und anscheinend sowohl in viel älterer als auch viel späterer Zeit bewohnt – nach der Gründung des Königreichs Juda, als die biblische Darstellung zum ersten Mal schriftlich festgehalten wurde. Zum Pech für all jene, die einen historischen Auszug suchen, waren sie genau zu jenem Zeitpunkt unbewohnt, als sie angeblich in den Ereignissen um die Wüstenwanderung der Israeliten eine Rolle spielten.

Zurück in die Zukunft: die Anhaltspunkte für das 7. Jahrhundert v. Chr.

Was bleibt demnach übrig? Können wir sagen, daß die Überlieferung von Auszug, Wanderung und – das ist das Wichtigste – Übergabe des Gesetzes auf dem Sinai nicht einmal ein Körnchen Wahrheit enthält? In die Geschichte vom Auszug aus Ägypten dürften so viele historische und geographische Elemente aus so vielen Zeiträumen eingebettet sein, daß man sich kaum für eine einzige, besondere Periode entscheiden kann, in der sich so etwas zugetragen haben könnte. Es gibt den zeitlosen Rhythmus von Zuwanderungen nach Ägypten im Altertum ebenso wie die spezifische Episode einer Hyksos-Herrschaft im Delta in der mittleren Bronzezeit. Bestimmte Parallelen in bezug auf Ägypten weisen auf Elemente in der Ramses-Zeit hin – einschließlich einer ersten Erwähnung Israels (in Kanaan, nicht in Ägypten). Viele der Ortsnamen im Buch Exodus wie das Rote Meer (auf hebräisch *Jam Suf*), der Fluß Sihor im Ostdelta (Hos. 13,3) und der Ort Pi-Hahiroth, an dem die Israeliten lagerten, haben anscheinend etwas mit ägyptischer Etymologie zu tun. Alle hängen mit der Geographie des Auszugs zusammen, aber sie geben keinen klaren Hinweis darauf, daß sie zu einer spezifischen Zeit in der ägyptischen Geschichte gehören.

Zur historischen Verschwommenheit der Geschichte vom Auszug aus Ägypten gehört auch die Tatsache, daß kein einziger ägyptischer Monarch des Neuen Reichs *namentlich* erwähnt wird (wogegen spätere biblische Texte Pharaonen bei ihrem Namen nennen, so Schischak und Necho). Ramses II. wurde aufgrund von Hypothesen, die sich auf die Identifizierung des Ortsnamens Pi-Ramesse mit Ramses (Ex. 1,11; 12,37) stützten, mit dem Pharao des Auszugs gleichgesetzt. Es gibt jedoch einige unstrittige Verbindungen zum 7. Jahrhundert v. Chr. Die ägyptischen Festungen im Nord-Sinai oder ihre Stützpunkte in Kanaan werden sonst mit keinem Wort erwähnt, abgesehen von einem vagen Hinweis, daß die Israeliten sich fürchteten, die Küstenstraße einzuschlagen. Möglicherweise spiegelt die Bibel die Realität des Neuen Reichs, ebenso könnte sie aber auch die späteren Bedingungen in der Eisenzeit reflektieren, als der Exodus-Text niedergeschrieben wurde.

Und genau das hat der Ägyptologe Donald Redford vorgeschlagen. Die glaubwürdigsten geographischen Einzelheiten der Geschichte vom Auszug stammen aus dem 7. Jahrhundert v. Chr., während der großartigen Zeit des Wohlstands im Königreich Juda – sechshundert Jahre, nachdem sich die Ereignisse des Auszugs zugetragen haben sollen. Redford hat demonstriert, wie viele Einzelheiten im Exodus-Text vor diesem Hintergrund erklärt werden können, als Ägypten unter den Herrschern der 26. Dynastie seine letzte Glanzzeit als imperiale Macht erlebte.

Die großen Regenten dieser Dynastie, Psammetich I. (664–610 v. Chr.) und sein Sohn Necho II. (610–595 v. Chr.), machten ganz bewußt die viel älteren Pharaonen Ägyptens zu ihren Vorbildern. Sie führten Bauprojekte im ganzen Delta durch, womit sie versuchten, den verblaßten Ruhm ihres Staates wiederherzustellen und seine Wirtschafts- und Militärmacht zu steigern. Psammetich verlegte seine Hauptstadt nach Sais im Westdelta (von hier kommt auch der Name Sa'iten-Dynastie für die 26. Dynastie). Necho nahm ein noch viel ehrgeizigeres Projekt öffentlicher Arbeiten im Ostdelta in Angriff: den Bau eines Kanals durch die Landenge von Suez, um das Mittelmeer über die östlichen Nebenflüsse des Nils mit dem Roten Meer zu verbinden. Archäologische Ausgrabungen im Ostdelta haben die Anfänge einiger dieser außerordentlichen Bauvorhaben der Sa'iten-Dynastie zutage befördert – und Beweise für die Anwesenheit einer großen Zahl von dort ansässigen Fremden.

Die Zeit der Sa'iten-Dynastie liefert denn auch eines der besten historischen Beispiele für das Phänomen von Fremden, die sich im Nildelta niederließen. Neben griechischen Handelskolonien, die dort seit der zweiten Hälfte des 7. Jahrhunderts v. Chr. entstanden, gab es zahlreiche Zuwanderer aus Juda im Delta, die zu Beginn des 6. Jahrhunderts v. Chr. dort eine große Gemeinde bildeten (Jer. 44,1; 46,14). Zudem passen die in dieser Zeit in die Wege geleiteten öffentlichen Arbeiten gut zu den Einzelheiten des Berichts über den Exodus. Zwar erwähnt ein Text aus dem späten 13. Jahrhundert v. Chr. einen Ort mit dem Namen Pithom, aber die weitaus berühmtere und bekanntere Stadt Pithom wurde im ausgehenden 7. Jahrhundert v. Chr. erbaut. Aufgrund von Inschriften, die die Archäologen im Tell el-Mas Chuta im Ostdelta fanden, setzten sie diese Stätte mit dem späteren Pithom gleich. Die Ausgrabungen dort zeigen, daß es, außer einer kurzen Besiedlung in der mittleren Bronzezeit, erst während der 26. Dynastie bewohnt war, als sich hier eine bedeutende Stadt entwickelte. Ebenso ist Migdol (in Ex. 14,2 erwähnt) zwar eine gebräuchliche Bezeichnung für eine Festung im Neuen Reich, aber im 7. Jahrhundert v. Chr. war es der Name für einen sehr wichtigen Ort im Ostdelta. Es ist wohl kein Zufall, daß der Prophet Jeremia, der im ausgehenden 7. und frühen 6. Jahrhundert v. Chr. lebte, von im Delta wohnenden Judäern berichtet (44,1; 46,14) und dabei Migdol namentlich erwähnt. Und schließlich handelt es sich bei Gosen – dem Gebiet, in dem sich die Israeliten im Ostdelta niederließen (Gen. 45,10) – um keinen ägyptischen Namen, sondern um einen semitischen. Seit dem 7. Jahrhundert v. Chr. expandierten die Kedariten, das heißt Araber, bis an den Rand des bewohnten Landes der Levante und erreichten im 6. Jahrhundert das Delta. Später, im 5. Jahrhundert, stiegen sie zum vorherrschenden Element im Delta auf. Redford zufolge leitet sich der Name Gosen von Geschem her – dem Namen einer Dynastie der Kedariten-Königsfamilie.

Auch in einigen der eigentümlichen ägyptischen Namen in der Joseph-Geschichte schimmert ein Hintergrund aus dem 7. Jahrhundert v. Chr. durch. Alle vier Namen – Zaphnat-Paneah (der Großwesir des Pharaos [=Joseph]), Potiphar (der Oberste der königlichen Leibwache), Potiphera (ein Priester) und Asnath (Potipheras Tochter) – kommen zwar auch schon manchmal in früherer Zeit in der ägyptischen Geschichte vor, aber ihre größte Beliebtheit erreichen die Namen im 7.

und 6. Jahrhundert v. Chr. Noch ein weiteres, scheinbar zufälliges Detail dürfte die Annahme stützen, daß zahlreiche Einzelheiten aus dieser spezifischen Zeit in die biblische Geschichte eingeflossen sind: die Furcht der Ägypter vor einer Invasion aus dem Osten. Erst im 7. Jahrhundert erlebte Ägypten mit den Übergriffen Assurs eine Invasion aus dieser Richtung. In der Joseph-Geschichte wird die dramatische Spannung auch dadurch gesteigert, daß Joseph seine Brüder, die gerade aus Kanaan eingetroffen sind, beschuldigt, Spione zu sein, die «gekommen sind zu sehen, wo das Land offen ist» (Gen. 42,9). Und in der Geschichte vom Auszug befürchtet der Pharao, daß die davonziehenden Israeliten sich mit einem Feind zusammentun. Diese dramatischen Momente ergeben nur einen Sinn *nach* dem großen Zeitalter ägyptischer Macht unter den Ramessiden und vor dem Hintergrund der Invasionen eines stark geschwächten Ägyptens durch Assyrer, Babylonier und Perser im 7. und 6. Jahrhundert.

Schließlich waren alle wichtigen Orte, die in der Geschichte von den umherwandernden Israeliten eine Rolle spielen, im 7. Jahrhundert bewohnt; in einigen Fällen waren sie *nur* zu diesem Zeitpunkt besiedelt. Im 7. Jahrhundert entstand eine große Festung in Kadesch-Barnea. Noch wird über die Identität der Erbauer der Festung gestritten – entweder diente sie im ausgehenden 7. Jahrhundert als Außenposten weit im Süden des Königreichs Juda an den Wüstenstraßen, oder sie wurde zu Beginn des 7. Jahrhunderts unter assyrischer Schirmherrschaft errichtet. Wie dem auch sei, die Stätte, die im Exodus-Text als Hauptlager der Israeliten so herausragt, war in der späten Königszeit ein bedeutender und vielleicht sogar berühmter Wüstenaußenposten. Auch die südliche Hafenstadt Ezjon-Geber blühte zu dieser Zeit. Ebenso waren die Königreiche im Ostjordanland im 7. Jahrhundert wohlbekannte Gegenden. Am bedeutsamsten ist der Fall von Edom. Die Bibel schildert, wie Mose aus Kadesch-Barnea Botschafter zum König von Edom schickt, um ihn um Erlaubnis zu bitten, auf dem Weg nach Kanaan durch sein Gebiet ziehen zu dürfen. Der König von Edom lehnt es ab, diese Erlaubnis zu erteilen, und die Israeliten müssen einen großen Umweg um sein Land machen. Die biblische Darstellung setzt voraus, daß es zu dieser Zeit ein Königreich in Edom gab. Archäologische Untersuchungen legen jedoch nahe, daß Edom erst unter assyrischer Schirmherrschaft im 7. Jahrhundert v. Chr. zum Staat aufstieg. Davor war es lediglich ein dünn besiedeltes Randgebiet, in dem vor allem nomadisierende Hirten wohnten. Nicht weniger wichtig ist, daß Edom im 6. Jahrhundert v. Chr. von den Babyloniern zerstört wurde und sich erst in hellenistischer Zeit soweit erholt hatte, daß Menschen hier erneut seßhaft wurden.

Alle diese Hinweise lassen darauf schließen, daß der Exodus-Text erst zur Zeit der 26. Dynastie in der zweiten Hälfte des 7. und der ersten Hälfte des 6. Jahrhunderts seine endgültige Form erhielt. Seine zahlreichen Bezüge zu bestimmten Orten und Ereignissen in dieser Zeit legen eindeutig nahe, daß der oder die Verfasser viele zeitgenössische Details in die Erzählung hereinnahmen. (Ähnlich wurde Jerusalem in bebilderten mittelalterlichen Handschriften in Europa wie eine europäische Stadt mit Türmen und Zinnen versehen, um beim zeitgenössischen Leser einen nachhaltigen Einfluß zu hinterlassen.) Ältere, weniger formalisierte Sagen über die Befreiung aus Ägypten dürften geschickt in die machtvolle Sage, die vertraute Landschaften und Bauwerke entlehnte, eingeflochten worden sein. Aber kann es lediglich ein Zufall sein, daß die geographischen und ethnischen Einzelheiten sowohl der Erzählungen über die Herkunft der Erzväter als auch der Geschichte über die Befreiung und den Auszug alle Anzeichen dafür aufweisen, daß diese im 7. Jahrhundert v. Chr. verfaßt wurden? Enthalten sie den älteren Kern einer historischen Wahrheit, oder wurden die Geschichten auch in ihren Grundzügen erst zu dieser Zeit verfaßt?

Herausforderung an einen neuen Pharao

Es ist klar, daß die Sage von der Befreiung aus Ägypten im 7. Jahrhundert nicht als Originalwerk verfaßt wurde. Die Geschichte dürfte in ihren wesentlichen Umrissen lange davor bekannt gewesen sein, so in den Anspielungen auf den Auszug und die Wanderung durch die Wüste, wie sie in den Orakelsprüchen der Propheten Amos (2,10; 3,1; 9,7) und Hosea (11,1; 13,4) ein ganzes Jahrhundert zuvor enthalten sind. Beiden gemeinsam ist die Erinnerung an ein großartiges Ereignis in der Geschichte, das die Befreiung aus Ägypten betraf und in der fernen Vergangenheit stattfand. Aber was für eine Erinnerung war es?

Der Ägyptologe Donald Redford vertritt die Ansicht, daß ein Nachhall der großen Ereignisse um die Besetzung Ägyptens durch die Hyksos und ihre gewaltsame Vertreibung aus dem Delta noch Jahrhunderte danach weiterklang und für die Menschen in Kanaan zu einer zentralen, gemeinsamen Erinnerung wurde. Diese Erzählungen, wie sich kanaanäische Siedler in Ägypten niederließen, wie sie im Delta eine Vormachtstellung erreichten und dann gezwungen wurden, in ihre Heimat zurückzukehren, könnten als Ansatzpunkt der Solidarität und des Widerstands gedient haben, als die ägyptische Kontrolle im Verlauf der Spätbronzezeit zusehends straffer wurde. Wie noch zu sehen sein wird, könnte dieses machtvolle Bild der Freiheit während der späteren Eingliederung zahlreicher kanaanäischer Gemeinden in die sich herausbildende Nation Israel für die so stetig wachsende Gemeinschaft relevant geworden sein. Zur Zeit der Königreiche Israel und Juda dürfte die Geschichte vom Auszug Bestand gehabt haben und als nationale Saga ausgearbeitet worden sein: ein Ruf nach nationaler Einheit angesichts anhaltender Bedrohungen durch große Reiche.

Man kann unmöglich mit Bestimmtheit sagen, ob in der biblischen Erzählung die verschwommenen Erinnerungen an die Einwanderung von Kanaanäern nach Ägypten und ihre Ausweisung aus dem Delta im 2. Jahrtausend v. Chr. erweitert und ausgearbeitet wurden. Aber es dürfte klar sein, daß die biblische Geschichte vom Auszug ihre damalige Bedeutung nicht nur aus alten Traditionen und zeitgenössischen geographischen und demographischen Details schöpfte, sondern viel direkter aus den zeitgenössischen politischen Gegebenheiten.

Im 7. Jahrhundert blühten sowohl Ägypten als auch Juda wieder auf. In Ägypten ergriff König Psammetich I. nach einer langen Zeit des Niedergangs und schweren Jahren der Unterwerfung unter das assyrische Reich die Macht und sorgte dafür, daß Ägypten wieder zu einer bedeutenden internationalen Macht aufstieg. Als die Herrschaft des assyrischen Reichs zu zerbröckeln begann, füllte Ägypten das politische Vakuum, indem es ehemalige assyrische Gebiete besetzte und eine dauerhafte ägyptische Herrschaft errichtete. Zwischen 640 und 630 v. Chr., als die Assyrer ihre Streitkräfte aus Philistäa, Phönikien und dem Gebiet des ehemaligen Königreichs Israel abzogen, riß Ägypten die meisten dieser Gebiete an sich, und die politische Herrschaft Ägyptens ersetzte das assyrische Joch.

In Juda herrschte zu dieser Zeit König Josia. Für Josias Untertanen war die Vorstellung, daß JHWH schließlich die den Erzvätern, Mose und König David gegebenen Verheißungen – eines riesigen und geeinten Volkes Israel, das sicher in seinem Land lebte – einlösen würde, ein politischer und geistig machtvoller Faktor. Zu diesem Zeitpunkt unternahm Josia den ehrgeizigen Versuch, den assyrischen Zusammenbruch zu nutzen, um alle Israeliten unter seiner Herrschaft zu einen. Sein Plan sah eine Expansion in die Gebiete nördlich von Juda vor, in denen Israeliten auch hundert Jahre nach dem Sturz des Königreichs Israel noch lebten, um den Traum einer ruhmreichen geeinten Monarchie zu verwirklichen: ein großer, mächtiger Staat aller Israeliten, die einen Gott in einem Tempel in einer Hauptstadt – Jerusalem – verehrten und über die ein König aus davidischem Geschlecht herrschte.

Die Ambitionen eines mächtigen Ägypten, sein Reich auszuweiten, und des winzigen Juda, Gebiete des ehemaligen Nordreichs Israel zu annektieren und seine Unabhängigkeit zu festigen, standen daher in direktem Konflikt. Ägypten unter der 26. Dynastie mit seinen hegemonialen Bestrebungen stand einer Verwirklichung von Josias Träumen im Weg. Bilder und Erinnerungen aus der Vergangenheit dienten jetzt als Waffen in einem nationalen Kampf der Selbstbehauptung zwischen den Israeliten und dem Pharao und seinen Wagenlenkern.

Damit wird es möglich, das Abfassen des Exodus-Textes aus einer überraschend neuen Perspektive zu betrachten. So wie man die zerstreuten Traditionen über die Herkunft der Patriarchen in der schriftlichen Form der Texte zugunsten einer nationalen Wiederbelebung in Juda zusammenführte, diente die voll ausgearbeitete Geschichte über den Konflikt mit Ägypten – von der großen Macht des Gottes Israels und der wunderbaren Errettung seines Volkes durch ihn – einem noch direkteren politischen und militärischen Zweck. Die große Saga von einem Neubeginn und einer zweiten Chance dürfte im Bewußtsein der Leser im 7. Jahrhundert nachklingen, sie an ihre eigenen Schwierigkeiten erinnern und ihnen Hoffnung für die Zukunft einflößen.

Im Juda der späten Königszeit schwankte die Einstellung zu Ägypten stets zwischen Ehrfurcht und Abscheu. Einerseits hatte Ägypten in Hungerzeiten stets als sicherer Hafen und als Zufluchtsort für Flüchtige gedient und galt als potentieller Verbündeter gegen Invasoren aus dem Norden. Andererseits hegte man gegenüber dem großen Nachbarn im Süden, der seit Urzeiten stets den Ehrgeiz hatte, den lebenswichtigen Landweg durch das Land Israel in den Norden nach Kleinasien und Mesopotamien zu kontrollieren, stets Mißtrauen und Feindseligkeit. Jetzt schickte ein junger König in Juda sich an, sich dem großen Pharao entgegenzustellen, und uralte Traditionen aus vielen verschiedenen Quellen wurden zu einem großen umfassenden Epos zusammengeschmiedet, das Josias politische Ziele stützte.

In den Jahrhunderten danach – während des Babylonischen Exils und später – kamen noch weitere Schichten zur Geschichte vom Auszug hinzu. Aber heute sehen wir, wie die bemerkenswerte Komposition im Angesicht des wachsenden Konflikts mit Ägypten im 7. Jahrhundert v. Chr. zustande gekommen ist. Die Sage von Israels Auszug aus Ägypten ist weder historische Wahrheit noch literarische Erfindung.

Sie ist der machtvolle Ausdruck von Erinnerung und Hoffnung, entstanden in einer Welt, die sich mitten im Wandel befand. Die Konfrontation zwischen Mose und dem Pharao spiegelt die Konfrontation von großer Tragweite zwischen dem jungen König Josia und dem frisch gekrönten Pharao Necho. Es wäre ein Verrat an der eigentlichen Bedeutung dieser Geschichte, wollte man das biblische Bild auf ein einziges Datum fixieren. Passa ist kein Ereignis, das für sich allein steht, sondern eine anhaltende Erfahrung nationalen Widerstands gegen die jeweils herrschenden Mächte.

3. Die Eroberung Kanaans

Israels nationales Schicksal konnte sich nur im Land Kanaan erfüllen. Das Buch Josua schildert die Geschichte einer militärischen Blitzkampagne, in der die mächtigen kanaanäischen Könige in einer Schlacht geschlagen werden und die israelitischen Stämme ihr Land erben. Es ist eine Geschichte vom Sieg des Volkes Gottes über hochfahrende Heiden, ein zeitloses Epos von neuen Grenzen, die erobert wurden, und eingenommenen Städten, in dem die Verlierer die Höchststrafen Enteignung und Tod erleiden müssen. Es ist eine aufrührende Kriegsstory mit Heldentum, List und bitterer Rache, gespickt mit einigen der lebhaftesten Geschichen der ganzen Bibel – vom Fall der Mauern von Jericho, vom Stillstand der Sonne in Gibeon und vom Brand der großen kanaanäischen Stadt Hazor. Daneben ist es auch ein detaillierter geographischer Essay über die Landschaft Kanaans und eine historische Erklärung, wie jeder der zwölf israelitischen Stämme im verheißenen Land zu seinem traditionellen Gebiet kam.

Wenn aber, wie wir weiter oben gesehen haben, der Auszug der Israeliten nicht so, wie in der Bibel geschildert, stattfand: wie sah dann die Einnahme selbst aus? Hier sind die Probleme noch größer. Wie konnte eine Armee in Lumpen, begleitet überdies von Frauen, Kindern und Alten, nach jahrzehntelanger Wanderung aus der Wüste auftauchen und gleich eine siegreiche Invasion starten? Wie konnte solch ein chaotischer Haufen die großen Festungen in Kanaan mit ihren Berufsheeren und gut trainierten Wagenlenkern überwinden?

Fand die Einnahme Kanaans wirklich statt? Handelt es sich bei dieser zentralen Sage der Bibel – und der anschließenden Geschichte Israels – um Geschichte oder um einen Mythos? Trotz der Tatsache, daß alte Städte wie Jericho, Ai, Gibeon, Lachisch, Hazor und fast alle anderen in der Geschichte über die Einnahme erwähnten Orte gefunden und ausgegraben wurden, sind die Belege für eine historische Einnahme Kanaans durch die Israeliten, wie noch zu sehen sein wird, schwach. Auch hier können archäologische Beweise dazu beitragen, die historischen Ereignisse von den machtvollen Bildern einer bleibenden biblischen Erzählung zu trennen.

Josuas Schlachtplan

Die Erzählung von der Landnahme beginnt im letzten der fünf Bücher Mose – im Buch Deuteronomium –, in dem wir erfahren, daß es Mose, diesem großen Mann, nicht gestattet sein werde, die Israeliten nach Kanaan hineinzuführen. Als Angehöriger der Generation, die am eigenen Leib das bittere Leben in Ägypten erfahren hat, muß auch er sterben, ohne das verheißene Land zu betreten. Vor seinem Tod und seinem Begräbnis auf dem Berg Nebo in Moab hebt Mose hervor, wie wichtig das Befolgen aller Gebote Gottes für den Erfolg der bevorstehenden Landnahme sei und setzt auf Anweisung Gottes seinen langjährigen Adjutanten Josua zum Befehlshaber über die Israeliten ein. Nach Generationen der Sklaverei in Ägypten und vierzig Jahren der Wanderung durch die Wüste stehen die Israeliten nun an der Grenze Kanaans, am anderen Ufer des Landes, in dem ihre Vorfahren Abraham, Isaak und Jakob gelebt haben. Gott ordnet an, das Land von allen Spuren der Abgötterei zu reinigen – und das bedeutet die vollständige Vernichtung der Kanaanäer.

Unter der Führung Josuas – eines herausragenden Generals mit einem Talent für taktische Überraschungen – marschieren die Israeliten in einer überwältigenden Folge von Belagerungen und offenen Feldschlachten sogleich von einem Sieg zum anderen. Unmittelbar am anderen Jordan-Ufer liegt die alte Stadt Jericho, ein Ort, den die Israeliten einnehmen müssen, wollen sie einen Brückenkopf errichten. Während die Israeliten sich anschicken, den Jordan zu durchschreiten, sendet Josua zwei Spione nach Jericho aus, die Auskunft über die feindlichen Vorbereitungen und die Stärke der Befestigungen einholen sollen. Die Spione kehren mit der ermutigenden Nachricht (sie stammt von einer Hure namens Rahab) zurück, daß die Einwohner allein schon durch die Ankündigung, die Israeliten seien im Anmarsch, von Furcht erfüllt seien. Das Volk Israel durchschreitet sofort den Jordan, die Bundeslade wird dem Lager vorausgetragen. Die Geschichte von der anschließenden Einnahme Jerichos dürfte beinahe schon zu bekannt sein, als daß man sie noch nacherzählen müßte: Die Israeliten befolgen Gottes Befehl, der ihnen durch Josua mitgeteilt wird, und ziehen feierlich um die hohen Mauern der Stadt, und am siebten Tag stürzen die mächtigen Mauern unter dem betäubenden Klang der israelitischen Kriegsposaunen ein (Jos. 6).

Das nächste Ziel ist die Stadt Ai bei Bethel im kanaanäischen Bergland, das an strategischer Stelle an einer der Hauptstraßen liegt, die vom Jordangraben ins Bergland führen. Diesmal wird die Stadt dank Josuas glänzender, den Griechen vor Troja würdiger Taktik und nicht durch ein Wunder eingenommen. Während Josua den Großteil seiner Truppen auf dem freien Feld östlich der Stadt aufstellt und die Verteidiger von Ai verspottet, bereitet er an ihrer Westseite heimlich einen Hinterhalt vor. Als die Männer von Ai aus der Stadt stürmen, die Israeliten angreifen und sie in die Wüste verfolgen, betritt die Einheit aus dem Hinterhalt die unverteidigte Stadt und setzt sie in Brand. Daraufhin stoppt Josua den Rückzug, wirft seine Streitkräfte herum und schlachtet alle Bewohner Ais ab, nimmt das gesamte Vieh und alle Beute mit und hängt den König von Ai schmachvoll an einem Baum auf (Jos. 8,1–29).

Unter den Bewohnern der anderen Städte in Kanaan bricht daraufhin Panik aus. Als die Gibeoniter, die in vier Städten nördlich von Jerusalem wohnen, hören, was den Bewohnern von Jericho und Ai widerfahren ist, schicken sie Boten zu Josua, um ihn um Gnade anzuflehen. Da sie darauf bestehen, sie seien Fremde im Land, keine Einheimischen (die auf Gottes Befehl alle auszurotten sind), erklärt Josua sich bereit, Frieden mit ihnen zu schließen. Als sich dann jedoch herausstellt, daß die Gibeoniter gelogen haben und daß sie in Wirklichkeit doch Einheimische sind, bestraft Josua sie, indem er sie für immer zu «Holzhauern und Wasserschöpfern» der Israeliten macht (Jos. 9,27).

Diese Anfangssiege der israelitischen Invasoren in Jericho und in den Städten im westjordanischen Bergland versetzen die mächtigeren Könige Kanaans in große Besorgnis. Adoni-Zedek, der König von Jerusalem, schließt hastig einen Bund mit dem König von Hebron im südlichen Bergland sowie mit den Königen von Jarmuth, Lachisch und Eglon im Hügelland im Westen. Die Kanaanäer ziehen ihre vereinten Streitkräfte bei Gibeon zusammen, aber Josua, der in einer Nacht vom Jordangraben heraufmarschiert ist, überrascht das Heer der Jerusalemer Koalition mit einem blitzschnellen Schachzug. Die kanaanäischen Streitkräfte fliehen in Panik auf dem steilen Kamm von Beth-Horon nach Westen. Auf ihrer Flucht läßt Gott große Steine vom Himmel auf sie herabregnen. Die Bibel meint dazu lakonisch: «Von ihnen starben viel mehr durch die Hagelsteine, als die Israeliten mit dem Schwert töteten» (Jos. 10,11). Die Sonne beginnt unterzugehen, aber noch sind nicht alle Feinde getötet, deshalb wendet Josua sich vor dem gesamten israelitischen Heer an Gott und bittet ihn, die Sonne möge stillstehen, bis der göttliche Wille erfüllt ist.

So blieb die Sonne stehen mitten am Himmel und beeilte sich nicht unterzugehen fast einen ganzen Tag. Und es war kein Tag diesem gleich, weder vorher noch danach, daß der Herr so auf die Stimme eines Menschen hörte; denn der Herr stritt für Israel (Jos. 10,13–14).

Die geflüchteten Könige werden schließlich gefaßt und hingerichtet. Josua setzt seinen Feldzug fort, zerstört die kanaanäischen Städte im Süden des Landes und nimmt diese Region für das Volk Israel ein.

Der Schlußakt findet im Norden statt. Eine Koalition kanaanäischer Könige unter dem Oberbefehl von Jabin von Hazor, «ein großes Volk, so viel wie der Sand am Meer, und sehr viele Rosse und Wagen» (Jos. 11,4), stellt sich den Israeliten in einer Schlacht auf freiem Feld in Galiläa entgegen, die mit der völligen Vernichtung der kanaanäischen Streitkräfte endet. Hazor, die wichtigste Stadt in Kanaan, «die Hauptstadt aller dieser Königreiche» (Jos. 11,10), wird eingenommen und in Brand gesteckt. Mit diesem Sieg gelangt das gesamte verheißene Land, von der Wüste im Süden bis zum schneebedeckten Gipfel des Hermon-Gebirges im Norden, in den Besitz der Israeliten. Die göttliche Verheißung hat sich tatsächlich erfüllt. Die kanaanäischen Streitkräfte sind vernichtet, und die Israeliten machen sich daran, das Land als das ihnen von Gott geschenkte Erbe unter den Stämmen aufzuteilen.

Ein anderes Kanaan

Wie schon bei der Geschichte über den Auszug aus Ägypten hat die Archäologie eine dramatische Diskrepanz zwischen der Bibel und der Lage in Kanaan zum vorgeblichen Zeitpunkt der Einnahme zwischen 1230 und 1220 v. Chr. aufgedeckt.* Wenngleich bekannt ist, daß um 1207 v. Chr. schon irgendwo in Kanaan eine Gruppe mit dem Namen Israel existierte, war – nach allem, was wir über die allgemeine politische und militärische Lage in Kanaan wissen – eine Blitzinvasion dieser Gruppe undurchführbar und äußerst unwahrscheinlich.

Ägyptische Texte aus der Spätbronzezeit (1550–1150 v. Chr.) in Form von diplomatischen Briefen mit Listen eroberter Städte, Belagerungsszenen an den Wänden von Tempeln in Ägypten, Annalen ägyptischer Könige, literarischen Werken und Hymnen enthalten zahlreiche

* Wie wir im letzten Kapitel gesehen haben, bietet sich dieser Zeitpunkt aufgrund der angenommenen Hinweise auf die Ramessiden-Pharaonen im Exodus-Text und durch das Datum der Merenptah-Stele (1207 v. Chr.) an, derzufolge es zu jenem Zeitpunkt «Israel» in Kanaan schon gibt.

Belege für die Zustände in Kanaan. Die vielleicht ergiebigste Informationsquelle über Kanaan in diesem Zeitraum sind die Briefe aus Tell el-Amarna. Diese Texte gehören zur diplomatischen und militärischen Korrespondenz der mächtigen Pharaonen Amenophis III. und seines Sohns Echnaton, die im 14. Jahrhundert v. Chr. über Ägypten herrschten.

Die beinahe vierhundert Amarna-Täfelchen, heute in Museen auf der ganzen Welt verstreut, umfassen Briefe, die Herrscher mächtiger Staaten wie des Hethiterreichs in Anatolien oder des Babylonischen Reichs nach Ägypten schickten. Die meisten stammen jedoch von den Herren der kanaanäischen Stadtstaaten, die zu jener Zeit ägyptische Vasallen waren. Die Briefe wurden von den Fürsten jener kanaanäischen Städte gesandt, die später durch die Bibel bekannt werden sollten, wie Jerusalem, Sichem, Megiddo, Hazor und Lachisch. Überdies zeigen die Amarna-Briefe, und das ist noch wichtiger, daß Kanaan eine ägyptische Provinz war, die eine ägyptische Verwaltung strikt überwachte. Die Hauptstadt dieser Provinz war Gaza, aber ägyptische Garnisonen waren an entscheidenden Orten im ganzen Land stationiert wie in Beth-Schean südlich vom See Genezareth und im Hafen von Joppe (heute als Jaffa Teil der Stadt Tel Aviv).

In der Bibel werden keine Ägypter außerhalb der ägyptischen Grenzen oder in irgendeiner Schlacht in Kanaan erwähnt. Dagegen legen zeitgenössische Texte und archäologische Funde nahe, daß sie sich um die Angelegenheiten im Land kümmerten und sie aufmerksam verfolgten. Die Fürsten der kanaanäischen Städte (im Buch Josua als mächtige Feinde dargestellt) waren in Wirklichkeit mitleiderregend schwach. Ausgrabungen haben gezeigt, daß die Städte in Kanaan in dieser Zeit keine regulären Städte von der Art waren, wie man sie aus der späteren Geschichte kennt. Es waren hauptsächlich befestigte Verwaltungssitze für die Führungsschicht, in denen der König, seine Familie und sein kleines Gefolge von Bürokraten wohnten, während die Bauern verstreut im Umland in kleinen Dörfern hausten. Die typische Stadt besaß lediglich einen Palast, eine Tempelanlage und ein paar weitere öffentliche Gebäude – vermutlich die Wohnungen hochgestellter Beamter, Gasthäuser und andere Verwaltungsgebäude. Aber sie hatte keine Stadtmauern. Die im Text über die Einnahme als furchterregend geschilderten kanaanäischen Städte waren nicht durch Befestigungen geschützt!

Der Grund, warum keine wuchtigen Verteidigungsmauern benötigt wurden, mag wohl darin zu suchen sein, daß Ägypten so nachdrücklich für die Sicherheit der gesamten Provinz sorgte. Für die fehlenden Befestigungen der meisten kanaanäischen Städte gibt es vermutlich auch einen wirtschaftlichen Grund. Da die Fürsten von Kanaan umfangreiche Tributzahlungen an die Pharaonen leisten mußten, dürften die kleinen lokalen Potentaten nicht die Mittel (und auch nicht die Autorität) besessen haben, monumentale öffentliche Arbeiten durchzuführen. Kanaan in der Spätbronzezeit war demnach kaum mehr als ein Schatten der wohlhabenden Gesellschaft, die mehrere hundert Jahre davor zur mittleren Bronzezeit dort gelebt hatte. Viele Städte waren aufgegeben worden, andere schrumpften, und die gesamte seßhafte Bevölkerung dürfte gerade einmal knapp hunderttausend Seelen gezählt haben. Einen Beweis dafür, wie klein diese Gesellschaft war, liefert einer der Amarna-Briefe, die der König von Jerusalem an den Pharao schickte und in dem er ihn bat, fünfzig Männer zu schicken, «um das Land zu schützen». Daß die Streitkräfte zu dieser Zeit winzig waren, bestätigt ein weiterer Brief, in dem der König von Megiddo den Pharao bat, hundert Soldaten zu schicken, um eine Stadt vor einem Angriff ihres aggressiven Nachbarn, des Königs von Sichem, zu schützen.

Die Amarna-Briefe beschreiben die Situation im 14. Jahrhundert v. Chr., rund hundert Jahre vor dem vorgeblichen Zeitpunkt der israelitischen Eroberung. Eine vergleichbare detaillierte Informationsquelle über die Angelegenheiten in Kanaan im 13. Jahrhundert v. Chr. liegt nicht vor. Aber Pharao Ramses II., der während eines langen Zeitraums im 13. Jahrhundert v. Chr. herrschte, dürfte seine militärische Aufsicht über Kanaan nicht gelockert haben. Er war ein starker König, möglicherweise der stärkste Pharao überhaupt, der sich überdies ungemein für ausländische Angelegenheiten interessierte.

Andere Hinweise – literarischer wie archäologischer Art – legen nahe, daß Ägypten Kanaan stärker als je zuvor im Griff hatte. Sobald von Unruhen berichtet wurde, marschierte das ägyptische Heer durch die Sinai-Wüste entlang der Mittelmeerküste bis zu den rebellischen Städten oder aufrührerischen Menschen. Wie schon weiter oben erwähnt, schützte eine Kette von Festungen, die gut mit Süßwasserquellen versehen waren, die Militärstraße im Nord-Sinai. Sobald das ägyptische Heer die Wüste hinter sich gelassen hatte, konnte es mühelos alle rebellischen Streitmächte schlagen und der einheimischen Bevölkerung seinen Willen aufzwingen.

Die Archäologie hat schlagende Beweise für das Ausmaß der ägyptischen Präsenz in Kanaan aufgedeckt. In den 1920er Jahren wurde eine ägyptische Festung bei Beth-Schean im Süden des Sees Genezareth ausgegraben. In ihren verschiedenen Bauten und Höfen stieß man auf Statuen und mit Hieroglyphen beschriftete Monumente aus der Zeit der Pharonen Sethos I. (1294–1279 v. Chr.), Ramses II. (1279–1213 v. Chr.) und Ramses III. (1184–1153 v. Chr.). In der alten kanaanäischen Stadt Megiddo fand man Hinweise auf einen nachhaltigen ägyptischen Einfluß noch zur Zeit Ramses' VI., der gegen Ende des 12. Jahrhunderts v. Chr. geherrscht hatte. Das ist lange nach der vorgeblichen Einnahme Kanaans durch die Israeliten.

Es ist höchst unwahrscheinlich, daß die ägyptischen Garnisonen im ganzen Land unbeteiligt zuschauten, wie eine Gruppe von Flüchtlingen (aus Ägypten) die gesamte Provinz Kanaan verwüstete. Und es ist unvorstellbar, daß die Zerstörung so vieler loyaler Vasallenstädte durch die Invasoren absolut keine Spur in den umfassenden Aufzeichnungen des ägyptischen Reichs hinterlassen haben soll. Mit der einzigen unabhängigen Erwähnung des Namens Israel aus dieser Zeit – Merenptahs Siegesstele – wird lediglich mitgeteilt, daß dieses ansonsten obskure Volk, das in Kanaan lebte, eine vernichtende Niederlage hat einstecken müssen. Ganz eindeutig stimmt hier etwas nicht, vergleicht man den biblischen Bericht mit den archäologischen Beweisen und den ägyptischen Aufzeichnungen.

In den Fußstapfen Josuas?

Allerdings gibt – oder zumindest gab – es Gegenargumente zu den ägyptischen Zeugnissen. Es war zunächst einmal klar, daß es sich beim Buch Josua nicht um eine völlig phantasievolle Mär handelt. Vielmehr gibt es exakt die Geographie des Landes Israel wieder. Mit seinem Feldzug hält Josua sich an eine logische geographische Reihenfolge. Zu Beginn des 20. Jahrhunderts suchten mehrere Gelehrte Stätten aus, die sich mühelos mit der fortschreitenden israelitischen Eroberung identifizieren ließen, und begannen zu graben – in der Hoffnung, irgendwelche Beweise in Form eingestürzter Mauern, verbrannter Balken und allgemeiner Zerstörung zu finden.

Die herausragendste Gestalt auf dieser Suche ist wieder der amerikanische Gelehrte William Foxwell Albright von der Johns Hopkins University in Baltimore gewesen, ein glänzender Sprachwissenschaftler, Historiker, Exeget und praktischer Archäologe, der die Ansicht vertrat, bei den Erzvätern handele es sich um authentische historische Persönlichkeiten. Aufgrund seiner Interpretation der archäologischen Befunde hielt

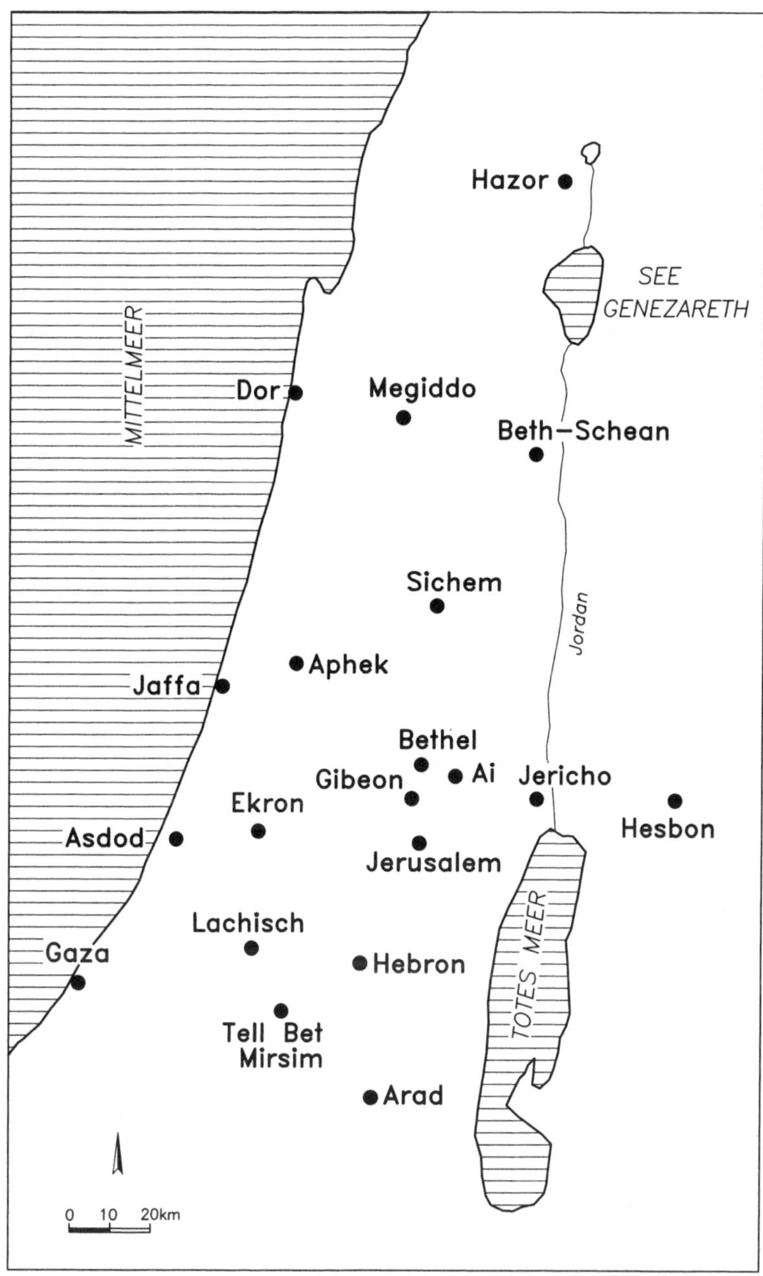

Abb. 7: Die wichtigsten Orte, die in den Erzählungen von der Landnahme erwähnt werden.

er auch Josuas Taten für historisch. Albright führte seine bekannteste Ausgrabung zwischen 1926 und 1932 am Tell Bet Mirsim durch, der in den Bergausläufern südwestlich von Hebron liegt (Abb. 7). Er identifizierte die Anlage mit der kanaanäischen Stadt Debir, deren Einnahme durch die Israeliten an drei verschiedenen Bibelstellen erwähnt wird: zweimal im Buch Josua (10,38–39; 15,15–19) und einmal im Buch Richter (1,11–15). Wenngleich diese Identifizierung später in Frage gestellt wurde, spielen die archäologischen Funde von Tell Bet-Mirsim bis heute eine zentrale Rolle in der Diskussion um die Geschichte.

Die Ausgrabungen brachten eine kleine, recht armselige Stadt ohne Schutzmauer zutage, die gegen Ende der Spätbronzezeit – Albright zufolge um 1230 v. Chr. – von einer plötzlichen Feuersbrunst zerstört wurde. Über der Asche dieser niedergebrannten Stadt fiel Albright etwas ins Auge, das er als Beweis dafür betrachtete, daß neue Bewohner gekommen waren: zerstreute grobe Töpferscherben, die ihm von anderen Stätten im Bergland bekannt waren und die er intuitiv als israelitisch identifizierte. Damit schien die Historizität der biblischen Erzählung erwiesen zu sein: Eine (in der Bibel erwähnte) kanaanäische Stadt wurde von den Israeliten in Brand gesteckt und von ihnen anschließend übernommen; sie ließen sich auf ihren Ruinen nieder.

Albrights Ergebnisse wiederholten sich anscheinend überall. Ausgrabungen des alten Tells beim arabischen Dorf Betin, mit der biblischen Stadt Bethel identifiziert, ungefähr 14,5 Kilometer nördlich von Jerusalem, brachten eine in der Spätbronzezeit bewohnte kanaanäische Stadt zutage. Im ausgehenden 13. Jahrhundert v. Chr. wurde sie von einem Feuer zerstört und in der Eisenzeit I anscheinend von einer anderen Gruppe neu besiedelt. Das paßte zur biblischen Geschichte von der kanaanäischen Stadt Lus, die Angehörige aus dem Geschlecht Josephs einnahmen. Sie ließen sich darin nieder und änderten ihren Namen zu Bethel ab (Ri. 1,22–26). Weiter im Süden, beim imposanten Tell ed-Duwer in der Schfela, einer Stätte, die mit der bekannten biblischen Stadt Lachisch identifiziert wird (Jos. 10,31–32), legte eine britische Expedition in den 1930er Jahren die Überreste einer weiteren großen Stadt der Spätbronzezeit frei, die von einem Feuer zerstört worden war.

Die Entdeckungen hielten bis in die 1950er Jahre, bis nach der Gründung des Staates Israel, an; danach befaßten sich israelische Archäologen eingehend mit der Frage, auf welche Weise die Einnahme des verheißenen Landes erfolgt war. 1956 begann der führende israelische Archäologe Yigael Yadin mit seinen Ausgrabungen der alten Stadt Hazor, die im Buch Josua als «die Hauptstadt aller dieser Königreiche» (11,10) bezeichnet wird. Sie eignete sich hervorragend als Testgelände für die archäologische Suche nach der israelitischen Eroberung. Es stellte sich heraus, daß Hazor, das aufgrund seiner Lage und Auffälligkeit mit dem gewaltigen Tell el-Waqqas in Obergaliläa identifiziert wird, in der Spätbronzezeit die größte kanaanäische Stadt war. Sie bedeckte eine Fläche von achtzig Hektar und war damit achtmal größer als so herausragende Stätten wie Megiddo und Lachisch.

Yadin stellte fest, daß Hazor den Gipfel seines Wohlstands zwar in der mittleren Bronzezeit (2000–1550 v. Chr.) erreicht hatte, aber dennoch bis weit in die Spätbronzezeit hinein blühte. Es war eine sagenhafte Stadt mit Tempeln und einem riesigen Palast. Der prunkvolle Palast, dessen Imposanz bereits die Ergebnisse von Yadins Ausgrabungen andeutete, wurde in den 1990er Jahren im Verlauf erneuter Grabungskampagnen unter der Leitung von Amnon Ben-Tor von der Hebräischen Universität freigelegt. Eine Reihe von Keilschrifttäfelchen belegen, daß es ein königliches Archiv gegeben hat. Eine der gefundenen Tafeln trägt den königlichen Namen Ibni, und ein König von Hazor namens Ibni-Addu wird im Mari-Archiv erwähnt. Zwar sind beide eigentlich in eine sehr viel frühere Zeit (die mittlere Bronzezeit) zu datieren, dennoch könnten sie etymologisch mit dem Namen Jabin zusammenhängen, dem in der Bibel erwähnten König von Hazor. Die suggestive Wiederholung dieses Namens läßt möglicherweise darauf schließen, daß es sich um den Namen einer Dynastie handelt, der jahrhundertelang mit Hazor verbunden war – und an den man sich noch lange nach der Zerstörung der Stadt erinnerte.

Die Ausgrabungen von Hazor zeigen, daß die Pracht der kanaanäischen Stadt wie die so vieler anderer Städte in verschiedenen Landesteilen im 13. Jahrhundert v. Chr. brutal zu Ende ging. Plötzlich, ohne erkennbare Warnung und mit nur wenigen Anzeichen eines Niedergangs wurde Hazor angegriffen, zerstört und in Brand gesteckt. Die Palastmauern aus Lehmziegeln, die von der fürchterlichen Feuersbrunst rot gebrannt wurden, stehen noch heute bis zu einer Höhe von 1,80 Metern. Eine Zeitlang war der Ort verlassen, dann entstand in einem Teil des riesigen Ruinenfelds eine armselige Ortschaft. Ihre Töpferscherben ähneln denen früherer israelitischer Orte im westjordanischen Bergland weiter südlich.

Somit schien die Archäologie im Laufe des 20. Jahrhunderts den biblischen Bericht zu bestätigen. Leider löste sich der Konsens der Gelehrten am Ende aber in nichts auf.

Schmetterten die Posaunen von Jericho wirklich?

Mitten in die Euphorie – beinahe im gleichen Augenblick, als es schien, die Schlacht um die Einnahme sei zugunsten Josuas entschieden – platzten einige störende Widersprüche. Noch während die Weltpresse berichtete, die Einnahme durch Josua sei bestätigt worden, paßten viele der wichtigsten Teile des archäologischen Puzzles einfach nicht zusammen.

Jericho zählte zu den wichtigsten. Wie schon erwähnt, waren die kanaanäischen Städte nicht befestigt, und es gab daher auch keine Mauern, die einstürzen konnten. Im Fall von Jericho existierte nicht einmal die Spur irgendeiner Besiedlung im 13. Jahrhundert v. Chr., und die ältere Ortschaft aus der Spätbronzezeit, die auf das 14. Jahrhundert v. Chr. zurückging, war klein und armselig, praktisch unbedeutend und nicht befestigt. Es gab auch keine Anzeichen für eine Zerstörung. Somit war die berühmte Szene, in der die israelitischen Streitkräfte mit der Bundeslade um die Stadt schreiten und die mächtigen Mauern Jerichos zum Einsturz bringen, indem sie ihre Kriegsposaunen schmettern, nicht mehr als eine romantische Mär.

Eine ähnliche Diskrepanz zwischen Archäologie und Bibel stellte man auch an der Stätte des alten Ais fest, wo Josua der Bibel zufolge seinen geschickten Hinterhalt gelegt hatte. Archäologen identifizieren den großen Hügel von Chirbet et-Tell an der Ostseite des Berglands nordöstlich von Jerusalem als die alte Stadt Ai. Seine geographische Lage gleich östlich von Bethel paßte gut zur Beschreibung in der Bibel. Der moderne arabische Name der Stätte, et-Tell, bedeutet «die Ruine», und das entspricht auch mehr oder weniger der Bedeutung des hebräischen Namens Ai. Eine andere Stätte aus der Spätbronzezeit gab es in der Nähe nicht. Die in Frankreich ausgebildete jüdische Archäologin Judith Marquet-Krause aus dem damaligen Palästina führte zwischen 1933 und 1935 Ausgrabungen im großen Stil am et-Tell durch und fand ausgedehnte Überreste einer riesigen Stadt aus der Frühbronzezeit, über tausend Jahre vor dem Zusammenbruch Kanaans in der Spätbronzezeit. Nicht gefunden wurde dagegen auch nur die kleinste Töpferscherbe aus der Spätbronzezeit, auch gab es keine anderen Hinweise darauf, daß der Ort in dieser Zeit in irgendeiner Weise bewohnt gewesen war. Erneute Ausgrabungen der Stätte in den 1960er Jahren ergaben das gleiche Bild. Genau wie Jericho war Ai zur Zeit seiner vorgeblichen Einnahme durch die Israeliten nicht bewohnt.

Und was ist mit der Geschichte von den Gibeonitern, die um Schutz bitten? Ausgrabungen der Anhöhe im Dorf ed-Dschib nördlich von Jerusalem, gemäß einem Konsens unter den Gelehrten als der Ort des biblischen Gibeon identifiziert, legten Überreste aus der mittleren Bronzezeit und der Eisenzeit frei, nicht aber aus der Spätbronzezeit. Archäologische Sondierungen am Ort der anderen drei «Gibeoniter»-Städte Kephira, Beeroth und Kirjat-Jearim ergaben das gleiche Bild: An keiner dieser Stätten gab es irgendwelche Überreste aus der Spätbronzezeit. Das gilt auch für die anderen Städte, die im Text über die Landnahme und in der Liste der Könige von Kanaan (Jos. 12) erwähnt werden. Darunter finden wir Arad (im Negev) und Hesbon (im Ostjordanland), das schon im letzten Kapitel erwähnt wurde.

Leidenschaftliche Erklärungen und komplizierte Begründungen ließen nicht lange auf sich warten, weil soviel auf dem Spiel stand. Zu Ai vermutete Albright, die Geschichte über seine Einnahme habe sich ursprünglich auf Bethel ganz in der Nähe bezogen, weil Bethel und Ai sowohl geographisch als auch traditionell so eng miteinander verbunden waren. Im Fall von Jericho betonten einige Wissenschaftler die Rolle von Umwelteinflüssen. Demnach war die gesamte Schicht von Jericho zur Zeit der Eroberung einschließlich seiner Befestigungen einfach aufgrund von Bodenerosion verschwunden.

Erst in jüngster Zeit wurden die Gelehrten sich einig, auf die Geschichte von der Einnahme zu verzichten. Was die Zerstörung von Bethel, Lachisch, Hazor und anderen kanaanäischen Städten betrifft, lassen Beweise aus anderen Teilen des Nahen Ostens und des östlichen Mittelmeerraums darauf schließen, daß sie nicht unbedingt von Israeliten zerstört wurden.

Die mediterrane Welt im 13. Jahrhundert v. Chr.

Die Bibel konzentriert sich mit ihrer Geographie fast ausschließlich auf Israel. Um jedoch das Ausmaß der Ereignisse, die sich am Ende der Spätbronzezeit zutrugen, zu begreifen, ist ein Blick weit über die Grenzen Kanaans hinaus auf die gesamte östliche Mittelmeerregion vonnöten (Abb. 8). Ausgrabungen in Griechenland, der Türkei, in Syrien und Ägypten förderten faszinierende Belege für Aufruhr, Krieg und weit verbreiteten gesellschaftlichen Zusammenbruch zutage. In den letzten Jahren des 13. und zu Beginn des 12. Jahrhunderts v. Chr. machte die gesamte alte Welt einen dramatischen Wandel durch, als eine verheerende Krise die Königreiche der Bronzezeit davonfegte und eine

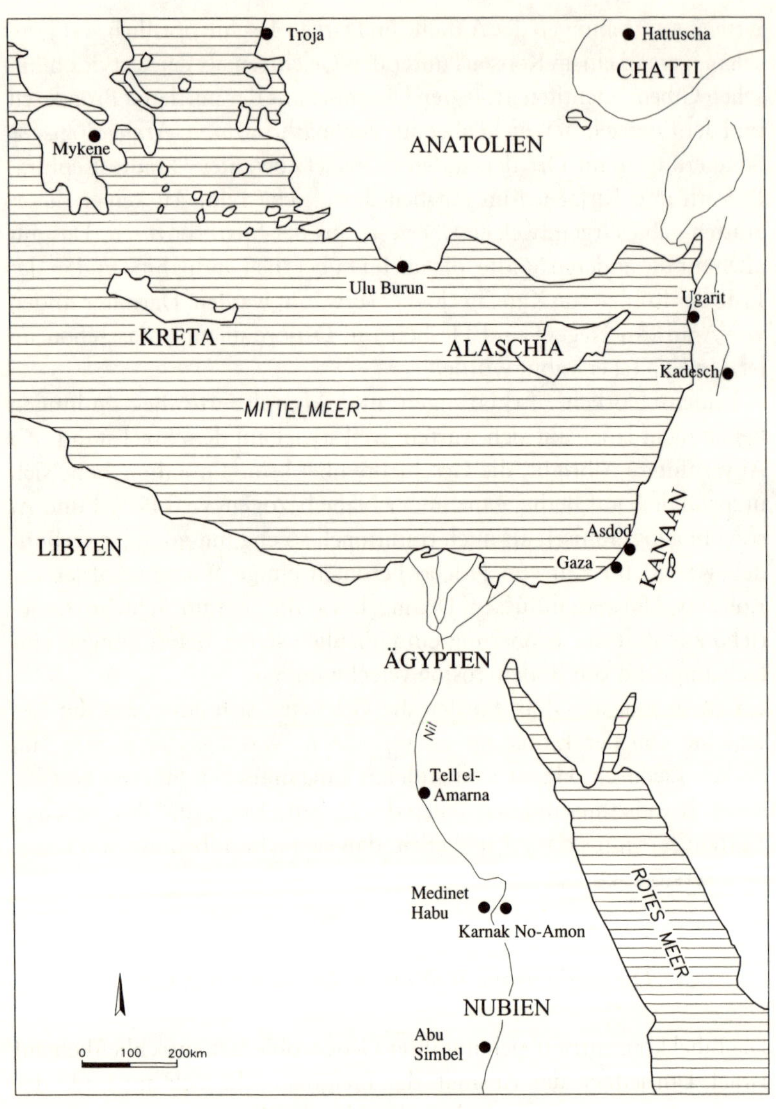

Abb. 8: Der alte Vordere Orient: ausgewählte archäologische Stätten des 13. Jahrhunderts v. Chr.

neue Welt entstand. Es war eine der dramatischsten und chaotischsten Perioden in der Geschichte, während der alte Reiche zerbrachen und neue, aufsteigende Kräfte an ihre Stelle traten.

Davor – und noch bis weit in die Mitte des 13. Jahrhunderts v. Chr. hinein – beherrschten zwei große Reiche die Region. Ägypten im Süden stand auf seinem Gipfel. Sein Herrscher hieß Ramses II. Es kontrollierte Kanaan einschließlich der Gebiete des modernen Libanon und des südwestlichen Syrien. Im Süden beherrschte es Nubien, im Westen Libyen. Im ägyptischen Reich wurden monumentale öffentliche Bauarbeiten ausgeführt, und es hatte am lukrativen Handel im östlichen Mittelmeer teil. Gesandte und Händler aus Kreta, Zypern, Kanaan und Chatti besuchten Ägypten häufig und brachten dem Pharao Geschenke. Im Sinai und Negev wurden Türkis- und Kupferbergwerke von ägyptischen Expeditionen ausgebeutet. Nie zuvor hatte es in Ägypten ein vergleichbares auf Expansion und Macht abgestimmtes Reich gegeben. Man braucht nur vor dem Abu-Simbel-Tempel in Nubien oder den berühmten Tempeln in Karnak und Luxor zu stehen, um etwas von der Größe Ägyptens im 13. Jahrhundert v. Chr. zu spüren.

Das zweite große Reich der Region lag mitten in Anatolien. Es war der mächtige Hethiterstaat, der von seiner Hauptstadt Hattuscha, östlich der modernen türkischen Kapitale Ankara, regiert wurde. Die Hethiter kontrollierten Kleinasien und Nordsyrien. In Architektur, Literatur und Kriegsführung erreichten sie ein bemerkenswert hohes Niveau. Angesichts der phantastischen Befestigungen und dem aus dem Fels gehauenen Tempel der gewaltigen Stadt Hattuscha bekommt der moderne Besucher eine Vorstellung davon, wie mächtig das Hethiterreich war.

Die beiden Reiche – das ägyptische wie das hethitische – grenzten in Syrien aneinander. Der unvermeidliche Zusammenstoß zwischen ihnen erfolgte zu Beginn des 13. Jahrhunderts. Die beiden gewaltigen Heere trafen in Kadesch am Orontes in Westsyrien aufeinander. Auf der einen Seite stand Muwatalli, der Hethiterkönig, auf der anderen Seite der damals noch junge und unerfahrene Ramses II. Es gibt Berichte über die Schlacht von beiden Parteien, und beide erheben Anspruch auf einen Sieg. Die Wahrheit liegt irgendwo in der Mitte. Anscheinend endete die Schlacht ohne klaren Gewinner, und die zwei Großmächte mußten einen Kompromiß schließen. Der neue Hethiterkönig Hattuschili III. und der jetzt schlachtenerprobte Ramses II. unterzeichneten kurz darauf einen Friedensvertrag, der sich für Freundschaft zwischen den zwei Mächten aussprach und in dem sie «für immer» auf Feindseligkeiten verzichteten. Er wurde mit einem symbolischen Akt besiegelt: Ramses nahm eine Hethiterprinzessin zur Frau.

Die durch dieses ägyptisch-hethitische Patt entstandene Welt bot einer anderen großen Macht im Westen wachsende Möglichkeiten. Sie dominierte nicht aufgrund ihrer militärischen Stärke, sondern dank ihres Geschicks auf See. Das war die mykenische Welt, die die bekannten Zitadellen von Mykene und Tiryns sowie die üppigen Paläste in Pylos und Theben hervorbrachte. Es war die Welt, die wahrscheinlich den romantischen Hintergrund für die *Ilias* und die *Odyssee* abgab; die Welt, aus der die berühmten Gestalten von Agamemnon, Helena, Priamos und Odysseus hervorgingen. Man weiß nicht sicher, ob die mykenische Welt von einem Zentrum wie Mykene regiert wurde. Es dürfte eher mehrere Zentren gegeben haben, die jeweils über große Gebiete herrschten; ähnlich wie die kanaanäischen Stadtstaaten oder die Staatsform der Polis im klassischen Griechenland, nur in einem sehr viel größeren Maßstab.

Die mykenische Welt, durch Heinrich Schliemanns aufsehenerregende Ausgrabungen in Mykene und Tiryns im späten 19. Jahrhundert freigelegt, verriet ihre Geheimnisse erst viele Jahre später, als die Silbenschrift Linear B entziffert wurde. Die in den mykenischen Palästen gefundenen Tafeln beweisen, daß die Mykener griechisch sprachen. Ihre Macht und ihren Reichtum verdankten sie wohl dem Handel im östlichen Mittelmeer.

Die Insel Zypern – damals unter dem Namen Alaschia bekannt – spielt in dieser Welt des 13. Jahrhunderts v. Chr. ebenfalls eine bedeutende Rolle. Sie war der Hauptlieferant für Kupfer im östlichen Mittelmeer und das Tor zum Handel mit der Levante. Eindrucksvolle, mit Quadersteinen errichtete Bauten belegen den Wohlstand der Insel zu jener Zeit.

Die Spätbronzezeit zeichnete sich durch große Macht, Reichtum und aktiven Handel aus. Das heute berühmte Schiffswrack von Ulu Burun, vor der türkischen Südküste gefunden, gibt eine kleine Vorstellung von der damaligen Blütezeit. Um 1300 v. Chr. segelte ein Schiff mit einer Ladung von Kupfer- und Zinnbarren, Ebenholzstämmen, Terebinthenharz, Elfenbein von Flußpferd und Elefant, Straußeneischalen, Gewürzen und anderen Waren an der kleinasiatischen Küste entlang und sank dann anscheinend in einem Sturm. Unterwasserausgrabungen am Wrack und die Bergung seiner reichen Ladung zeigen, daß dieses kleine Schiff – damals sicher keine Ausnahme – die lukrativen Handelsrouten im gesamten östlichen Mittelmeer abfuhr und aus jedem

Hafen, in dem es anlegte, luxuriöse Gegenstände und Verbrauchsgüter mitnahm.

Allerdings sollte man sich vor Augen halten, daß es sich bei dieser Welt nicht einfach um eine antike Version eines modernen Gemeinsamen Marktes handelte, in dem jede Nation frei mit allen anderen Handel trieb. Vielmehr unterstand diese Welt der strikten Aufsicht von Königen und Fürsten jeder politischen Region und wurde aufmerksam von Ägypten und den anderen damaligen Großmächten überwacht. In dieser Welt der Ordnung und des Wohlstands für die Eliten der Bronzezeit dürfte ihr plötzlicher und tiefer Sturz sicher einen bleibenden Eindruck – in der Erinnerung, in Sage und Dichtung – hinterlassen haben.

Der große Umsturz

Der Blick aus den Palästen der Stadtstaaten in Kanaan mag zwar friedlich gewesen sein, aber am Horizont lauerten Probleme, die die gesamte Wirtschafts- und Gesellschaftsstruktur der Spätbronzezeit zum Einsturz bringen sollten. 1130 v. Chr. bietet sich eine völlig andere Welt dar; sie ist so anders, daß ein Bewohner von Mykene, von No-Amon (der Hauptstadt Ägyptens, des heutigen Luxor) oder auch von Hattuscha aus dem Jahr 1230 v. Chr. sie nicht wiedererkannt hätte. Zu diesem Zeitpunkt war Ägypten ein schwacher Schatten seiner ruhmreichen Vergangenheit, das den größten Teil seiner fremden Gebiete verloren hatte. Chatti existierte nicht mehr, und Hattuscha war eine Ruinenstadt. Die mykenische Welt war eine verblassende Erinnerung, seine palastartigen Zentren zerstört. Zypern hatte sich gewandelt; sein Handel mit Kupfer und anderen Gütern war eingestellt worden. Viele große kanaanäische Häfen an der Mittelmeerküste, einschließlich der großen Seemacht Ugarit im Norden, waren in Schutt und Asche gesunken. Eindrucksvolle Städte im Binnenland wie Megiddo und Hazor waren verlassene Ruinenfelder.

Was war geschehen? Warum verschwand die alte Welt? Gelehrte, die sich mit diesem Problem befaßt haben, sind davon überzeugt, daß ein Hauptgrund dafür die Invasionen geheimnisvoller, gewalttätiger Menschen, der sogenannten Seevölker, war, Zuwanderer, die über Land und auf dem Meer aus dem Westen kamen und alles, was in ihrem Weg stand, zerstörten. Aufzeichnungen in Ugarit und Ägypten aus dem frühen 12. Jahrhundert v. Chr. erwähnen diese Plünderer. Ein in den

Ruinen der Hafenstadt Ugarit gefundener Text legt dramatisch Zeugnis ab für die Situation um 1185 v. Chr. Er wurde von Ammurapi, dem letzten König von Ugarit, an den König von Alaschia (Zypern) geschickt und beschreibt verzweifelt, wie «feindliche Boote gelandet sind; der Feind hat die Städte in Brand gesteckt und verheerenden Schaden angerichtet. Meine Truppen sind im Hethiterland, meine Boote in Lykien, und das Land bleibt sich selbst überlassen.» Ebenso äußert der große König von Chatti dem Präfekten von Ugarit gegenüber seine Sorge über die Anwesenheit einer Gruppe von Seevölkern, den sogenannten Schiqalaya, «die auf Booten hausen».

Zehn Jahre später, 1175 v. Chr., ist im Norden alles vorbei. Von Chatti, Alaschia und Ugarit blieben nur noch Ruinen. Aber Ägypten war noch immer eine Macht, mit der man rechnen mußte, und entschlossen, sich bis aufs Äußerste zu verteidigen. Die monumentalen Inschriften Ramses' III. im Tempel in Medinet Habu in Oberägypten berichten von der vorgeblichen Verschwörung der Seevölker, die bewohnten Gebiete des östlichen Mittelmeers zu verheeren: «Die fremden Länder verschworen sich auf ihren Inseln. ... Kein Land konnte ihren Waffen widerstehen. ... Sie kamen herunter nach Ägypten, während die Flamme für sie vorbereitet war. Zu ihrem Bündnis gehörten die Philister, Tjeker, Schekelesch, Danaer und Weschesch, ihre Länder waren vereinigt. Sie legten ihre Hände auf die Länder soweit wie der Kreis der Erde, ihre Herzen zuversichtlich und voller Vertrauen: ‹Unsere Pläne werden Erfolg haben!›»

Lebhafte Darstellungen der anschließenden Schlachten bedecken eine Außenwand des Tempels (Abb. 9). Auf einer ist ein Gewirr ägyptischer und fremder Schiffe inmitten eines chaotischen Seegefechts zu erblicken: Bogenschützen stehen bereit, die Schiffe ihrer Feinde anzugreifen, und sterbende Kämpfer stürzen ins Meer. Die Invasoren, die übers Meer gekommen sind, unterscheiden sich äußerlich stark von den Ägyptern sowie von den Darstellungen asiatischer Völker in der ägyptischen Kunst. Am auffallendsten an ihnen ist ihre unverkennbare Kopfbedeckung: Einige tragen Helme mit Hörnern, andere eigenartige Kopfbedeckungen mit Federn. In einer intensiven Landschlacht nahebei kämpfen Ägypter mit Kriegern der Seevölker, während Männer, Frauen und Kinder in hölzernen Ochsenkarren, bereit für einen Zug über Land, hilflos zuschauen. Das Ergebnis der Land- und Seeschlachten war gemäß der Beschreibung des Pharaos Ramses III. entscheidend: «Jene, die meine Grenze erreicht hatten, ihr Same ist dahin, ihr Herz und ihre Seele sind für immer und ewig zu Ende. Vor jenen, die

Abb. 9: Das Relief im Totentempel Ramses' III. in Medinet Habu (Oberägypten) stellt die Schlacht mit den Seevölkern dar.

über das Meer herunterkamen, war die volle Flamme vor ihnen. ... Sie wurden hineingezogen, umzingelt und am Strand am Boden niedergestreckt, getötet und auf einen Haufen geworfen.»

Wer waren diese bedrohlichen Seevölker? Gelehrte führen eine anhaltende Diskussion über ihre Herkunft und die Gründe, die sie in Richtung Süden und Osten in Bewegung setzten. Einigen zufolge stammten sie aus der Ägäis; andere suchen ihren Ursprung in Südanatolien. Was aber veranlaßte Tausende von entwurzelten Menschen, auf dem Land und übers Meer eine neue Heimat zu suchen? Einer Möglichkeit zufolge handelte es sich um eine lockere Allianz von Freibeutern, wurzellosen Seeleuten und enteigneten Bauern, die von Hungersnot, Bevölkerungsdruck oder Landmangel angetrieben wurden. Auf ihrem Zug in den Osten zerstörten sie das zerbrechliche Netz des internationalen Handels im östlichen Mittelmeer, verheerten die Volkswirtschaften der Bronzezeit und bewirkten, daß die großen Reiche der damaligen Zeit in Vergessenheit gerieten. Jüngere Theorien haben dramatische andere Erklärungen angeboten. Einige wollen plötzliche Klimaveränderungen erkennen, die die Landwirtschaft zerstörten und eine weitverbreitete Hungersnot auslösten. Andere stellen Hypothesen über einen vollständigen Zusammenbruch von Gesellschaften im gesamten östlichen Mittelmeer auf, die zu spezialisiert geworden waren, um wirtschaftliche Veränderungen oder soziale Belastungen zu verkraften. In beiden dieser möglichen Szenarien waren die Wanderungen der Seevölker nicht die Ursache, sondern die Wirkung. Mit anderen Worten kam es nach dem Zusammenbruch der Palastwirtschaft in der Spätbronzezeit dazu, daß Horden entwurzelter Menschen auf der Suche nach einer neuen Heimat und einem neuen Lebensunterhalt durch das östliche Mittelmeergebiet streiften.

Im Grunde genommen weiß man aber nicht genau, welche Ursachen für den Zusammenbruch in der Spätbronzezeit in der gesamten Region verantwortlich waren. Dagegen sind die archäologischen Beweise für das Ergebnis ganz klar. Die dramatischsten stammen aus Südisrael – aus Philistäa, dem Land der Philister, eines der Seevölker, die Ramses III. in seiner Inschrift erwähnt. Ausgrabungen der beiden wichtigsten philistäischen Zentren – Asdod und Ekron – förderten Belege für diese unruhigen Jahre zutage. Im 13. Jahrhundert v. Chr. war insbesondere Asdod ein wohlhabendes kanaanäisches Zentrum unter ägyptischem Einfluß. Sowohl Asdod als auch Ekron überlebten zumindest bis zur Zeit Ramses' III., dann wurde wenigstens ein Ort, Asdod, durch ein Feuer zerstört. Die philistäischen Zuwanderer gründeten auf den Ruinen Städte, und im 12. Jahrhundert v. Chr. waren Asdod und Ekron erneut wohlhabende Orte mit einer neuen materiellen Kultur geworden. Die ältere Mischung ägyptischer und kanaanäischer Merkmale in Architektur und Keramik wurde durch etwas ersetzt, das auf dieser Seite des Mittelmeers völlig neu war: ägäisch inspirierte Stile in Architektur und Töpferei.

In anderen Teilen des Landes wurde die Ordnung der Spätbronzezeit durch eine immer weiter um sich greifende Gewalt zerstört, deren Quelle nicht ganz klar ist. Da es lange – beinahe hundert Jahre – dauerte, bis die Ordnung kanaanäischer Stadtstaaten zusammenbrach, führte die sich verschärfende Krise möglicherweise zu Konflikten zwischen kanaanäischen Nachbarstädten über die Kontrolle von lebenswichtigem Land und Bauerndörfern. In einigen Fällen dürfte die immer stärker bedrängte Bevölkerung von Bauern und Hirten die wohlhabenden Städte in ihrer Mitte angegriffen haben. Die alten kanaanäischen Zentren wurden nacheinander entweder Opfer plötzlicher Feuersbrünste oder erlebten einen allmählichen Niedergang. Im Norden wurde Hazor in Brand gesteckt, die Götterstatuen im Königspalast enthauptet und zerschlagen. In der Küstenebene ging Aphek in einem schrecklichen Feuer zugrunde; in dem hohen Schutt wurde eine Keilschrifttafel gefunden, die von einem lebenswichtigen Weizengeschäft zwischen Ugarit und Ägypten handelt. Weiter im Süden brannte die imposante kanaanäische Stadt Lachisch nieder und wurde aufgegeben. Und in der reichen Jesreel-Ebene steckte man Megiddo an, sein Palast verschwand unter dem 1,80 Meter hohen Schutt verbrannter Ziegeln.

Es muß betont werden, daß diese große Veränderung nicht überall urplötzlich eintrat. Die archäologischen Befunde lassen darauf schließen, daß die Zerstörung der kanaanäischen Gesellschaft in einem ziemlich langen, allmählichen Prozeß erfolgte. Die spätbronzezeitliche Keramik, die man im Schutt von Hazor fand, weist nicht die für das späte 13. Jahrhundert typischen Formen auf. Demnach dürfte es etwas früher zerstört worden sein. In Aphek trägt der Keilschrift-Brief aus der Zerstörungsschicht die Namen von ugaritischen und ägyptischen Beamten, die man aus anderen Quellen kennt – daher können sie auf die Zeit um 1230 v. Chr. datiert werden. Die ägyptische Festung dort kann jederzeit in den zwei oder drei Jahrzehnten danach zerstört worden sein. In Lachisch fanden die Ausgräber in der Zerstörungsschicht ein Metallstück – vermutlich eine Halterung für das Haupttor der Stadt – mit dem Namen von Pharao Ramses III. Dieser Fund besagt, daß Lachisch vermutlich nicht vor der Herrschaft dieses Monarchen von 1184 bis 1153 v. Chr. zerstört wurde. Schließlich fand man auch noch den Metallsockel einer Statue mit dem Namen Ramses' VI. (1143–1136 v. Chr.) in den Ruinen von Megiddo, was darauf schließen läßt, daß dieses große kanaanäische Zentrum in der Jesreel-Ebene in der zweiten Hälfte des 12. Jahrhunderts zerstört worden sein dürfte.

Die Könige jeder dieser vier Städte – Hazor, Aphek, Lachisch und Megiddo – wurden von den Israeliten unter Josua angeblich geschlagen. Aber der archäologische Befund zeigt, daß die Zerstörung dieser Städte im Verlauf von mehr als hundert Jahren erfolgte. Zu den möglichen Ursachen zählen Invasion, Zusammenbruch der Gesellschaft und Bürgerkrieg. Es ist nicht das Werk einer einzelnen Militärstreitmacht und ganz sicher nicht eines einzigen militärischen Feldzugs.

Erinnerungen an einen epochalen historischen Wandel

Noch bevor archäologische Funde die historische Grundlage von Josuas Einnahme Kanaans in Frage gestellt hatten, hatte ein kleiner Kreis deutscher Bibelwissenschaftler Vermutungen über die Entwicklung der literarischen Überlieferung Israels angestellt, nicht über die möglichen Schlachtpläne. Als Erben der kritischen Exegese des 19. Jahrhunderts verwiesen sie auf die inneren Ungereimtheiten der biblischen Darstellung, die mindestens zwei verschiedene, sich gegenseitig ausschließende Fassungen der Einnahme Kanaans enthält.

Die deutschen Exegeten haben das Buch Josua stets als eine komplexe Sammlung von Sagen, Heldengeschichten und lokalen Mythen aus verschiedenen Teilen des Landes betrachtet, die über die Jahrhunderte hinweg entstanden sind. Vor allem die Bibelwissenschaftler Albrecht Alt und Martin Noth vertraten die Ansicht, daß es sich bei vielen der im Buch Josua überlieferten Erzählungen um nicht mehr als ätiologische Traditionen handele – was bedeutet, daß es Sagen darüber waren, wie Wahrzeichen oder natürliche Sehenswürdigkeiten entstanden. Zum Beispiel dürfte den in der Eisenzeit bei Bethel lebenden Menschen zweifelsohne der gewaltige Tell mit den Ruinen aus der Frühbronzezeit gleich im Osten aufgefallen sein. Diese waren beinahe zehnmal größer als ihre eigene Stadt, und die Überreste ihrer Befestigungen waren noch immer eindrucksvoll. So – meinen Alt und Noth – rankten sich allmählich Sagen um die Ruinen, mit Geschichten über den Sieg von Helden in der Vergangenheit, die erklärten, warum eine so große Stadt hatte zerstört werden können.

In einem anderen Landesteil dürfte ein Stein, der den Eingang zu einer geheimnisvollen Höhle bei der Stadt Makkeda verschloß, die Menschen im Hügelland allein schon durch seine bloße Größe beeindruckt haben. Hier könnten Geschichten entstanden sein, die den Riesenstein mit Heldentaten in ihrer eigenen verschwommenen Vergangenheit in Verbindung brachten: Der Stein verschloß die Höhle, in der sich fünf Könige im Altertum verbargen, die später dort den Tod fanden, wie in Josua 10,16–27 geschildert. Nach dieser Deutung handelt es sich bei biblischen Geschichten, die mit der Bemerkung enden, ein bestimmtes Wahrzeichen sei noch «bis zu diesem Tag» zu sehen, möglicherweise um Sagen der geschilderten Art. Zu einem bestimmten Zeitpunkt seien diese einzelnen Geschichten dann gesammelt und zu einem einzigen Feldzug eines großen mythischen Befehlshabers der Eroberung zusammengefaßt worden.

Im Gegensatz zu ihrer Ansicht, das Buch Josua sei im wesentlichen eine Sage, besaß das erste Kapitel des Buchs der Richter für Alt und Noth einen möglicherweise zuverlässigen Kern von Erinnerungen an vergangene Siege von im Bergland weit zerstreuten Milizen über verschiedene Städte, die sie beherrscht hatten. Tatsächlich entspricht die chaotische Situation der Zerstörung kanaanäischer Städte an einigen Orten und ihr Überleben an anderen eher den archäologischen Befunden. Trotzdem gibt es keinen Grund dafür, warum die Schilderung der Landnahme im Buch Josua nicht auch volkstümliche Erinnerungen und Sagen enthalten sollte, die sich auf diesen historischen Wandel bezogen. Sie bieten uns möglicherweise bruchstückhafte Eindrücke von der Gewalt, der Leidenschaft und der Euphorie angesichts der Zerstörung von Städten und der Vernichtung ihrer Bewohner, die ganz eindeutig stattgefunden haben. Solche schmerzhaften Erfahrungen dürften nicht völlig untergegangen sein, und tatsächlich wird wohl die ursprünglich so lebhafte Erinnerung daran, die im Laufe der Jahrhunderte zusehends verschwommener wurde, das Rohmaterial für eine viel aufwendigere Nacherzählung abgegeben haben. Es besteht daher zum Beispiel kein Grund anzunehmen, daß das Niederbrennen von Hazor durch feindliche Kräfte nie stattgefunden hat. Aber was in Wirklichkeit eine chaotische Serie von Aufruhren war, verursacht durch viele verschiedene Faktoren und ausgeführt von vielen unterschiedlichen Gruppen, wurde – viele hundert Jahre später – die glänzend gesponnene Sage einer Gebietseinnahme mit Gottes Segen und unter seinem direkten Befehl. Die literarische Entstehung dieser Sage erfolgte aus Gründen, die sich stark von der Erinnerung einheimischer Sagen unterschied. Sie geschah, wie noch zu sehen sein wird, als ein wichtiger Schritt zur Schaffung einer pan-israelitischen Identität.

Wieder zurück in die Zukunft?

Dieses grundsätzliche Bild von einem allmählichen Anhäufen von Sagen und Geschichten – und ihrer späteren Zusammenführung zu einer einzigen, schlüssigen Sage mit einem entschieden theologischen Ziel – war das Ergebnis eines erstaunlich schöpferischen Zeitraums des literarischen Schaffens im Königreich Juda im 7. Jahrhundert v. Chr. Den möglicherweise aussagekräftigsten Anhaltspunkt dafür, daß das Buch Josua zu diesem Zeitpunkt verfaßt wurde, bietet die Liste von Städten auf dem Gebiet des Stammes Juda, wie sie ausführlich in Josua

15,21–62 steht. Die Liste stimmt genau mit den Grenzen des Königreichs Juda unter Josias Herrschaft überein. Überdies entsprechen die in der Liste erwähnten Ortsnamen eng dem Besiedlungsschema im 7. Jahrhundert in dieser Region. Und einige der Orte waren *nur* in den letzten Jahrzehnten des 7. Jahrhunderts v. Chr. bewohnt.

Aber nicht nur die Geographie stellt eine Verbindung zu Josia her. Auch die für seine Zeit typische Ideologie von religiöser Reform und Gebietsansprüchen ist erkennbar. Exegeten haben das Buch Josua lange als Teil des sogenannten Deuteronomistischen Geschichtswerks betrachtet, der Kompilation von sieben Büchern von Deuteronomium bis zu 2. Könige, die während Josias Herrschaft zusammengestellt wurde. Die Deuteronomistische Geschichtsdarstellung betont wiederholt die Auffassung, das gesamte Land Israel müsse vom göttlich erwählten Herrscher des ganzen Volkes Israel regiert werden, das strikt die Gesetze befolgt, die es auf dem Sinai empfangen hat; ebenso betont es die strengen Warnungen vor einer Abgötterei, die von Mose im Buch Deuteronomium ausgesprochen werden. Sprache, Stil und die kompromißlosen theologischen Botschaften, vom Buch Deuteronomium vermittelt, finden sich im gesamten Buch Josua – insbesondere in Textabschnitten, in denen die Geschichten über einzelne Schlachten zu einem längeren Text zusammengefaßt sind. Und auch der allgemeine Schlachtplan im Buch Josua entspricht den Realitäten im 7. Jahrhundert weitaus eher als der Situation in der Spätbronzezeit.

Die ersten zwei Schlachten im Buch Josua, in Jericho und Ai (das heißt in der Gegend von Bethel), wurden auf Gebieten ausgetragen, die zum ersten Ziel von Josias Expansion gehörten, nachdem Assur sich aus der Provinz Samaria zurückgezogen hatte. Jericho war der südöstlichste Außenposten des Nordreichs Israel und der späteren assyrischen Provinz, gegenüber einem strategischen Jordanübergang gelegen. Bethel war das viel gehaßte kultische Hauptzentrum des Nordreichs und Brennpunkt der assyrischen Ansiedlung von nichtisraelitischen Völkern.* In beiden Orten wurde Josia später sehr aktiv: Jericho und

* Die Geschichte von den Gibeonitern, die «aus sehr fernem Lande kommen» und mit den einfallenden Israeliten einen Bund schließen möchten (Jos. 9,3–27), spiegelt möglicherweise die Anpassung einer alten Tradition an die Realität im 7. Jahrhundert. Als sich Juda nach dem Rückzug Assyriens in nördlicher Richtung in das Gebiet von Bethel vorschob, stand es vor dem Problem, die Nachfahren der Deportierten zu integrieren, die die Assyrer wenige Jahrzehnte davor von weither gebracht und dort angesiedelt hatten. Die Erwähnung von Awim in diesem Gebiet in Josua 18,23 erinnert an den Namen Awa – einen der in 2. Könige 17,24 genannten Ursprungsorte der Deportierten. Ebenso entscheidend zu Josias Zeit war wohl die Frage, wie jene einzugliedern seien, die innerhalb der Bevölkerung Juda wohlgesinnt waren. Die alte Geschichte von den Gibeonitern könnte einen «historischen» Kontext liefern, mit dem der Verfasser des Deuteronomiums erklärt, wie dies vor sich gegangen sein mochte.

seine Umgebung blühten nach ihrer Übernahme durch die Judäer, der Tempel im Norden in Bethel wurde vollkommen zerstört.

Auch die Geschichte von der Eroberung des jüdischen Hügellands entspricht der Wiederausdehnung Judas in dieses sehr wichtige, fruchtbare Gebiet. Diese Gegend – der traditionelle Brotkorb Judas – hatten die Assyrer wenige Jahrzehnte zuvor erobert und den philistäischen Städten zugeschlagen. 2. Könige 22,1 ist zu entnehmen, daß Josias Mutter aus einer Stadt mit dem Namen Bozkath stammte. Dieser Ort wird nur noch ein einziges weiteres Mal in der Bibel erwähnt – in der Liste der Städte des Stammes Juda, die auf Josias Zeit zurückgehen (Jos. 15,39). Dort steht Bozkath zwischen Lachisch und Eglon – den beiden kanaanäischen Städten, die im Text von Josuas Einnahme des Hügellands eine Hauptrolle spielen.

Danach wendet sich Josua mit seinem Feldzug nach Norden, und damit wird eine Vision zum Ausdruck gebracht, wie man sich im 7. Jahrhundert die zukünftige Gebietseinnahme vorstellte. Der Hinweis auf Hazor erinnert nicht nur an seinen Ruf in der entlegenen Vergangenheit als des herausragendsten kanaanäischen Stadtstaats, sondern auch an die Realität nur hundert Jahre davor, als Hazor das bedeutendste Zentrum des Nordreichs Israel war und kurz darauf ein wichtiger regionaler Mittelpunkt des assyrischen Reichs, mit einem eindrucksvollen Palast und einer Festung. Nicht weniger bedeutsam ist die Erwähnung von Naphot Dor, möglicherweise eine Anspielung auf die Zeit, als die Küstenstadt Dor die Hauptstadt einer assyrischen Provinz war.

Zusammengefaßt entsprechen die im Buch Josua beschriebenen nördlichen Gebiete dem untergegangenen Königreich Israel und der späteren assyrischen Provinz, die für Juda das göttlich bestimmte Erbe des Volkes Israel war, das schon bald von einem «neuen» Josua wiedergewonnen werden sollte.

Eine neue Einnahme des verheißenen Landes?

Als Josia 639 v. Chr. auf den Thron kam, lag die Vorstellung von der Heiligkeit und Einheit des Landes Israel – ein Konzept, das so leidenschaftlich im Buch Deuteronomium hervorgehoben wurde – jenseits jeder Verwirklichung. Außer dem winzigen Kernland des Königreichs Juda (auf das gemäß dem traditionellen Geburtsrecht die Stämme Juda und Simeon Anspruch hatten und das ein schmales Stück des traditionellen Landes von Benjamin gleich im Norden umfaßte) befand sich der Großteil des verheißenen Landes beinahe hundert Jahre lang unter der Herrschaft einer fremden Macht, nämlich Assurs. Juda selbst war ein assyrischer Vasall.

Für diese unglückliche Lage gibt die Bibel eine ebenso unerbittliche wie einfache Erklärung. In der unmittelbar vorausgehenden Zeit hatte das Volk Israel nicht die Gesetze des Bundes befolgt, die Vorbedingung dafür waren, daß es das Land besitzen durfte. Es hatte nicht jede Spur von Abgötterei ausgelöscht. Und es hatte nicht aufgehört, den Göttern anderer Völker Dankopfer darzubringen in seinem Bemühen, durch Handel und politische Bündnisse reich zu werden. Ebensowenig hatte es in seinem persönlichen Leben die Reinheitsgesetze befolgt. Und es hatte es nicht für nötig befunden, seinen israelitischen Brüdern und Schwestern, die bettelarm, versklavt oder zutiefst verschuldet waren, auch nur die geringste Hilfe anzubieten. Mit anderen Worten, es hatte aufgehört, eine heilige Gemeinschaft zu sein. Nur durch das minutiöse Befolgen der Gesetze im erst kurz zuvor entdeckten «Buch des Gesetzes» würden die Sünden früherer Generationen überwunden und würde es ihm erlaubt sein, wieder in den Besitz des gesamten Landes Israel zu gelangen.

Ein paar Jahre später zogen die Assyrer sich zurück, und die Vereinigung aller Israeliten schien möglich. Das Buch Josua bot sich als unvergeßliches Epos mit einer klaren Lektion an – nämlich, wenn das Volk Israel das Gesetz des Gottesbundes gehorsam befolgte, würde ihm kein Sieg versagt sein. Dieser Punkt wurde mit einigen der lebhaftesten Volksüberlieferungen unterstrichen – der Fall der Mauern von Jericho; die Sonne, die in Gibeon stillsteht; die Flucht der kanaanäischen Könige auf dem schmalen Kamm in Beth-Horon – und als ein geschlossenes Epos vor einen bestens vertrauten, suggestiven Hintergrund im 7. Jahrhundert gestellt; das Ganze spielte an Orten, die für die deuteronomistische Ideologie von größter Bedeutung waren. Wann immer die Judäer des späten 7. Jahrhunderts v. Chr. diese Geschichten lasen und erzählten, drückten sie ihre tiefsten Wünsche und religiösen Überzeugungen aus.

In diesem Sinn ist das Buch Josua ein klassischer literarischer Ausdruck der Sehnsüchte und Phantasien eines Volkes zu einer bestimmten Zeit und an einem bestimmten Ort. Die alles überragende Gestalt Josuas dient dazu, ein metaphorisches Porträt Josias heraufzubeschwören, des zukünftigen Erlösers des ganzen Volkes Israel. Der amerikanische Bibelwissenschaftler Richard D. Nelson hat denn auch nachgewiesen, daß die Gestalt Josuas in der Deuteronomistischen Geschichtsdarstellung mit Begriffen beschrieben wird, wie sie sonst einem König vorbehalten sind. Gottes Auftrag an Josua, die Führung zu übernehmen (Jos. 1,1–9), gebraucht Wendungen wie bei der Inthronisation eines Königs. Das Treuegelöbnis des Volkes, Josua als den Nachfolger Moses unbedingt zu gehorchen (Jos. 1,16–18), erinnert an den Brauch, einem frisch gesalbten König öffentlich Gehorsam zu schwören. Und Josua leitet eine Zeremonie, um den Bund zu erneuern (Jos. 8,30–35), eine Rolle, die das Vorrecht der Könige von Juda wurde. Noch beredter ist die Textstelle, in der Gott Josua befiehlt, über das «Buch dieses Gesetzes» Tag und Nacht nachzusinnen (Jos. 1,8–9), eine schlagende Parallele zu der Beschreibung, die die Bibel von Josia als einem König gibt, der sich ausschließlich mit dem Gesetzesstudium befaßt und der «so von ganzem Herzen, von ganzer Seele, von allen Kräften sich zum Herrn bekehrte, ganz nach dem Gesetz des Mose» (2. Kön. 23,25).

Dabei handelt es sich nicht einfach um Parallelen zwischen zwei typischen biblischen Gestalten, sondern um direkte Übereinstimmung in Diktion und Ideologie – ganz abgesehen einmal von Josuas und Josias identischen Zielsetzungen im Hinblick auf die Gebiete. Natürlich weckte Josias Expansion beziehungsweise der Wunsch, die Gebiete des ehemaligen Nordreichs im Bergland zu annektieren, große Hoffnungen, warf aber gleichzeitig ziemlich große praktische Schwierigkeiten auf. Zum einen war da allein schon die militärische Herausforderung. Den im nördlichen Bergland wohnenden Menschen mußte klar gemacht werden, daß sie tatsächlich zum großartigen Volk Israel gehörten und zusammen mit dem Volk von Juda gekämpft hatten, um das ihnen verheißene Land einzunehmen. Und zum anderen gab es auch das Problem der Heirat mit fremden Frauen unter den Israeliten, die noch im Gebiet des Nordreichs lebten und unter denen die Assyrer fremde Deportierte angesiedelt hatten, ein wohl ziemlich weit verbreiteter Brauch.

Hinter Josuas Maske, der erklärt, das Volk Israel müsse völlig getrennt von der einheimischen Bevölkerung des Landes leben, verbirgt sich König Josia. Somit unterstreicht das Buch Josua glänzend die tiefsten, dringendsten Anliegen im 7. Jahrhundert. Und, wie noch später zu sehen sein wird, die Macht dieses Epos sollte lebendig bleiben, lange nachdem König Josias ehrgeiziger und frommer Plan, wieder das Land Kanaan einzunehmen, tragisch fehlgeschlagen war.

4. Wer waren die Israeliten?

Die Bibel läßt kaum Raum für Zweifel oder Zweideutigkeiten über die einzigartigen Ursprünge des Volkes Israel. Die zwölf Stämme Israels sind, über viele Generationen hinweg, als die direkten, geradlinigen Nachkommen der Erzväter Abraham, Isaak und Jakob die leiblichen Nachfahren von Jakobs zwölf Söhnen. Trotz der vierhundertdreißig Jahre Sklaverei in Ägypten werden die Israeliten als Menschen beschrieben, die weder ihre Wurzeln in Kanaan noch ihr gemeinsames Erbe vergessen haben. Die Bibel betont ja wiederholt, der Schlüssel für die Zukunft Israels liege im strikten Festhalten an seiner anderen Lebensweise und seiner besonderen Beziehung zu Gott. Im Deuteronomium hatte Mose dem Volk Israel versprochen, daß es für immer im sicheren Besitz des ihm verheißenen Landes bleiben werde, vorausgesetzt, es befolgt strikt die Gesetze des Bundes, geht keine Ehen mit seinen Nachbarn ein und hält sich von jeder Verwicklung in den heidnischen Lebensstil in Kanaan fern. Nachdem die großartige Einnahme Kanaans vollendet ist, schildert das Buch Josua sehr eingehend, wie der israelitische Befehlshaber das Land – zu diesem Zeitpunkt weitgehend frei von seiner einheimischen kanaanäischen Bevölkerung – unter den siegreichen israelitischen Stämmen als ihr ewiges Erbe aufteilt.

Allerdings enthält das Buch Josua sowie das ihm folgende Buch der Richter einige ernste Widersprüche zu diesem Bild der Stämme, die das gesamte Land Israel erben. Zwar erklärt das Buch Josua an einem Punkt, die Israeliten hätten das ganze, ihnen von Gott verheißene Land in Besitz genommen und alle ihre Feinde besiegt (Jos. 21,43–44), aus anderen Stellen in den Büchern Josua und Richter geht dagegen klar hervor, daß viele Kanaanäer und Philister in unmittelbarer Nähe zu den Israeliten lebten. Wie der Fall Simson beweist, waren Mischehen nicht unbekannt. Und auch innerhalb der Familie gibt es Probleme. Im Buch Richter verbünden sich die Stämme Israels, um Krieg gegen den Stamm Benjamin zu führen, und schwören, sie würden mit ihnen nie eine Ehe eingehen (Ri. 19–21). Später müssen die verschiedenen Stämme dann aber ihre eigenen Probleme vor Ort unter der Führung eigener charismatischer Frauen und Männer lösen. Das Debora-Lied (Ri. 5) führt sogar an, welche Stämme treu waren und auf den Ruf hörten, sich für die Sache von ganz Israel einzusetzen – und welche Stämme lieber zuhause bleiben wollten.

Wenn, worauf die Archäologie schließen läßt, die Geschichten über Erzväter und Auszug aus Ägypten in späterer Zeit kompiliert wurden und wenn es keine überzeugenden Beweise für eine gemeinsame Invasion Kanaans unter Josua gibt, wie sind dann die israelitischen Behauptungen über ihre Existenz als alte Nation zu beurteilen? Wer waren diese Menschen, die ihre Traditionen auf gemeinsame historische und kultische Ereignisse zurückführten? Auch hier gibt die Archäologie einige überraschende Antworten. Ausgrabungen alter israelitischer Dörfer mit ihrer Keramik, den Häusern und Getreidespeichern erlauben es, ihr tägliches Leben und ihre kulturellen Verbindungen zu rekonstruieren. Und die Archäologie offenbart überraschenderweise, daß die Menschen, die in diesen Dörfern lebten, einheimische Bewohner Kanaans waren, die nur allmählich eine ethnische Identität entwickelten, die man als israelitisch bezeichnen könnte.

Das verheißene Land erben

Sobald die großartige Einnahme Kanaans vorüber ist, teilt das Buch Josua mit: «Das Land war zur Ruhe gekommen vom Kriege» (Jos. 11,23). Alle Kanaanäer und anderen einheimischen Völker Kanaans sind völlig vernichtet. Josua ruft die Stämme zusammen, um das Land aufzuteilen. Ruben, Gad und der halbe Stamm Manasse erhalten Gebiete östlich des Jordans, alle anderen dagegen ihren Anteil im Westen. Napthali, Asser, Sebulon und Issaschar sollen im Galiläischen Bergland und seinen Tälern leben. Die zweite Hälfte des Stammes Manasse sowie Ephraim und Benjamin erhalten den Großteil des westjordanischen Berglands, das sich von der Jesreel-Ebene im Norden bis Jerusalem im Süden erstreckt. Juda erhält als seinen Anteil das südliche Bergland von Jerusalem bis zur Bucht von Beerscheba im Süden. Simeon erbt die trockenen Gebiete des Beckens von Beerscheba und die angrenzende Küstenebene. Zwar liegt Dans Erbe ursprünglich in der Küstenebene, aber der Stamm verlegt sein Gebiet später in den Norden des Landes. Mit dieser letzten Wanderung lag die Karte des heiligen Landes fest.

Ist dem wirklich so? Im verwirrenden Widerspruch zur Behauptung, es habe einen vollständigen Sieg gegeben, berichtet das Buch Josua, daß große Gebiete innerhalb Kanaans, die außerhalb des Stammeserbes liegen, noch zu erobern seien. Dazu zählen «alle Gebiete der Philister» an der Südküste des Landes, die phönikische Küste weiter im Norden und das ganze Beka'a-Tal noch weiter im Nordosten (Jos. 13,1–6). Das Richterbuch geht noch weiter und führt wichtige, nicht eingenommene kanaanäische Enklaven auf dem Gebiet von mehr als der Hälfte der Stämme an. Die großen kanaanäischen Städte der Küstenebene und der Täler im Norden wie Megiddo, Beth-Schean und Geser erwähnt das Buch Richter als nicht erobert – obwohl ihre Herrscher im Buch Josua auf der Liste der geschlagenen kanaanäischen Könige stehen. Außerdem bleiben die Ammoniter und Moabiter, die jenseits des Jordans wohnen, weiterhin Feinde. Und die gewalttätigen Midianiter und Amalekiter, die mit ihren Kamelen immer wieder Überfälle aus der Wüste reiten, sind eine ständige Bedrohung für das Volk Israel. Somit sehen sich die frisch angesiedelten Israeliten sowohl in militärischer als auch in religiöser Hinsicht bedroht. Äußere Feinde gefährdeten die physische Sicherheit der Israeliten, während die im Land verbliebenen Kanaanäer die Israeliten zum Abfall zu verleiten und damit die Macht von Israels feierlichem Bund mit Gott zu erschüttern suchten.

Damit ist die Bühne für einen jahrelangen, langwierigen Kampf bereit. Das Buch der Richter, das auf das Buch Josua folgt, enthält eine außerordentlich reiche Sammlung spannender Kriegsgeschichten und Schilderungen von individuellen Heldentaten in den Kämpfen zwischen den Israeliten und ihren Nachbarn. Es enthält einige der farbigsten Gestalten und unvergeßlichen Bilder der Bibel. Othniel, ein Kalebit, wirft die Streitkräfte des geheimnisvollen Feindes Kusan-Risathaim, «König von Mesopotamien» (Ri. 3,7–1), völlig allein zurück. Ehud, der Benjamiter, tötet Eglon, den mächtigen und doch komisch fettleibigen König von Moab, unerschrocken in seinem Privatgemach (3,12–30). Samgar erschlägt sechshundert Philister mit einem Ochsenstecken (3,31). Debora und Barak rütteln die israelitischen Stämme gegen die Bedrohung der verbliebenen kanaanäischen Könige im Norden auf, und die heldenhafte Jael, die Frau des Keniters Heber, bringt den kanaanäischen General Sisera zur Strecke, indem sie einen Pflock durch seine Schläfe treibt, während er schläft (4,1-5,31). Gideon vom Stamm Manasse säubert das Land vom Götzendienst und schützt sein Volk vor den räuberischen Midianitern aus der Wüste (6,1–8,28). Und natürlich ist da auch noch die bekannte Erzählung von Simson, dem Helden von Dan, der, von der philistäischen Verführerin Delila verraten und seiner Locken beraubt, geblendet und gedemütigt in Gaza den

Tod findet, indem er die Säulen des großen philistäischen Dagontempels zum Einsturz bringt (13,1–16,31).

Die theologische Bedeutung dieser frühen Siedlungszeit wird gleich am Anfang des Richterbuchs in seiner ernüchternden Aufrechnung von Abfall und Strafe klar herausgestellt. Wenn das Volk Israel sich von der einheimischen Bevölkerung fernhält, wird es belohnt. Sollte es versucht sein, sich zu assimilieren, folgt auf schnellem Fuß die strenge göttliche Strafe. Aber es gehorcht nicht. Nur das Eingreifen göttlich inspirierter, gerechter Männer und Frauen, der sogenannten «Richter», rettet das Volk Israel zumindest vorübergehend davor, alles zu verlieren:

Da taten die Israeliten, was dem Herrn mißfiel, und dienten den Baalen und verließen den Herrn, den Gott ihrer Väter, der sie aus Ägypten geführt hatte, und folgten andern Göttern nach von den Göttern der Völker, die um sie her wohnten, und beteten sie an und erzürnten den Herrn. Denn sie verließen je und je den Herrn und dienten dem Baal und den Astarten. So entbrannte denn der Zorn des Herrn über Israel, und er gab sie in die Hand von Räubern, die sie beraubten, und verkaufte sie in die Hände ihrer Feinde ringsumher. Und sie konnten nicht mehr ihren Feinden widerstehen, sondern sooft sie auszogen, war des Herrn Hand wider sie zum Unheil, wie denn der Herr ihnen gesagt und geschworen hatte. Und sie wurden hart bedrängt.
Wenn dann der Herr Richter erweckte, die ihnen halfen aus der Hand der Räuber, so gehorchten sie den Richtern auch nicht, sondern liefen andern Göttern nach und beteten sie an und wichen bald von dem Wege, auf dem ihre Väter gegangen waren, als sie des Herrn Geboten gehorchten; sie jedoch taten nicht wie diese. Wenn aber der Herr ihnen Richter erweckte, so war der Herr mit dem Richter und errettete sie aus der Hand ihrer Feinde, solange der Richter lebte. Denn es jammerte den Herrn ihr Wehklagen über die, die sie unterdrückten und bedrängten. Wenn aber der Richter gestorben war, so fielen sie wieder ab und trieben es ärger als ihre Väter, indem sie andern Göttern folgten, ihnen zu dienen und sie anzubeten. Sie ließen nicht von ihrem Tun noch von ihrem halsstarrigen Wandel (Ri. 2,11–19).

Schildert die Bibel hier eine Version der Geschichte, wie sie sich wirklich zugetragen hat? Verehrten die Israeliten jahrhundertelang einen Gott und verfielen nur manchmal in den Polytheismus ihrer Nachbarn? Allgemeiner gefragt: Wie lebten sie? Wie sah ihre Kultur aus? Abgesehen von den Geschichten über den anhaltenden Kampf mit Götzenanbetern erzählt die Bibel uns nur wenig vom täglichen Leben der Israeliten. Aus dem Buch Josua erfahren wir vor allem etwas über die genauen Grenzen der verschiedenen Anteile der Stämme. Im Richterbuch liest man von den Schlachten gegen Israels Feinde, dagegen jedoch nur sehr wenig darüber, wie die von den Israeliten gegründeten Ortschaften beschaffen waren und wovon sie lebten. Nachdem sie mehrere hundert Jahre lang als Wanderarbeiter in Ägypten tätig gewesen und vierzig Jahre durch die trostlosen Wüsten des Sinai gewandert waren, dürften sie für ein Leben als Bauern in den engen Tälern und den rauhen, hochgelegenen Feldern in Kanaan schlecht vorbereitet gewesen sein. Wie haben sie gelernt, als seßhafte Bauern zu leben und sich schnell den Lebensbedingungen und Mühen eines seßhaften Dorflebens anzupassen?

Zuwanderer aus der Wüste?

Von der Merenptah-Stele ist bekannt, daß gegen 1207 v. Chr. ein Volk namens Israel in Kanaan lebte. Noch bis vor kurzem zweifelte kaum ein Bibelhistoriker oder Archäologe trotz der Fragwürdigkeit der historischen Genauigkeit des Auszugs und der Geschichten von der Landnahme daran, daß die Israeliten Zuwanderer waren, die von außen nach Kanaan gekommen waren.

Der offensichtliche Unterschied zwischen Kanaanäern und Israeliten zeigte sich im Bereich ihrer materiellen Kultur am eindeutigsten. In den verschiedenen kanaanäischen Städten der Spätbronzezeit fanden die Archäologen direkt über den Schichten der Zerstörung regelmäßig eine Handvoll planlos ausgegrabener Schächte und grobe Keramik – die scheinbaren Überreste dessen, was sie als die provisorischen Zeltlager von «Halbnomaden» bezeichneten. Viele Gelehrte glaubten, in dieser archäologischen Situation ein bekanntes Muster wiederzuerkennen, nämlich die Massenbewegung von vertriebenen Wüstenbewohnern, die in bewohntes Land einfielen, ihrerseits seßhaft wurden und allmählich eine seßhafte Lebensweise annahmen. Wissenschaftler, die mit Beduinenüberfällen auf Regionen mit Ackerbau im Nahen Osten vertraut waren, meinten, es habe stets einen Konflikt zwischen Wüstennomaden und seßhaften Bauern gegeben – einen anhaltenden Kampf zwischen Wüste und Ackerbau. Selbst wenn die Israeliten nicht unbedingt als ein geeintes Heer in Kanaan einmarschiert waren, schienen die Anzeichen für ihre Ankunft klar zu sein. Verglichen mit den monumentalen Bauten, importierten Lusxusgütern und den feinen Keramikgefäßen, wie sie auf der Ebene vorausgehender kanaanäischer Städte gefunden wurden, schienen sich die rauhen Lager und Werkzeuge der ankommenden Israeliten auf einem weitaus niedrigeren Zivilisationsniveau zu befinden als die Überreste der Bevölkerung, die sie ersetzten.

Dieser Vergleich von Lebensstilen führte zu dem Modell einer sogenannten «friedlichen Infiltration», das zum ersten Mal in den 1920er Jahren von dem deutschen Bibelwissenschaftler Albrecht Alt formuliert wurde. Alt zufolge waren die Israeliten Hirten, die mit ihren Herden je nach Jahreszeit zwischen Wüstenrand und bewohntem Land auf festen Routen umherzogen. Zu irgendeinem Zeitpunkt am Ende der Spätbronzezeit ließen sie sich – aus Gründen, die ihm nicht ganz klar waren – in den dünn besiedelten Berggebieten Kanaans nieder.

Dieser Vorgang war, immer noch Alt zufolge, anfangs allmählich und verlief recht friedlich. Die ankommenden israelitischen Hirten rodeten Wälder und fingen an, neben ihrer Viehzucht auch in geringem Umfang Ackerbau zu betreiben. Mit der Zeit nahmen sie ein seßhafteres Leben an, gründeten dauerhafte Dörfer und investierten mehr Energie in die Landwirtschaft. Erst später, als die Anzahl der Neuankömmlinge wuchs und sie immer mehr Land und Wasser benötigten – so die Theorie –, begannen auch die Auseinandersetzungen der Israeliten mit den Kanaanäern. Streit über Land und Wasserrechte führte schließlich zu örtlich begrenzten Zusammenstößen, die der *wirkliche* Hintergrund für die Kämpfe zwischen den Israeliten und ihren Nachbarn waren, die so lebhaft im Richterbuch geschildert werden.

Somit nahm man an, die Israeliten seien als verstreute Gruppen von Hirten und nicht als ein geeintes Heer eingetroffen. Die «Israel»-Stele Merenptahs gibt keine zusätzliche Auskunft über die genaue Lage, Größe oder Beschaffenheit dieses Volks. Aber andere erhaltene ägyptische Aufzeichnungen – die allerdings nur einen kleinen Einblick in das gewähren, was einmal ein viel umfassenderer Bericht gewesen sein muß – erwähnen zwei Gruppen von Außenseitern, die am Rand der kanaanäischen städtischen Gesellschaft lebten oder dorthin abgedrängt wurden. Beide sind bei der Suche nach den frühen Israeliten von besonderem Interesse.

Die ersten sind die Apiru, eine Gruppe, die in den Tell el-Amarna-Briefen aus dem 14. Jahrhundert v. Chr. (sowie in anderen Texten aus der Bronzezeit) in einem oft unvorteilhaften Licht geschildert wird. Die Apiru lebten außerhalb der regulären kanaanäischen Gesellschaft und wurden wohl durch Krieg, Hunger oder schwere Besteuerung aus ihren Wohnsitzen vertrieben. Sie werden als Geächtete oder Banditen, manchmal auch als Söldner beschrieben. In einem Fall wird berichtet, sie arbeiteten in Ägypten selbst als angeheuerte Arbeiter auf den Baustellen der Regierung. Kurz, es waren Flüchtlinge oder aufrührerische Flüchtige, die vor der gültigen Ordnung davongelaufen waren und am gesellschaftlichen Rand einer städtischen Gesellschaft lebten. Niemand, der an der Macht war, mochte sie anscheinend; das Schlimmste, was ein kleiner, lokaler Potentat von einem benachbarten Fürsten sagen konnte, war, er «habe sich den Apiru angeschlossen». In der Vergangenheit haben Gelehrte vermutet, das Wort *Apiru* (sowie seine alternativen Formen *Hapiru* und *Habiru*) hänge sprachlich mit dem Wort *Ibri* oder Hebräer zusammen, und die Apiru in den ägyptischen Quellen seien wohl die älteren Israeliten gewesen. Heute weiß man, daß diese Verbindung nicht ganz so einfach ist. Da der Begriff über viele hundert Jahre im ganzen Vorderen Orient weit verbreitet war, darf man daraus schließen, daß er eine sozio-ökonomische Bedeutung hatte und nicht eine bestimmte ethnische Gruppe bezeichnete. Trotzdem kann man eine Verbindung nicht völlig ausschließen. Möglicherweise erinnerte man sich in späteren Jahrhunderten an das Phänomen der Apiru und nahm sie in die biblischen Texte auf.

Als zweite Gruppe erwähnen die ägyptischen Texte die Schasu. Wahrscheinlich waren das Nomaden, die mit ihren Schaf- und Ziegenherden hauptsächlich in den Grenzgebieten zwischen Kanaan und dem Ostjordanland lebten. Ein Bericht über einen ägyptischen Angriff auf Rebellen in Südkanaan zur Zeit Ramses' III. zu Beginn des 12. Jahrhunderts v. Chr. enthält eine gute Beschreibung dieses Volkes. Der ägyptische Schreiber schildert, wie aus ihrem «Zeltlager Menschen und Besitzungen und auch ihr Vieh, das zahllos ist» geplündert wurden. Ganz offensichtlich stellten sie einen problematischen, unkontrollierbaren Faktor dar, der vor allem in der Wüste und im Bergland an den Grenzen stark vertreten war. Es ist bekannt, daß sie gelegentlich bis zum Ostdelta in Ägypten vordrangen, wie der Papyrus aus dem 13. Jahrhundert bezeugt, der von ihren Bewegungen durch die Linie der ägyptischen Grenzfestungen spricht.

Könnte es sich bei einer dieser beiden Gruppen um das geheimnisvolle «Israel», nur unter einem anderen Namen, gehandelt haben?

Entwurzelte Bauern?

Alts Theorie von der friedlichen Infiltration wurde in den 1970er Jahren scharf angegriffen, denn mittlerweile verfügte man über neue, weitaus detailliertere Daten und anthropologische Theorien über die Beziehungen zwischen Hirtennomaden und seßhaften Gemeinden im Nahen Osten. Die Hauptkritik galt den älteren Ideen von einem Kampf zwischen Wüste und Ackerbau, denn die Bauern und Hirten dürften sehr viel integrierter und einander weniger fremd gewesen sein. Sie gehörten beide einer einzigen Gesellschaft an. Deshalb kam in den 1960ern und 1970ern eine weitere Theorie über die Herkunft der Israeliten auf.

Diese Theorie wurde zuerst von dem amerikanischen Bibelwissenschaftler George Mendenhall vorgeschlagen und später von dem amerikanischen Bibelhistoriker und Soziologen Norman Gottwald weiter ausgearbeitet. Danach waren die älteren Israeliten weder einfallende Banditen noch einsickernde Nomaden, sondern aufrührerische Bauern, die aus den kanaanäischen Städten in das leere Bergland flüchteten. Mendenhall und Gottwald vertraten anhand der Belege in den ägyptischen Dokumenten (vor allem den Tell el-Amarna-Tafeln) die Ansicht, Kanaan in der Spätbronzezeit sei eine vielschichtige Gesellschaft gewesen, in der soziale Spannungen und wirtschaftliche Ungleichheit zunahmen. Die städtische Elite kontrollierte Land, Wohlstand und Handel; die Bauern in den Dörfern besaßen dagegen weder Wohlstand noch Rechte. Als sich die Lage in Kanaan im späteren Stadium der Spätbronzezeit verschlechterte, wurden die hohe Besteuerung, die schlechte Behandlung durch die Grundherren und die anhaltende Unterdrückung durch die – einheimische wie ägyptische – Obrigkeit unerträglich.

Mendenhall und Gottwald stellten daher die Theorie auf, daß vielen nichts anderes übrigblieb, als ihre Heimat zu verlassen und Neuland zu suchen. Einige mögen wohl Apiru geworden sein, das heißt, Menschen, die am Rand der Gesellschaft lebten und der Obrigkeit Ärger verursachten. Viele ließen sich in den relativ leeren Wäldern des Berglands weit weg von kanaanäischer wie ägyptischer Gewalt nieder. Diese aufrührerischen Bauern gründeten in ihrer neuen Heimat eine egalitärere Gesellschaft – weniger geschichtet und weniger rigide. Damit wurden sie die «Israeliten».

Gottwald ergänzt, die neuen Ideen von Gleichheit seien wohl von einer kleinen Gruppe von Menschen, die aus Ägypten gekommen war und sich im Bergland niedergelassen hatte, nach Kanaan gebracht worden. Möglicherweise stand diese Gruppe unter dem Einfluß unorthodoxer ägyptischer Ideen über Religion wie jenen, die Echnatons monotheistische Revolution im 14. Jahrhundert v. Chr. angeregt hatte. Demnach dürfte diese neue Gruppe der Kern gewesen sein, um den sich die neuen Siedler im Bergland scharten. Der Aufstieg des älteren Israels war demzufolge eine soziale Revolution der Unterprivilegierten gegen ihre Feudalherren, die ihre Energie aus einer visionären neuen Ideologie bezog.

Leider liegen für diese Theorie keinerlei archäologische Beweise vor – ja, der Befund widerspricht ihr rundweg. Wie schon weiter oben zu sehen war, unterschied sich die materielle Kultur der neuen Dörfer völlig von der Kultur der kanaanäischen Ebenen; wären die Siedler Flüchtlinge aus den Ebenen gewesen, müßte man mehr Ähnlichkeiten im Stil ihrer Architektur und Keramik erwarten. Überdies, und das ist wichtiger, haben jüngere archäologische Untersuchungen von Städten der Spätbronzezeit ergeben, daß der ländliche Sektor der kanaanäischen Gesellschaft schon im 16. Jahrhundert v. Chr. zu verarmen begann. Tatsächlich dürfte dieses geschwächte, weniger bevölkerte Land – und der damit einhergehende Rückgang der landwirtschaftlichen Produktion – eine Rolle beim Zusammenbruch der städtischen Kultur gespielt haben. Ganz sicher aber hätte es nicht die Energie für eine kraftvolle neue Besiedlungswelle des Berglands haben können. Hinzu kommt, daß die meisten Dörfer in der Ebene – so wenige es auch sein mochten – die Zerstörung der städtischen Zentren in Kanaan am Ende der Spätbronzezeit überlebten und ihr Leben weiterging wie zuvor. Das ist im Kernland der kanaanäischen Kultur offensichtlich: in der Jesreel-Ebene, im Jordangraben und in der südlichen Küstenebene Philistäas.

Aus diesem Grund sehen wir keine Horden entwurzelter Menschen, die ihre Dörfer in den Ebenen auf der Suche nach neuem Leben im Bergland verlassen. Die Antwort auf die Frage: «Wer waren die Israeliten?» muß daher von anderer Seite kommen.

Ein plötzlicher archäologischer Durchbruch

Die älteren Identifikationen und breiteren soziologischen Theorien über die frühen Israeliten beruhten auf der Entzifferung zerstreuter, fragmentarischer Inschriften und der subjektiven Interpretation der biblischen Darstellung – nicht aber auf der Archäologie. Es ist eine traurige Tatsache, daß die Archäologen Anhaltspunkte für die Herkunft der Israeliten jahrzehntelang überall an den falschen Orten suchten. Da viele von ihnen den Josua-Text für bare Münze nahmen, konzentrierten sie fast alle Anstrengungen darauf, die größten Tells kanaanäischer Städte auszugraben – wie Jericho, Bethel, Lachisch und Hazor. Heute weiß man, daß das ein falscher Ansatz war, denn diese großen Tells verrieten zwar viel über die städtische Kultur in der Spätbronzezeit, aber sie sagten praktisch nichts aus über die Israeliten.

Diese großen kanaanäischen Städte lagen in der Küstenebene und in den Tälern – weitab von den bewaldeten Berglandregionen, in denen das frühe Israel entstand. Vor den ausgehenden 1960er Jahren wurde nur eine einzige umfassende archäologische Sondierung vorgenommen, um Hinweise auf rein israelitische Stätten zu suchen. Sie wurde von dem israelischen Archäologen Yohanan Aharoni in einem Randgebiet durchgeführt – ganz im Norden des späteren Gebiets unter israelitischer Macht in den rauhen, bewaldeten Bergen von Obergaliläa. Aharoni entdeckte, daß es in diesem Gebiet keine Orte aus der Spätbronzezeit gab, daß aber in der Eisenzeit I (ca. 12.–11. Jahrhundert v. Chr.) rund ein Dutzend kleiner, armseliger Ortschaften entstand, die er den ersten Siedlern der Stämme Naphtali und Asser zuschrieb. Demnach stützte Aharonis Feldarbeit in Obergaliläa anscheinend die Theorie von einer friedlichen Infiltration. Es gab dabei nur ein Problem: Er hatte seine Sondierung weit oben im Norden fernab vom Kernland der israelitischen Besiedlung durchgeführt.

So überraschend es auch klingen mag, dieses israelitische Kerngebiet im Bergland von Westkanaan zwischen der Jesreel-Ebene und der Bucht von Beerscheba war aus archäologischer Sicht praktisch Terra incognita. Daß keine archäologischen Untersuchungen im westjordanischen Bergland durchgeführt wurden, hing nicht nur von den Vorlieben der Wissenschaftler ab. Seit den 1920er Jahren bis 1967 verhinderten Krieg und politische Unruhen im Nahen Osten eine gründliche archäologische Erforschung. Aber nach dem Krieg von 1967 wandelte sich die archäologische Landschaft vollständig. Eine junge Generation israelischer Archäologen, beeinflußt von den neuen Trends in der Archäologie, brach mit neuen Untersuchungsmethoden ins Feld auf: Ihr Ziel war es, die alte Landschaft des Berglands zu erforschen, zu kartographieren und zu analysieren – statt dort nur zu graben.

Seit den 1940er Jahren haben Archäologen die Bedeutung regionaler Sondierungen erkannt, bei denen man Siedlungsmuster über einen längeren Zeitraum untersucht. Ausgrabungen an einer einzigen Stelle spiegeln vor allem die an den Ort gebundenen Bilder der materiellen Kultur alter Bevölkerungen – und legen die Abfolge von Stilen in Keramik, Schmuck, Waffen, Häusern und Gräbern einer bestimmten Gemeinschaft frei. Dagegen wird bei regionalen Sondierungen, bei denen die alten Orte eines großen Gebiets kartographiert und anhand der an der Oberfläche gesammelten charakteristischen Tonscherben datiert werden, Tiefe durch Breite ersetzt. Diese Sondierungen zeigen, wo sich ein Volk niederließ und wie groß seine Ortschaften waren. Die Wahl bestimmter topographischer Nischen (wie Bergspitzen anstelle von Tälern) und gewisser wirtschaftlicher Nischen (wie Getreideanbau statt Gartenbau) und die Frage, wie leicht der Zugang zu Hauptstraßen und Wasserquellen ist, verraten viel über den Lebensstil und damit auch über die soziale Identität der Bevölkerung großer Gebiete statt von einzelnen Gemeinschaften. Nicht weniger wichtig ist auch, daß Sondierungen, bei denen Orte aus vielen verschiedenen Perioden kartographiert werden, es den Archäologen erlauben, Veränderungen in der Demographie einer bestimmten Region über lange Zeiträume hinweg zu verfolgen.

In den Jahren seit 1967 wurden im Kernland der israelitischen Besiedlung – den traditionellen Gebieten der Stämme Juda, Benjamin, Ephraim und Manasse – intensive Sondierungen durchgeführt. Teams von Archäologen und Studenten kämmten praktisch jedes Tal, jeden Kamm und Abhang durch und hielten dabei nach Spuren von Mauern und zerstreuten Tonscherben Ausschau. Die Arbeit im Feld ging langsam voran; an einem Tag sondierte man eine Fläche von 2,6 Quadratkilometern. Dabei wurde jede Information mit einem Hinweis auf Leben von der Steinzeit bis zur osmanischen Zeit verzeichnet, um die Geschichte der langfristigen Besiedlung des Berglands zu studieren. Mit Hilfe statistischer Methoden schätzte man die Größe jeder Ortschaft während jedes Zeitraums, in dem sie bewohnt war. An jeder Fundstelle wurden Informationen über die Umwelt gesammelt und analysiert, um die natürliche Landschaft in den verschiedenen Epochen zu rekonstruieren. In einigen vielversprechenden Fällen führte man auch Ausgrabungen durch.

Diese Sondierungen bewirkten eine Revolution im Studium des frühen Israels. Daß die Überreste eines dichten Netzes von Dörfern im Bergland – alle anscheinend innerhalb weniger Generationen gegründet – entdeckt wurden, ließ darauf schließen, daß um 1200 v. Chr. im westjordanischen Bergland ein dramatischer sozialer Wandel stattgefunden hatte. Es gab keine Anzeichen für eine gewalttätige Invasion, genauso wenig wie für die Infiltration einer klar definierten ethnischen Gruppe. Statt dessen schien eine Revolution in der Lebensweise stattgefunden zu haben. In den zuvor dünn besiedelten Gebieten des Judäischen Berglands im Süden bis zum Bergland von Samaria im Norden, weitab von den kanaanäischen Städten, die kurz vor ihrem Zusammenbruch und ihrer Auflösung standen, entstanden unvermittelt zweihundertfünfzig Gemeinden auf Bergspitzen. Hier lebten die ersten Israeliten.*

Das Leben im Bergland

Die Ausgrabungen einiger der kleinen Ortschaften aus der Eisenzeit I, die bei den Sondierungen entdeckt wurden, belegen, wie überraschend einheitlich die plötzliche Welle der Besiedlung des Berglands war. Das typische Dorf lag im allgemeinen auf einer Bergspitze oder einem steilen Grat und blickte weit über die Landschaft in der Umgebung. Es lag in einem offenen Gelände, umgeben von natürlichen Wäldern, in denen hauptsächlich Eichen und Terebinthen wuchsen. In einigen Fällen waren Dörfer am Rand schmaler Täler zwischen den Bergen gegründet worden – vermutlich, um leichter zu den bebauten Feldern zu gelangen. In vielen Fällen standen sie soweit wie möglich am östlichen Rand des fruchtbaren Landes, blickten auf die Wüste und lagen damit nahe bei gutem Weideland. In jedem Fall dürften die Dörfer autark gewesen sein. Ihre Bewohner schöpften Wasser aus Quellen in der Nähe oder speicherten das Wasser von den Winterregen in in den Fels gehauenen, vergipsten Zisternen, so daß es das ganze Jahr über zur Verfügung stand. Am meisten überraschte, wie winzig diese Ortschaften waren. In der Mehrzahl der Fälle nahmen sie nicht mehr als einen hal-

* Zwar kann man heute kaum herausfinden, ob sich zu diesem Zeitpunkt schon ethnische Identitäten voll herausgebildet hatten, dennoch bezeichnen wir diese distinkten Dörfer im Bergland als «israelitisch», weil viele davon bis in die Königszeit ununterbrochen bewohnt waren – eine Zeit, aus der reiche biblische und außerbiblische Quellen vorliegen, die bezeugen, daß sich ihre Bewohner als Israeliten verstanden.

ben Hektar ein, bewohnt, so die Schätzungen, von ungefähr fünfzig Erwachsenen und fünfzig Kindern. Selbst die größten Ortschaften im Bergland erreichten eine Ausdehnung von höchstens anderthalb Hektar und hatten eine Bevölkerung von nur einigen hundert Menschen. Die gesamte Bevölkerung dieser Dörfer im Bergland dürfte auf dem Höhepunkt der Besiedlung, um 1000 v. Chr., nicht mehr als 45 000 Seelen betragen haben.

Im Gegensatz zur Kultur der kanaanäischen Städte und Dörfer in den Ebenen wiesen die Dörfer im Bergland keine öffentlichen Bauten, Paläste, Speicherhäuser oder Tempel auf. Es fehlen alle Anzeichen von hochentwickelten Aufzeichnungen wie schriftliche Dokumente, Siegel und Siegelabdrücke. Es gibt fast keine Luxusgegenstände: keine importierte Keramik und kaum Schmuck. Die Dorfhäuser waren denn auch alle ähnlich groß, was darauf schließen läßt, daß der Besitz unter den Familien ziemlich gleichmäßig verteilt war. Die Häuser hatte man aus unbearbeiteten Feldsteinen errichtet, rauhe Steinsäulen dienten als Stützen für Dach oder Obergeschoß. Das durchschnittliche Haus, ungefähr 56 Quadratmeter groß, bot Platz für vier bis fünf Personen – die Größe einer Kernfamilie. In vielen Fällen waren mit Steinen ausgekleidete Gruben für die Lagerung von Getreide zwischen den Häusern ausgehoben (Abb. 10). Diese Silos sowie eine große Zahl von Sichelklingen und Mahlsteinen, die man in jedem Haus fand, lassen darauf schließen, daß die Dorfbewohner hauptsächlich vom Getreideanbau lebten. Aber auch dem Halten von Herden kam noch eine gewisse Bedeutung zu; eingezäunte Höfe bei den Häusern dienten offenbar dazu, die Tiere nachts an einem sicheren Ort unterzubringen.

Die Lebensumstände waren einfach, die Keramik war rauh und praktisch, es gab weder phantasievoll geformte noch stark verzierte Gefäße. Als Haushaltsgeräte verwendete man vor allem Krüge zum Speichern und Kochtöpfe – die elementarsten Gerätschaften für das tägliche Leben. Die Krüge dienten anscheinend zum Speichern von Wasser, Öl und Wein. Über die Bestattungsbräuche ist praktisch nichts bekannt, denn die Gräber dürften einfach gewesen sein, und die Toten wurden ohne Grabbeigaben beerdigt. Es gibt auch beinahe keine Hinweise auf einen Kultus. In den Dörfern wurden keine Schreine gefunden, deshalb ist über den religiösen Glauben der Einwohner nichts bekannt. Nur in einem winzigen Dorf auf einer Bergspitze im nördlichen Bergland, das Amihai Mazar von der Hebräischen Universität ausgrub, entdeckte man eine bronzene Stier-Figurine, was auf die Anbetung traditioneller kanaanäischer Götter schließen läßt. An einer an-

Abb. 10: Ein ausgegrabener Abschnitt in Izbet-Sartah, einem Dorf aus der Eisenzeit I in den Bergausläufern, mit Häusern auf Pfeilern und Getreidesilos.

deren Stätte auf dem Berg Ebal entdeckte Adam Zertal von der Universität Haifa eine ungewöhnliche Steinstruktur, die er als einen alten israelitischen Altar identifizierte, aber die genaue Aufgabe dieser Stätte und des von Mauern gesäumten Geheges darum herum ist umstritten.

Bemerkenswert ist, daß die Dörfer – im Gegensatz zu den biblischen Berichten über den fast ständigen Krieg zwischen den Israeliten und ihren Nachbarn – nicht befestigt waren. Entweder fühlten die Bewohner sich in ihren entlegenen Ortschaften sicher und brauchten nichts in Verteidigungsanlagen zu investieren, oder sie verfügten nicht über die Mittel oder die richtige Organisation, um solche Arbeiten in Angriff zu nehmen. Man fand keine Waffen wie Schwerter oder Lanzen – obwohl solche Funde für die Städte in den Ebenen typisch sind. Ebensowenig gab es Anzeichen für einen Brand oder eine plötzliche Zerstörung, die auf einen gewalttätigen Angriff hinweisen würden.

Ein Dorf aus der Eisenzeit I, Izbet-Sartah, am Westrand des Berglands mit Blick auf die Küstenebene gelegen, wurde beinahe vollständig ausgegraben und liefert somit ausreichende Information, um seine Subsistenzwirtschaft zu rekonstruieren. Eine detaillierte Analyse der bei den Ausgrabungen erhaltenen Daten von Baruch Rosen, einem israelischen Spezialisten für landwirtschaftliche Produktion und Ernährung im Altertum, läßt darauf schließen, daß das Dorf (mit einer Bevölkerung von schätzungsweise hundert Seelen) sich von ungefähr 320 Hektar Land um das Dorf herum ernährt haben dürfte, von denen 180 für den Ackerbau, der Rest als Weide genutzt wurden. Unter den Bedingungen in der frühen Eisenzeit dürften diese Felder bis zu 53 Tonnen Weizen und 21 Tonnen Gerste jährlich hevorgebracht haben; dabei wurden wohl ungefähr vierzig Ochsen zum Pflügen verwendet. Außerdem unterhielten die Bewohner anscheinend eine Herde von etwa dreihundert Schafen und Ziegen. (Allerdings lag dieses Dorf in einem fruchtbaren Gebiet der Gebirgsausläufer. Die meisten Dörfer im Bergland waren nicht ganz so «reich».)

Das alles weist darauf hin, daß die ersten Israeliten nicht so sehr mit anderen Völkern kämpfen mußten als mit dem steinigen Gelände, den dichten Wäldern des Berglands und der rauhen und manchmal unberechenbaren Umwelt. Dennoch führten sie offenbar ein recht friedliches Leben und betrieben Subsistenzwirtschaft. Sie lebten ziemlich weit abseits von regionalen Handelsstraßen und auch recht weit entfernt voneinander; es gibt keinerlei Hinweise darauf, daß zwischen den Dörfern im Bergland irgendwelche Handelsgüter ausgetauscht wurden. Deshalb ist es nicht überraschend, daß man in diesen Dörfern weder Beweise für eine signifikante gesellschaftliche Schichtung gefunden hat noch Anzeichen von Verwaltungsgebäuden für Beamte, große Residenzen für Honoratioren oder die spezialisierten Erzeugnisse geschickter Handwerker.

Die ersten Israeliten traten um 1200 v. Chr. als Hirten und Bauern im Bergland auf. Sie besaßen eine einfache Kultur strikt für den Eigenbedarf. Soviel ist inzwischen bekannt. Aber woher waren sie gekommen?

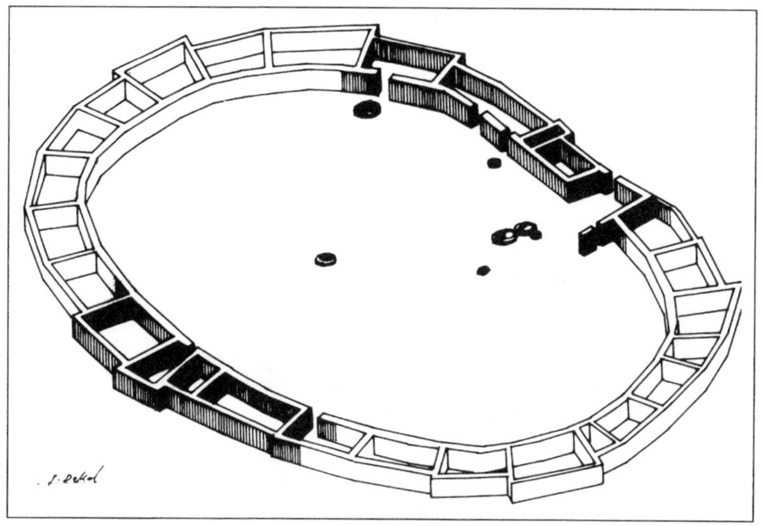

Abb. 11: Die frühe Eisenzeit I in Izbet-Sartah. Die ovale Anordnung läßt auf die nomadische Herkunft der Bewohner schließen.

Neue Anhaltspunkte für die Herkunft der Israeliten

Wie sich erwies, sollten die Überreste der frühesten israelitischen Ortschaften die Antwort auf die Frage nach ihrer Herkunft geben. In den meisten im Bergland ausgegrabenen Dörfern fand man Beweise, daß Israeliten hier noch mehrere Jahrzehnte oder sogar Jahrhunderte nach ihrer Gründung gelebt hatten. Die Häuser und Höfe waren im Laufe dieser Jahre erweitert und ausgebaut worden. Nur in wenigen Ausnahmefällen hatten sich die Überreste der ersten Besiedlung unter den späteren Gebäuden unversehrt erhalten. Solch ein Fall lag im schon weiter oben erwähnten Izbet-Sartah vor.

In seinem ältesten Stadium wies der Ort einen höchst ungewöhnlichen Grundriß auf, der sich wesentlich von der späteren Gruppe rechteckiger Häuser auf Stützen unterschied, die dann an derselben Stelle entstanden. Die erste Ansiedlung hatte die Form eines Ovals, bei dem eine Folge von Räumen einen großen offenen Hof säumte (Abb. 11). Diese Außenräume war so miteinander verbunden, daß sie eine Art ununterbrochenen Gürtel bildeten, der den Innenhof schützte. Der große, umfriedete Hof läßt darauf schließen, daß die Bewohner Herden hatten, vermutlich Schafe und Ziegen. Die wenigen Silos, Sichel-

Abb. 12: Ein ovales Beduinenlager bei Jericho, Zeichnung aus dem 19. Jahrhundert.

klingen und Mahlsteine legen nahe, daß sie auch etwas Getreideanbau betrieben.

Auf ähnliche ovale Orte ist man im westjordanischen Bergland und in den Bergen des Negevs im Süden gestoßen. Im Sinai, in Jordanien und in anderen Gegenden des Nahen Ostens wurden vergleichbare Siedlungen aus anderen Perioden gefunden. Generell ist diese Art von Umfriedung typisch für Ortschaften im Bergland oder im an Wüsten angrenzenden Land. Der Grundriß dieses sehr alten Dorfs aus der Eisenzeit I ähnelt nicht nur den Orten aus der Bronze- und Eisenzeit in der Steppe, sondern auch den Zeltlagern der Beduinen, wie sie von Reisenden in der Judäischen Wüste, im Ostjordanland und im Sinai Ende des 19. und zu Beginn des 20. Jahrhunderts beschrieben und sogar fotografiert wurden (Abb. 12). Bei diesem Lagertypus säumt eine Reihe von Zelten einen offenen Hof, in dem die Herden des Nachts geschützt sind. Die Orte im Bergland und Negev aus der Eisenzeit ähneln ihnen im Hinblick auf Form, Größe und Anzahl der Einheiten. Wenngleich die tragbaren Zelte in den alten Ortschaften durch Steinmauern ersetzt wurden, läßt die Form in beiden Siedlungstypen eindeutig auf ihre Funktion schließen. Die Menschen, die in diesen Orten leben und lebten – also in der Vergangenheit und heute –, waren Hirten, denen es hauptsächlich um den Schutz ihrer Herden ging. Das alles läßt darauf schließen, daß ein großer Teil der frühen Israeliten einst Hirtennomaden waren.

Aber diese Hirtennomaden machten einen tiefen Wandel durch. Der angenommene Übergang von Zeltlagern in der Frühzeit zu Dörfern mit einem ähnlichen Grundriß, nur in Stein, und später zu dauerhafteren rechteckigen Häusern auf Stützen legt nahe, daß sie ihr Nomadenleben aufgaben, ebenso wie den Großteil ihrer Tiere, und sich einer dauerhaften Landwirtschaft zuwandten. Einen derartigen Wandel kann man im Nahen Osten bis heute beobachten. Beduinen, die heutzutage seßhaft werden, ersetzen ihre Zelte oft durch ähnliche Stein- oder Ziegelbauten. Meistens behalten sie auch den Grundriß eines traditionellen Zeltlagers bei, wenn sie ihre erste dauerhafte Ortschaft gründen. Später geben sie diese Tradition allmählich auf und gehen zu einem Leben in festen Siedlungen über. In den Überresten der Dörfer im Bergland aus der Eisenzeit zeichnet sich eine sehr ähnliche Entwicklung ab.

Noch ein weiterer Anhaltspunkt weist in die gleiche Richtung: Die Lage der Stätten, an denen die Menschen in der Eisenzeit I ihre ersten dauerhaften Dörfer gründeten, lassen auf einen Hintergrund als Hirtennomaden schließen. Viele der ersten Ortschaften aus der Eisenzeit im Bergland lagen im Ostteil der Region unweit vom Wüstenrand. Indem die Dorfbewohner ihre Ortschaften in dieser Gegend gründeten, konnten sie weiterhin ihre Schafe und Ziegen weiden, gleichzeitig jedoch zum Ackerbau als wichtigstem Lebensunterhalt übergehen. Erst später stießen sie auch in den Westen vor, der für Ackerbau und Herden weniger günstig ist, sich dafür aber für das Anlegen von Olivenhainen und Weingärten eignet.

Viele der ersten Israeliten waren demnach anscheinend Nomaden, aus denen allmählich Bauern wurden. Aber selbst Nomaden kommen von irgendwo her. Auch dazu haben die erst kürzlich freigelegten archäologischen Funde etwas zu sagen.

Die verborgenen Zyklen von Kanaan

Bei den umfassenden Sondierungen im Bergland in den letzten Jahrzehnten hat man Daten über die Beschaffenheit der menschlichen Besiedlung dieser Region über viele Jahrtausende gesammelt. Als eine der größten Überraschungen stellte sich heraus, daß die Seßhaftwerdung einer relativ großen Zahl von Hirten im 12. Jahrhundert v. Chr. kein einmaliges Ereignis war. Die archäologischen Funde lassen darauf schließen, daß es vor dem 12. Jahrhundert v. Chr. schon zwei frühere Wellen einer ähnlichen Besiedlung des Berglands gegeben hat, auf die jeweils eine spätere Rückkehr der Bewohner zum Nomadenleben folgte.

Epoche	Datum	Hauptmerkmale
Frühe Bronzezeit	3500-2200 v.Chr.	Erste Besiedlungswelle; ca. 100 Orte nachgewiesen
Zwischenzeit	2200-2000 v.Chr.	Krise; die meisten Orte werden aufgegeben
Mittlere Bronzezeit	2000-1550 v.Chr.	Zweite Besiedlungswelle; ca. 220 Orte nachgewiesen
Spätbronzezeit	1550-1150 v.Chr.	Krise; nur ca. 25 Orte nachgewiesen
Eisenzeit I	1150-900 v.Chr.	Dritte Besiedlungswelle; ca. 250 Orte nachgewiesen
Eisenzeit II	900-586 v.Chr.	Besiedlung wächst auf mehr als 500 Orte an (8. Jahrhundert v. Chr.)

Tabelle 3: Die Besiedlungswellen im Bergland

Wir wissen jetzt, daß die erste Besiedlung des Berglands in der Frühbronzezeit erfolgte und über zweitausend Jahre vor dem Aufstieg des frühen Israels um ungefähr 3500 v. Chr. einsetzte. Auf dem Höhepunkt dieser Besiedlungswelle waren beinahe über hundert Dörfer und größere Städte über das westjordanische Bergland verstreut. Über tausend Jahre später, um 2200 v. Chr., wurden diese Ortschaften im Bergland wiederum aufgegeben, und das Bergland wurde wieder ein Grenzgebiet. Dann aber gewann eine zweite Siedlungswelle, die stärker als die erste war, in der mittleren Bronzezeit kurz nach 2000 v. Chr. an Schwung. Während dieser Welle gründete man anfangs kleine, zerstreute Dörfer, aus denen allmählich ein kompliziertes Netz von ungefähr 220 Ortschaften erwuchs, die von Dörfern über Städte bis zu befestigten regionalen Zentren reichten. Die Bevölkerung dieser zweiten Siedlungswelle wurde auf ungefähr 40 000 Menschen geschätzt. Viele der großen, befestigten Orte dieser Periode – Hebron, Jerusalem, Bethel, Silo und Sichem – sollten zur israelitischen Zeit bedeutende Zentren werden. Aber auch die zweite Besiedlungswelle im Bergland lief irgendwann im 16. Jahrhundert v. Chr. aus. Danach blieb das Bergland vierhundert Jahre lang ein dünn besiedeltes Grenzgebiet.

Schließlich setzte – als dritte große Welle – die frühe israelitische Besiedlung um 1200 v. Chr. ein (Abb. 13). Wie bei ihren Vorgängern wurden zu Beginn vor allem kleine, ländliche Gemeinschaften gegründet, dabei wohnten anfangs ungefähr 45 000 Menschen in 250 Orten. Daraus entwickelte sich allmählich ein voll ausgebildetes Netz mit großen Städten, mittelgroßen regionalen Marktzentren und kleinen Dörfern. Auf dem Höhepunkt dieser Besiedlungswelle im 8. Jahrhundert v. Chr., nachdem die Königreiche Juda und Israel gegründet worden waren, existierten mehr als 500 Ortschaften mit einer Bevölkerung von ungefähr 160 000 Seelen.

Dieser dramatische Bevölkerungsanstieg wurde durch die volle Nutzung des landwirtschaftlichen Potentials der Region ermöglicht. Das Bergland eignete sich hervorragend für den Anbau von Oliven und Weintrauben – die rentabelsten Sektoren der traditionellen nahöstlichen Wirtschaft. In allen drei Perioden der intensiven Besiedlung des Berglands wurden Wein- und Olivenölüberschüsse anscheinend in die Ebenen geschickt und sogar über die Grenzen von Kanaan hinaus, vor allem nach Ägypten, exportiert. Man hat in Ägypten gefundene Vorratsgefäße aus der Frühbronzezeit analysiert und dabei festgestellt, daß sie aus Ton aus dem kanaanäischen Bergland hergestellt waren. In einem besonderen Fall enthielt ein Krug aus Kanaan sogar die Überreste von Weintraubensamen.

Damit zeichnen sich die Ähnlichkeiten zwischen den Besiedlungsmustern der drei Hauptwellen klar ab. In vielen Fällen waren bestimmte Orte in allen drei Perioden bewohnt. Bei allen Wellen sind, und das ist nicht weniger wichtig, im globalen Besiedlungsmuster bestimmte Merkmale wiederzuerkennen. Zunächst einmal war der südliche Teil des Berglands stets dünner besiedelt als der nördliche, das Ergebnis, wie noch zu sehen sein wird, ihrer sehr verschiedenen natürlichen Umwelt. Zweitens setzte jede Welle des Bevölkerungswachstums im Osten ein und dehnte sich dann allählich nach Westen aus. Schließlich ist jede der drei Wellen durch eine ungefähr ähnliche materielle Kultur – Keramik, Architektur und Dorfanlage – gekennzeichnet – möglicherweise das Ergebnis ähnlicher Umwelt- und Wirtschaftsbedingungen.

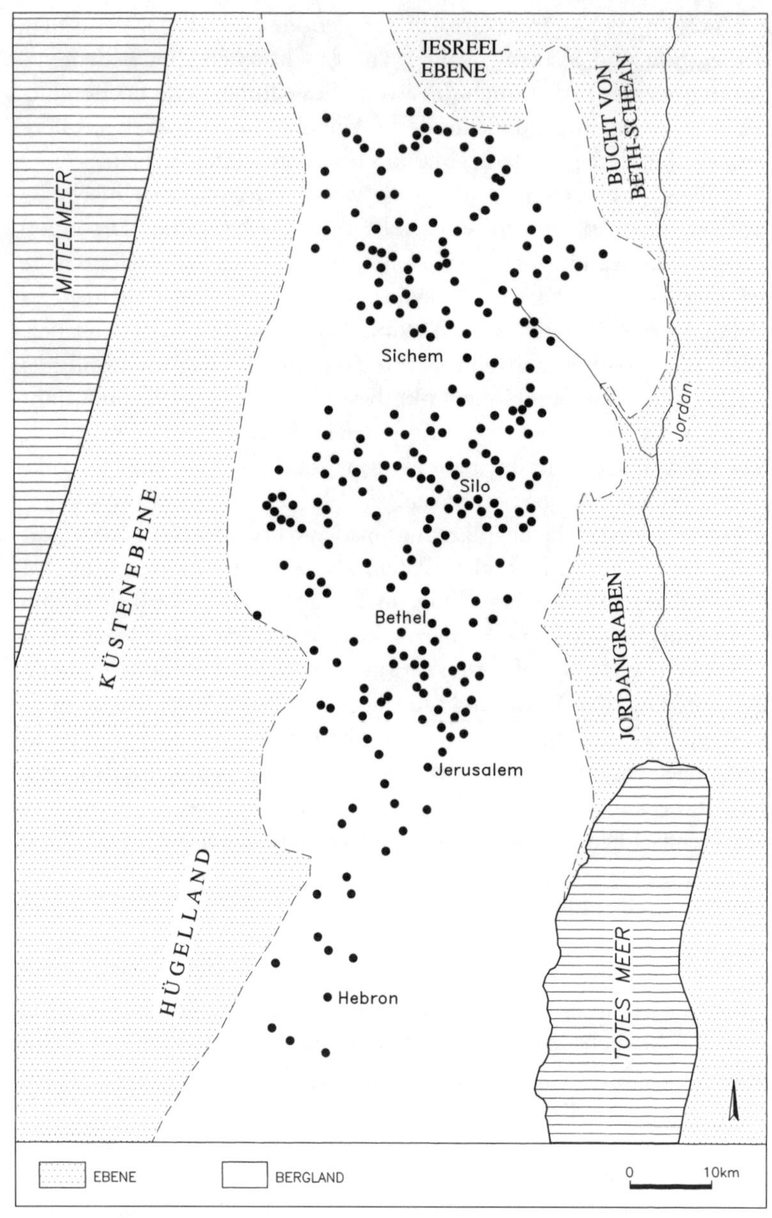

Abb. 13: Ortslagen der Eisenzeit I im westjordanischen Bergland.

In den Zeiten zwischen den Höhepunkten der Besiedlung, als Städte, Orte und sogar die meisten Dörfer aufgegeben waren, war das Bergland aber trotzdem nicht völlig verlassen. Die wichtigen Beweise dafür stammen aus einer unerwarteten Quelle – nicht von Inschriften oder ausgegrabenen Gebäuden, sondern aus einer gründlichen Analyse ausgegrabener Tierknochen. Knochen aus Orten, die während der Zeit intensiver Besiedlung im Bergland blühten, stammen zu einem relativ großen Teil von Rindern – was im allgemeinen umfassenden Ackerbau und die Verwendung eines Pflugs nahelegt. Diese Proportionen ähneln dem, was man noch heute in traditionellen Bauerngemeinschaften im Nahen Osten sieht.

Bei den Knochen, die an den wenigen Orten im Bergland gesammelt wurden, die auch in den Zeiten *zwischen* den großen Besiedlungswellen bewohnt waren, ist ein dramatischer Unterschied zu sehen. Die Anzahl von Rinderknochen ist äußerst gering, dafür gibt es einen außerordentlich hohen Anteil von Schaf- und Ziegenknochen. Das gleicht ungefähr der Zusammensetzung von Herden bei den Beduinen. Für Hirten, die nur nebenher saisonalen Ackerbau betreiben und während des übrigen Jahres auf der Suche nach frischem Weideland sind, stellt das schwere, langsame Rind eine Last dar. Es bewegt sich nicht so schnell wie Schafe und Ziegen. In Zeiten intensiver Besiedlung des Berglands betrieben daher mehr Menschen Ackerbau; in Krisenjahren hielten sie dagegen Schafe und Ziegen.

Sind solche dramatischen Schwankungen üblich? Im Vorderen Orient haben die Menschen es verstanden, je nach politischen, wirtschaftlichen oder sogar klimatischen Bedingungen schnell vom Dorfleben zur Tierzucht zu wechseln – oder wieder zurück vom Hirtenleben zu seßhafter Landwirtschaft. Viele Gruppen in der Region waren dazu fähig, ihren Lebensstil so auszurichten, daß sie die momentanen Bedingungen bestmöglich ausnutzten, und der Wechsel zwischen Nomadendasein und Seßhaftigkeit erfolgte stets in beiden Richtungen. Anthropologische Untersuchungen der Besiedlungsgeschichte in Jordanien, im südwestlichen Syrien und im mittleren Euphrat-Tal im 19. und zu Beginn des 20. Jahrhunderts beweisen genau das. Eine immer höhere Besteuerung, die Drohung, in das osmanische Heer eingezogen zu werden, sowie andere Faktoren veranlaßten zahllose Dorffamilien, ihre Wohnsitze in landwirtschaftlichen Regionen aufzugeben und sich in die Wüste zurückzuziehen. Dort betrieben sie Viehzucht, schon immer ein unverwüstlicher, wenn auch weniger bequemer Lebensstil.

Dagegen wird in Zeiten größerer Sicherheit und besserer Wirtschaftsbedingungen ein umgekehrter Prozeß ausgelöst. Seßhafte Gemeinschaften werden gegründet, und Nomaden, die eine spezialisierte Rolle in einer zweigeteilten, das heißt dimorphen Gesellschaft spielen, lassen sich darin nieder. Ein Teil dieser Gesellschaft spezialisiert sich auf die Landwirtschaft, der andere bleibt beim traditionellen Halten von Schafen und Ziegen.

Dieses Muster ist für die Frage, wer die ersten Israeliten waren, von besonderer Bedeutung. Das liegt daran, daß die beiden Komponenten der nahöstlichen Gesellschaft – Bauern und Hirtennomaden – immer wechselseitig voneinander abhängige Wirtschaftsbeziehungen unterhielten, selbst wenn zwischen beiden Gruppen manchmal Spannungen auftraten. Nomaden brauchen, um an Getreide und andere landwirtschaftliche Erzeugnisse zu gelangen, die Märkte von festen Siedlungen, Bauern sind dagegen für einen geregelten Nachschub von Fleisch, Milchprodukten und Häuten von den Nomaden abhängig. Allerdings sind die beiden Parteien des Austauschs nicht völlig ebenbürtig: Dorfbewohner können mit ihren eigenen Produkten überleben, Hirtennomaden dagegen nicht ausschließlich von den Erzeugnissen ihrer Herden existieren. Sie brauchen Getreide als Ergänzung und zum Ausgleich ihrer fettreichen Nahrung aus Milch und Fleisch. Solange es Dorfbewohner gibt, mit denen Handel getrieben werden kann, können sich die Nomaden auf die Tierzucht konzentrieren. Kann Getreide dagegen nicht gegen Tierprodukte eingetauscht werden, sind die Hirtennomaden gezwungen, es selbst anzubauen.

Und genau das verursachte offenbar die plötzliche Welle einer Besiedlung des Berglands. In Kanaan konnte eine große Zahl von Hirtennomaden besonders in der Spätbronzezeit im Bergland und am Wüstenrand nur existieren, wenn die kanaanäischen Stadtstaaten und Dörfer einen ausreichenden Getreideüberschuß für den Handel produzierten. Das war während der dreihundert Jahre langen ägyptischen Herrschaft über Kanaan der Fall. Als dieses politische System jedoch im 12. Jahrhundert v. Chr. zusammenbrach, funktionierte auch sein Wirtschaftsnetz nicht mehr. Man darf daher annehmen, daß sich die Dorfbewohner in Kanaan auf die Produktion für den Eigenbedarf konzentrieren mußten und keine bedeutenden Getreideüberschüsse über das hinaus erwirtschafteten, was sie selbst brauchten. Deshalb mußten sich die Hirten im Bergland und am Wüstenrand den neuen Bedingungen anpassen und ihr eigenes Getreide anbauen. Schon bald führten die Anforderungen des Ackerbaus dazu, daß der Umfang der saisonalen Wanderungen zurückging. Weil die Dauer der Wanderungen schrumpfte, wurden die Herden verkleinert, und da zusehends mehr Mühe in die Landwirtschaft investiert wurde, erfolgte eine dauerhafte Verlagerung zur Seßhaftigkeit.

Der hier beschriebene Prozeß ist genau das Gegenteil von dem, was in der Bibel steht: Der Aufstieg des frühen Israels war ein Ergebnis des Zusammenbruchs der kanaanäischen Kultur, nicht ihre Ursache. Und die meisten Israeliten kamen nicht von außen nach Kanaan – sondern aus seiner Mitte heraus. Es gab keinen Massenauszug aus Ägypten, ebenso wenig wie eine gewaltsame Einnahme Kanaans. Die meisten Menschen, die das frühe Israel bildeten, waren Einheimische – die gleichen Menschen, die im Bergland in der Bronze- und Eisenzeit zu sehen sind. Die frühen Israeliten waren – ein Gipfel der Ironie – selbst ursprünglich Kanaanäer!

In welchem Sinn war das alte Israel einzigartig?

In den fruchtbareren Gegenden des Berglands östlich des Jordans ist das gleiche Auf und Ab im Ausmaß der Seßhaftigkeit zu beobachten, die gleiche Krise in der Spätbronzezeit und genau die gleiche Besiedlungswelle in der Eisenzeit I. Archäologische Sondierungen in Jordanien haben ergeben, daß die Besiedlungsgeschichte der Gebiete von Ammon, Moab und Edom im großen und ganzen der des frühen Israels ähnelt. Man könnte die archäologische Beschreibung eines typischen israelitischen Dorfs der Eisenzeit I im westjordanischen Bergland fast unverändert für die Beschreibung eines frühen moabitischen Dorfs übernehmen. Diese Menschen bewohnten die gleiche Art von Dörfern, lebten in den gleichen Häusern, verwendeten eine ähnliche Keramik, und ihr Lebensstil war beinahe identisch. Trotzdem weiß man aus der Bibel und anderen bekannten historischen Quellen, daß die Menschen, die in der Eisenzeit I in den Dörfern östlich des Jordans lebten, keine Israeliten wurden; vielmehr bildeten sie später die Königreiche Ammon, Moab und Edom. Gibt es in den Dörfern der Menschen, die das frühe Israel bildeten, somit etwas, das sie von ihren Nachbarn unterschied? Wie kristallisierten sich ihre ethnische Zugehörigkeit und Nationalität heraus?

Heute demonstrieren die Menschen genau wie in der Vergangenheit ihre ethnische Zugehörigkeit auf viele verschiedene Arten: mit ihrer Sprache, Religion, Kleidung, ihren Bestattungsriten und aufwendigen Speisevorschriften. Die einfache materielle Kultur der Hirten und Bauern im Bergland, die die ersten Israeliten wurden, gibt keinen klaren Hinweis auf ihren Dialekt, ihre religiösen Rituale, Kleidung oder Bestattungsriten. Aber ein sehr interessantes Detail über ihre Speisegewohnheiten wurde entdeckt. Die Knochen, die man bei den Ausgrabungen der kleinen frühen israelitischen Dörfer im Bergland fand, unterschieden sich von denen aus Ortschaften in anderen Landesteilen in einer signifikanten Hinsicht: Es gab keine Schweine. Knochenfunde aus früheren Siedlungen im Bergland enthielten dagegen die Überreste von Schweinen, und das gilt auch für die späteren Orte (nach der Eisenzeit). Aber während der Eisenzeit – der Zeit der israelitischen Monarchien – wurden Schweine im Bergland weder gekocht noch gegessen, ja nicht einmal gehalten. Vergleichbare Daten aus den philistäischen Ortschaften an der Küste aus derselben Zeit – Eisenzeit I – weisen eine erstaunlich hohe Zahl von Schweineknochen unter den gefundenen Tierknochen auf. Die frühen Israeliten aßen demnach keine Schweine, die Philister dagegen durchaus, genauso (so gut man anhand spärlicherer Daten beurteilen kann) wie auch die Ammoniter und Moabiter östlich des Jordans.

Ein Verbot des Genusses von Schweinefleisch kann man nicht ausschließlich mit der Umwelt oder wirtschaftlichen Erwägungen begründen. Möglicherweise ist das der einzige Anhaltspunkt für eine spezifische, gemeinsame Identität unter den Dorfbewohnern im westjordanischen Bergland. Vielleicht hörten die Proto-Israeliten einfach deswegen auf, Schweinefleisch zu essen, weil die Nachbarvölker – ihre Gegner – es aßen und sie begonnen hatten, sich als etwas anderes zu betrachten. Unterschiedliche Kochgewohnheiten und Speisevorschriften sind zwei Mittel, um ethnische Schranken zu errichten. Monotheismus und die Traditionen vom Auszug aus Ägypten und vom Bund kamen anscheinend sehr viel später dazu. Fünfhundert Jahre bevor der biblische Text mit seinen detaillierten Speisevorschriften entstand, beschlossen die Israeliten – aus nicht völlig klaren Gründen –, kein Schweinefleisch mehr zu essen. Wenn moderne Juden es ihnen gleichtun, halten sie am ältesten, archäologisch belegten kulturellen Brauch des Volkes Israel fest.

Das Buch der Richter und Juda im 7. Jahrhundert

Man wird wohl nie wissen, inwieweit die Geschichten im Buch der Richter auf authentischen Erinnerungen an einheimische Helden und Dorfstreit beruhen, die sich über die Jahrhunderte hinweg in Form epischer Gedichte oder beliebter Volksmärchen erhalten haben. Ebensowenig kann man die historische Zuverlässigkeit des Richterbuchs beurteilen, weil möglicherweise auch Heldengeschichten aus früheren Zeiten mit hineingenommen wurden. Sein wichtigstes Merkmal ist ein literarisches Rahmenschema, das Israels Geschichte in der Zeit nach der Einnahme als einen sich wiederholenden Zyklus von Sünde, göttlicher Strafe und Errettung beschreibt (2,11–19). Nur der letzte Vers (21,25) enthält einen Hinweis darauf, daß dieser Zyklus durchbrochen werden kann – durch die Errichtung des Königtums.

Es ist klar, daß sich diese theologische Deutung der Erzählungen im Richterbuch erst Hunderte von Jahren nach den Ereignissen, die es vorgeblich schildert, entwickelte. Wenngleich in den einzelnen Erzählungen über den Konflikt der Israeliten mit den Philistern, Moabitern, Midianitern und Ammonitern viele verschiedene Personen auftreten und sie an diversen Orten stattfinden, dienen sie allesamt dazu, eine prekäre Beziehung zwischen Gott und seinem Volk zu illustrieren. JHWH wird als eine zornige, enttäuschte Gottheit dargestellt, die die Israeliten aus der Sklaverei in Ägypten befreit und ihnen das verheißene Land als ewiges Erbe gegeben hat, nur um dann festzustellen, daß es ein sündiges, undankbares Volk ist. Immer wieder verrät es JHWH, indem es fremden Götzen nachläuft. Deshalb straft JHWH es, indem er es seinen Feinden in die Hände gibt, damit es den Schmerz von Gewalt und Leid verspürt – und JHWH um Hilfe anfleht. JHWH nimmt seine Reue an und rettet es, indem er einen gerechten Menschen aus diesem Volk damit beauftragt, es im Triumph über seine Feinde anzuführen. Hier geht es um Theologie, nicht um Geschichte. Bund, Verheißung, Abfall, Reue und Erlösung bilden eine zyklische Folge, die sich durch das gesamte Buch zieht. Dem Volk von Juda im 7. Jahrhundert v. Chr. muß es so vorgekommen sein, als gelte auch bei ihm die gleiche zyklische Folge.

Bibelwissenschaftler haben schon seit langem erkannt, daß das Richterbuch Teil des Deuteronomistischen Geschichtswerks ist, das die Hoffnungen und politischen Bestrebungen im 7. Jahrhundert v. Chr. in Juda zur Zeit König Josias auf großartige Weise zum Ausdruck bringt. Die Geschichten von der frühen israelitischen Besiedlung des Berglands sollten dem Volk als Lektion dienen, die für zeitgenössische Angelegenheiten unmittelbar bedeutsam war. Während Josia und seine Anhänger mit Visionen, das Land Israel zu vereinigen, in den Norden schauten, unterstrichen sie die Nutzlosigkeit von Eroberung allein, wenn diese nicht mit anhaltendem, ausschließlichem Gehorsam JWHW gegenüber einherging. Die deuteronomistische Bewegung betrachtete die heidnische Bevölkerung im Land Israel und in allen benachbarten Königreichen als eine tödliche Gefahr. Die Gesetzesvorschriften im Buch Deuteronomium und die historischen Lektionen im Deuteronomistischen Geschichtswerk zeigten klar, daß das Volk Israel der Versuchung der Abgötterei widerstehen mußte, sonst würde es neues Ungemach erleiden.

Das Kapitel, mit dem das Richterbuch beginnt, stellt eine klare Beziehung zwischen Vergangenheit und Gegenwart her. Obwohl viele Exegeten es als einen späteren Zusatz betrachten, sieht der Bibelhistoriker Baruch Halpern es als Bestandteil der ursprünglichen deuteronomistischen Geschichtsdarstellung. Dieses Kapitel erzählt davon, wie die Stämme, die den Kern des Südreichs – Juda und Simeon – bildeten, ihren heiligen Auftrag perfekt erfüllten, indem sie alle kanaanäischen Städte auf ihrem Gebiet einnahmen. Deshalb war das Südreich Juda vor der unmittelbar aus seiner Mitte heraus drohenden Gefahr der Abgötterei geschützt. Das galt aber nicht für die Stämme, die später den Kern des Nordreichs Israel bildeten. Von allen heißt es, ihr Versuch, die Kanaanäer zu vernichten, sei fehlgeschlagen, und die kanaanäischen Enklaven, die in jedem ihrer Stammesgebiete erhalten blieben, werden detailliert aufgezählt (Ri. 1,21, 27–35). Kein Wunder also, daß das fromme Juda überlebte und das abgefallene Israel unterging. Die meisten Erzählungen im Buch Richter handeln denn auch von Sünde und Bestrafung der nördlichen Stämme. In keiner einzigen Geschichte wird Juda ausdrücklich der Abgötterei beschuldigt.

Aber das Richterbuch bietet implizit einen Ausweg aus dem endlosen Zyklus von Sünde und göttlicher Bestrafung an. Es deutet an, daß der Zyklus schon einmal zuvor unterbrochen worden war. Wie eine Beschwörung wiederholt sich der Satz: «Zu der Zeit war kein König in Israel; jeder tat, was ihn recht dünkte» (Ri. 21,25). Das erinnert daran, daß kurz nach der Richterzeit ein großartiger König kam, der über alle Stämme Israels herrschte – der fromme David, der einen ewigen Bund mit Gott einging. Dieser König verbannte den Einfluß fremder Götzen aus den Herzen und täglichen religiösen Verrichtungen der Israeliten. Er gründete eine einzige Hauptstadt in Jerusalem und bestimmte einen festen Platz für die Bundeslade. Ein einziger Gott, in einem Tempel verehrt, der in der einen und einzigen Hauptstadt stand, unter einem König aus der davidischen Dynastie, das war der Schlüssel zur Erlösung Israels – sowohl zu Davids Zeit als auch zur Zeit des neuen Davids, König Josia. Indem jede Spur der Anbetung der fremden Götter ausgetilgt wurde, die Israel in der Vergangenheit zur Sünde verführt hatten, würde Josia dem scheinbar endlosen Zyklus von Abfall und Katastrophe ein Ende setzen und Juda einem neuen Goldenen Zeitalter von Wohlstand und Hoffnung zuführen.

Aber bekanntlich weist das bewegende Bild gerechter israelitischer Richter – wie machtvoll und bezwingend es auch sein mag – kaum Ähnlichkeit mit dem auf, was sich im Bergland von Kanaan in der frühen Eisenzeit wirklich zutrug. Die Archäologie hat gezeigt, daß vielfältige Umwälzungen in der Gesellschaft des Hirtenvolks im kanaanäischen Bergland – weitaus mehr als spätere biblische Vorstellungen von Sünde und Erlösung – die entscheidenden Kräfte waren.

5. Erinnerungen an ein Goldenes Zeitalter?

Nach jahrhundertelangen Kämpfen und Wanderungen fand das biblische Israel im Tempel und im Königspalast in Jerusalem seinen dauerhaften geistigen Brennpunkt. Wie die Bücher Samuel berichten, ging der Prozeß, der mit Gottes ursprünglicher Verheißung an Abraham so viele Hunderte von Jahren zuvor begonnen hatte, zu Ende, als David, Isais Sohn, zum König aller Stämme Israels gesalbt wurde. Das gewalttätige Chaos zur Richterzeit wurde jetzt durch eine Periode abgelöst, in der Gottes Verheißungen unter einem gerechten König verwirklicht werden konnten. Zwar fiel die erste Wahl für den Thron Israels auf den grüblerischen, schönen Saul aus dem Stamm Benjamin, aber erst sein Nachfolger David stieg zur zentralen Gestalt in der Geschichte des frühen Israels auf. Vom sagenumwobenen König David waren schier unzählige Lieder und Geschichten im Umlauf. Sie erzählten, wie er den mächtigen Goliath mit einem einzigen Stein aus seiner Schleuder erschlug und dank seines Geschicks als Harfenspieler an den Königshof kam, von seinen Abenteuern als Rebell und Freibeuter, wie er Bathseba lüstern verfolgte und wie er Jerusalem und darüber hinaus ein riesiges Reich eroberte. Sein Sohn Salomo galt seinerseits als der weiseste aller Könige und als der großartigste Bauherr. Erzählungen rühmen seine scharfsinnigen Urteile, seinen unvorstellbaren Reichtum und seinen Bau des großartigen Tempels in Jerusalem.

Jahrhundertelang haben Leser der Bibel überall auf der Welt die Zeit Davids und Salomos als das Goldene Zeitalter in Israels Geschichte betrachtet. Bis vor kurzem stimmten viele Gelehrte darin überein, daß die vereinte Monarchie die erste biblische Zeit ist, die als wirklich historisch betrachtet werden kann. Anders als die verschwommenen Erinnerungen an die Wanderungen der Erzväter, den wunderbaren Auszug aus Ägypten oder auch die blutigen Bilder in den Büchern Josua und Richter bot sich die Geschichte von David als eine höchst realistische Story von politischem Manövrieren und dynastischer Intrige dar. Wenngleich viele Einzelheiten von Davids frühen Taten sicher der Ausschmückung seiner Legende dienen dürften, glaubten die Gelehrten lange, daß die Geschichte von seinem Aufstieg zur Macht gut zu der archäologischen Realität paßte. Die anfänglich zerstreuten Ortschaften der Israeliten im Bergland wuchsen langsam zu zentralisierteren Organisationsformen zusammen. Und die Bedrohung, die von den philistäischen Küstenstädten für die Israeliten ausging, dürfte die Krise gewesen sein, die den Aufstieg der israelitischen Monarchie beschleunigte. Die Archäologen haben denn auch eindeutige Schichten einer Zerstörung von ehemaligen philistäischen und kanaanäischen Städten identifiziert, die ihrer Ansicht nach den Verlauf von Davids weitreichenden Eroberungen markierten. Und die eindrucksvollen Stadttore und Paläste, die man an mehreren wichtigen Ausgrabungsstätten in Israel freilegte, galten als Beweis für Salomos Bautätigkeit.

Dennoch wurden neuerdings viele der archäologischen Zeugnisse, die früher die Historizität der Texte über David und Salomo stützten, in Frage gestellt. So ist das tatsächliche Ausmaß von Davids «Reich» heiß umstritten. Ausgrabungen in Jerusalem förderten keine Beweise zutage, daß es zu Davids oder Salomos Zeit eine großartige Stadt war. Und die Salomo zugeschriebenen Monumente werden überzeugender mit anderen Königen in Verbindung gebracht. Somit hat ein neues Überdenken der Belege gewaltige Auswirkungen. Denn wenn es weder Erzväter noch einen Auszug aus Ägypten und auch keine Einnahme Kanaans – genauso wenig wie eine wohlhabende vereinte Monarchie unter David und Salomo – gegeben hat, kann man dann sagen, daß das frühe biblische Israel, wie es in den fünf Büchern Mose und den Büchern Josua, Richter und Samuel geschildert wird, je existiert hat?

Eine Königsdynastie für Israel

Das biblische Epos, das Israels Wandel von der Richterzeit bis zum beginnenden Königtum darstellt, beginnt mit einer großen militärischen Krise. Wie in 1. Samuel 4–5 beschrieben, schlagen die zusammengezogenen philistäischen Heere die aus den israelitischen Stämmen ausgehobenen Krieger in einer Schlacht und nehmen die heilige Bundeslade als Kriegsbeute mit. Unter der Führung des Propheten Samuel, eines Priesters im Heiligtum von Silo (auf halbem Weg zwischen Jerusalem und Sichem), erhalten die Israeliten die Bundeslade später wieder zurück und bringen sie nach Kirjath-Jearim westlich von Jerusalem. Aber die Richterzeit ist endgültig vorbei. Die militärische Bedrohung, der sich das Volk Israel gegenübersieht, erfordert jemanden, der sich völlig der Führung widmen kann. Die Ältesten Israels versammeln sich bei Samuel in Rama und verlangen von ihm, er solle einen König über Israel einsetzen «wie ihn alle Heiden haben». Obwohl Samuel in einem der beredtesten antimonarchischen Texte der Bibel vor den Gefahren des Königtums warnt (1. Sam. 8,10–18), trägt Gott ihm auf, der Stimme des Volks zu gehorchen. Dann offenbart Gott Samuel, auf wen seine Wahl gefallen ist. Der erste König Israels würde Saul, der Sohn des Kisch, aus dem Stamm Benjamin sein. Saul ist ein schöner junger Mann und ein tapferer Kämpfer, dessen innere Zweifel und einfältigen Verstöße gegen die göttlichen Gesetze über Opfer, Kriegsbeute und andere heilige Gebote (1. Sam. 15,10–26) aber zuletzt zu seiner Verwerfung und schließlich seinem tragischen Selbstmord im Gilboa-Gebirge führen sollten, als die Israeliten von den Philistern geschlagen werden.

Zwar herrscht Saul noch als König über Israel, aber er ist sich nicht bewußt, daß sein Nachfolger schon erwählt wurde. Gott befiehlt Samuel, zur Familie Isais in Bethlehem zu gehen, «denn unter seinen Söhnen hab ich mir einen zum König ersehen» (1. Sam. 16,1). Der jüngste dieser Söhne ist ein schöner, rothaariger Schafhirte namens David, der Israel endlich Rettung bringen soll. Als erstes beweist David sein Können auf dem Schlachtfeld. Die Philister versammeln sich erneut, um Krieg gegen Israel zu führen, und die beiden Armeen stehen sich im Ela-Tal im Hügelland gegenüber. Die Geheimwaffe der Philister ist der Riese Goliath, der den Gott Israels verspottet und einen israelitischen Krieger zum Zweikampf herausfordert. Saul und seine Mannen überkommt große Furcht, aber der junge David, von seinem Vater geschickt, um seinen drei älteren Brüdern, die in Sauls Heer dienen, Proviant zu bringen, greift die Herausforderung furchtlos auf. Er ruft Goliath zu: «Du kommst zu mir mit Schwert, Lanze und Spieß, ich aber komme zu dir im Namen des Herrn» (1. Sam. 17,45), holt einen kleinen Stein aus seiner Hirtentasche, schleudert ihn und trifft den Philister an der Stirn, der auf der Stelle tot umfällt. Die Philister sind geschlagen. David, der neue Held Israels, freundet sich mit Sauls Sohn Jonathan an und heiratet Michal, die Königstochter. David wird vom Volk zum größten Helden Israels ausgerufen – größer noch als der König. Die begeisterten Rufe seiner Bewunderer: «Saul hat tausend erschlagen, aber David zehntausend!» (1. Sam. 18,7) wecken Sauls Eifersucht. Es ist nur noch eine Frage der Zeit, bis David Sauls Führung in Frage stellen und den Thron über ganz Israel für sich fordern wird.

David flieht vor Sauls mörderischer Wut und wird der Anführer einer Bande von Flüchtigen und Söldnern, der sich weitere Menschen in Not, oder weil sie tief verschuldet sind, anschließen. Zusammen mit seinen Männern streift David in den Ausläufern des Hügellands, in der

Wüste Juda und an den südlichen Rändern des Judäischen Berglands umher – alles Regionen, die weit entfernt von den Machtzentren des Königreichs nördlich von Jerusalem sind. In der Schlacht mit den Philistern hoch oben im Norden des Gilboa-Gebirges werden Sauls Söhne tragischerweise vom Feind getötet, und Saul nimmt sich das Leben. David zieht schnell in die alte Stadt Hebron in Juda ein, dort ruft ihn das Volk von Juda zum König aus. So sieht der Beginn des großartigen davidischen Staates und Geschlechts aus, der Anfang der ruhmreichen vereinten Monarchie.

Sobald David mit seinen Männern die verbliebenen Widerstandsnester mit Sauls Anhängern überwältigt hat, finden sich die Vertreter aller Stämme gehorsam in Hebron ein, um David zum König über ganz Israel auszurufen. Nachdem David sieben Jahre in Hebron regiert hat, bricht er in den Norden auf, um die jebusitische Festung Jerusalem einzunehmen – die bis dahin von keinem der Stämme Israels beansprucht wurde – und sie zu seiner Hauptstadt zu machen. Er befiehlt, die Bundeslade von Kirjath-Jearim heraufzubringen.

Dann erhält David eine erstaunliche, bedingungslose Verheißung von Gott:

> So spricht der Herr Zebaoth: Ich habe dich genommen von den Schafhürden, damit du Fürst über mein Volk Israel sein sollst, und bin mit dir gewesen, wo du hingegangen bist, und habe alle deine Feinde vor dir ausgerottet; und ich will dir einen großen Namen machen gleich dem Namen der Großen auf Erden. Und ich will meinem Volk Israel eine Stätte geben und will es pflanzen, daß es dort wohne und sich nicht mehr ängstigen müsse und die Kinder der Bosheit es nicht mehr bedrängen. Und wie vormals, seit der Zeit, da ich Richter über mein Volk Israel bestellt habe, will ich dir Ruhe geben vor allen deinen Feinden.
>
> Und der Herr verkündigt dir, daß der Herr dir ein Haus bauen will. Wenn deine Zeit um ist und du dich zu deinen Vätern schlafen legst, will ich dir einen Nachkommen erwecken, der von deinem Leibe kommen wird; dem will ich sein Königtum bestätigen. Der soll meinem Namen ein Haus bauen, und ich will seinen Königsthron bestätigen ewiglich. Ich will sein Vater sein und er soll mein Sohn sein. Wenn er sündigt, will ich ihn mit Menschenruten und mit menschlichen Schlägen strafen; aber meine Gnade soll nicht von ihm weichen, wie ich sie habe weichen lassen von Saul, den ich vor dir weggenommen habe. Aber dein Haus und dein Königtum sollen beständig sein in Ewigkeit vor mir, und dein Thron soll ewiglich bestehen (Sam. 7,8–16).

Daraufhin bricht David zu weit ausholenden Befreiungs- und Expansionskriegen auf. In einer Folge schneller Schlachten zerstört er die Macht der Philister, schlägt die Ammoniter, Moabiter und Edomiter im Ostjordanland und schließt seine Feldzüge mit der Unterwerfung der Aramäer hoch oben im Norden ab. Als David im Triumph nach Jerusalem zurückkehrt, herrscht er über ein weites Gebiet, viel ausgedehnter als das Erbe der Stämme Israels. Aber sogar in dieser Zeit des Ruhms findet David keinen Frieden. Dynastische Konflikte – darunter der Aufstand seines Sohnes Absalom – wecken große Sorge um den Fortbestand seiner Dynastie. Kurz vor Davids Tod salbt der Priester Zadok Salomo zum nächsten König Israels.

Salomo, dem Gott «sehr große Weisheit und Verstand» gab, konsolidiert die davidische Dynastie und organisiert ihr Reich, das jetzt vom Euphrat bis zum Philisterland und bis an die Grenze Ägyptens reicht (1. Kön. 5,1). Sein gewaltiger Reichtum rührt von einem ausgeklügelten System von Besteuerung und Fronarbeit her, die jedem der Stämme Israels abverlangt wird, sowie von Handelsexpeditionen in exotische Länder im Süden. Als die sagenumwobene Königin von Saba von seinem Ruhm und seiner Weisheit erfährt, sucht sie ihn in Jerusalem auf und bringt ihm eine Karawane voll kostbarer Geschenke.

Salomos größte Leistungen sind in seiner Bautätigkeit zu suchen. In Jerusalem errichtet er einen prachtvollen, reich verzierten Tempel für JHWH, der mit großem Pomp eingeweiht wird, und daneben einen wunderschönen Palast. Er befestigt Jerusalem sowie die wichtigen Provinzstädte Hazor, Megiddo und Geser und unterhält Ställe mit 40 000 Pferdeboxen für seine 1400 Streitwagen und 12 000 Kavalleristen. Er schließt mit Hiram, dem König von Tyrus, einen Vertrag. Dieser schickt für den Bau des Tempels in Jerusalem Zedern aus dem Libanon und wird Salomos Partner bei Handelsunternehmungen über See. Die Bibel faßt Salomos Ruf zusammen: «So war der König Salomo größer an Reichtum und Weisheit als alle Könige auf Erden. Und alle Welt begehrte, Salomo zu sehen, damit sie die Weisheit hörten, die ihm Gott in sein Herz gegeben hatte» (1. Kön. 10,23–24).

Hat es David und Salomo je gegeben?

Diese so kühn gestellte Frage mag wie eine absichtliche Provokation klingen. David und Salomo sind derart zentrale religiöse Ikonen sowohl für das Judentum als auch für das Christentum, daß jüngste Behauptungen radikaler Exegeten, König David sei «genausowenig eine historische Gestalt wie König Arthur», von vielen religiösen Kreisen wie von Wissenschaftlern empört und verächtlich aufgenommen wur-

den. Bibelhistoriker wie Thomas Thompson und Niels Peter Lemche von der Universität Kopenhagen und Philip Davies von der Universität Sheffield, von ihren Gegnern als «biblische Minimalisten» bezeichnet, vertreten die Ansicht, David und Salomo, die vereinte Monarchie von Israel, ja die gesamte biblische Darstellung der Geschichte Israels seien nicht mehr als aufwendige, geschickte ideologische Konstrukte, produziert von Priesterkreisen in Jerusalem in der Zeit nach dem Exil oder sogar in hellenistischer Zeit.

Aber sowohl von einem rein literarhistorischen als auch von einem archäologischen Standpunkt aus spricht einiges für diese Auffassung. Liest man die biblische Beschreibung der Zeit Salomos kritisch, wird man bemerken, daß es sich um das Bild einer idealisierten Vergangenheit, eines ruhmreichen Goldenen Zeitalters handelt. Die Berichte von Salomos sagenhaftem Reichtum (... brachte es dahin, «daß es in Jerusalem so viel Silber wie Steine gab» gemäß 1. Kön. 10,27) und sein legendärer Harem (nach 1. Kön. 11,3 hatte er siebenhundert Hauptfrauen und dreihundert Nebenfrauen) sind zu übertriebene Details, als daß sie wahr sein könnten. Hinzu kommt, daß weder David noch Salomo trotz vorgeblichen Reichtums und Macht auch nur in einem einzigen bekannten ägyptischen oder mesopotamischen Text erwähnt werden. Außerdem existieren keinerlei archäologische Belege in Jerusalem für Salomos berühmte Bauvorhaben. Bei Ausgrabungen im 19. und zu Beginn des 20. Jahrhunderts um den Tempelberg in Jerusalem wurde nicht einmal eine Spur von Salomos sagenhaftem Tempel oder Palastkomplex identifiziert. Und wenngleich bestimmte Schichten und Bauten an Stätten in anderen Landesteilen tatsächlich mit der Ära der vereinten Monarchie in Verbindung gebracht wurden, ist ihre Datierung, wie noch zu sehen sein wird, keineswegs klar.

Andererseits wurden starke Argumente vorgebracht, die auf einige der Einwände der Minimalisten antworten. Viele Gelehrte vertreten die Ansicht, daß Überreste aus salomonischer Zeit in Jerusalem fehlen, weil sie während der umfassenden herodianischen Bautätigkeit auf dem Tempelberg in der frühen römischen Zeit völlig vernichtet wurden. Im übrigen sei das Fehlen von Hinweisen auf David und Salomo in alten Inschriften durchaus verständlich, denn schließlich hätten sich die Großreiche Ägypten und Mesopotamien in der Zeit, in die ihre Regierungszeit gelegt wird (ca. 1005–930 v. Chr.), im Niedergang befunden. Deshalb sei es nicht erstaunlich, daß es in den zeitgenössischen ägyptischen und mesopotamischen Texten weder Hinweise auf David noch auf Salomo gebe.

Dann aber entdeckte man im Sommer 1993 an der biblischen Stätte Tell Dan in Nordisrael ein Bruchstück, das diese Diskussion für immer verändern sollte. Es war die Haus-David-Inschrift, das Bruchstück einer Stele aus schwarzem Basalt, das man zerbrochen und in einer späteren Schicht als Baustein wiederverwendet fand. Dieses auf aramäisch, der Sprache der gleichnamigen Königreiche in Syrien, geschriebene Fragment berichtet die Einzelheiten einer Invasion Israels durch einen aramäischen König, dessen Name auf den bisher gefundenen Stücken nicht erwähnt wird. Es besteht jedoch kaum ein Zweifel daran, daß es die Geschichte des Angriffs von Hasaël, dem König von Damaskus, auf das Nordreich Israel um 835 v. Chr. erzählt. Dieser Krieg fand zu einem Zeitpunkt statt, als Israel und Juda schon getrennte Königreiche waren; er endete mit einer bitteren Niederlage beider.

Der wichtigste Teil der Inschrift enthält Hasaëls prahlende Beschreibung seiner Feinde:

> [Ich tötete Jo]ram, den Sohn von [Ahab], König von Israel, und [ich] tötete [Ahas]ja, den Sohn von [Joram Köni]g aus dem Hause Davids. Und ich machte [ihre Städte zu Ruinen und] gab ihr Land der [Verwüstung anheim].

Das ist ein sensationeller Beleg für den Ruhm der davidischen Dynastie knapp hundert Jahre nach der Herrschaft von Davids Sohn Salomo. Die Tatsache, daß auf Juda (oder vielleicht seine Hauptstadt Jerusalem) nur mit einer Erwähnung des Herrscherhauses hingewiesen wird, belegt klar, daß Davids Ruf nicht nur eine literarische Erfindung einer sehr viel späteren Zeit war. Außerdem hat der französische Gelehrte André Lemaire kürzlich vorgeschlagen, ein ähnlicher Hinweis auf das Haus Davids sei in der berühmten Inschrift von Mescha, dem König von Moab im 9. Jahrhundert v. Chr., zu finden, die man im 19. Jahrhundert östlich vom Toten Meer entdeckte. Demnach war das Haus Davids in der gesamten Region bekannt; damit wird die biblische Beschreibung einer Gestalt namens David, dem Begründer der Dynastie judäischer Könige in Jerusalem, eindeutig bestätigt.

Somit stellt sich nicht mehr die Frage nach der bloßen Existenz Davids und Salomos. Statt dessen wird jetzt zu prüfen sein, ob die eingehende Beschreibung von Davids herausragenden militärischen Siegen und Salomos großartigen Bauvorhaben zu den archäologischen Beweisen paßt.

Ein neuer Blick auf Davids Königreich

Weiter oben wurde schon ausgeführt, daß die erste Etappe der israelitischen Besiedlung des Berglands von Kanaan ein allmählicher, regionaler Vorgang war, während dessen sich einzelne Hirtengruppen im dünn besiedelten Bergland niederzulassen begannen und autarke Dorfgemeinschaften bildeten. Im Laufe der Zeit, als die Bevölkerung im Bergland anwuchs, entstanden neue Dörfer in zuvor unbewohnten Gebieten, die nun, von der östlichen Steppe und den Tälern im Inneren ausgehend, auch die felsigen, rauhen Nischen des Berglands im Westen erreichten. Zu diesem Zeitpunkt setzte der Anbau von Oliven und Weintrauben ein, vor allem im nördlichen Bergland. Mit der wachsenden Vielfalt ihrer Lage und der Ernten, die die unterschiedlichen, über das Bergland verteilten Dörfer erzeugten, konnte das alte System einer Autarkie nicht länger aufrechterhalten werden. Dorfbewohner, die überwiegend Obst- und Weingärten unterhielten, mußten einen Teil ihrer überschüssigen Wein- und Olivenölproduktion gegen Lebensmittel des Grundbedarfs wie Getreide eintauschen. Mit der Spezialisierung ging der Aufstieg der Klasse der Verwalter und Händler, Berufssoldaten und schließlich Könige einher.

Ähnliche Muster einer Besiedlung des Berglands und des schrittweisen Entstehens einer sozialen Schichtung haben Archäologen bei ihren Ausgrabungen der alten Länder Ammon und Moab in Jordanien entdeckt. Möglicherweise vollzog sich in vielen Bergregionen der Levante ein recht einheitlicher Prozeß des sozialen Wandels, sobald sie von der Kontrolle der bronzezeitlichen Großreiche oder der Könige der Stadtstaaten in den Ebenen befreit waren.

Als in der Eisenzeit die ganze Welt wieder zum Leben erwachte, stiegen neue Königreiche auf, die ihren Nachbarn gegenüber mißtrauisch waren und sich offenbar durch unterschiedliche Sitten und die Verehrung nationaler Gottheiten voneinander absetzen wollten. Aber trotz ihrer Spezialisierung, Organisation und Gruppenidentität bildeten sie noch lange kein Großreich. Weitreichende Eroberungen von der Art, wie sie David zugeschrieben werden, erfordern eine gewaltige Organisation sowie viele Menschen und Waffen. Deshalb konzentrierten die Gelehrten sich auf die archäologischen Spuren von Bevölkerungsdichte, Siedlungsmuster sowie wirtschaftliche und organisatorische Ressourcen in Davids Kernreich Juda, um zu prüfen, ob die biblische Darstellung historisch plausibel ist.

Die kürzlich durchgeführten archäologischen Sondierungen im Berg-

König	Daten*	Biblische Darstellung	Archäologische Funde
Saul	ca. 1025–1005	Erster König, durch den Propheten Samuel eingesetzt.	Im Bergland Fortsetzung der Besiedlung nach Eisenzeit-I-Schema.
David	ca. 1005–970	Erobert Jerusalem, das seine Hauptstadt wird; gründet ein Großreich, das fast alle Teile des Landes Israel umfaßte.	Keine Belege für Davids Eroberungen oder sein Reich. In den Tälern Fortbestand der kanaanäischen Kultur. Im Bergland weitere Besiedlung nach Eisenzeit-I-Schema.
Salomo	ca. 970–931	Baut den Tempel und den Palast in Jerusalem. Auch tätig in Megiddo, Hazor und Geser.	Keine Anzeichen einer monumentalen Architektur oder für Jerusalem als wichtige Stadt. Keine Anzeichen für umfassende Bautätigkeit in Megiddo, Hazor oder Geser. Im Norden Fortbestand der kanaanäischen materiellen Kultur.

* Nach Galil, *The Chronology of the Kings of Israel and Judah*.

Tabelle 4: Die Könige der vereinten Monarchie

land haben wichtige neue Beweise für den einzigartigen Charakter Judas erbracht, das ungefähr den Südteil des Berglands einnimmt und sich von der Gegend etwas südlich von Jerusalem bis zum Nordrand des Negevs erstreckt. Es ist eine homogene Umwelt mit rauhem Gelände, mühsamen Verbindungswegen und wenigen, unregelmäßigen Regenfällen. Im Gegensatz zum nördlichen Bergland mit seinen weiten Tälern und natürlichen Überlandstraßen zu den Nachbarregionen hat Juda landwirtschaftlich stets eine Randexistenz geführt und war durch topographische Schranken, die es auf allen Seiten außer im Norden umgeben, von den Nachbarregionen isoliert.

Im Osten und Süden wird Juda von den Trockengebieten der Judäischen Wüste und dem Negev begrenzt. Und im Westen – in Richtung auf die fruchtbaren, wohlhabenden Ausläufer der Schfela und die Küstenebene – fällt der zentrale Kamm unvermittelt ab. Kommt man von

Hebron nach Westen, muß man auf einer Entfernung von knapp fünf Kilometern beinahe vierhundert Meter steil abfallende, felsige Abhänge überwinden. Weiter nördlich, im Westen von Jerusalem und Bethlehem, ist das Gefälle gemäßigter, aber sein Durchqueren ist noch mühsamer, weil es hier mehrere schmale, lange Kämme gibt, die von tiefen Schluchten getrennt werden. Heute ist das flache zentrale Hochland von Jerusalem bis Bethlehem und Hebron von Straßen durchschnitten und wird intensiv bebaut. Aber mehrere tausend Jahre konzentrierter Arbeit war vonnöten, um das steinige Gelände soweit zu räumen, daß diese Tätigkeiten möglich wurden. In der Bronzezeit und zu Beginn der Eisenzeit war das Gebiet steinig und von dichtem Gestrüpp und Wald bedeckt, in dem es nur wenig freies Land für den Ackerbau gab. Eine knappe Handvoll dauerhafter Dörfer wurden dort zur Zeit der israelitischen Besiedlung gegründet; Judas Umwelt eignete sich sehr viel besser für Hirten.

Die Besiedlung Judas im 12.–11. Jahrhundert v. Chr. entwickelte sich auch im 10. Jahrhundert weiter. Die Anzahl der Dörfer wuchs allmählich, ebenso wie ihre Größe, aber das System als solches veränderte sich nicht dramatisch. Nördlich von Juda entstanden an den Westhängen des Berglands zwar weite Obst- und Weingärten; wegen der unfreundlichen Beschaffenheit des Geländes war das in Juda selbst jedoch nicht der Fall. Soweit auf der Grundlage der archäologischen Sondierungen zu erkennen ist, war Juda auch noch nach der vorgeblichen Zeit Davids und Salomos relativ frei von einer dauerhaften Bevölkerung, isoliert und randständig, ohne größere städtische Zentren und ohne eine ausgeprägte Hierarchie von Weilern, Dörfern und Städten.

Die Suche nach Jerusalem

Das Bild Jerusalems zur Zeit Davids und mehr noch zur Zeit seines Sohns Salomo war jahrhundertelang der Stoff von Mythen und Märchen. Pilger, Kreuzfahrer und Visionäre aller Art haben sagenhafte Geschichten darüber verbreitet, wie großartig Davids Stadt und Salomos Tempel waren. Es war daher kein Zufall, daß die Suche nach den Überresten von Salomos Tempel eine der ersten Herausforderungen war, die die biblische Archäologie im 19. Jahrhundert aufgriff. Wegen der Beschaffenheit der Stätte war die Suche schwierig und nur sehr selten ertragreich.

Jerusalem, das ununterbrochen bewohnt war und in starkem Maße überbaut ist, liegt auf einem Sattel östlich der Wasserscheide des Judäischen Berglands hart am Rande der Wüste Juda. Im Herzen seines historischen Teils liegt die Altstadt, die von osmanischen Stadtmauern umgeben wird. Das christliche Viertel liegt darin im Nordwesten rings um die Grabeskirche. Das jüdische Viertel befindet sich im Südosten und blickt auf Klagemauer und Tempelberg. Dieser nimmt die südöstliche Ecke der osmanischen Stadt ein. Südlich vom Tempelberg, außerhalb der osmanischen Stadtmauern, erstreckt sich der lange, schmale, ziemlich niedrige Kamm der Davidstadt – der alte Tell von Jerusalem zur Bronze- und frühen Eisenzeit. Zwei Schluchten liegen zwischen ihm und den umliegenden Bergen. Die östliche, das Kidron-Tal, trennt ihn vom Dorf Siloam. In dieser Schlucht befindet sich die Hauptwasserquelle des biblischen Jerusalems – die Quelle Gihon.

In Jerusalem wurden immer wieder Ausgrabungen durchgeführt. In den 1970er und 1980er Jahren jedoch wurden unter der Leitung von Yigal Shiloh von der Hebräischen Universität besonders intensiv die Überreste aus der Bronze- und der Eisenzeit in der Davidstadt, dem ursprünglichen Stadtkern Jerusalems, untersucht. Wie der Archäologe David Ussishkin von der Universität Tel Aviv hervorhob, beförderten die Grabungen weder dort noch in anderen Teilen des biblischen Jerusalems nennenswerte Beweise für eine Besiedlung im 10. Jahrhundert v. Chr. zutage. Es fehlte nicht nur jegliches Anzeichen einer monumentalen Architektur, auch einfache Tonscherben fand man nicht. Funde, die an anderen Orten für das 10. Jahrhundert v. Chr. so typisch sind, sind in Jerusalem selten. Einige Gelehrte vertraten die Ansicht, durch spätere, umfassende Bautätigkeit in Jerusalem seien alle Spuren der früheren Stadt vernichtet worden. Aber Ausgrabungen in der Davidstadt brachten eindrucksvolle Funde aus der mittleren Bronzezeit und aus späteren Jahrhunderten der Eisenzeit zutage – nur nicht aus dem 10. Jahrhundert v. Chr. Am optimistischsten können diese negativen Beweise noch gedeutet werden, indem man annimmt, daß Jerusalem im 10. Jahrhundert v. Chr. in seinem Umfang ziemlich begrenzt war, vielleicht war es nicht mehr als ein typisches Bergdorf.

Diese Annahme paßt gut zum eher dürftigen Besiedlungsmuster des restlichen Juda zur gleichen Zeit, das nur ungefähr zwanzig kleine Dörfer mit einigen tausend Bewohnern umfaßte, viele davon umherziehende Hirten. Es ist auch ziemlich unwahrscheinlich, daß diese dünn besiedelte Region Juda und mit ihr das kleine Dorf Jerusalem das Zentrum eines großen Reichs hätte werden können, das sich vom Roten Meer im Süden bis nach Syrien im Norden erstreckt. Hätte ein König, wie charismatisch er auch gewesen sein mochte, die nötigen Männer und Waffen aufbringen können, um solch riesige Gebietseroberungen zu machen und auch zu halten? Es gibt absolut keine archäologischen Hinweise auf den Reichtum, die militärische Stärke und das Organisationsniveau, die erforderlich gewesen wären, um große Armeen – und sei es für kurze Zeit – unter Waffen zu halten. Selbst wenn die relativ wenigen Bewohner Judas schnelle Angriffe auf Nachbarregionen ausführen konnten, wie wären sie fähig gewesen, das riesige und weitaus ehrgeizigere Reich von Davids Sohn Salomo zu verwalten?

Wie gewaltig waren Davids Eroberungen?

Jahrzehntelang glaubten die Archäologen, die in vielen Ausgrabungen außerhalb von Jerusalem freigelegten Beweise würden den biblischen Bericht von einer riesigen vereinten Monarchie stützen. Seine herausragendsten Siege erzielte David laut der Bibel gegen die philistäischen Städte, von denen einige weitgehend ausgegraben wurden. Das 1. Buch Samuel geht ausführlich auf Einzelheiten der Begegnungen zwischen Israeliten und Philistern ein: Wie sich die Philisterarmee bei der Schlacht von Eben-Ezer der Bundeslade Gottes bemächtigt; wie Saul und sein Sohn Jonathan in den Kriegen gegen die Philister den Tod finden; und natürlich wie der junge David Goliath zu Fall bringt. Zwar handelt es sich bei einigen Details dieser Erzählungen eindeutig um Sagen, aber die geographischen Beschreibungen sind ziemlich exakt. Noch wichtiger ist, daß die fortschreitende Expansion des Einflusses der Philister durch die allmähliche Verbreitung der philistäischen Keramik mit ihrer besonderen, von der Ägäis inspirierten Ornamentik bis zu den Bergausläufern und im Norden bis in die Jesreel-Ebene im ganzen Land belegt ist. Wenn man Beweise für eine Zerstörung – um ca. 1000 v. Chr. – der Städte in den Ebenen fände, könnten diese den Umfang von Davids Eroberungen bestätigen.

Eines der besten Beispiele für diese Argumentation ist der Fall von Tel Qasile, einer kleinen Stätte am Nordrand des modernen Tel Aviv, die 1948–1950 zum ersten Mal von dem israelischen biblischen Archäologen und Historiker Benjamin Mazar ausgegraben wurde. Mazar legte eine wohlhabende philistäische Stadt frei, die man aus den biblischen Berichten nicht kannte. Die letzte Schicht, die die für die Philister typische Keramik und andere Merkmale der philistäischen Kultur enthielt, wurde von einem Feuer zerstört. Obwohl die Bibel nichts von einer Eroberung dieses Gebiets durch David erwähnt, zögerte Mazar nicht, den Schluß zu ziehen, David habe den Ort in seinen Kriegen gegen die Philister dem Erdboden gleichgemacht.

So ging es im ganzen Land weiter: Wo immer man auf Ascheschichten und umgestürzte Steine in Orten von Philistäa bis zur Jesreel-Ebene und jenseits davon traf, wurde die Zerstörung David zugeschrieben. In fast jedem Fall, in dem eine Stadt mit spätphilistäischer oder kanaanäischer Kultur angegriffen, zerstört oder auch nur umgebaut wurde, sah man als Ursache dafür König Davids umfassende Eroberungen.

Hätten die Israeliten aus dem westjordanischen Bergland nicht nur über kleine Orte wie Tel Qasile, sondern auch über die großen «kanaanäischen» Zentren wie Geser, Megiddo und Beth-Schean die Macht gewinnen können? Theoretisch durchaus; in der Geschichte gibt es mehrere Belege dafür, daß die Landbevölkerung Macht über große Städte ausübte – besonders wenn Kriegsherren aus dem Bergland oder geächtete Häuptlinge Gewalt androhten oder auch gütigen Schutz versprachen, um Tribut und Loyalitätsbekenntnisse aus den Bauern und Händlern in den Städten in der Ebene herauszupressen. Aber in den meisten Fällen ging es dabei nicht um regelrechte militärische Eroberungen und die Gründung eines Reichs mit einer Verwaltung als vielmehr um ein subtiles Mittel der Führerschaft, wobei ein Häuptling aus dem Bergland Gemeinschaften in der Ebene so etwas wie Sicherheit anbot.

König Salomos Ställe, Städte und Tore?

Im Mittelpunkt der Diskussion standen nicht die Beweise für Davids Eroberungen, sondern ihre Nachwirkungen. Errichtete Salomo in dem von David eroberten Königreich eine ruhmreiche Herrschaft? Wenngleich nie auch nur eine Spur von Salomos Tempel und Palast in Jerusalem identifiziert wurde, gab es doch viele andere Orte, an denen die Gelehrten suchen konnten. Die Bibel erwähnt Salomos Wiederaufbau der nördlichen Städte Megiddo, Hazor und Geser (1. Kön. 9,15). Als eine dieser Stätten – Megiddo – in den 1920er und 1930er Jahren von einer Expedition des Oriental Institute der Universität Chicago ausgegraben wurde, schrieb man die meisten seiner eindrucksvollen Überreste aus der Eisenzeit Salomo zu.

Megiddo liegt an einem strategischen Punkt, an dem die internationale Straße von Ägypten im Süden nach Mesopotamien und Anatolien,

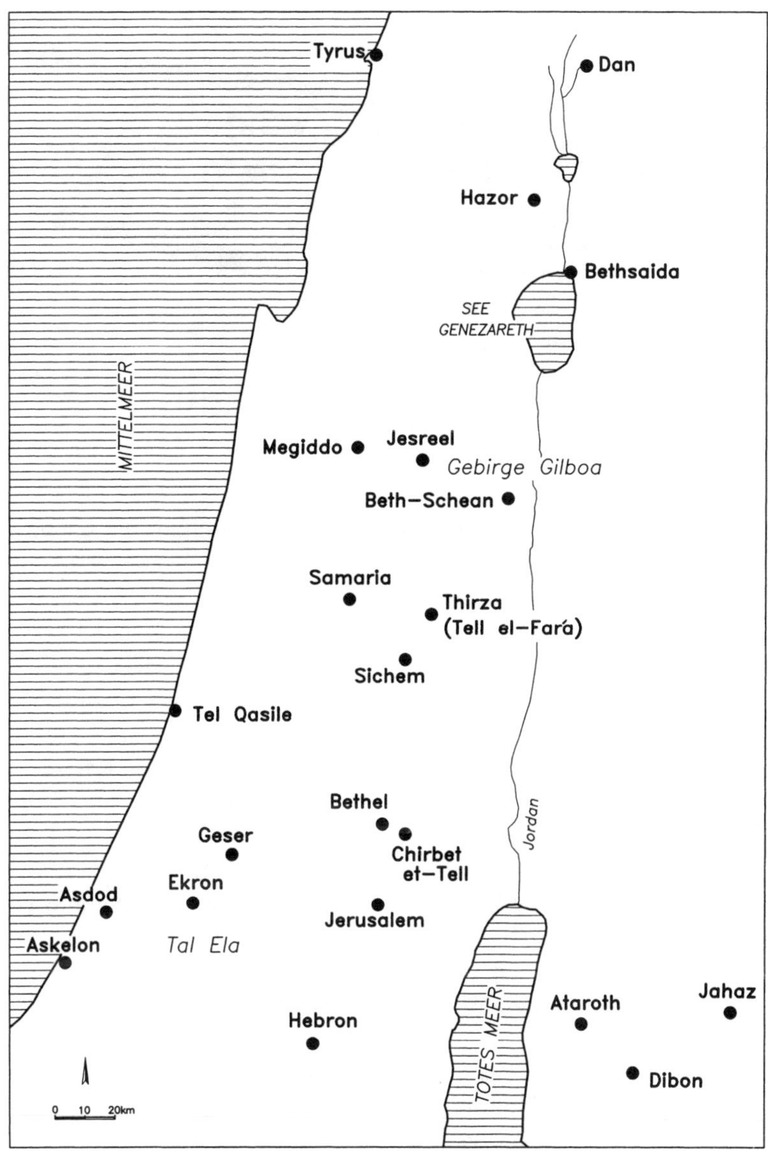

Abb. 14: Hauptorte während der Königszeit.

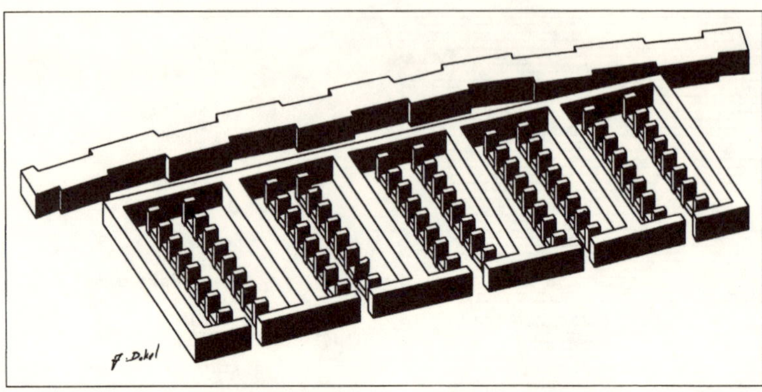

Abb. 15: Reihe von Pfeilerhäusern in Megiddo, die als Ställe gedeutet wurden.

im Norden vom Bergland in die Jesreel-Ebene hinabführt. Es war eine der wichtigsten Städte des biblischen Israel. Neben seiner Erwähnung in 1. Könige 9,15 wird es auch noch in 1. Könige 4,12 in der Liste der Bezirke von Salomos Staat angeführt. Die als Stratum IV bezeichnete Schicht der Stadt – die letzte, die fast über die gesamte Fläche des alten Tells ausgegraben wurde – wies zwei Anlagen mit großen öffentlichen Gebäuden auf, jedes bestehend aus einer Folge langer Kammern, die in einer Reihe miteinander verbunden sind. Jede der einzelnen Kammern war in drei schmale Gänge unterteilt, die durch niedrige Trennwände mit Steinstützen und Trögen voneinander getrennt waren (Abb. 15).

Einer der Leiter der Expedition, P.L.O. Guy, identifizierte diese Gebäude als Ställe aus der Zeit Salomos. Seine Interpretation beruhte auf der biblischen Beschreibung der salomonischen Bautechniken in Jerusalem (1. Kön. 7,12), auf dem ausdrücklichen Hinweis auf Salomos Bautätigkeit in Megiddo in 1. Könige 9,15 und auf der Erwähnung der salomonischen Städte für Streitwagen und Reiter in 1. Könige 9,19. Dazu bemerkte Guy: «Wenn wir uns fragen, wer in Megiddo kurz nach der Niederlage der Philister durch König David wohl mit Hilfe geschickter fremder Steinmetze eine Stadt mit vielen Ställen errichtet haben mag, glaube ich, daß wir die Antwort in der Bibel finden ... Liest man die Geschichte über Salomo, ob im Buch der Könige oder in der Chronik, fällt auf, wie oft Streitwagen und Reiter dort auftauchen.»

Die scheinbaren Beweise für die Größe des salomonischen Reichs wurden in den 1950er Jahren dank Yigael Yadins Ausgrabungen in Hazor noch wesentlich verstärkt. Yadin und sein Team legten ein großes Stadttor aus der Eisenzeit frei. Es wies einen seltsamen Grundriß auf: Auf jeder Seite des Tors befanden sich ein Turm und drei Kammern – dafür wurde eigens der Begriff «Sechskammertor» geprägt (Abb. 16). Yadin war überrascht. Ein ähnliches Tor – sowohl vom Grundriß als auch von seiner Größe her – hatte das Team vom Oriental Institute zwanzig Jahre davor in Megiddo zutage befördert! Vielleicht war dieses Tor und nicht die Ställe der entscheidende Hinweis auf eine salomonische Präsenz im ganzen Land.

Daraufhin machte Yadin sich daran, Geser auszugraben, die dritte Stadt, von der es in 1. Könige 9,15 heißt, sie sei von Salomo wiederaufgebaut worden; er grub jedoch nicht im Feld, sondern in der Bibliothek. Geser war zu Beginn des 20. Jahrhunderts von dem britischen Archäologen R.A.S. Macalister ausgegraben worden. Als Yadin Macalisters Berichte durchsah, war er höchst erstaunt. Im Grundriß eines Gebäudes, das Macalister als «makkabäische Burg» identifiziert und auf das 2. Jahrhundert v. Chr. datiert hatte, erkannte Yadin mühelos den Umriß einer Seite von einem Torbau, der genau dem Typus entsprach, der in Megiddo und Hazor gefunden worden war. Yadin zögerte nicht länger. Er vertrat die Ansicht, ein königlicher Architekt in Jerusalem habe einen Bauplan für die salomonischen Stadttore entworfen, und dieser Bauplan sei dann in die Provinzen geschickt worden.

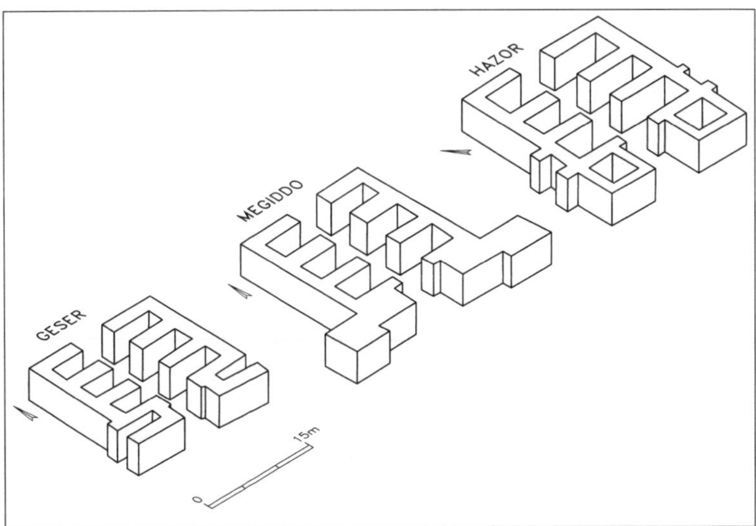

Abb. 16: Sechskammertor in Megiddo, Hazor und Geser.

Yadin faßte das so zusammen: «In der Geschichte der Archäologie gibt es kein Beispiel dafür, daß ein Text bei der Identifizierung und Datierung von Bauten in mehreren der wichtigsten Tells im Land so geholfen hätte wie 1. Könige 9,15 ... Unser Beschluß, diese Schicht [in Hazor] Salomo zuzuschreiben, beruht hauptsächlich auf dem Text in 1. Könige, der Stratigraphie und Keramik. Als wir in dieser Schicht dann aber auch noch ein Sechskammertor mit zwei Türmen fanden, an die sich eine Kasemattenmauer anschloß und das im Grundriß und in den Abmessungen mit dem Tor in Megiddo identisch war, hatten wir das sichere Gefühl, daß wir Salomos Stadt erfolgreich identifiziert hatten.»

Zu schön, um wahr zu sein?

Damit erschöpften sich Yadins salomonische Entdeckungen aber noch nicht. In den frühen 1960er Jahren ging er mit einem kleinen Team von Studenten nach Megiddo, um die Frage zu klären, ob die salomonischen Tore, an die sich in Geser und Hazor eine hohle Kasemattenbefestigung anschloß, in Megiddo dagegen eine feste Mauer, auch alle einheitlich sind. Yadin war sich sicher, daß die Ausgräber von Megiddo eine feste Mauer irrtümlich dem Tor zugeschrieben und eine Kasemattenmauer darunter übersehen hatten. Da das Tor vom Team der Universität Chicago vollständig freigelegt worden war, beschloß Yadin, östlich vom Tor auszugraben, wo das amerikanische Team anscheinend eine Anlage mit Ställen zutage gefördert hatte, die es Salomo zuschrieb.

Was er fand, bedeutete eine Generation lang eine Revolution für die biblische Archäologie. Unter den Ställen legte Yadin die Überreste eines schönen Palasts frei, der eine Fläche von ungefähr 557 Quadratmetern einnahm und aus großen Quadersteinen errichtet war (Abb. 22, siehe Seite 208). Er war am Nordrand des Tells erbaut und mit einer Reihe von Räumen verbunden, die Yadin als die fehlende Kasemattenmauer interpretierte, die sich an das Sechskammertor anschloß. Einen in etwa ähnlichen Palast, ebenfalls aus schönen behauenen Quadern errichtet, hatte das Team vom Oriental Institute an der Südseite des Tells freigelegt, und auch dort lag er unter der Stadt mit den Ställen. Der Architekturstil beider Gebäude ähnelte stark einem recht verbreiteten, aber dennoch eigentümlichen Palasttypus in Nordsyrien in der Eisenzeit, den man als *bit ḫilani* kannte und der aus einem monumentalen Eingang und Reihen kleiner Kammern um einen offiziellen Audienzsaal besteht. Dieser Stil dürfte daher angemessen für einen in Megiddo residierenden Beamten, vielleicht den regionalen Statthalter Baana, Sohn des Ahilud (1. Kön. 4,12), gewesen sein. Yadins Schüler David Ussishkin besiegelte die Verbindung dieser Bauten mit Salomo, indem er nachwies, daß die biblische Beschreibung des Palasts, den Salomo in Jerusalem gebaut hatte, auch zu den Palästen in Megiddo paßte.

Die Schlußfolgerung schien unausweichlich. Die beiden Paläste und das Tor gehörten zu Salomos Megiddo, die Ställe dagegen zu einer späteren Stadt, erbaut von König Ahab aus dem Nordreich Israel zu Beginn des 9. Jahrhunderts v. Chr. Diese letzte Schlußfolgerung war ein wichtiger Eckstein in Yadins Theorie, denn eine assyrische Inschrift aus dem 9. Jahrhundert beschreibt die große Streitwagenmacht von König Ahab von Israel.

Für Yadin und viele andere schien die Archäologie immer besser zur Bibel zu passen. Die Bibel beschreibt König Davids territoriale Expansion, und tatsächlich wurden spätkanaanäische und philistäische Städte im ganzen Land in einem schrecklichen Feuer zerstört. Die Bibel berichtet von Salomos Bautätigkeit in Hazor, Megiddo und Geser, und die ähnlichen Tore verraten, daß die drei Städte alle nach einem einheitlichen Bauplan errichtet wurden. Die Bibel sagt, Salomo sei ein Verbündeter von Hiram, dem König von Tyrus, und ein großartiger Bauherr gewesen, und tatsächlich weisen die prachtvollen Paläste in Megiddo nördliche Einflüsse in ihrer Architektur auf; außerdem waren sie die schönsten Gebäude, die in einer eisenzeitlichen Schicht in Israel entdeckt wurden.

Mehrere Jahre lang galten Salomos Tore als die eindrucksvollste Bestätigung der Bibel durch die Archäologie. Schließlich jedoch untergruben grundsätzliche Fragen der historischen Logik ihre Bedeutung. Nirgends sonst in der Region – von der Osttürkei im Norden über Westsyrien bis Transjordanien im Süden – gab es im 10. Jahrhundert v. Chr. irgendwelche Anzeichen für ähnlich entwickelte königliche Institutionen oder monumentale Bauten. Wie schon weiter oben gesehen, war Davids und Salomos Heimat Juda auffällig unentwickelt; und es gibt keine Beweise dafür, daß irgendetwas vom Reichtum eines großen Reichs dorthin zurückfloß. Und da ist noch ein weitaus störenderes Problem mit der Chronologie: Die Paläste vom *bit-ḫilani*-Typus aus dem eisenzeitlichen Syrien – vorgeblich der Prototyp für die salomonischen Paläste in Megiddo – tauchen in Syrien zum ersten Mal im frühen 9. Jahrhundert v. Chr. auf, mindestens ein halbes Jahrhundert *nach* Salomos Zeit. Wie hätten Salomos Architekten einen Architekturstil übernehmen können, den es noch gar nicht gab? Schließlich stellt sich auch die Frage nach dem Gegensatz zwischen Megiddo und Jerusalem: Ist es möglich, daß ein König, der in einer Provinzstadt einen sagenhaften Palast aus Quadersteinen baute, von einem kleinen, entlegenen und unterentwickelten Dorf aus herrschte? Inzwischen weiß man, daß die archäologischen Beweise für den gewaltigen Umfang der davidischen Eroberungen und die Großartigkeit des salomonischen Königreichs auf völlig falschen Daten beruhten.

Fragen der Datierung

Die Identifizierung der Überreste aus der Zeit Davids und Salomos – ja, aus den Regierungszeiten der Könige, die ihnen in den hundert Jahren danach folgten – beruhte auf zwei Arten von Belegen. Das Ende der eigentümlichen philistäischen Keramik (auf ca. 1000 v. Chr. datiert) hing eng mit Davids Eroberungen zusammen. Und der Bau der monumentalen Tore und Paläste in Megiddo, Hazor und Geser wurde mit Salomos Herrschaft in Verbindung gebracht. In den letzten Jahren zerbröckelten diese beiden Stützen.

Zunächst einmal kann man nicht länger sicher sein, daß sich die typisch philistäischen Keramikstile nicht auch noch bis weit ins 10. Jahrhundert hinein – lange nach Davids Tod – behaupteten; sie sind deshalb zum Datieren (erst recht zum Untermauern) seiner vorgeblichen Eroberungen nutzlos. Zweitens ergab eine erneute Analyse der Architekturstile und Keramikformen aus den berühmten salomonischen Grabungsschichten in Megiddo, Geser und Hazor, daß sie in Wirklichkeit aus dem frühen 9. Jahrhundert v. Chr. stammen, Jahrzehnte nach Salomos Tod!

Neuerdings aber besiegelt eine dritte Art von Beweisen, nämlich exaktere Labortechniken der Radiokarbondatierung, allem Anschein nach den Fall endgültig. Bis vor kurzem konnte man die Radiokarbondatierung wegen der breiteren Abweichungswerte, die sich oft über hundert Jahre und mehr erstreckten, für verhältnismäßig moderne Zeiträume wie die Eisenzeit nicht verwenden. Aber Verfeinerungen dieser Technik haben allmählich den Unsicherheitsfaktor verringert. Eine Reihe von Proben aus wichtigen Orten, bei denen es in der Diskussion um das 10. Jahrhundert v. Chr. geht, wurden getestet, und die Ergebnisse stützen offenbar die neue Chronologie.

Besonders der Grabung in Megiddo sind einige überraschende Widersprüche zu den akzeptierten Interpretationen zu verdanken. Den großen Dachbalken, die bei dem David zugeschriebenen schrecklichen Feuer und der anschließenden Zerstörung einstürzten, wurden fünfzehn Holzproben entnommen. Einige der Balken könnten auch schon in früheren Gebäuden verwendet worden sein, aber die jüngsten Daten in der Serie dürften eigentlich sicher zeigen, wann die Bauten errichtet wurden. Tatsächlich stammen die meisten Proben aus dem 10. Jahrhundert v. Chr. – lange nach Davids Zeit. Die Salomo zugeschriebenen Paläste, zwei Schichten über dieser Zerstörung erbaut, dürften dagegen sehr viel jünger sein.

Diese Daten wurden durch Tests in parallelen Schichten an herausragenden Stätten wie Tel Dor an der Mittelmeerküste und Tel Hadar am Ufer des Sees Genezareth bestätigt. Sporadische Meßwerte von mehreren anderen, weniger gut bekannten Orten wie En Hagit bei Megiddo und Tel Kinneret am Nordufer des Sees Genezareth unterstützen diese Datierung ebenfalls. Eine Serie von Proben aus der Zerstörungsschicht am Tel Rehov bei Beth-Schean, aus der gleichen Zeit wie Salomos vorgebliche Stadt in Megiddo, ergab Daten aus der Mitte des 9. Jahrhunderts – lange nach dem Bericht über ihre Zerstörung durch Pharao Schischak 926 v. Chr.

Die Archäologie datierte «davidische» wie «salomonische» Überreste im wesentlichen um volle hundert Jahre zu früh. Die auf eine Zeit kurz vor David im späten 11. Jahrhundert datierten Funde stammen aus der Mitte des 10. Jahrhunderts, und die auf Salomos Zeit datierten gehören dem frühen 9. Jahrhundert v. Chr. an. Die neuen Daten stellen das Auftreten monumentaler Bauten, Befestigungen und anderer Anzeichen einer vollen Eigenstaatlichkeit somit in genau die Zeit, in der sie auch in der übrigen Levante zum ersten Mal auftauchen. Sie korrigieren die Disparität der Daten zwischen den Palastbauten vom *bit-ḫilani*-Typus in Megiddo und ihren Parallelen in Syrien. Und mit ihrer Hilfe ist auch zu verstehen, warum Jerusalem und Juda im 10. Jahrhundert so arm an Funden sind. Der Grund dafür ist, daß Juda zu diesem Zeitpunkt noch eine entlegene, unterentwickelte Region war.

Es besteht kaum ein Grund dafür, die Historizität Davids und Salomos anzuzweifeln. Aber es gibt viele Gründe, Umfang und Pracht ihres Reichs in Frage zu stellen. Wenn es kein großes Reich gab, keine Monumente und auch keine prachtvolle Hauptstadt, wie war Davids Reich in Wirklichkeit beschaffen?

Das davidische Erbe: vom Stammesoberhaupt in der Eisenzeit zur mythologischen Dynastie

Zur Zeit Davids war die materielle Kultur im Bergland immer noch bescheiden. Das Land war überwiegend bäuerlich – ohne eine Spur von schriftlichen Dokumenten oder Inschriften und erst recht ohne Anzeichen für eine weitverbreitete Fähigkeit, zu lesen und zu schreiben, die für das Funktionieren einer richtigen Monarchie nötig wäre. Aus demographischer Sicht kann das Gebiet der israelitischen Besiedlung kaum als homogen bezeichnet werden. Irgendwelche Beweise für eine einheitliche Kultur oder einen zentral verwalteten Staat sind nicht auszumachen. Das Gebiet nördlich von Jerusalem wies eine ziemlich dichte Besiedlung auf, die Gegend südlich davon – der Nabel des zukünftigen Königreichs Juda – war dagegen immer noch dünn besiedelt. Jerusalem selbst dürfte im besten Fall kaum mehr als ein typisches Dorf im Bergland gewesen sein. Mehr kann man dazu nicht sagen.

Die geschätzten Bevölkerungszahlen für die jüngeren Stadien der israelitischen Besiedlungszeit gelten auch für das 10. Jahrhundert v. Chr. Sie geben eine Vorstellung davon, in welchem Rahmen die Geschichte jener Zeit verlaufen ist. Von insgesamt 45 000 Menschen, die im Bergland wohnten, lebten wohl neunzig Prozent in den Dörfern im Norden. Damit dürften knapp 5000 Menschen über Jerusalem, Hebron und ungefähr zwanzig kleine Dörfer in Juda verstreut gewesen sein, während zusätzliche Gruppen möglicherweise auch weiterhin Hirten blieben. Solch eine kleine, isolierte Gesellschaft dürfte die Erinnerung an ein herausragendes Oberhaupt wie David gepflegt haben, zumal seine Nachfahren auch noch in den nächsten vierhundert Jahren in Jerusalem herrschten. Anfangs, im 10. Jahrhundert, erstreckte sich ihre Herrschaft weder über ein Reich noch über palastartige Städte und auch nicht über eine sensationelle Hauptstadt. Aus archäologischer Sicht läßt sich über David und Salomo nur sagen, daß sie existierten – und daß die Sagen um sie Bestand hatten.

Daß der deuteronomistische Historiker im 7. Jahrhundert v. Chr. von den Erinnerungen an David und Salomo nach wie vor fasziniert war – und die Verehrung dieser Männer anscheinend andauerte –, dürfte noch der beste, wenn nicht gar der einzige Beweis für die Existenz eines frühen israelitischen geeinten Staates welcher Art auch immer sein. Die Tatsache, daß der Deuteronomist die vereinte Monarchie als ein machtvolles Werkzeug der politischen Propaganda verwendet, läßt darauf schließen, daß die Erzählungen von David und Salomo als

Herrscher über ein ziemlich großes Gebiet im westjordanischen Bergland zu seiner Zeit noch fortlebten und allgemein geglaubt wurden.

Natürlich hatten sich die Bedingungen in Juda im 7. Jahrhundert v. Chr. so verändert, wie man es nicht für möglich gehalten hätte. Jerusalem war nun eine recht große Stadt, beherrscht von einem Tempel für den Gott Israels, der als das einzige nationale Heiligtum diente. Die Einrichtungen einer Monarchie, ein Berufsheer und eine Verwaltung, hatten ein Niveau erreicht, das den komplexen königlichen Einrichtungen der Nachbarstaaten entsprach oder sie noch übertraf. Und wieder geben Landschaft und Bräuche Judas im 7. Jahrhundert den Hintergrund für eine unvergeßliche biblische Geschichte ab, diesmal für ein mythisches Goldenes Zeitalter. Der verschwenderische Besuch von Salomos Handelspartnerin, der Königin von Saba, in Jerusalem (1. Kön. 10,1–10) und der Handel mit seltenen Waren mit weit entfernten Märkten wie dem Land Ophir (1. Kön. 9,28; 10,11) spiegeln zweifellos Judas Beteiligung am lukrativen arabischen Handel wider. Das gleiche gilt für die Beschreibung des Baus von Thamar in der Wüste (1. Kön. 9,18) und die Handelsexpeditionen in weit entlegene Länder, die von Ezjon-Geber am Roten Meer aufbrechen (1. Kön. 9,26) – zwei Städten, die man sicher identifiziert hat und die nicht vor der späten Königszeit bewohnt waren. Davids königliche Beamte, die über die Kreter und Pleter eingesetzt (2. Sam. 8,18) waren und für die Gelehrte lange Zeit eine ägäische Herkunft annahmen, sollten vor dem Hintergrund griechischer Söldner begriffen werden, die im 7. Jahrhundert in den ägyptischen und möglicherweise auch den judäischen Heeren die damals fortschrittlichsten Streitkräfte bildeten.

In der späten Königszeit hatte sich in Juda und Jerusalem eine ausgearbeitete Theologie entwickelt, die die Verbindung zwischen dem Erben Davids und dem Schicksal des gesamten Volkes Israel beglaubigen sollte. Gemäß der Deuteronomistischen Geschichtsdarstellung durchbrach der fromme David als erster den Teufelskreis von Abgötterei (durch das Volk Israel) und göttlicher Bestrafung (durch JHWH). Weil er voller Hingabe, treu und gerecht war, half JHWH ihm, Josuas nur halb vollendete Aufgabe zu Ende zu führen – nämlich den Rest des verheißenen Landes einzunehmen und in dem riesigen Gebiet, das Abraham versprochen worden war, ein ruhmreiches Reich zu gründen. Dabei handelte es sich um theologische Hoffnungen, keine exakten historischen Darstellungen. Sie waren zentrale Elemente der Vision von einer nationalen Renaissance im 7. Jahrhundert v. Chr., mit der verstreute, kriegsmüde Menschen zusammengeführt werden sollten. Damit wollte man ihnen beweisen, daß sie dank des direkten Eingreifens Gottes eine bewegende Geschichte durchgemacht hatten. Das ruhmreiche Epos von der vereinten Monarchie war – wie die Erzählungen über die Erzväter und die Geschichten vom Auszug und der Landnahme – eine eindrückliche Komposition, in der alte Heldengeschichten und Sagen zu einer kohärenten, überzeugenden Prophezeiung für das Volk Israel im 7. Jahrhundert v. Chr. miteinander verflochten wurden.

Für die Menschen von Juda hatte, als das biblische Epos entstand, ein neuer David den Thron bestiegen, der bestrebt war, den Ruhm seines entfernten Vorfahren wiederherzustellen. Das war Josia, auch der frömmste unter allen judäischen Königen genannt. Josia war fähig, die Geschichte seiner eigenen Zeit bis zur Zeit der sagenumwobenen vereinten Monarchie zurückzuverfolgen. Indem er Juda vom Greuel der Abgötterei säuberte – die von Salomo mit seinem Harem ausländischer Frauen nach Jerusalem gebracht worden war (1. Kön. 11,1–89) – konnte Josia die Übertretungen für nichtig erklären, die zum Zusammenbruch des davidischen «Reichs» geführt hatten. Damit wollte der deuteronomistische Historiker ganz einfach, aber machtvoll sagen: Noch gibt es einen Weg, um den Ruhm der Vergangenheit zurückzugewinnen.

Josia begab sich also daran, eine vereinte Monarchie zu gründen, die Juda mit Hilfe königlicher Einrichtungen, militärischer Streitkräfte und ausschließlicher Ausrichtung auf Jerusalem mit den Gebieten des ehemaligen Nordreichs verband, das in der biblischen Darstellung von David so zentral ist. Als König, der auf Davids Thron in Jerusalem saß, war Josia der einzige legitime Erbe des davidischen Reichs, das heißt der davidischen Gebiete. Er schickte sich an, die Gebiete des mittlerweile zerstörten Nordreichs, jenes Königreichs, das aus Salomos Sünden hervorgegangen war, «zurückzugewinnen». Die Worte in 1. Könige 5,5, daß «Juda und Israel sicher wohnten, jeder unter seinem Weinstock und unter seinem Feigenbaum, von Dan bis Beerscheba», fassen die Hoffnung auf eine territoriale Expansion und das Verlangen nach friedlichen, blühenden Zeiten, ähnlich der mythischen Vergangenheit, in der ein König von Jerusalem aus über die vereinten Gebiete Judas und Israels herrschte, zusammen.

Wie weiter oben ausgeführt, unterscheidet sich die historische Realität von Davids und Salomos Königreich wesentlich von der Erzählung. Tatsächlich führte eine große demographische Umwälzung zum Aufstieg der Königreiche Juda und Israel – in einer vollkommen anderen historischen Abfolge als in der Bibel beschrieben. Bisher wurde nur die biblische Version von Israels Entstehungsgeschichte, wie sie im 7. Jahrhundert v. Chr. aufgeschrieben wurde, untersucht und Einblick in die zugrundeliegende archäologische Realität gewährt. Jetzt ist es an der Zeit, eine neue Geschichte zu erzählen. In den folgenden Kapiteln werden Aufstieg, Niedergang und Wiedergeburt eines sehr anderen Israel in den wesentlichen Umrissen vorgestellt.

ZWEITER TEIL

Aufstieg und Niedergang des alten Israel

6. Ein Staat, eine Nation, ein Volk?
(ca. 930–720 v.Chr.)

Israels Geschichte – darüber informieren mit großem Ernst die Bücher der Könige – treibt mit beinahe tragischer Unvermeidlichkeit von der Einheit zur Spaltung und von der Spaltung zur nationalen Katastrophe. Nach der ruhmreichen Herrschaft Davids und Salomos, als ganz Israel von Jerusalem aus regiert wird und eine Zeit beispiellosen Wohlstands und großer Macht erlebt, reißen sich die Stämme des nördlichen Berglands und Galiläas – die sich den Steuerforderungen von Salomos Sohn Rehabeam widersetzen – wütend los. Es folgen zweihundert Jahre der Spaltung und des Hasses zwischen Brüdern, wobei die unabhängigen israelitischen Königreiche Israel im Norden und Juda im Süden periodisch sprungbereit stehen, um einen Schlag gegen das andere zu führen. Es ist die Geschichte einer tragischen Spaltung sowie von Gewalt und Abgötterei im Nordreich. Dort werden dem biblischen Bericht zufolge neue Kultzentren geschaffen, die mit dem Tempel in Jerusalem konkurrieren sollen. Neue israelitische Dynastien im Norden, Rivalen des Hauses Davids, ergreifen nacheinander blutig die Macht. Zu guter Letzt zahlen die Menschen im Norden für ihren sündigen Lebenswandel mit der höchsten Strafe: der Zerstörung ihres Staates und der Verbannung der zehn nördlichen Stämme.

Diese Vision spielt in der Theologie der Bibel sowie für die biblische Hoffnung auf eine Wiedervereinigung Judas und Israels unter der Herrschaft der davidischen Dynastie eine zentrale Rolle. Allerdings handelt es sich dabei nicht um eine genaue Darstellung historischer Realitäten. Wie schon weiter oben zu sehen war, existieren keine überzeugenden archäologischen Beweise für eine riesige vereinte Monarchie mit dem Zentrum Jerusalem, die das ganze Land Israel umfaßt hätte. Vielmehr deuten die Beweise auf einen komplexen demographischen Wandel im Bergland, in dem sich ein einheitliches ethnisches Bewußtsein erst langsam herauszubilden begann.

Und damit kommen wir zu dem vielleicht beunruhigendsten Zusammenstoß zwischen archäologischen Funden und Bibel. Wenn es keinen Auszug aus Ägypten, keine Landnahme und auch keine vereinte Monarchie gab, wie ist dann der in der Bibel bezeugte Wunsch nach

Vereinigung zu verstehen? Was soll man von der langen, schwierigen Beziehung zwischen den Königreichen Juda und Israel für die Dauer von beinahe zweihundert Jahren halten? Gute Gründe lassen darauf schließen, daß es *immer* zwei verschiedene Gemeinwesen im Bergland gegeben hat, von denen das südliche stets ärmer, schwächer, ländlicher und auch weniger einflußreich war – bis es *nach* dem Niedergang des Nordreichs Israel plötzlich zu sensationeller Bekanntheit aufsteigt.

Die Geschichte von zwölf Stämmen und zwei Königreichen

Die Bibel beschreibt die nördlichen Stämme konsequent als kleinmütige Versager mit einem ausgesprochenen Hang zur Sünde. Das geht besonders deutlich aus dem Buch der Richter hervor, in dem die einzelnen Stämme mit den Götzenanbetern um sie herum kämpfen. Von den Nachfahren der zwölf Söhne Jakobs gelingt es nur den Stämmen Juda und Simeon, in dem ihnen von Gott geschenkten Erbe alle kanaanäischen Enklaven einzunehmen. Als eine Folge davon gibt es im Süden keine Kanaanäer mehr und auch keine kanaanäischen Frauen, die man hätte heiraten und von denen man hätte beeinflußt werden können. Bei den Stämmen im Norden sieht das jedoch ganz anders aus. Benjamin, Manasse, Ephraim, Sebulon, Asser, Naphthali und Dan führen ihren Auftrag nicht aus; sie vernichten die Kanaanäer nicht. Deshalb werden sie immer wieder in Versuchung geführt.

Der Text läßt keinen Zweifel daran, daß die nördlichen Stämme zahlreicher waren und ein riesiges Gebiet einnahmen, und nicht zufällig heißt es vom ersten König Israels, Saul aus dem Stamm Benjamin, er habe über die nördlichen Gebiete im Bergland geherrscht. Aber Saul verstößt gegen die Kultvorschriften und begeht nach der Niederlage seiner Streitkräfte gegen die Philister Selbstmord. Gott entzieht diesem gesalbten Heerführer aus dem Norden seinen Segen, und die Ältesten der nördlichen Stämme wenden sich pflichtgemäß an David, den Geächteten, den Helden und König von Juda, und rufen ihn zum König über ganz Israel aus. Trotz ihres Reichtums und ihrer Stärke werden die nördlichen Stämme, wie in 1. Könige geschildert, jedoch von Davids Sohn Salomo kaum besser als kolonisierte Untertanen behandelt. Salomos große regionalen Hauptstädte und die Vorratsstädte Geser, Megiddo und Hazor entstehen in ihrer Mitte, die Menschen im Norden werden besteuert und von Salomos Beamten zum Frondienst herangezogen. Einige Bewohner der nördlichen Gebiete – wie Jerobeam, der Sohn Nebats vom Stamm Ephraim – bekleiden unter dem Jerusalemer Hof wichtige Ämter. Dennoch wird Juda als die stärkere Partei geschildert, deren Untertanen die nördlichen Stämme sind.

Nach Salomos Tod besteigt sein Sohn Rehabeam den Thron, und die Bewohner im Norden bitten ihn, ihre Last zu mildern. Aber der arrogante Rehabeam übergeht den Rat seiner gemäßigten Berater und antwortet den Bittstellern aus dem Norden mit den nur allzu bekannten Worten: «Mein Vater hat euer Joch schwer gemacht, ich aber will's euch noch schwerer machen. Mein Vater hat euch mit Peitschen gezüchtigt, ich aber will euch mit Skorpionen züchtigen» (1. Kön. 12,14). Das Banner des Aufstands wird entrollt, als die Bewohner im Norden sich dem Aufruf zur Abspaltung anschließen: «Als aber ganz Israel sah, daß der König sie nicht hören wollte, gab das Volk dem König Antwort und sprach: ‹Was haben wir für Teil an David oder Erbe am Sohn Isais? Auf zu deinen Hütten, Israel! So sorge nun du für dein Haus, David!› Da ging Israel heim» (1. Kön. 12,16). Die Bewohner im Norden steinigen Rehabeams Fronvogt zu Tode, und König Rehabeam flieht erschreckt zurück ins sichere Jerusalem.

Die Bewohner des Nordens versammeln sich, um einen eigenen König auszurufen, und ihre Wahl fällt auf Jerobeam, den Sohn Nebats, der an Salomos Hof gedient hat. Davids und Salomos vereinte Monarchie war völlig zerbrochen. Es entstehen zwei unabhängige Staaten: Juda, das von der davidischen Dynastie von Jerusalem aus regiert wird und dessen Gebiet sich auf den Südteil des westjordanischen Berglands beschränkt, und Israel, das große Gebiete im Norden beherrscht. Die erste Hauptstadt des Nordreichs wird Thirza, das nordöstlich von Sichem liegt. Der neue König, Jerobeam, beschließt, Rivalen für den Tempel in Jerusalem zu schaffen, und befiehlt die Anfertigung von zwei goldenen Kälbern, die in Schreinen an den am weitesten voneinander gelegenen Punkten seines Königreichs aufgestellt werden – in Bethel tief im Süden und in Dan im Norden.

Damit beginnt in der biblischen Erzählung eine turbulente, verhängnisvolle Zeit für Israel. Nach der Solidarität der Familie in der Zeit der Erzväter, der geistigen Solidarität des Auszugs und der politischen Einheit der vereinten Monarchie wird das Volk Israel nun entzweigerissen.

Ein mißverstandenes Entwicklungsschema?

Archäologen wie Bibelhistoriker haben die biblische Darstellung vom Aufstieg der vereinten Monarchie und ihrer Spaltung im allgemeinen für bare Münze genommen. Für sie waren die ethnische Einheit und Besonderheit des Volkes Israel selbstverständlich. Die Geschichte ist nach Ansicht der meisten Historiker ungefähr so wie in der Bibel geschildert verlaufen (natürlich abgesehen von gelegentlichen Mythen und heroischen Übertreibungen). Ob nun durch Eroberung oder friedliche Infiltration, die Israeliten ließen sich im leeren Bergland nieder. Anfangs organisierten sie sich als eine Art egalitäre Gesellschaft mit charismatischen militärischen Helden, die sie vor ihren Feinden retteten. Dann entschieden sie sich, vor allem angesichts der philistäischen Bedrohung, die weitaus gefährlicher war als die anderen lokal beschränkten Gefahren, für eine Monarchie, schufen ein starkes Heer und expandierten, bis unter David und Salomo ein gewaltiges Reich entstand. Es war die Geschichte von der steten politischen Entwicklung eines vereinten Volkes, von Stämmen zu vereinter Eigenstaatlichkeit, ein Entwicklungsprozeß, der bis zur Zeit Salomos im 10. Jahrhundert v. Chr. im wesentlichen abgeschlossen war.

Die Auflösung der vereinten Monarchie wurde daher als ein unglücklicher Nachtrag zu einer Geschichte betrachtet, die schon an ihr Ende gekommen war. Es sah ganz danach aus, als habe allein Salomos Sohn Rehabeam mit seiner Arroganz und unklugen Tyrannei die expansive Größe des salomonischen Reichs zerstört. Die archäologischen Funde schienen diese Sicht der vereinten Monarchie und ihres Niedergangs zu bestätigen. Die Gelehrten glaubten, der Bau der großen «salomonischen» Städte mit ihren Toren und Palästen sei der unbestreitbare Beweis für eine volle Eigenstaatlichkeit im 10. Jahrhundert v. Chr. und für Jerusalems strenge Gewalt über den Norden. Noch in den 1980er Jahren nahm man für bare Münze, daß es sich bei Davids und Salomos vereinter Monarchie – und ihrer plötzlichen Auflösung – um historische Tatsachen handelte, obwohl man die Anfangszeit der israelitischen Geschichte inzwischen etwas nuancierter betrachtete.

Die Gelehrten, die die nachfolgende Geschichte der beiden Bruderstaaten Juda und Israel verfolgten, hielten sich beinahe Wort für Wort an die biblische Erzählung, wobei die meisten für beide Nachfolgestaaten eine politische Organisation und Komplexität auf beinahe dem gleichen Niveau annahmen. Da sowohl Juda als auch Israel ihren Ursprung in Salomos funktionierender Monarchie hatten, erbten beide voll entwickelte Staatseinrichtungen mit Hof, Finanzverwaltung und Streitkräften. Als Ergebnis nahm man an, die beiden unabhängigen Königreiche hätten miteinander im Wettstreit gelegen, sich bekämpft, aber sich auch gegenseitig geholfen, je nach den wechselnden politischen Umständen in der Region, aber zu mehr oder weniger gleichen Bedingungen. Natürlich gab es bestimmte regionale Unterschiede. Aber die meisten Gelehrten meinten, der Rest der Geschichte der israelitischen Königreiche betreffe nur noch Bevölkerungszuwachs, intensive Bautätigkeit und Kriegsführung – nicht aber dramatische gesellschaftliche Entwicklungen. Dieses weithin akzeptierte Bild erweist sich heute als falsch.

Norden gegen Süden über die Jahrtausende hinweg

Die intensiven archäologischen Sondierungen im westjordanischen Bergland in den 1980er Jahren eröffneten neue Einblicke in Charakter und Herkunft der beiden Berglandstaaten Juda und Israel. Die neuen Perspektiven unterschieden sich dramatisch von den biblischen Berichten. Die Sondierungen ergaben, daß das Auftreten der Israeliten im Bergland von Kanaan kein einmaliges Ereignis war, sondern lediglich eine Entwicklung in einer Folge demographischer Schwankungen, die über Jahrtausende hinweg zurückverfolgt werden konnten.

Bei jeder der beiden früheren Besiedlungswellen – in der Frühbronzezeit (ca. 3500–2200 v. Chr.) und in der mittleren Bronzezeit (ca. 2000–1550 v. Chr.) – stellte sich die einheimische Bevölkerung im Bergland vom Leben als Hirten auf eine saisonale Landwirtschaft um, dann auf dauerhafte Dörfer und eine komplexe Landwirtschaft im Bergland, und das auf eine Art, die dem israelitischen Besiedlungsprozeß in der Eisenzeit I (1150–900 v. Chr.) erstaunlich ähnlich sah. Aber noch überraschender war, daß die Sondierungen (und die bruchstückhafte historische Information) darauf schließen ließen, daß es bei jeder Besiedlungswelle offenbar stets *zwei* verschiedene Gesellschaften im Bergland – im nördlichen und im südlichen – gab, die ungefähr die Gebiete der späteren Königreiche Juda und Israel einnahmen.

Eine Karte der Fundstätten im Bergland in der Frühbronzezeit zeigt zum Beispiel klar zwei verschiedene Besiedlungsräume, deren Trennlinie ungefähr zwischen Sichem und Jerusalem verläuft, eine Grenze, die später auch den Grenzverlauf zwischen Israel und Juda markieren sollte. Genau wie im späteren Königreich Israel war die Besiedlung im Norden dicht und wies eine komplizierte Hierarchie von großen, mittelgroßen und kleinen Ortschaften auf, die alle stark von einer seßhaften Landwirtschaft abhängig waren. Die südliche Region dagegen war, wie das spätere Königreich Juda, weitaus dünner besiedelt, noch dazu mit kleinen Orten, ohne eine vergleichbare Vielfalt in der Größenordnung. Im Süden fand man auch eine relativ große Anzahl archäologischer Stätten mit nur einer Handvoll Tonscherben anstelle von dauerhaften Gebäuden; das ließ auf eine signifikante Population umherwandernder Hirtengruppen schließen.

Die nördlichen wie die südlichen Regionen wurden jeweils von einem einzigen Zentrum aus beherrscht, das der Brennpunkt der regionalen politischen und wirtschaftlichen Aktivitäten war – und möglicherweise auch regionaler religiöser Praktiken. Im Süden war das in der Frühbronzezeit eine große Stätte mit dem Namen Chirbet et-Tell (das biblische Ai) nordöstlich von Jerusalem. Sie bedeckte eine Fläche von ungefähr zehn Hektar, was ein ganzes *Fünftel* der gesamten bebauten Fläche im südlichen Bergland darstellte. Ihre eindrucksvollen Befestigungen und der monumentale Tempel unterstreichen ihre große Bedeutung in dem größtenteils ländlichen Süden mit seiner Hirtenbevölkerung. Im Norden gab es einige zentrale Stätten, aber die beherrschende, Tell el-Far'a, bei einer großen Süßwasserquelle gelegen und Hüterin der Hauptstraße in den Jordangraben, kontrollierte offenbar die reichen, landwirtschaftlich genutzten Flächen der Region. Es ist kein Zufall – wie noch zu sehen sein wird –, daß diese Stadt, später als das biblische Thirza bekannt, die erste Hauptstadt des Nordreichs Israel wurde.

In der anschließenden mittleren Bronzezeit wies die Besiedlungswelle im Bergland genau die gleichen Merkmale auf. Im Süden gab es sehr wenige dauerhaft bewohnte Ortschaften, die meisten davon winzig, daneben eine große Anzahl von Hirtengruppen, nachgewiesen durch ihre abseits von bewohnten Orten gelegenen Friedhöfe. Der Norden war sehr viel dichter bevölkert, wobei der Anteil der seßhaften Bauern den der Hirten übertraf. Die wichtigste Stadt im Süden war jetzt Jerusalem, das stark befestigt war (genau wie Ai in der Frühbronzezeit), hinzu kam das ebenfalls befestigte Hebron als zweites Zentrum. Das große Zentrum im Norden hieß jetzt Sichem. In Ausgrabungen auf dem Tell Balata am östlichen Stadtrand wurden eindrucksvolle Befestigungen und ein wuchtiger Tempel freigelegt.

Zusätzlich zu den archäologischen Hinweisen auf die Spaltung in

Nord und Süd gibt es auch einige wichtige Beweise in Form von Texten aus Ägypten. Eine Quelle sind die sogenannten Ächtungstexte: Inschriften mit Verfluchungen, auf die Statuetten von Kriegsgefangenen geschrieben, die zerbrochen und dann in einer Zeremonie begraben wurden, um den Feinden Ägyptens Unglück zu bringen. Diese Texte, so etwas wie antike Versionen von mit Graffiti bedeckten Voodoo-Puppen, geben Einblick in die politische Geographie Kanaans während dieser Zeit, insbesondere hinsichtlich jener Orte und Völker, die die Ägypter als am bedrohlichsten empfanden. Die Texte erwähnen eine große Zahl von Städten an der Küste und in der Ebene, aber nur zwei Zentren im Bergland: Sichem und (gemäß den meisten Forschern) Jerusalem.

Eine weitere ägyptische Anspielung auf das Bergland ergänzt das Bild. Es ist eine Inschrift, die die Taten eines ägyptischen Generals namens Khu-Sebek festhält, der im 19. Jahrhundert v. Chr. einen ägyptischen Militärfeldzug im Bergland von Kanaan befehligte. Die Inschrift bezieht sich auf das «Land» (statt auf die «Stadt») Sichem und stellt *Sichem* parallel neben *Retenu* – einer der ägyptischen Namen für das gesamte Land Kanaan. Das läßt darauf schließen, daß Sichem – eines der bedeutendsten Zentren im Königreich Israel – schon zu Beginn des 2. Jahrtausends v. Chr. der Mittelpunkt eines großen territorialen Gebildes war.

Über die südlichen Gebiete liegen aus der mittleren Bronzezeit keine schriftlichen Informationen vor, aber über ihren Umfang in der folgenden Zeit – der Spätbronzezeit – gibt es reichlich Information. Die Tell-el-Amarna-Briefe aus dem 14. Jahrhundert bestätigen, daß das westjordanische Bergland zwischen zwei Stadtstaaten oder eigentlich zwei frühen Territorialstaaten, Sichem und Jerusalem (Abb. 17), aufgeteilt war. Mehrere Briefe erwähnen die Herrscher dieser beiden Stadtstaaten namentlich – einen König namens Abdi-Hepa, der in Jerusalem herrschte, und einen König mit dem Namen Labaja, Herrscher von Sichem –, von denen jeder ungefähr 2590 Quadratkilometer kontrollierte. Das waren die größten Gebiete, über die ein einzelner einheimischer Herrscher gebot, denn zu diesem Zeitpunkt waren die kanaanäische Küstenebene und die Täler in viele winzige Stadtstaaten aufgesplittert, von denen jeder über ein kleines Gebiet mit einer relativ dichten Bevölkerung herrschte. Wenngleich die politischen Einheiten im Bergland sehr viel größer waren, besaßen sie doch eine geringere Bevölkerung.

Sichem und Jerusalem, Israel und Juda, waren stets verschiedene,

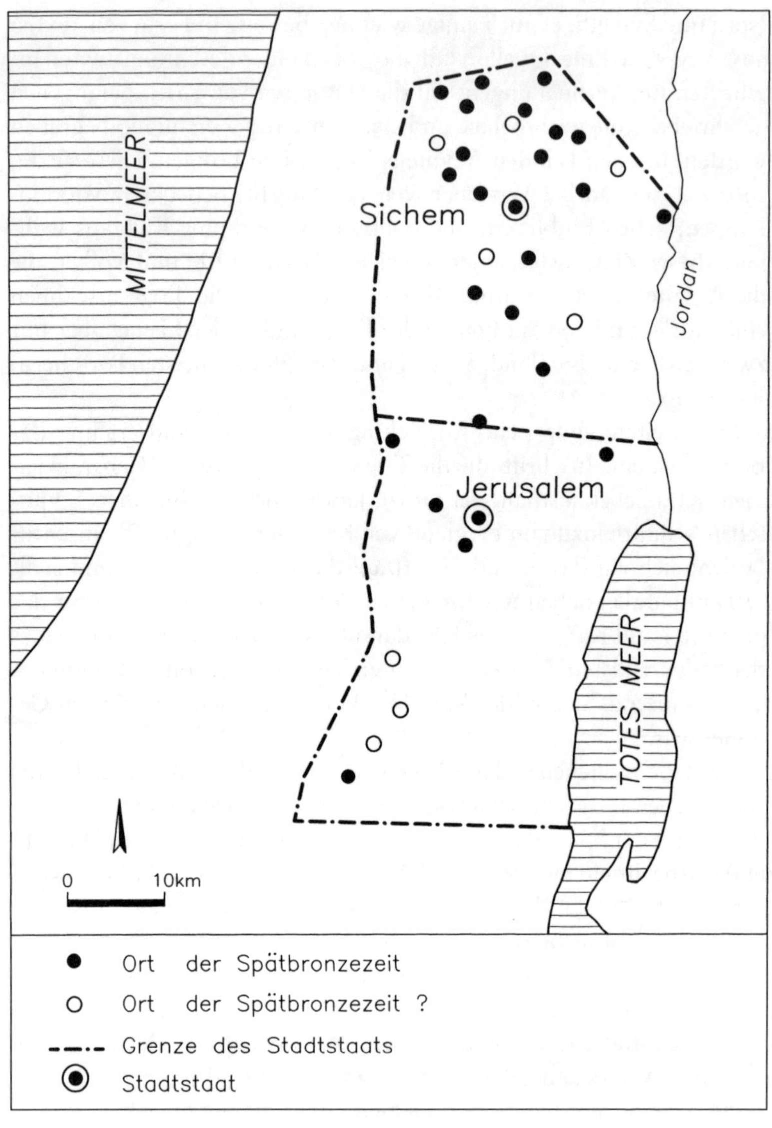

Abb. 17: Die beiden politischen Einheiten im Bergland im 14. Jahrhundert v. Chr. (Tell el-Amarna-Zeit).

miteinander konkurrierende Gebiete. Und es gab gute Gründe dafür: Die Umweltbedingungen im Norden und im Süden unterschieden sich dramatisch voneinander.

Zwei Welten im Bergland

Das Bergland zwischen Jesreel-Ebene und der Bucht von Beerscheba bildet auf den ersten Blick eine homogene geographische Einheit. Betrachtet man das Gebiet jedoch etwas näher, zeigen Umwelt und Topographie ein völlig unterschiedliches Bild. Norden und Süden haben Ökosysteme, die sich in beinahe jeder Hinsicht wie Topographie, Felsformationen, Klima, Vegetation und potentielle Wirtschaftsressourcen unterscheiden. Juda war stets der entlegenere Teil des Berglands und abgeschnitten durch topographische und klimatische Schranken. Dagegen bestand der Nordteil des Berglands aus einem Mosaik fruchtbarer Täler, die sich zwischen die angrenzenden Berghänge schmiegten. Einige dieser Täler besaßen ausreichend fruchtbares Ackerland, um die Bewohner mehrerer Dörfer zu ernähren. Es war somit eine ziemlich produktive Region, deren innere Täler, genau wie das Land am Ostrand, das an die Wüste stieß, vor allem für den Getreideanbau genutzt wurden, während in den Berggebieten Oliven und Wein angebaut wurden. Zwar mag jemand, der heute nur kurz diese Region bereist, meinen, es sehe im Norden bergiger aus als im Süden, aber Kommunikation und die Beförderung von landwirtschaftlichen Erzeugnissen sind hier unvergleichlich leichter. Die Abhänge im Westen sind viel sanfter und begünstigen den Abstieg zu den Städten in der Küstenebene am Mittelmeer, statt ihn zu behindern. Am Nordrand dieser Region erstreckt sich die weite Jesreel-Ebene, ein ungemein reiches landwirtschaftliches Gebiet, das daneben als die wichtigste Überlandstraße zwischen Ägypten und Mesopotamien dem Handel und der Kommunikation diente. Die Wüstensteppe im Osten war weniger trocken und zerklüftet als weiter unten im Süden; das erlaubte es Menschen und Waren, sich relativ frei zwischen dem zentralen Kamm, dem Jordangraben und dem transjordanischen Hochland im Osten zu bewegen.

Jede territoriale Einheit, die im nördlichen Bergland entstand, besaß ein weitaus größeres Wirtschaftspotential als die Gebiete im Süden. Wenngleich der grundsätzliche Besiedlungsprozeß des Berglands in beiden Regionen in ähnlichen Bahnen verlief und in beiden Regionen eine Verlagerung vom Hirtenleben und von saisonaler Landwirtschaft zur wachsenden Abhängigkeit von einer spezialisierten Landwirtschaft erfolgte, verfügte der Norden über mehr Ressourcen und ein günstigeres Klima. In den frühen Stadien jeder Besiedlungswelle, als sich die Bevölkerung im Bergland überwiegend an den Osträndern der Steppe und den östlichen Bergtälern konzentrierte, betrieb sie eine ausgewogene, im wesentlichen autarke Wirtschaft. Jede Dorfgemeinschaft sorgte für ihren eigenen Vorrat an landwirtschaftlichen Erträgen und Tierprodukten. Als dann jedoch Bevölkerungsdruck und die Lockung des wirtschaftlichen Vorteils zu einer Ausdehung hin zum Westrand des Berglands drängten, hatten die Bewohner des Nordens einen klaren Vorteil. Weil die Westhänge im nördlichen Bergland weniger steil und steinig als im Süden sind – und sehr viel besser geeignet für den Anbau von Olivenbäumen und Weintrauben auf kleinen Terrassenfeldern am Berghang –, konnten sie eine spezialisiertere, entwickelte Wirtschaft ausbilden. Die beginnende Spezialisierung auf den Oliven- und Weinanbau förderte die Entwicklung jener Techniken, die notwendig sind, um diese Produkte zu Öl und Wein zu verarbeiten. Damit entstanden auch die wirtschaftlichen Einrichtungen von Märkten, Transport und Austausch, damit jene Dörfer, die Wein und Öl produzierten, ihre eigenen Erzeugnisse gegen dringend benötigte Getreide- und Tierprodukte einwechseln konnten.

Das Ergebnis waren immer komplexere Gesellschaften im nördlichen Bergland, aus denen sich schließlich so etwas wie ein Staat herauskristallisierte. Der Export von Waren zu den Bewohnern in den Ebenen und, das war wichtiger, den Märkten in den großen Städten Ägyptens sowie den Häfen an der phönikischen Küste trieb die Entwicklung weiter voran. Demnach schickte das nördliche Bergland sich zu Beginn der Eisenzeit an, wohlhabender und volkreicher als das Bergland im Süden zu werden.

Staatenbildung in der Welt der Bibel

Daß sich im kanaanäischen Bergland zwei verschiedene Gemeinwesen herausbildeten, war durchaus natürlich. Es gibt keinerlei archäologische Beweise dafür, daß die Trennung von Norden und Süden aus einer früheren politischen Einheit erwachsen wäre – erst recht keiner mit einem Zentrum im Süden. Im 10. und 9. Jahrhundert v. Chr. war Juda noch immer sehr dünn besiedelt mit einer begrenzten Anzahl von kleinen Dörfern. Tatsächlich waren es kaum mehr als zwanzig. Wegen der unterschiedlichen Sippenstruktur und den archäologischen Funden in Juda darf man mit gutem Grund annehmen, daß der Anteil von Hirten in der Bevölkerung noch bedeutsam war. Und noch immer gibt es keine handgreiflichen archäologischen Beweise dafür, daß Jerusalem – trotz der Beschreibungen seiner beispiellosen Größe und Pracht – zur Zeit Davids, Salomos und Rehabeams mehr als ein bescheidenes Dorf im Bergland war. Gleichzeitig war die Nordhälfte des Berglands – im wesentlichen die Gebiete, die sich vorgeblich von der vereinten Monarchie gelöst hatten -- dicht besiedelt, mit Dutzenden von Orten und einer differenzierten Besiedlungsstruktur, die große regionale Zentren, Dörfer aller Größen und winzige Weiler umfaßte. Kurz: Während Juda wirtschaftlich noch am Rand stand und unterentwickelt war, blühte Israel.

Nur wenige Jahrzehnte nach dem vorgeblichen Ende der vereinten Monarchie, um 900 v. Chr., befand sich Israel denn auch schon auf halbem Weg zu einer voll entwickelten Eigenstaatlichkeit. *Voll entwickelt* bedeutet in diesem Zusammenhang ein von einem Verwaltungsapparat beherrschtes Gebiet und eine entsprechende gesellschaftliche Schichtung, die an der Verteilung von Luxusgütern, großen Bauvorhaben, blühender Wirtschaftstätigkeit einschließlich dem Handel mit Nachbarregionen sowie einer differenzierten Besiedlungsstruktur zu erkennen ist.

Im frühen 9. Jahrhundert v. Chr. entstanden in Israel regionale Verwaltungszentren. Sie wurden befestigt und mit aufwendigen Palästen versehen, die aus Quadersteinen erbaut und mit Steinkapitellen verschönert wurden. Die besten Beispiele dafür befinden sich in Megiddo, Jesreel und Samaria. Im Süden entstanden Bauten aus Quadersteinen mit Steinkapitellen erst im 7. Jahrhundert v. Chr.; sie sind kleiner, weisen weniger fremde Einflüsse auf, und die Bauqualität ist geringer. Auch in der Anlage und Entwicklung der Hauptstädte gibt es große Unterschiede. Samaria, die Hauptstadt des Nordreichs, wurde schon im 9. Jahrhundert als ein großes Regierungszentrum mit Palast gegründet. Jerusalem war dagegen erst im späten 8. Jahrhundert voll urbanisiert.

Außerdem entwickelte sich die Olivenölindustrie in Israel schon im 9. Jahrhundert. In Juda wurde die Olivenölproduktion dagegen erst im 7. Jahrhundert v. Chr. eine staatliche Industrie, davor war sie die Sache lokaler, privater Haushalte gewesen. Schließlich sollte auch noch ein Blick auf die Besiedlungsgeschichte des Berglands geworfen werden, denn der Norden wurde früher besiedelt als Juda und erreichte eine größere Bevölkerungsdichte. Zusammenfassend darf man sagen, daß das Nordreich Israel nicht später als zu Beginn des 9. Jahrhunderts v. Chr. als voll entwickelter Staat auftrat – zu einer Zeit, als Gesellschaft und Wirtschaft in Juda sich nur wenig von ihren Ursprüngen im Bergland entfernt hatten. Das wird auch durch historische Belege gestützt. Im nächsten Kapitel wird zu lesen sein, wie das Nordreich plötzlich die Bühne des alten Vorderen Orients als eine große Regionalmacht in einem Bündnis mit anderen Staaten betrat, die 853 v. Chr. dem assyrischen König Salmanassar III. in der Schlacht von Karkar die Stirn bot.

Es besteht kein Zweifel daran, daß die beiden Staaten der Eisenzeit – Israel und Juda – viele Gemeinsamkeiten besaßen. Beide verehrten JHWH (neben anderen Göttern). Ihre Völker hatten viele gemeinsame Sagen, Helden und Geschichten über eine gemeinsame, weit zurückliegende Vergangenheit. Auch sprachen sie ähnliche Sprachen oder Dialekte des Hebräischen, und seit dem 8. Jahrhundert v. Chr. verwendeten sie auch dieselbe Schrift. Aber sie unterschieden sich in ihrer demographischen Zusammensetzung, ihrem Wirtschaftspotential, ihrer materiellen Kultur und den Beziehungen zu ihren Nachbarn stark voneinander. Kurz: Israel und Juda machten eine recht unterschiedliche Geschichte durch und entwickelten verschiedene Kulturen. In gewisser Hinsicht war Juda wenig mehr als Israels ländliches Hinterland.

Das Zeitalter Israels beginnt

Während mehrerer Jahrtausende war das nördliche Bergland Kanaans zwar reicher als das südliche, aber es reichte im Hinblick auf Wohlstand und Urbanisierung längst nicht an die kanaanäischen Stadtstaaten im Flachland und in der Küstenebene heran. Ermöglicht wurde die anfängliche Unabhängigkeit des Berglands, wie weiter oben dargelegt, durch die Tatsache, daß die Stadtstaaten in Kanaan am Ende der Spätbronzezeit allesamt eine Reihe zerstörerischer Umwälzungen erlebten. Sei es durch die Raubzüge der Seevölker, Rivalitäten unter den Städten oder auch soziale Unruhen, die Wirtschaft in der Ebene erhielt einen vernichtenden Schlag.

Mit der Zeit blühte das Leben der kanaanäischen Bewohner der Ebenen wieder auf. Im 11. Jahrhundert v. Chr. konsolidierten die Philister, die sich zuvor an der Südküste niedergelassen hatten, die Macht ihrer Städte. Die phönikischen Nachfahren der Kanaanäer an der Küste besetzten die Hafenstädte im Norden. In den nördlichen Tälern wurden große Städte wie Megiddo im Laufe des 12. Jahrhunderts v. Chr. zwar zerstört, aber auf dem weniger urbanisierten Land ging das Leben ununterbrochen weiter. Auch wurden die großen Städte, selbst wenn sie einige Jahrzehnte lang verlassen waren, wieder besiedelt, anscheinend von derselben Bevölkerung: den einheimischen kanaanäischen Bewohnern der Ebenen. Einige der wichtigsten kanaanäischen Zentren verjüngten sich und bestanden bis weit in das 10. Jahrhundert v. Chr. hinein.

Für diesen Prozeß ist Megiddo ein schönes Beispiel. Einige Jahrzehnte nach der Zerstörung der Stadt der Spätbronzezeit mit ihrem aufwendigen Palast wurde der Ort erneut besiedelt, wenn auch in bescheidenem Umfang. Nach einigen weiteren Jahrzehnten kam es zu erneuter Bautätigkeit und einem Bevölkerungswachstum, so daß Megiddo wiederum eine ansehnliche Stadt wurde (als Stratum VIA bezeichnet), die praktisch alle Merkmale ihrer früheren kanaanäischen Kultur aufwies. Der Stil seiner Keramik ähnelte der des 12. Jahrhunderts v. Chr.; der Grundriß der Stadt war dem von Megiddo in der Spätbronzezeit ziemlich ähnlich, und, das ist am wichtigsten, der kanaanäische Tempel war immer noch in Betrieb. In Ausgrabungen anderer namhafter Stätten in den Tälern und der nördlichen Küstenebene wie Tel Dor (an der Küste westlich von Megiddo) und Tel Rehov (südlich vom See Genezareth) wurde ein ähnliches Bild des Fortbestands der Welt der kanaanäischen Stadtstaaten freigelegt, wobei große Ortschaften oder Städte das wohlhabende Land beherrschten.

Aber diese späte Blüte Kanaans sollte nicht von langer Dauer sein. Die nördlichen Städte wurden mit Gewalt und durch Feuer zerstört. Die Verwüstung war so überwältigend, daß sie sich von diesem Schock nie erholt haben. Es war Kanaans letzter Atemzug. Was geschah?

Ägypten, das eine lange Zeit des Niedergangs und des Rückzugs von der internationalen Bühne durchgemacht hatte, war endlich bereit, seine Macht über die Länder im Norden wieder geltend zu machen. Gegen Ende des 10. Jahrhunderts v. Chr. brach Pharao Schischak, der Begründer der 22. Dynastie (aus ägyptischen Inschriften als Scheschonk bekannt), zu einem aggressiven Überfall in den Norden auf. Diese ägyptische Invasion wird in der Bibel aus einer eindeutig judäischen Perspektive in einem Abschnitt erwähnt, der die früheste Übereinstimmung zwischen historischen Aufzeichnungen außerhalb der Bibel und dem biblischen Text darstellt: «Aber im fünften Jahr des Königs Rehabeam zog Schischak, der König von Ägypten, herauf gegen Jerusalem und nahm die Schätze aus dem Hause des Herrn und aus dem Hause des Königs, alles, was zu nehmen war, und nahm alle goldenen Schilder, die Salomo hatte machen lassen» (1. Kön. 14,25–26). Allerdings ist wohlbekannt, daß Jerusalem bei weitem nicht das einzige, ja, nicht einmal das wichtigste Ziel war. Eine von Scheschonk für die Wände des großen Tempels in Karnak in Oberägypten in Auftrag gegebene Siegesinschrift zählt hundertfünfzig Städte und Dörfer auf, die bei dem Unternehmen verwüstet wurden. Sie liegen im Süden, im gesamten westjordanischen Bergland sowie in der Jesreel- und in der Küstenebene.

Die einstmals großen kanaanäischen Städte Rehov, Beth-Schean, Ta'anach und Megiddo werden als Ziele der ägyptischen Streitkräfte erwähnt, und tatsächlich hat man in Megiddo das Fragment einer Siegesstele mit Schischaks Namen gefunden – leider im Schutt früherer Ausgrabungen, deshalb ist seine genaue archäologische Verbindung unklar. Dicke Schuttschichten, die das Ergebnis eines Großfeuers und Einsturzes sind, wurden an dieser und anderen großen Stätten im Norden freigelegt und belegen dramatisch den plötzlichen und vollständigen Untergang dieses spät wiederaufgeblühten Kanaans im ausgehenden 10. Jahrhundert v. Chr. Schischak, der 926 v. Chr. die Region mit seinem Feldzug heimsuchte, dürfte der wahrscheinlichste Kandidat für diese Welle der Zerstörung sein.* Die Liste in Karnak und die Ergebnisse jüngerer Ausgrabungen legen nahe, daß Schischak auch das sich herausbildende Netz früher israelitischer Dörfer im Bergland angriff.

Mit seinem Feldzug konnte Schischak allerdings keine dauerhafte ägyptische Herrschaft über Kanaan etablieren. Als sich der Staub legte, zeigte sich, daß der Angriff das Bergland nur gestreift hatte (mit der einzigen sichtbaren Auswirkung, daß einige Dörfer im Norden Jerusalems aufgegeben wurden). Dagegen hatte er den neubelebten kanaanäischen Städten in der Jesreel-Ebene einen tödlichen Schlag versetzt. Das hatte ungeheure Auswirkungen, denn die Zerstörung der letzten Überreste der kanaanäischen Stadtstaaten bot den Menschen im nördlichen Bergland, die schon zu diesem Zeitpunkt ein wirtschaftliches und demographisches Wachstum erlebten, eine einmalige Gelegenheit. Damit war der Weg für die Entwicklung zu einem richtigen

* Die Version mit Schischak wirft ein Problem auf: Warum sollte der ägyptische König die Städte in der Jesreel-Ebene zerstören, wenn er Kanaan auch zukünftig beherrschen wollte? Und warum sollte er eine aufwendige Siegesstele in einer zerstörten Stadt wie Megiddo aufstellen? Ein weiterer möglicher Kandidat für die Zerstörung der kanaanäischen Städte könnte das Nordreich Israel in seiner Anfangszeit gewesen sein.

Königreich gebahnt, das sich ganz am Ende des 10. Jahrhunderts oder eher noch zu Beginn des 9. Jahrhunderts v. Chr. vom nördlichen Bergland in die angrenzenden Ebenen ausdehnte.

Tief im Süden, im südlichen Bergland, hielt man – mit wenigen Dörfern rund um Jerusalem – an der alten Struktur aus verstreuten Dörfern und einem Hirtenleben fest. Trotz der späteren biblischen Berichte über das großartige Reich Davids und Salomos, die das Land von Dan hoch oben im Norden bis Beerscheba weit im Süden erobert und verwaltet haben sollen, gab es hier erst zweihundert Jahre später echte Eigenstaatlichkeit.

Vier sich selbst erfüllende Prophezeiungen

Warum erzählt die Bibel eine Geschichte von Israels Spaltung und Ablösung von Juda, die so kraß den historischen Beweisen widerspricht? Wenn der uralte Lebensrhythmus im Bergland von Kanaan notgedrungen zwei verschiedene regionale Kulturen vorgab, und wenn die Staaten Israel und Juda von Anfang an so unterschiedlicher Natur waren, warum wurden sie in der Bibel so systematisch und überzeugend als Zwillingsstaaten dargestellt?

Auf die Antwort wird in vier göttlich inspirierten Voraussagen für die Zukunft angespielt, die geschickt in den Text über den Zusammenbruch der vereinten Monarchie und die Gründung eines unabhängigen Königreichs Israel eingewoben sind. Diese Orakel – in Form einer direkten Kommunikation zwischen Gott und einer Reihe von Propheten festgehalten – sind als die Anstrengungen einer späteren Generation von judäischen Interpreten zu begreifen, die unerwarteten Drehungen und Wendungen der Geschichte zu erklären.

Die Menschen von Juda glaubten, Gott habe David verheißen, seine Dynastie werde für immer einen sicheren Halt in Jerusalem haben. Trotzdem stand Juda jahrhundertelang im Schatten Israels, dessen Könige Jerusalem kaum beachteten. Wie konnte das geschehen sein? Die Bibel schiebt die Schuld fest der religiösen Untreue eines *judäischen* Königs zu. Und sie verspricht, die Teilung Israels in zwei rivalisierende Königreiche sei nur eine vorübergehende Strafe für die Sünden eines hochrangigen Mitglieds der von Gott gesegneten davidischen Dynastie.

Die erste Prophezeiung gibt Davids Sohn Salomo wegen seiner persönlichen Verstöße rundweg die Schuld am Zerbrechen von Israels

Einheit. Zwar wird Salomo als einer der größten Könige aller Zeiten, der vom Euphrat bis an die ägyptische Grenze herrschte, und als weise und reich dargestellt; aber er war auch ein Sünder, der ausländische Frauen als Gemahlinnen in seinen königlichen Harem aufnahm – eben die Art von Verbindung, die JHWH den Israeliten streng verbietet, damit sie durch die Ehe mit Frauen, die Götzen anbeten, nicht zur Anbetung anderer Götter verführt würden. Genau darüber berichtet die Bibel:

Und als er nun alt war, neigten seine Frauen sein Herz fremden Göttern zu, so daß sein Herz nicht ungeteilt bei dem Herrn, seinem Gott, war wie das Herz seines Vaters David. So diente Salomo der Astarte, der Göttin derer von Sidon, und dem Milkom, dem gräulichen Götzen der Ammoniter. Und Salomo tat, was dem Herrn mißfiel, und folgte nicht völlig dem Herrn wie sein Vater David.

Damals baute Salomo eine Höhe dem Kemosch, dem gräulichen Götzen der Moabiter, auf dem Berge, der vor Jerusalem liegt, und dem Milkom, dem gräulichen Götzen der Ammoniter. Ebenso tat Salomo für alle seine ausländischen Frauen, die ihren Göttern räucherten und opferten (1. Kön. 11,4–8).

Demnach war die Bestrafung eines davidischen Erben, der «nicht völlig dem Herrn wie sein Vater David» folgte, unumgänglich. Deshalb sagt JHWH zu Salomo:

Weil das bei dir geschehen ist und du meinen Bund und meine Gebote nicht gehalten hast, die ich dir geboten habe, so will ich das Königtum von dir reißen und einem deiner Großen geben. Doch zu deiner Zeit will ich das noch nicht tun um deines Vaters David willen, sondern aus der Hand deines Sohnes will ich's reißen. Doch will ich nicht das ganze Reich losreißen; einen Stamm will ich deinem Sohn lassen um Davids willen, meines Knechts, und um Jerusalem willen, das ich erwählt habe (1. Kön. 11, 11–13).

Somit war die David gemachte ursprüngliche Verheißung wegen Salomos Sünde gefährdet – wenn auch nicht völlig aufgehoben.

Die zweite Prophezeiung handelt vom «Knecht Salomos», der anstelle von David herrschen würde. Damit war Jerobeam gemeint, der Sohn Nebats, aus dem Stamm Ephraim, der in der salomonischen Verwaltung als Beamter diente und für das Ausheben von Fronarbeitern unter den Nordstämmen zuständig war. Eines Tages, als er gerade aus Jerusalem hinausgeht, begegnet ihm der Prophet Ahia von Silo. Dieser reißt seinen Mantel in zwölf Stücke und überreicht Jerobeam zehn davon. Ahias Prophezeiung ist dramatisch und verhängnisvoll:

Nimm zehn Stücke zu dir! Denn so spricht der Herr, der Gott Israels: Siehe, ich will das Königtum aus der Hand Salomos reißen und dir zehn Stämme geben – einen Stamm soll er haben um meines Knechts David willen und um der Stadt Jerusalem willen, die ich erwählt habe aus allen Stämmen Israels –, weil er mich verlassen hat und angebetet die Astarte, die Göttin der Sidonier, Kemosch, den Gott der Moabiter, und Milkom, den Gott der Ammoniter, und nicht in meinen Wegen gewandelt ist und nicht getan hat, was mir wohlgefällt, meine Gebote und Rechte, wie sein Vater David. Ich will aber aus seiner Hand das Reich noch nicht nehmen, sondern ich will ihn Fürst sein lassen sein Leben lang um meines Knechtes David willen, den ich erwählt habe und der meine Gebote und Rechte gehalten hat.

Aber aus der Hand seines Sohnes will ich das Königtum nehmen und will dir zehn Stämme und seinem Sohn einen Stamm geben, damit mein Knecht David vor mir eine Leuchte habe allezeit in der Stadt Jerusalem, die ich mir erwählt habe, um meinen Namen dort wohnen zu lassen. So will ich nun dich nehmen, daß du regierst über alles, was dein Herz begehrt, und König sein sollst über Israel. Wirst du nun gehorchen allem, was ich dir gebieten werde, und in meinen Wegen wandeln und tun, was mir gefällt, und meine Rechte und Gebote halten, wie mein Knecht David getan hat, so will ich mit dir sein und dir ein beständiges Haus bauen, wie ich es David gebaut habe, und will dir Israel geben und will das Geschlecht Davids deswegen demütigen, doch nicht für alle Zeit (1. Kön. 11,31–39).

Im Gegensatz zu Gottes Verheißung für David hängt das Jerobeam gemachte Versprechen von einer Bedingung ab: JHWH sichert seine Stellung nur, solange er tut, was Gott wohlgefällig ist. Daran hat er sich aber nicht gehalten:

Jerobeam aber baute Sichem auf dem Gebirge Ephraim aus und wohnte darin und zog von da fort und baute Penuel aus. Und Jerobeam dachte in seinem Herzen: Das Königtum wird nun wieder an das Haus David fallen. Wenn dies Volk hinaufgeht, um Opfer darzubringen im Hause des Herrn zu Jerusalem, so wird sich das Herz dieses Volks wenden zu ihrem Herrn Rehabeam, dem König von Juda, und sie werden mich umbringen und wieder Rehabeam, dem König von Juda, zufallen.

Und der König hielt einen Rat und machte zwei goldene Kälber und sprach zum Volk: Es ist zu viel für euch, daß ihr hinauf nach Jerusalem geht; siehe, da ist dein Gott, Israel, der dich aus Ägyptenland geführt hat. Und er stellte eins in Bethel auf und das andere tat er nach Dan. Und das geriet zur Sünde, denn das Volk ging hin vor das eine in Bethel und vor das andre in Dan (1. Kön. 12,25–30).

Der neu eingesetzte König Jerobeam muß schon bald schockiert erfahren, was Verhängnis ist. Gerade als Jerobeam bei einem Herbstfest, das die Pilger von den Feiern in Jerusalem ablenken soll, am Altar des goldenen Kalbs in Bethel opfert, tritt ihm am Altar eine prophetengleiche Gestalt entgegen, die nur als «ein Mann Gottes» bezeichnet wird:

Und siehe, ein Mann Gottes kam von Juda auf das Wort des Herrn hin nach Bethel, während Jerobeam noch auf dem Altar stand und opferte. Und er rief gegen den Altar auf das Wort des Herrn hin und sprach: Altar, Altar! So spricht der Herr: Siehe, es wird ein Sohn dem Hause David geboren werden mit Namen Josia; der wird auf dir schlachten die Priester der Höhen, die auf dir opfern, und wird Menschengebein auf dir verbrennen (1. Kön. 13,1–2).

Das ist eine beispiellose Prophezeiung, denn der «Mann Gottes» offenbart den Namen eines bestimmten Königs von Juda, der dreihundert Jahre später die Zerstörung eben jenes Schreins anordnen, seine Priester töten und ihren Altar mit ihren Überresten entweihen würde. Das ist so, als lese man eine Geschichte der Sklaverei, die im kolonialen Amerika im 17. Jahrhundert geschrieben wurde und in der ein Abschnitt die Geburt von Martin Luther King voraussagt. Aber das ist noch nicht alles: Jerobeam ist von der Prophezeiung zutiefst erschüttert, und kurz darauf erkrankt sein Sohn Abija. Jerobeams Frau begibt sich sofort ins alte Kultzentrum in Silo, um Rat beim Propheten Ahia einzuholen – dem gleichen Propheten, der vorausgesagt hat, Jerobeam werde bald als König über die nördlichen Stämme herrschen. Ahia hat kein Trostwort für die besorgte Mutter. Statt dessen macht er die vierte Prophezeiung, eine der verhängnisvollsten in der ganzen Bibel:

Geh hin und sage Jerobeam: So spricht der Herr, der Gott Israels: Ich habe dich erhoben aus dem Volk und zum Fürsten über mein Volk Israel gesetzt und habe das Königtum von Davids Hause gerissen und dir gegeben. Du aber bist nicht gewesen wie mein Knecht David, der meine Gebote hielt und mir von ganzem Herzen nachwandelte, daß er nur tat, was mir wohlgefiel. Du hast mehr Böses getan als alle, die vor dir gewesen sind, bist hingegangen und hast dir andre Götter gemacht und gegossene Bilder, um mich zum Zorn zu reizen, und hast mir den Rücken gekehrt. Darum siehe, ich will Unheil über das Haus Jerobeam bringen und ausrotten von Jerobeam alles, was männlich ist, bis auf den letzten Mann in Israel und will die Nachkommen des Hauses Jerobeam ausfegen, wie man Unrat ausfegt, bis es ganz mit ihm aus ist. Wer von Jerobeam stirbt in der Stadt, den sollen die Hunde fressen; wer aber auf dem Felde stirbt, den sollen die Vögel des Himmels fressen, denn der Herr hat's geredet.

So mache dich nun auf und geh heim; und wenn dein Fuß die Stadt betritt, wird das Kind sterben. Und es wird ihm ganz Israel die Totenklage halten und sie werden ihn begraben; denn dieser allein von Jerobeam wird zu Grabe kommen, weil der Herr, der Gott Israels, etwas Gutes an ihm gefunden hat im

Hause Jerobeam. Der Herr aber wird sich einen König über Israel erwecken, der wird das Haus Jerobeam ausrotten – wie es heute ist. Und der Herr wird Israel schlagen, daß es schwankt, wie das Rohr im Wasser bewegt wird, und wird Israel ausreißen aus diesem guten Lande, das er ihren Vätern gegeben hat, und wird sie zerstreuen jenseits des Euphrat, weil sie sich Ascherabilder gemacht haben, den Herrn zu erzürnen. Und er wird Israel dahingeben um der Sünden Jerobeams willen, der da gesündigt hat und Israel sündigen gemacht hat (1. Kön. 14,7–16).

Die Genauigkeit der früheren Prophezeiung des «Mannes Gottes» verrät die Zeit, in der sie geschrieben wurde. Der davidische König Josia, der den Altar in Bethel einnahm und zerstörte, lebte im ausgehenden 7. Jahrhundert v. Chr. Warum muß in eine Erzählung, die sich im späten 10. Jahrhundert v. Chr. ereignet, eine Gestalt aus solch einer fernen Zukunft hereingebracht werden? Aus welchem Grund wird geschildert, was ein gerechter König namens Josia einst tut? Die Antwort ähnelt der, die schon früher als Erklärung dafür vorgeschlagen wurde, warum die Erzählungen über die Erzväter, den Auszug aus Ägypten und die Einnahme von Kanaan vollgestopft mit Anspielungen auf das 7. Jahrhundert sind. Man kann sich nicht der Tatsache entziehen, daß die Bücher der Könige ebensosehr eine leidenschaftliche religiöse Stellungnahme – im 7. Jahrhundert v. Chr. verfaßt – wie Geschichtswerke sind.

Zu jener Zeit verblaßte bereits die Erinnerung an das Königreich Israel, nachdem seine Städte zerstört und seine Bewohner in großer Zahl in entlegene Winkel des assyrischen Reichs in die Verbannung geführt worden waren. Dagegen blühte Juda mittlerweile auf, entwickelte territoriale Ambitionen und erhob als der einzige legitime Erbe Anspruch auf die weiten Gebiete Israels. Ideologie und Theologie des Historikers aus der späten Königszeit stützten sich auf mehrere Säulen, von denen eine der wichtigsten die Vorstellung war, der israelitische Kult müsse sich ausschließlich auf den Tempel in Jerusalem konzentrieren. Das rivalisierende nördliche Kultzentrum in Bethel unweit von Jerusalem mußte auch schon vor der Zerstörung des Nordreichs als eine Bedrohung empfunden worden sein. Hinzu kam, daß es noch zu Beginn des 7. Jahrhunderts aktiv war und die Menschen angezogen haben dürfte, die auf dem Gebiet des ehemaligen Nordreichs lebten, die meisten davon Israeliten, die nicht in die Verbannung geführt worden waren. Es stellte eine gefährliche Konkurrenz für die politischen, territorialen und theologischen Ambitionen zur Zeit Königs Josia dar. Der unvermeidliche Sturz Israels – und Josias Triumph – wurde ein zentrales Thema des biblischen Berichts.

Eine Geschichte mit einer Moral

Das sind also die Gründe dafür, warum der deuteronomistische Historiker durch die gesamte Darstellung der Geschichte des Nordreichs hin dem Leser eine zweideutige, teilweise widersprüchliche Botschaft vermittelt. Einerseits schildert er Juda und Israel als Bruderstaaten; andererseits stellt er einen starken Antagonismus zwischen beiden heraus. Josia strebte an, sein Reich bis in den Norden auszudehnen und die Gebiete im Bergland, die einst dem Nordreich gehört hatten, zu übernehmen. Die Bibel unterstützt diese Ambition, indem sie erklärt, das Nordreich sei auf dem Gebiet der mythischen vereinten Monarchie gegründet worden, die von Jerusalem aus regiert worden war; es sei ein israelitischer Bruderstaat und seine Bewohner seien Israeliten gewesen, die im Tempel in Jerusalem hätten beten sollen; die noch in diesen Gebieten wohnenden Israeliten müßten ihren Blick nach Jerusalem richten, und Josia sei der Erbe des davidischen Throns und der ewigen Verheißung, die JHWH David gegeben hatte, und somit der einzige legitime Erbe der Gebiete des bezwungenen Israels. Zugleich mußten die Verfasser der Bibel dem nördlichen Kult jede Legitimität absprechen – besonders dem Heiligtum von Bethel – und zeigen, daß die unterschiedlichen religiösen Traditionen des Nordreichs allesamt böse gewesen waren, daß sie ausgetilgt und durch die zentrale Verehrung im Tempel in Jerusalem ersetzt werden mußten.

Das alles leistet die Deuteronomistische Geschichtsdarstellung. Am Ende von 2. Samuel wird der fromme David gezeigt, der ein großes Reich gründet. Am Anfang von 1. Könige besteigt sein Sohn Salomo den Thron, und die Blüte hält an. Aber Reichtum und Blüte reichen nicht. Ganz im Gegenteil, sie bewirken Abgötterei. Salomos Sünde führt zum Ende des Goldenen Zeitalters. Daraufhin erwählt JHWH Jerobeam, der an der Spitze des abtrünnigen Nordreichs stehen und ein zweiter David werden soll. Aber Jerobeams Sünden sind größer als Salomos, und das Nordreich verpaßt damit seine in der Geschichte einmalige Chance. Der Rest der Geschichte des Nordens handelt von seinem betrüblichen Niedergang bis zu seiner Zerstörung.

Mit Josia beginnt für Juda dagegen eine Zeit, in der es groß wird. Um jedoch das Goldene Zeitalter neu zu beleben, muß dieser neue David erst einmal Salomos und Jerobeams Sünden ungeschehen machen. Der Weg zur Größe führt notgedrungen über die Säuberung Israels, vor allem die Zerstörung der Kultstätte in Bethel. Das wiederum führt zur

Wiedervereinigung von ganz Israel – Menschen wie Gebieten – mit dem Tempel von JHWH und unter Davids Thron in Jerusalem.

Hierbei muß man sich daran erinnern, daß die biblische Darstellung die Spaltung der unter David und Salomo vereinten Monarchie nicht als endgültigen Akt betrachtet, sondern als vorübergehendes Unglück. Noch kann es ein glückliches Happy-End geben. Wenn das Volk beschließt, seinen Lebenswandel zu ändern und wieder als ein heiliges Volk abseits von fremden Idolen und Verführungen zu wohnen, überwindet JHWH alle seine Feinde und gibt ihm ewige Ruhe und Zufriedenheit in dem ihm verheißenen Land.

7. Israels vergessenes erstes Königreich (884–842 v. Chr.)

Gewalt, Abgötterei und Habgier waren die Kennzeichen des Nordreichs Israel, wie im 1. und 2. Buch der Könige in blutigen Details geschildert wird. Im Anschluß an Jerobeam werden die Omriden, die große nördliche Dynastie, die von einem ehemaligen israelitischen General namens Omri begründet wurde, die großen Bösewichter der Geschichte. Seine Nachfolger sind zeitweise so mächtig, daß es ihnen gelingt, sogar eine ihrer Prinzessinnen auf den Thron des Königreichs Juda zu setzen. Die Bibel bezichtigt das bekannteste Omriden-Paar – König Ahab und seine berüchtigte Gemahlin Isebel, eine phönikische Prinzessin – wiederholt einiger der schlimmsten biblischen Sünden: Sie hätten den Kult fremder Götter ins Land Israel gebracht, die treuen Priester und Propheten JHWHs ermordet, den Besitz ihrer Untertanen ungerecht an sich genommen sowie arrogant und ungestraft Israels heilige Traditionen verletzt.

Die Omriden gelten in der Bibel als die verabscheuungswürdigsten Gestalten. Die neue archäologische Sicht des Königreichs Israel ermöglicht dagegen ein völlig anderes Bild von ihrer Regierungszeit. Hätte es sich bei den Verfassern und Redaktoren der Bibel um Historiker im modernen Sinn gehandelt, hätten sie wohl eher gesagt, Ahab sei ein mächtiger König gewesen, der dem Königreich Israel auf der Weltbühne zu Ansehen verhalf, und seine Heirat mit der Tochter des phönikischen Königs Ethbaal sei ein glänzender Schachzug der internationalen Diplomatie gewesen. Sie hätten hinzufügen können, daß die Omriden prachtvolle Städte als Verwaltungszentren ihres expandierenden Königreichs errichteten, und auch, daß es Ahab und seinem Vater Omri gelungen sei, eine der mächtigsten Armeen in der Region aufzubauen, mit der sie weite Gebiete hoch oben im Norden und im Ostjordanland eroberten. Natürlich dürften sie auch angemerkt haben, daß Omri und Ahab nicht besonders fromm, manchmal auch launisch gewesen und brutal vorgegangen seien. Das gleiche kann man jedoch von praktisch jedem anderen Monarchen im alten Vorderen Orient sagen.

Als Staat erfreute Israel sich eines natürlichen Reichtums und umfassender Handelsbeziehungen, durch die es weitgehend anderen prosperierenden Königreichen der Region glich. Wie im vorhergehenden Kapitel erwähnt, verfügte Israel über die notwendige Organisation, um monumentale Bauvorhaben auszuführen, ein Berufsheer und eine Bürokratie auf die Beine zu stellen und eine komplexe Besiedlungsstruktur mit Städten, Ortschaften und Dörfern zu entfalten; hierdurch wurde es zum ersten richtiggehenden israelitischen Königreich. Seine Ziele und Errungenschaften unterschieden sich dramatisch von jenen des Königreichs Juda. Diese wurden allerdings beinahe völlig von der biblischen Verdammung überlagert, die die späteren Ansprüche der südlichen, davidischen Dynastie auf Vormachtstellung unterstützte, indem sie fast alles, was die nördliche Omriden-Dynastie unternahm, heruntermachte und falsch darstellte.

Aufstieg und Fall des Hauses Omri

Die Bücher der Könige geben nur eine skizzenhafte Beschreibung der ersten turbulenten Jahrzehnte des unabhängigen Königreichs Israel. Nachdem Jerobeam 22 Jahre geherrscht hat, wird sein Sohn und Nachfolger Nadab in einem Militärputsch gestürzt, bei dem alle überlebenden Mitglieder des Hauses Jerobeams getötet werden (damit erfüllen sich die Worte des Propheten Ahia, keiner von Jerobeams Erben werde überleben). Der neue König, Baesa, möglicherweise ein ehemaliger Militärbefehlshaber, beweist sofort sein kriegerisches Naturell, indem er dem Königreich Juda den Krieg erklärt und seine Streitkräfte nach Jerusalem führt. Aber er muß schon kurz darauf den Druck auf das Südreich lockern, weil der König von Damaskus, Benhadad, in sein Königreich eingefallen ist.

Schon bald nach Baesas Tod setzt das Heer in einer weiteren Verschwörung seinen Sohn Ela ab, das Haus Baesas wird ausgemerzt (1. Kön. 16,8–11). Allerdings herrscht der Anführer der Aufständischen, Simri, ein Oberst der Streitwagentruppe, nur sieben Tage lang. Das Volk Israel erhebt sich, um Omri, den Befehlshaber des Heers, zum nächsten König von Israel auszurufen. Nach einer kurzen Belagerung der königlichen Hauptstadt Thirza – und dem Selbstmord des Usurpators Simri in den Flammen des Palasts – konsolidiert Omri seine Macht und gründet eine Dynastie, die das Nordreich die nächsten vierzig Jahre regiert.

In seiner zwölf Jahre währenden Herrschaft baut sich Omri eine

König	Daten*	Biblische Darstellung	Außerbiblische Belege	Archäologische Funde
Omri	884–873	Gründet Samaria	In der Mescha-Stele aus Moab erwähnt	Gründung von Samaria
Ahab	873–852	Heiratet die phönikische Prinzessin Isebel; baut dem Baal in Samaria einen Tempel; enteignet Naboths Weinberg; wird von Elia angeklagt; führt mehrere Krieg gegen die Aramäer und stirbt auf dem Schlachtfeld	Salmanassar III. erwähnt Ahabs große Streitwagenmacht in der Schlacht von Karkar 853 v. Chr.; wird möglicherweise in der Tel-Dan-Inschrift erwähnt	Hauptbauphase in Samaria; befestigtes Lager in Jesreel; Paläste in Megiddo; Mauer und Tor in Hazor
Ahasja	852–851	Kurze Herrschaft; erkrankt und stirbt		
Joram	851–842	Schlägt Moab; in der Schlacht gegen Hasaël von Aram-Damaskus verwundet; der Prophet Elisa	Anscheinend in der Tell-Dan-Inschrift erwähnt	Zerstörung der Festung Jesreel; Zerstörungsschichten an weiteren Orten im Norden

*Nach dem *Anchor Bible Dictionary*, und Galil: *The Chronology of the Kings of Israel and Judah*.

Tabelle 5: Die Dynastie der Omriden

neue Hauptstadt an einem Ort mit dem Namen Samaria und legt die Fundamente für die anhaltende Herrschaft seiner eigenen Dynastie. Omris Sohn Ahab besteigt als nächster den Thron und herrscht 22 Jahre über Israel. Die Bibel beurteilt Ahab noch härter als die anderen nördlichen Monarchen und beschreibt ausführlich das Ausmaß seiner ausländischen Verbindungen und Abgötterei, wobei der Nachdruck auf seiner berühmten ausländischen Frau liegt, die ihren Mann zum Abfall verleitet:

> Ahab, der Sohn Omris ... tat, was dem Herrn mißfiel, mehr als alle, die vor ihm gewesen waren. Es war noch das Geringste, daß er wandelte in der Sünde Jerobeams, des Sohnes Nebats; er nahm sogar Isebel, die Tochter Ethbaals, des Königs der Sidonier, zur Frau und ging hin und diente Baal und betete ihn an und richtete ihm einen Altar auf im Tempel Baals, den er ihm zu Samaria baute, und machte ein Bild der Aschera, so daß Ahab mehr tat, den Herrn, den Gott Israels, zu erzürnen, als alle Könige von Israel, die vor ihm gewesen waren (1. Kön. 16, 30–33).

Isebel soll die heidnischen Priester in Samaria protegiert haben; sie bewirtet an ihrem geräumigen königlichen Tisch «450 Baalspropheten und 400 Propheten der Aschera». Und sie ordnet die Ermordung aller Propheten JHWHs im Nordreich Israel an.

Die biblische Erzählung fährt damit fort, überwiegend die Verbrechen und Sünden der Omriden zu schildern sowie ihr anhaltendes geistiges Kräftemessen mit Elia und seinem Schützling Elisa, zwei bekannten Propheten JHWHs, die durch den gesamten Norden ziehen. Elia tritt schon bald Ahab gegenüber und fordert, alle Propheten des Baals und der Aschera, die «vom Tische der Isebel essen», mögen sich auf dem Berg Karmel zu einem heiligen Kräftemessen einfinden. Dort, vor allem Volk, errichtet jede der beiden Parteien einen Altar für ihren Gott und opfert darauf einen Stier. Jede ruft ihre erwählte Gottheit an, das Opfer mit Feuer zu verzehren. Während Baal die Schreie seiner Propheten nicht erhört, schickt JHWH sofort ein großes Feuer vom Himmel herab, das Elias Opfer verzehrt. Als die versammelten Zeugen das sehen, fallen sie auf ihr Angesicht. «Der Herr ist Gott!» rufen sie und ergreifen die Baalspropheten, die sie beim Bach Kison niedermetzeln.

Königin Isebel reagiert voller Zorn, und Elia flieht eilig in die Wüste. Als er die einsame Wildnis beim Horeb, dem Berg Gottes, erreicht, vernimmt er ein göttliches Orakel. JHWH spricht direkt zu Elia und prophezeit dem ganzen Haus Omris Verhängnis. JHWH befiehlt ihm,

Hasaël zum König von Israels gefährlichstem Gegner, Aram-Damaskus, zu salben. Weiter erhält Elia den Befehl, Ahabs Militärbefehlshaber Jehu zum nächsten König Israels zu salben. Zum Schluß soll Elia auch noch Elisa an seiner Stelle zum Propheten machen. Diese drei, hat JHWH beschlossen, würden das Haus Omris seiner Sünden wegen strafen: «Wer dem Schwert Hasaëls entrinnt, den soll Jehu töten, und wer dem Schwert Jehus entrinnt, den soll Elisa töten» (1. Kön. 19,17).

Aber JHWH gibt dem Nordreich noch eine zweite Chance, indem er Israel rettet, als Benhadad, der König von Aram-Damaskus, ins Land einfällt und Samaria belagert. Eine dritte Chance erhält es, als er Ahab erlaubt, Benhadad in einer Schlacht beim See Genezareth im Jahr darauf zu schlagen. Aber Ahab erweist sich dieser göttlichen Unterstützung als unwürdig. Er beschließt, das Leben seines Feinds gegen weltliche Belohnung zu verschonen: die Rückgabe von Städten, die früher zum Königreich Israel gehörten, und das Recht, in Damaskus «Märkte zu machen». Ein Prophet von JHWH sagt Ahab, er werde mit seinem Leben dafür zahlen, daß er nicht JHWHs Forderung gehorcht habe, Benhadad mit dem Schwert zu töten.

Im Anschluß daran berichtet die Bibel vom unmoralischen Verhalten des gottlosen Paars gegen das eigene Volk – eine weitere Sünde, für die es mit seinem Leben zu zahlen haben wird. Ein Mann namens Naboth besitzt einen Weinberg bei Ahabs Palast in Jesreel, und dieser Weinberg steht Ahabs Erweiterungsplänen im Weg. Ahab, der das Land will, um seinen Palast zu vergrößern, macht Naboth ein Angebot, das dieser kaum ablehnen kann: Er würde Naboths Weinberg übernehmen und ihm einen viel besseren dafür geben oder, wenn Naboth das lieber sei, würde Ahab ihn in bar dafür bezahlen. Aber Naboth ist nicht bereit, aus welchem Grund auch immer sein Familienerbe wegzugeben, und lehnt alle Angebote hartnäckig ab. Ahabs Gemahlin Isebel findet eine andere Lösung: Sie fingiert den Beweis, daß Naboth Gotteslästerung begangen habe, und schaut zufrieden zu, als die Bewohner von Jesreel Naboth zu Tode steinigen. Kaum hat Ahab vom Weinberg Besitz ergriffen, als der Prophet Elia noch einmal vor ihn tritt. Seine Prophezeiung ist verhängnisvoll:

> So spricht der Herr: Du hast gemordet, dazu auch fremdes Erbe geraubt! An der Stätte, wo Hunde das Blut Naboths geleckt haben, sollen Hunde auch dein Blut lecken ... Siehe, ich will Unheil über dich bringen und dich vertilgen samt deinen Nachkommen und will von Ahab ausrotten, was männlich ist, bis auf den letzten Mann in Israel und will dein Haus machen wie das Haus Jerobeams, des Sohnes Nebats, und wie das Haus Baseas, des Sohnes Ahias, um

des Zornes willen, daß du mich erzürnt und Israel sündigen gemacht hast. Und auch über Isebel hat der Herr geredet und gesprochen: Die Hunde sollen Isebel fressen an der Mauer Jesreels. Wer von Ahab stirbt in der Stadt, den sollen die Hunde fressen, und wer auf dem Felde stirbt, den sollen die Vögel unter dem Himmel fressen (1. Kön. 21,19–24).

Zu jenem Zeitpunkt hatten die Reiche Israel und Juda ein Bündnis geschlossen, demzufolge Josaphat, der König von Juda, verpflichtet war, sich Ahab im Krieg gegen Aram-Damaskus bei Ramoth in Gilead jenseits des Jordans anzuschließen. Bei den Kämpfen wird Ahab von einem Pfeil getroffen und stirbt auf dem Schlachtfeld. Sein Leichnam wird für ein königliches Begräbnis zurück nach Samaria gebracht, und während sein Streitwagen gewaschen wird, lecken Hunde sein Blut auf: Damit erfüllt sich grimmig Elias Prophezeiung.

Dann besteigt Ahabs Sohn Ahasja den Thron, und auch er sündigt schwer. «Ahasja fiel durch das Gitter in seinem Obergemach in Samaria» und wird verletzt; deshalb schickt er Boten zu Baal-Sebub, dem Gott der philistäischen Stadt Ekron, um ihn zu befragen, wie es um seine Aussichten auf Heilung stehe. Aber Elia rügt ihn, daß er sich an einen Götzen statt an JHWH wendet, und verkündet ihm seinen sofortigen Tod.

Schließlich besteigt Joram, Ahasjas Bruder und vierter und letzter König der Omriden-Dynastie den Thron. Als Mescha, der König von Moab, der lange Israels Vasall gewesen ist, abtrünnig wird, marschiert Joram gegen Moab; ihm schließen sich Josaphat, König von Juda, und ein ungenannter König von Edom an. Der Prophet Elisa sagt ihren Sieg voraus, nur weil der gerechte judäische König, Josaphat, bei ihnen ist. Und tatsächlich werden die Moabiter von der israelitisch-judäisch-edomitischen Allianz geschlagen und ihre Städte zerstört.

Aber die Omriden-Dynastie entgeht am Ende doch nicht ihrem Schicksal einer völligen Vernichtung. Als Hasaël König von Damaskus wird, neigt sich das militärische und politische Glück der Omriden-Dynastie seinem Ende zu. Hasaël schlägt die Armee Israels in Ramoth in Gilead östlich des Jordans, und der israelitische König, Joram, wird auf dem Schlachtfeld schwer verwundet. In diesem Augenblick der Krise schickt Elisa einen Prophetenjünger aus, um Jehu, den Befehlshaber der Armee, zum König von Israel zu salben und zu prophezeien, daß dieser das Haus Ahabs endgültig zerschmettern werde. Und genau so geschieht es. Joram, der auf dem Weg zurück in den Omriden-Palast in Jesreel ist, wo er in Gesellschaft von König Ahasja von Juda seine

Wunden heilen möchte, sieht sich Jehu (symbolischerweise in Naboths Weinberg) gegenüber, der ihn mit einem Pfeil direkt ins Herz tötet. Ahasja versucht zu entkommen, wird aber verwundet und stirbt in der nahegelegenen Stadt Megiddo, in die er geflüchtet ist.

Die Liquidation von Ahabs Familie nähert sich ihrem Höhepunkt. Jehu betritt den Hof des Königspalasts in Jesreel und ordnet an, Isebel aus einem der oberen Fenster des Palasts hinauszuwerfen. Danach befiehlt Jehu seinen Dienern, ihren Leichnam zu beerdigen, aber sie finden nur ihren Schädel, ihre Füße und Handflächen im Hof; herumstreunende Hunde haben Isebel gefressen, ganz wie von Elia mit seiner verhängnisvollen Prophezeiung angekündigt. Unterdessen werden die Söhne des Königs von Israel, die in Samaria leben – insgesamt siebzig – abgeschlachtet, ihre Köpfe legt man in Körbe und schickt sie Jehu in Jesreel. Er befiehlt, diese Köpfe für alle sichtbar in zwei Haufen an den Eingang zum Stadttor zu legen. Im Anschluß daran geht er nach Samaria und tötet alle, die noch vom Haus Ahabs am Leben sind. Damit ist die Omriden-Dynastie für immer ausgemerzt, und Elias schreckliche Prophezeiung hat sich wortwörtlich erfüllt.

Ferne Grenzen und Militärmacht

Die Hoftragödie um das Haus Omris ist ein Literaturklassiker voller lebhafter Charaktere und Theaterszenen, in denen eine Königsfamilie ihre Verbrechen gegen das eigene Volk mit einem blutigen Abgang bezahlt. Die Erinnerung an Ahabs und Isebels Herrschaft lebt noch Hunderte von Jahren fort, wovon die Tatsache zeugt, daß sie an so herausragender Stelle in das Deuteronomistische Geschichtswerk – mehr als zweihundert Jahre nach ihrem Tod verfaßt – aufgenommen wurde. Dennoch enthält die biblische Darstellung so viele Ungereimtheiten und Anachronismen und ist so offensichtlich von der Theologie der Verfasser im 7. Jahrhundert v. Chr. beeinflußt, daß sie wohl eher als historischer Roman und nicht als eine genaue historische Chronik zu betrachten ist. Als eine der Ungereimtheiten sei hier erwähnt, daß die vorgebliche Invasion Samarias durch Benhadad von Damaskus nicht während Ahabs Regierungszeit stattfand, sondern zu einem späteren Zeitpunkt in der Geschichte des Nordreichs. Die Erwähnung eines Bündnisses Israels mit einem ungenannten König von Edom ist ein weiterer Anachronismus, denn für eine Monarchie in Edom gibt es erst hundert Jahre nach der Zeit der Omriden Beweise. Nimmt man die

Anachronismen und die Geschichten mit den ausgesprochenen Drohungen und erfüllten Prophezeiungen heraus, bleibt von der biblischen Darstellung außer der Abfolge der israelitischen Könige, einigen ihrer bekanntesten Bauvorhaben und den allgemeinen Militäraktionen nur sehr wenig überprüfbares historisches Material übrig.

Zum Glück stehen – zum ersten Mal in der Geschichte Israels – einige wichtige Quellen mit historischer Information von außerhalb zur Verfügung, die einen Blick auf die Omriden aus einer anderen Perspektive gestatten: als die militärisch mächtigen Herrscher eines der stärksten Staaten im Vorderen Orient. Der Schlüssel zu diesem neuen Verständnis hängt mit dem plötzlichen Auffinden monumentaler Inschriften zusammen, die sich direkt auf das Nordreich Israel beziehen. Daß das Nordreich erstmals zur Zeit der Omriden in außerisraelitischen Quellen erwähnt wird, ist kein Zufall. Der Vorstoß des assyrischen Reichs – mit seiner vollentwickelten Bürokratie und einer langen Tradition, die Taten seiner Herrscher in öffentlichen Erklärungen festzuhalten – aus seinem mesopotamischen Kernland nach Westen beeinflußte tiefgreifend die Kultur von Staaten wie Israel, Aram und Moab, die noch im Entstehen begriffen waren. Seit dem 9. Jahrhundert v. Chr. existieren dank der Aufzeichnungen der Assyrer und einiger kleinerer Mächte im Vorderen Orient Zeugnisse aus erster Hand über die in der Bibel beschriebenen Ereignisse und Persönlichkeiten.

Zur Zeit Davids und Salomos hatte die politische Organisation in der Region noch nicht das Stadium erreicht, in dem umfassende Bürokratien und monumentale Inschriften existierten. Aber zur Zeit der Omriden hundert Jahre später führten die Entwicklung der Wirtschaft im Innern und externer politischer Druck zum Aufstieg vollentwickelter territorialer Nationalstaaten in der Levante. Im anthropologischen Sinn meint *vollentwickelt* ein Territorium, das von einer komplexen bürokratischen Organisation regiert wird, die dazu fähig ist, große Bauvorhaben durchzuführen, ein Berufsheer zu unterhalten und Handelsbeziehungen mit Nachbarregionen zu entwickeln. Solch ein Staat ist dazu in der Lage, Aufzeichnungen über seine Taten in Archiven aufzubewahren und in monumentalen Inschriften öffentlich darzustellen. Im 9. Jahrhundert v. Chr. und danach wurden große politische Ereignisse in monumentalen Inschriften aus der Perspektive eines jeden Königs festgehalten. Diese Inschriften haben eine entscheidende Bedeutung, will man für Ereignisse und Persönlichkeiten, die in der Bibel erwähnt werden, genaue Daten festlegen. Für jeden, der die biblische Version kennt, zeichnen sie ein unerwartetes Bild von Umfang und Macht des Königreichs Israel.

Auf der Mescha-Stele, die 1868 an der Oberfläche des entlegenen Tell Diban in Südjordanien östlich vom Toten Meer – die Stätte des biblischen Dibon, der Hauptstadt des Königreichs Moab – entdeckt wurde, befindet sich eine der wichtigsten Inschriften. Diese wurde beim Gerangel zwischen konkurrierenden europäischen Forschern und einheimischen Beduinen stark beschädigt, aber die erhaltenen Bruchstücke wurden zusammengesetzt und ergaben den längsten außerbiblischen Text, der je in der Levante gefunden wurde. Der Text ist in moabitischer Sprache, die eng mit dem biblischen Hebräisch verwandt ist, verfaßt und hält die Leistungen von König Mescha fest, der die Gebiete im nördlichen Moab einnahm und seine Hauptstadt in Dibon gründete. Als diese Inschrift im 19. Jahrhundert entdeckt wurde, rief sie große Aufregung hervor, denn Mescha wird in 2. Könige 3 als ein aufrührerischer Vasall des Nordreichs Israel erwähnt.

Hier legte zum ersten Mal die Gegenseite Zeugnis ab; es ist die erste außerbiblische Beschreibung der Omriden, die gefunden wurde. Die in der Inschrift festgehaltenen Ereignisse fanden im 9. Jahrhundert v. Chr. statt, als gemäß dem fragmentarischen Text «Omri König von Israel [war], und er unterdrückte Moab viele Tage. ... Und sein Sohn folgte ihm nach, und auch er sagte: ‹Ich will Moab demütigen.› In meiner Zeit sprach er derart. ... Und Omri hatte Besitz ergriffen vom Land Madeba. Und er wohnte darin. Seine Tage und die Summe der Tage seiner Söhne: vierzig Jahre.»

Die Inschrift berichtet weiter, wie Mescha allmählich sein Territorium im Aufstand gegen Israel ausdehnte und dabei die Hauptorte der Israeliten östlich des Jordans zerstörte, während er gleichzeitig seine eigene Hauptstadt befestigte und verschönerte. Wenngleich Mescha kaum seine Verachtung für Omri und seinen Sohn Ahab verbirgt, ist dennoch aus seiner Triumphinschrift zu erfahren, daß das Königreich Israel von seinem früheren Kernland im westjordanischen Bergland bis weit in den Osten und Süden reichte.

Der in der biblischen Stadt Dan 1993 gefundenen Inschrift vom «Haus Davids» ist etwas über die Konflikte mit Aram-Damaskus zu entnehmen. Zwar hat man den Namen des Monarchen, der sie aufstellte, auf den bisher gefundenen Bruchstücken noch nicht entdeckt, es besteht anhand des allgemeinen Kontextes jedoch nur wenig Zweifel daran, daß es sich dabei um keinen anderen als den mächtigen Hasaël, König von Aram-Damaskus, handelt. Er wird wiederholt in der Bibel erwähnt, insbesondere als Gottes Instrument zur Erniedrigung des Hauses Omris. Gemäß der Inschrift eroberte Hasaël die Stadt Dan um

835 v. Chr. und stellte dort eine Triumphstele auf. Die Inschrift hält die Worte des siegreichen Hasaël mit seiner zornigen Beschuldigung fest, daß «der König von I[s]rael davor meines Vaters Land betrat». Da die Inschrift den Namen von Ahabs Sohn und Nachfolger Joram erwähnt, ist die Anspielung klar. Das Königreich Israel erstreckte sich unter den Omriden von der Gegend um Damaskus über das gesamte westjordanische Bergland und die Täler Israels bis in das südliche Gebiet von Moab und herrschte damit über eine ansehnliche Bevölkerung von Nichtisraeliten.

Dieses Omriden-«Reich» besaß, das erfährt man auch, eine gewaltige Streitmacht. Obgleich der biblische Bericht über die Omriden-Dynastie wiederholte militärische Niederlagen hervorhebt – und eine Bedrohung durch Assyrien nicht einmal erwähnt –, gibt es einige dramatische Beweise für die Macht der Omriden aus Assyrien selbst. Salmanassar III., der einer der größten assyrischen Könige war und in den Jahren 858–824 v. Chr. herrschte, liefert das vielleicht klarste (wenngleich völlig unbeabsichtigte) Lob für die Macht der Omriden-Dynastie. Im Jahr 853 v. Chr. führte Salmanassar eine große assyrische Streitmacht in den Westen, um in die kleineren Staaten Syrien, Phönikien und Israel einzufallen, sie einzuschüchtern und möglicherweise einzunehmen. Seine vorstoßende Armee stieß bei Karkar am Orontes in Westsyrien auf eine antiassyrische Koalition. In einem wichtigen alten Text, bekannt als Monolith-Inschrift, die der englische Forscher Austen Henry Layard an der Stätte des assyrischen Nimrud fand, prahlt Salmanassar mit seinem großartigen Sieg. Das dunkle Steinmonument mit einer Inschrift in Keilschrift berichtet stolz von den gegen Salmanassar angetretenen Streitkräften: «1200 Streitwagen, 1200 Kavalleristen, 20000 Fußsoldaten von Hadadeser von Damaskus, 700 Streitwagen, 700 Kavalleristen, 10000 Fußsoldaten von Irhuleni aus Hamath, 2000 Streitwagen, 10000 Fußsoldaten von Ahab, dem Israeliten, 500 Soldaten aus Que, 1000 Soldaten aus Musti, 10 Streitwagen, 10000 Soldaten aus Irqanata ...»

Dabei handelt es sich nicht nur um den frühesten außerbiblischen Beleg für einen König von Israel, aus der Erwähnung der «schweren Waffen» (Streitwagen) geht klar hervor, daß Ahab das stärkste Mitglied der antiassyrischen Koalition war. Und wenngleich der große Salmanassar den Sieg für sich beanspruchte, sprach das praktische Ergebnis dieser Konfrontation eine deutlichere Sprache als die königliche Prahlerei. Salmanassar kehrte eilig wieder nach Assyrien zurück, und wenigstens für eine Zeitlang war den Assyrern der Marsch in den Westen versperrt.

Diese Information, die dramatisch den biblischen Bericht ergänzt, ist drei alten Inschriften (ironischerweise von drei der bittersten Feinde Israels) zu entnehmen. Zwar spricht die Bibel von einer aramäischen Armee, die Samaria belagert, aber Omri und seine Nachfolger waren in Wirklichkeit mächtige Könige, die das Gebiet ihres Königreichs ausdehnten und wohl eines der größten Berufsheere in der Region unterhielten. Bei ihrem anhaltenden Bemühen, ihre Unabhängigkeit gegen regionale Rivalen und die am Horizont lauernde Bedrohung durch das assyrische Reich zu behaupten, waren sie zutiefst in die internationale Machtpolitik verwickelt (während das Königreich Juda in Salmanassars Inschrift schweigend übergangen wurde).

Paläste, Ställe und Vorratsstädte

Der archäologische Befund verrät auch, daß die Omriden andere Könige in Israel oder Juda als Bauherren und Verwalter bei weitem übertrafen. In gewisser Hinsicht war es das erste Goldene Zeitalter der israelitischen Könige. Dennoch gibt die Bibel eine eher flüchtige Beschreibung des Königtums der Omriden. Außer einer Erwähnung ausgedehnter Paläste in Samaria und Jesreel findet man fast keine Hinweise auf Größe, Umfang und Wohlstand ihres Reichs. Zu Beginn des 20. Jahrhunderts leistete die Archäologie einen ersten bedeutsamen Beitrag, als große Ausgrabungen in Omris Hauptstadt Samaria begannen. Es besteht kaum ein Zweifel daran, daß Samaria tatsächlich von Omri erbaut wurde, weil spätere assyrische Quellen das Nordreich als «Haus Omri» bezeichnen, ein Hinweis darauf, daß Omri der Gründer seiner Hauptstadt war. Die Stätte wurde zuerst von einer Expedition der Harvard University 1908–1910 ausgegraben und in den 1930er Jahren von einem Team aus Amerikanern, Engländern und palästinensischen Juden eingehender erforscht.

Samaria beeindruckt noch heute. Es liegt mitten auf sanft ansteigenden Anhöhen mit Öl- und Mandelbaumgärten und blickt auf eine reiche landwirtschaftliche Region. Keramikfunde, ein paar Mauern und mehrere aus dem Fels gehauene Einrichtungen legen nahe, daß der Ort bereits bewohnt war, als Omri eintraf; anscheinend gab es im 11. und 10. Jahrhundert v. Chr. hier schon ein kleines, ärmliches israelitisches Dorf oder ein Gehöft. Vielleicht ist es auch das Erbe Semers, des ursprünglichen Besitzers des Landes, wie in 1. Könige 16,24 erwähnt. Wie dem auch sei, als Omri und sein Hof um 880 v. Chr. eintrafen, wurde das Gehöft eingeebnet, und auf der Bergspitze entstand ein aufwendiger Palast mit Nebengebäuden für die Bediensteten und das Hofpersonal.

Samaria wurde offenbar von Anfang an als die persönliche Hauptstadt der Omriden-Dynastie konzipiert. Es war die grandioseste architektonische Manifestation von Omris und Ahabs Herrschaft (Abb. 18.1). Da es jedoch auf der Spitze einer kleinen Anhöhe lag, war es eigentlich nicht der ideale Platz für eine große königliche Anlage. Die Erbauer lösten dieses Problem – eine gewagte Neuerung im eisenzeitlichen Israel –, indem sie in einer ungeheuren Kraftanstrengung Erde heranschafften, um eine riesige künstliche Plattform oben auf der Anhöhe zu schaffen. Um die Anhöhe herum wurde eine gewaltige Mauer (bestehend aus miteinander verbundenen Kammern oder Kasematten) gezogen, die den Gipfel wie eine große rechteckige Einfriedung umgab. Als diese Stützmauer vollendet war, füllten Bauarbeiter das Innere mit Tausenden von Tonnen Erde auf, die aus der Nachbarschaft herbeigeschafft wurde.

Das Ausmaß des Unternehmens war gewaltig. Die Erdfüllung hinter der Stützmauer war an einigen Stellen beinahe sechs Meter hoch. Deshalb wurde die Mauer, die den Palastkomplex umgab und stützte, vermutlich auch in der Kasemattentechnik errichtet: Die Kasemattenkammern (die auch mit Erde aufgefüllt waren) sollten den ungeheuren Druck der Füllung auffangen. So entstand eine zwei Hektar große Akropolis. Wagemut und Extravaganz (wenn vielleicht auch nicht die Größe) dieser riesigen Konstruktion aus Stein und Erde kann man nur mit den Arbeiten vergleichen, die Herodes der Große fast ein Jahrtausend später auf dem Tempelberg in Jerusalem ausführte.

Auf einer Seite dieser künstlichen Plattform erhob sich ein ungewöhnlich großer, schöner Palast, der sich in Umfang und Pracht mit zeitgenössischen Palästen der Staaten in Nordsyrien messen konnte. Wenngleich der Omriden-Palast in Samaria nur teilweise ausgegraben wurde, hat man genug von seinem Grundriß freigelegt, um zu erkennen, daß allein schon das zentrale Gebäude eine Fläche von ungefähr zweitausend Quadratmetern bedeckte. Seine Außenmauern bestehen aus fein behauenen, dicht aneinandergesetzten Quadersteinen, und es ist das größte und schönste Gebäude aus der Eisenzeit, das je in Israel ausgegraben wurde. Auch die Architekturornamentik war außergewöhnlich. Im Schutt aus späteren Jahrhunderten fand man Steinkapitelle (Abb. 19) in einem einzigartigen frühen, wegen seiner Ähnlichkeit zu späteren griechischen äolischen Kapitellen als proto-äolisch be-

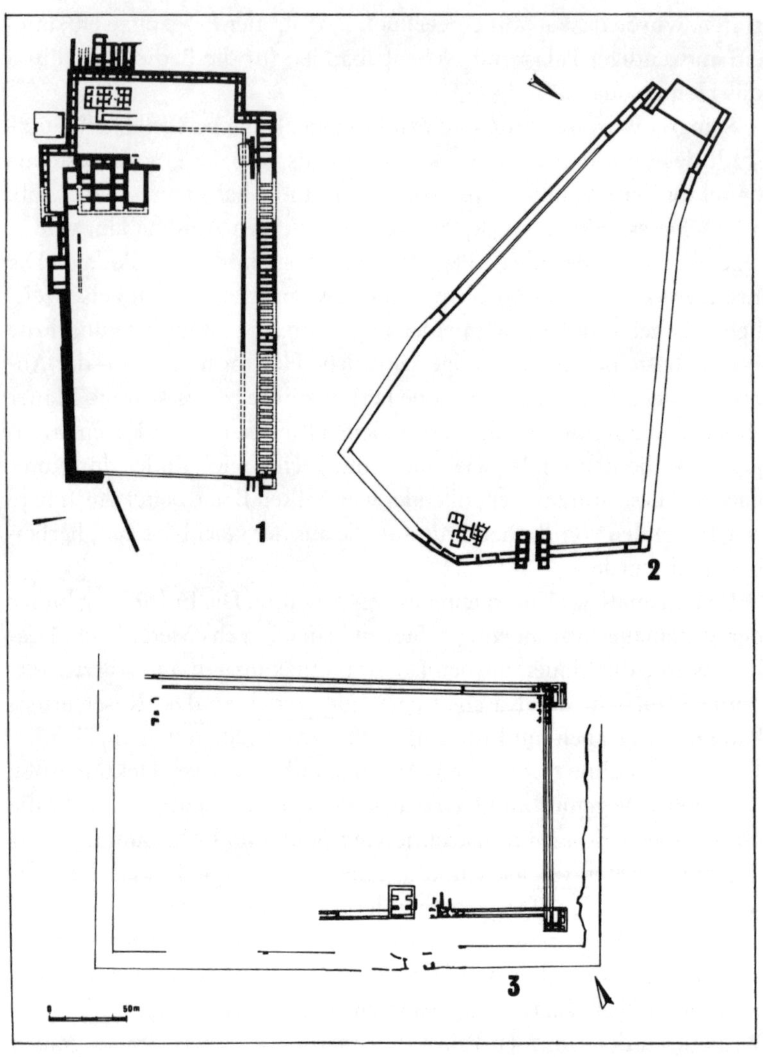

Abb. 18: Grundrisse von drei Städten der Omriden: 1) Samaria, 2) Hazor, 3) Jesreel. Die Grundrisse wurden im gleichen Maßstab gezeichnet. (Nummer 1 und 2 mit Genehmigung von Professor Zeev Herzog, Universität Tel Aviv)

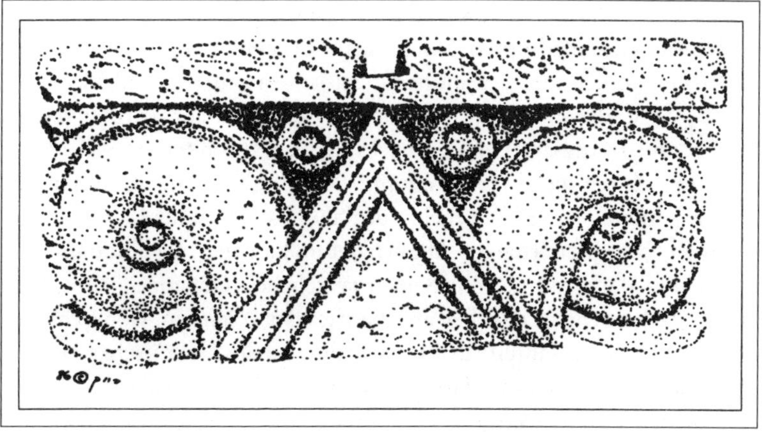

Abb. 19: Ein proto-äolisches Kapitell. (Mit Genehmigung der Israel Exploration Society)

zeichneten Stil. Diese kunstvollen Steinkapitelle zierten vermutlich das monumentale Außentor zu dem Komplex oder vielleicht einen repräsentativen Eingang zum Hauptpalast. Von der Innenausstattung hat sich wenig erhalten; dazu gehört eine Reihe fein geschnitzter Elfenbeintäfelchen, möglicherweise aus dem 8. Jahrhundert v. Chr., mit syrisch-phönikischen und ägyptischen Motiven. Diese Elfenbeintäfelchen, mit denen die Möbel des Palasts eingelegt waren, könnten die Anspielung in 1. Könige 22,39 auf das Elfenbeinhaus erklären, das Ahab gebaut haben soll.

Mehrere Verwaltungsbauten umgaben den Palast, aber sonst blieb die Einfriedung weitgehend frei. Die einfachen Häuser der Bewohner Samarias drängten sich wahrscheinlich an den Hängen unterhalb der Akropolis. Für Besucher, Händler und offizielle Gesandte, die nach Samaria kamen, muß der Anblick der Königsstadt der Omriden überwältigend gewesen sein. Seine erhöhte Plattform und der riesige, aufwendige Palast ließen Reichtum, Macht und Ansehen erkennen.

Samaria war nur der erste Ort, an dem man entdeckte, welche Bedeutung die Omriden tatsächlich hatten. Als nächstes kam Megiddo an die Reihe. Mitte der 1920er Jahre legte das Team von der University of Chicago einen eisenzeitlichen Palast frei, der aus schön behauenen Quadersteinen errichtet war. Der erste Leiter der Ausgrabungen des Oriental Institute, Clarence S. Fisher, hatte auch schon in Samaria gearbeitet und war von der Ähnlichkeit der Konstruktion beeindruckt.

Dieser Beobachtung schloß sich auch John Crowfoot, der Leiter der gemeinsamen Expedition in Samaria, an. Er schloß aus der Ähnlichkeit der Bautechniken und der Stadtgrundrisse von Samaria und Megiddo, daß beide Städte unter omridischer Herrschaft erbaut worden waren. Leider wurde dieser Aspekt einer ähnlichen Architektur viele Jahrzehnte hindurch nicht weiterverfolgt. Die Mitglieder der University of Chicago interessierten sich mehr für Salomos Ruhm als für die bösen Omriden. Sie ignorierten die Ähnlichkeit im Baustil in Megiddo und Samaria und datierten die mit Säulen versehenen Gebäude (vermutlich Ställe) in der Schicht darüber auf die Zeit der vereinten Monarchie. In den frühen 1960er Jahren, als Yigael Yadin von der Hebräischen Universität nach Megiddo kam, datierte dieser die Megiddo-Paläste – den in den 1920er Jahren ausgegrabenen und den, den er selbst freilegte – auf Salomos Zeit und verwies die spätere Ebene mit den Ställen und anderen Bauten in die Zeit der Omriden.

Die Stadt war sicher beeindruckend (Abb. 20). Eine wuchtige Befestigung umgab sie, und gemäß Yadin besaß sie ein großes Stadttor mit vier Kammern (direkt über dem früheren «salomonischen» Tor errichtet). Als die dominierendsten Kennzeichen in der Stadt galten die beiden Gebäude mit Säulen, die man schon lange vorher als Ställe identifiziert hatte. Yadin brachte sie allerdings nicht mit den biblischen Beschreibungen von Salomos großem Streitwagenkontingent in Verbindung, sondern mit den in Salmanassars Inschrift erwähnten Streitwagen von Ahab. Aber weiter unten wird zu erkennen sein, daß Yadin Ahabs Stadt nicht richtig identifiziert hatte; diese Ställe stammten von einem anderen, noch späteren israelitischen König.

Die nördliche Stadt Hazor, die Yadin in den 1950er und 1960er Jahren ausgrub, lieferte zusätzliche sichtbare Beweise für die Pracht der Omriden. Auch Hazor war von einer wuchtigen Befestigung umgeben. In der Mitte dieser Stadt legte Yadin ein Gebäude mit Säulen frei, das in der Form den Ställen in Megiddo ähnelte und durch Reihen von Steinsäulen in drei lange Gänge geteilt war. Aber dieser Bau enthielt keine Steintröge für das Futter, deshalb interpretierte man es als königliches Vorratshaus. An der östlichen schmalen Spitze des Tells wurde eine beeindruckende Zitadelle freigelegt, die von der wuchtigen Stadtmauer umgeben war.

Eine weitere wichtige Stätte, die mit den Omriden zusammenhängt, ist die Stadt Dan hoch oben im Norden bei den Quellflüssen des Jordans. Die ersten Zeilen der in Dan von Hasaël, dem König von Aram-Damaskus, aufgestellten Stele, in denen es heißt, die Omriden hätten

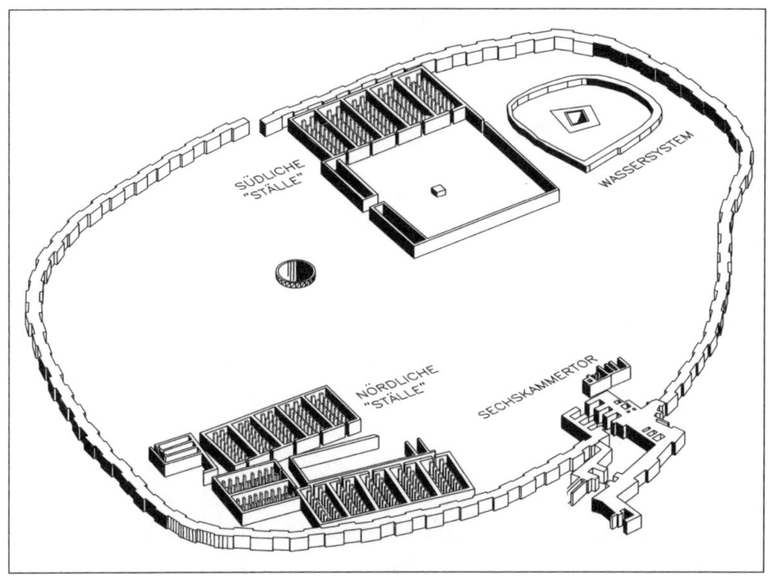

Abb. 20: Megiddo im 8. Jahrhundert v. Chr. Das Sechskammertor (von Yadin einem «salomonischen» Stratum zugeschrieben) gehört vermutlich in diese Schicht. (Mit Genehmigung von Professor David Ussishkin, Universität Tel Aviv)

dieses Gebiet den Aramäern weggenommen, wurden bereits zitiert. Bei den Ausgrabungen in Dan unter der Leitung von Abraham Biran vom Hebrew Union College wurden wuchtige Befestigungen aus der Eisenzeit, ein gewaltiges, kunstvolles Stadttor und ein Heiligtum mit einer erhöhten Plattform freigelegt. Dieses große Podest mit einer Seitenlänge von ungefähr 18 Metern und erbaut aus schön behauenen Quadersteinen wurde zusammen mit den anderen monumentalen Bauten der Stadt auf die Zeit der Omriden datiert.

Die vielleicht beeindruckendste Ingenieurleistung, die man anfangs mit den Omriden verband, dürfte jedoch das gewaltige unterirdische Wassersystem sein, das unter den Städten Megiddo und Hazor durch den Fels getrieben wurde. Dank dieser Anlage besaßen die Stadtbewohner selbst bei einer Belagerung einen sicheren Zugang zu Trinkwasser. Im alten Vorderen Orient war das oft eine kritische Angelegenheit, denn wenngleich die wichtigen Städte von komplizierten Befestigungen umgeben waren, um einen Angriff oder eine Belagerung auch des entschlossensten Feinds zu überstehen, verfügten sie nur selten über eine

Süßwasserquelle innerhalb ihrer Stadtmauern. Die Bewohner konnten zwar immer Regenwasser in Zisternen sammeln, das reichte jedoch nicht, wenn sich eine Belagerung über die heißen, regenlosen Sommermonate hinzog – vor allem, wenn die Bevölkerung der Stadt durch Flüchtlinge angeschwollen war.

Da die meisten alten Städte nahe bei Quellen lagen, bestand die Herausforderung darin, sich einen sicheren Zugang dazu einfallen zu lassen. Die in den Fels gehauenen Tunnels in Hazor und Megiddo gehören zu den kunstvollsten Lösungen dieses Problems. In Hazor wurde ein großer senkrechter Schacht durch die Überreste früherer Städte bis zum festen Fels darunter getrieben. Wegen seiner gewaltigen Tiefe von beinahe 34 Metern mußten Stützmauern gebaut werden, um einen Einsturz zu verhindern. Breite Stufen führten dann bis zum Boden, wo ein geneigter, ungefähr 25 Meter langer Tunnel zu einer beckenähnlichen, aus dem Fels gehauenen Kammer führte, in die Grundwasser sickerte. Man kann sich gut eine Prozession von Wasserträgern vorstellen, die im Gänsemarsch die Stufen hinabkletterten und den unterirdischen Tunnel entlanggingen, um ihre Krüge in der dunklen Höhle zu füllen und danach mit dem lebensspendenden Wasser auf die Straßen der belagerten Stadt zurückzukehren.

Das Wassersystem in Megiddo (Abb. 21) bestand aus einem etwas einfacheren, mehr als 34 Meter tiefen Schacht, der durch die älteren Siedlungsschichten bis zum Fels getrieben wurde. Von dort führte ein waagerechter, über 61 Meter langer Tunnel, der so breit und hoch war, daß mehrere Personen nebeneinander darin gehen konnten, zu einer Höhle mit einer natürlichen Quelle am Tell-Rand. Von außen war der Zugang zur Höhle zugemauert und getarnt. Yadin datierte die Wassersysteme in Megiddo und Hazor auf die Zeit der Omriden. Er schlug auch eine Verbindung zwischen dem israelitischen Geschick, Wassersysteme in den Fels zu hauen, und einem Abschnitt der Mescha-Stele vor, in dem der moabitische König berichtet, wie er mit Hilfe israelitischer Kriegsgefangener ein Wasserreservoir in seiner eigenen Hauptstadt baute. Ganz offensichtlich erfordert der Bau solch monumentaler Einrichtungen eine gewaltige Investition und wirksame staatliche Organisation – ebenso wie ein hohes Maß an technischem Geschick. Praktisch betrachtet, hätten die Ingenieure der Eisenzeit vielleicht ein ähnliches Ergebnis mit einer kleineren Investition erreicht, indem sie einfach einen Brunnen bis zum Wasserspiegel unter dem Tell ausgehoben hätten. Aber der sichtbare Eindruck dieser großen Wassersysteme steigerte sicher das Ansehen der Königsmacht, die sie in Auftrag gab.

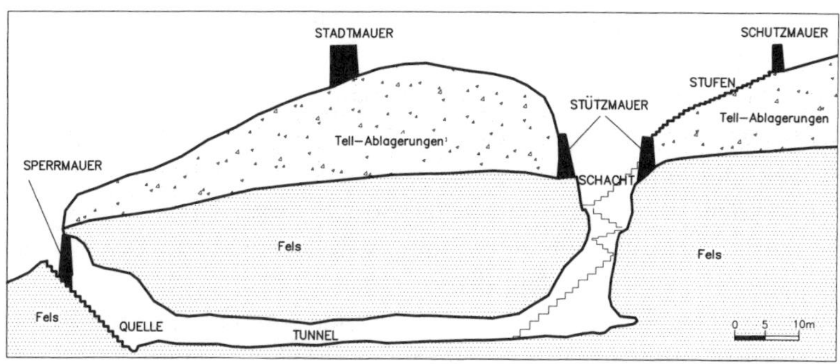

Abb. 21: Schnitt durch das Wassersystem von Megiddo.

Ein vergessener Wendepunkt in der israelitischen Geschichte

Zwar schrieben die Archäologen zu Beginn und bis zur Mitte des 20. Jahrhunderts viele prachtvolle Bauvorhaben den Omriden zu, aber ihre Herrschaft über das Königreich Israel wurde nie als eine Phase wahrgenommen, die die Geschichte entscheidend geprägt hätte. Eine farbige Zeit: das ja, sicher auch lebhaft; aber rein historisch betrachtet, schien die Geschichte der Omriden – von Ahab und Isebel – schon in der Bibel hinreichend beschrieben zu sein, ergänzt durch zusätzliche Information aus assyrischen, moabitischen und aramäischen Texten. Schließlich stellten sich um vieles faszinierendere historische Fragen, die durch Ausgrabungen und weitere Forschung zu beantworten waren: Wie genau erfolgte der Besiedlungsprozeß durch die Israeliten? Wie kristallisierte sich die Monarchie Davids und Salomos politisch heraus? Oder auch: Was waren die eigentlichen Gründe dafür, daß Assyrien und Babylon schließlich das Land Israel eroberten? Die Archäologie, die sich speziell mit den Omriden befaßte, wurde generell als nur eine Seitenspur auf der Tagesordnung der biblischen Archäologie betrachtet, der man weniger Aufmerksamkeit schenkte als Salomos Zeit.

Aber mit dieser anfänglichen Korrelation zwischen biblischer Geschichte und den archäologischen Funden stimmte etwas grundsätzlich nicht. Die neuen Fragen, die man über Beschaffenheit, Umfang oder auch die historische Existenz von Salomos riesigem Königreich – und die Neudatierung der archäologischen Schichten – zu stellen begann, beeinflußten notgedrungen auch das Verständnis der Gelehrten im Hinblick auf die Omriden. Denn wenn Salomo die «salomonischen» Tore und Paläste nicht wirklich selbst gebaut hatte, wer war es dann? Die offensichtlichen Anwärter dafür waren die Omriden. Die frühesten Parallelen zu den unverwechselbaren, in Megiddo ausgegrabenen (und anfangs Salomo zugeschriebenen) Palästen stammen aus Nordsyrien – dem angenommenen Ursprung dieses Typus – im 9. Jahrhundert v. Chr., ganze hundert Jahre nach Salomos Zeit! Das war genau die Zeit, in der die Omriden herrschten.

Der abschließende Anhaltspunkt für eine Neudatierung der «salomonischen» Tore und Paläste kam aus der biblischen Stätte Jesreel weniger als 16 Kilometer östlich von Megiddo im Herzen der Jesreel-Ebene. Der Ort liegt an einer schönen erhöhten Stelle, kommt im Winter in den Genuß eines milden Klimas und im Sommer in den einer kühlen Brise und hat zudem einen beherrschenden weiten Blick über die gesamte Jesreel-Ebene und die Berge ringsum: von Megiddo im Westen bis Galiläa im Norden und bis Beth-Schean und Gilead im Osten. Seine Bekanntheit verdankt Jesreel vor allem der biblischen Erzählung von Naboths Weinberg und Ahabs und Isebels Plänen für einen Palastausbau. Überdies war es Schauplatz der blutigen, endgültigen Ausmerzung der Omriden-Dynastie. In den 1990er Jahren wurde die Stätte von David Ussishkin von der Universität Tel Aviv und John Woodhead von der British School of Archaeology in Jerusalem ausgegraben. Sie legten eine große königliche Umfriedung frei, die derjenigen in Samaria sehr ähnlich ist (Abb. 18.3, siehe Seite 200). Diese eindrucksvolle Anlage war im 9. Jahrhundert v. Chr. nur für kurze Zeit bewohnt – vermutlich während der Herrschaft der Omriden-Dynastie – und wurde bald nach ihrer Fertigstellung zerstört, möglicherweise im Zusammenhang mit dem Sturz der Omriden oder den anschließenden Invasionen in Nordisrael durch die Armeen von Aram-Damaskus.

Wie in Samaria bildete eine enorme Kasemattenmauer, um die ursprüngliche Anhöhe von Jesreel gebaut, eine «Kiste», die mit vielen Tonnen Erde aufgefüllt worden war. Das Ergebnis dieser umfassenden Auffüll- und Einebnungsarbeiten war ein ebenes Podest, auf dem die inneren Gebäude der königlichen Anlage errichtet wurden. In Jesreel entdeckten die Archäologen noch weitere erstaunliche Elemente eines bis dahin unerkannten Architekturstils der Omriden. Ein angeschnittener Erdwall stützte die Kasemattenmauer von außen, damit sie nicht einstürzte. Als zusätzliche Befestigung war der Komplex von einem gewaltigen, bis zum Fels ausgehobenen Graben umgeben, der mindestens 7,60 Meter breit und über 4,60 Meter tief war. Ein Tor, möglicherweise vom sechskammrigen Typus, stand am Eingang zur königlichen Umfriedung der Omriden in Jesreel.

Da Jesreel nur für eine kurze Zeit im 9. Jahrhundert v. Chr. bewohnt war, lag der einmalige Fall vor, daß die unverkennbaren Stile der hier gefundenen Keramik als eindeutiger Hinweis auf eine Datierung in die Omriden-Zeit an anderen Stätten verwendet werden konnten. Die in der Einfriedung von Jesreel freigelegten Keramikstile waren im übrigen beinahe identisch mit denen, die man auf der Ebene der «salomonischen» Paläste in Megiddo gefunden hatte. Damit wurde sowohl von der Architektur als auch von der Keramik her ziemlich offensichtlich, daß die Omriden – und nicht Salomo – die Gebäude aus Quadersteinen in Megiddo gebaut hatten, zusätzlich zu den Anlagen in Jesreel und Samaria.

Noch überzeugender wurde die Hypothese, daß die Omriden und nicht Salomo die erste voll entwickelte Monarchie in Israel gründeten, als man die Befunde von anderen großen Städten im Nordreich Israel mit einem unvoreingenommenen Blick betrachtete. In Hazor hatte Yadin eine dreieckige Anlage auf der Akropolis – umgeben von einer Kasemattenmauer und betretbar durch ein Sechskammertor – als die von Salomo im 10. Jahrhundert v. Chr. gegründete Stadt identifiziert. Anhand der Neudatierung der Keramik aufgrund der Entdeckungen in Jesreel wurde dieses Stadtniveau in das frühe 9. Jahrhundert v. Chr. verlegt. Es lag auch eine unverkennbare strukturelle Ähnlichkeit zu den Palastanlagen in Samaria und Jesreel vor (Abb. 18.2, siehe Seite 200). Zwar war die dreieckige Form der Anlage in Hazor durch die natürliche Topographie vorgegeben, aber für ihren Bau waren massive Einebnungs- und Auffüllarbeiten notwendig gewesen, um das Niveau des Torbereichs im Verhältnis zum Gelände im Osten davor anzuheben. Vor der Kasemattenmauer außen war ein gewaltiger Graben ausgehoben, dessen Breite auf beinahe 46 Meter und dessen Tiefe auf über neun Meter geschätzt wird. Die allgemeine Ähnlichkeit mit Jesreel und Samaria ist klar. Damit dürfte eine weitere Stadt, die lange als salomonisch galt, omridisch sein.

Die Beweise für den Umfang der omridischen Bauvorhaben treten nach einer näheren Analyse der Überreste in Megiddo und Geser zutage. Zwar gibt es in Megiddo keine Kasemattenanlage, aber die beiden schönen Paläste auf seinem Gipfel, in der unverwechselbaren Quadersteintechnik gebaut, erinnern an die in Samaria eingesetzten Bautechniken (Abb. 22). Die Ähnlichkeit wird besonders beim Südpalast in Megiddo deutlich, der am Rand eines großen Hofs im Stil eines nordsyrischen Palasts vom *bit-ḫilani*-Typus erbaut wurde und eine Fläche von

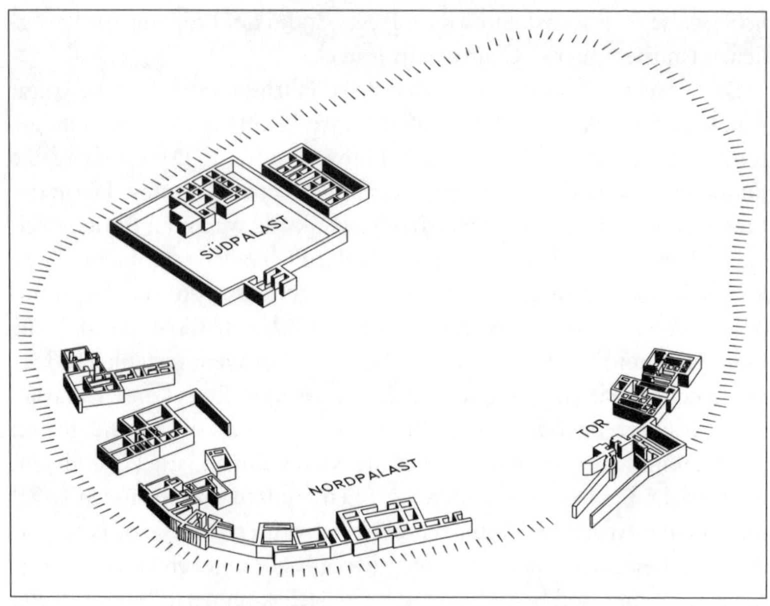

Abb. 22: Die omridische Stadt in Megiddo.

ungefähr 20 mal 35 Metern bedeckte. Zwei ungewöhnlich große protoäolische Kapitelle (wie die in Samaria verwendeten) wurden in der Nähe des Tors gefunden, das zur Palastanlage führt; möglicherweise zierten sie den Eingang zum Palast. Norma Franklin von der gegenwärtig laufenden Megiddo-Expedition hat eine weitere Ähnlichkeit festgestellt: Der Südpalast in Megiddo und der Palast in Samaria sind die einzigen eisenzeitlichen Gebäude in Israel, deren Quadersteine eine bestimmte Art von Steinmetzzeichen tragen. Ein zweiter Palast, der von Yadin am Nordrand des Tells teilweise freigelegt wurde und den jetzt die neue Expedition in Megiddo vollständig ausgräbt, wurde ebenfalls mit Quadersteinen im nordsyrischen Palaststil erbaut.

Die ausgegrabenen Überreste in Geser sind möglicherweise die bruchstückhaftesten aller vorgeblichen salomonischen Städte, aber man hat genug gefunden, um eine Ähnlichkeit zu den anderen Omriden-Stätten festzustellen. Am Südrand des Tells wurde ein Sechskammertor entdeckt; es ist aus feinem Mauerwerk mit Quadersteinen an den Pfosten erbaut und war mit einer Kasemattenmauer verbunden. Um Tor und Kasemattenmauer zu errichten, mußte eine Terrasse am Berghang geschaffen und eine umfangreiche Auffüllung herbeigeschafft werden.

Außerdem lassen Bruchstücke von Mauern darauf schließen, daß an der nordwestlichen Seite des Tells ein großes Gebäude, möglicherweise ein Palast aus Quadersteinen, gestanden hatte. Auch ihn dürften die unverwechselbaren proto-äolischen Kapitelle geziert haben, die man zu Beginn des 20. Jahrhunderts in Geser fand.

Diese fünf Anlagen gewähren Einblick in die Königsarchitektur von Israels Goldenem Zeitalter unter den Omriden. Die künstlichen Plattformen für die Palastanlagen in verschiedenen Größen und unterschiedlichem Umfang dürften – zumindest in Samaria, Jesreel und Hazor –, abgesehen von den gesonderten Verwaltungsgebäuden und Königspalästen, größtenteils frei gewesen sein. Die unverwechselbaren dekorativen Elemente dieser Bauten bestanden in feinen Quadersteinen und proto-äolischen Kapitellen. Die Hauptzugänge zu den Königsanlagen wurden von Sechskammertoren geschützt, und in einigen Fällen umgaben ein Graben und ein Glacis die Komplexe.*

Die Neudatierung dieser Städte von der salomonischen Zeit in die Zeit der Omriden hat für die Archäologie wie für die Geschichte gewaltige Auswirkungen. Damit werden die einzigen archäologischen Beweise zunichte gemacht, die es je für eine vereinte Monarchie mit einem Zentrum in Jerusalem gegeben hat. Sie erlaubt den Schluß, daß David und Salomo aus politischer Sicht kaum mehr als Stammesoberhäupter mit einer ziemlich kleinen, lokal beschränkten Verwaltung im Bergland waren. Weiter zeigt sich, und das ist wichtiger, daß trotz des Nachdrucks, den die Bibel auf Israels Einmaligkeit legt, im frühen 9. Jahrhundert v. Chr. im Bergland ein Königreich von einem durch und durch konventionellen nahöstlichen Typus entstand.

Ein vergessenes Monument der Omriden-Herrschaft?

Nunmehr ist es auch möglich, an entlegeneren Orten, außerhalb der traditionellen Siedlungsgebiete der Stämme Israels, nach zusätzlichen Beispielen für omridische Städte zu suchen. Die Mescha-Stele berichtet, Omri habe zwei Städte in Moab, Ataroth und Jahaz gebaut, wahrscheinlich als südliche Grenzbefestigungen im Ostjordanland (Abb. 14, siehe Seite 153). Beide werden außerdem in verschiedenen

* Die Datierung der Wassersysteme wurde jetzt in Frage gestellt; möglicherweise gehören sie einer späteren Zeit in der Geschichte des Königreichs Israel an. Aber selbst wenn es sie nicht gab, mindert das nichts an der Großartigkeit der Königsstädte, die anscheinend im Laufe des 9. Jahrhunderts v. Chr. zentral geplant und erbaut wurden.

geographischen Listen in der Bibel erwähnt, wobei man Ataroth mit der bisher noch nicht ausgegrabenen Stätte Chirbet-Atarus südwestlich der modernen jordanischen Stadt Madeba identifiziert. Die Identifizierung von Jahaz ist dagegen schwieriger. Die Bibel lokalisiert es einige Male am Wüstenrand beim Arnon, einem tiefen, gewundenen Wadi, der mitten durch Moab verläuft – von der östlichen Wüste bis zu seiner Mündung ins Tote Meer. Die Omriden haben demnach ihre Herrschaft auch auf diese Region ausgedehnt. Am Nordufer des Arnons befindet sich eine entlegene Ruine aus der Eisenzeit, Chirbet el-Mudeyine genannt, die alle Merkmale der weiter oben beschriebenen Omriden-Architektur aufweist.

Die Stätte, die gerade von P.M. Michèle Daviau von der Wilfrid Laurier Universität in Kanada ausgegraben wird, besteht aus einer großen, auf einer langgezogenen Anhöhe errichteten Festung. Eine Kasemattenmauer umgibt eine Fläche von ungefähr einem Hektar; betreten wird sie durch ein Sechskammertor. Zu den Befestigungen gehören ein geneigter Erdwall und ein Graben. In der Anlage gibt es Überreste eines monumentalen Gebäudes, einschließlich herabgefallener Quadersteine. Luftaufnahmen deuten darauf hin, daß die gesamte Anlage auf einem künstlich aufgefüllten Podest steht. Nelson Glueck, der Pionier der Erforschung Jordaniens, der die Stätte in den 1930er Jahren besuchte, war von der Anlage so beeindruckt, daß er sie mit der gewaltigen, berühmten Bergfestung Maiden Castle aus der Eisenzeit in England verglich.

Ist es möglich, daß diese entlegene Ruine der alte Omriden-Außenposten Jahaz ist, den die Mescha-Stele erwähnt? Könnte es sein, daß die Ingenieure und Architekten der Omriden beim Bau dieser Grenzfestung die typischen Merkmale ihrer großen Bauvorhaben im Nordreich auch östlich des Jordans anwendeten? Haben sie tatsächlich wie in Samaria und Jesreel mit äußerst fortschrittlichen Methoden der Erdbewegung gearbeitet und gewaltige Stützmauern aufgetürmt, um eine kleine Ortschaft auf der Bergspitze in eine imposante Festung zu verwandeln? Möglicherweise waren die Omriden mächtiger – und ihr kultureller Einfluß noch weitreichender – als gegenwärtig angenommen.*

* Eine Probe vom Torbereich wurde mit der Radiokarbonmethode auf das späte 9. Jahrhundert v. Chr. datiert (eine persönliche Mitteilung der Ausgräberin Michèle Daviau). Die mögliche chronologische Abweichung dieser Anzeige schließt den Bau Mitte des 9. Jahrhunderts v. Chr. nicht aus. Dennoch ist auch die Möglichkeit, die «Omriden»-Merkmale am Ort könnten eine moabitische Version der Bautätigkeit im Nordreich darstellen, nicht von der Hand zu weisen.

Die Macht der Vielfalt

Woher rührten die Macht und der Reichtum, dieses Königreich zu gründen und zu unterhalten? Welche Entwicklung im nördlichen Bergland führte zur Entstehung des Omriden-Staats? Es wurde schon weiter oben erläutert, daß es wegen der relativ begrenzten Mittel und der geringen Bevölkerungsdichte Judas ziemlich unwahrscheinlich gewesen sein dürfte, daß David seine gewaltigen Gebietseroberungen gemacht hätte oder sein Sohn Salomo dazu fähig gewesen wäre, große Gebiete zu verwalten. Gleichzeitig wurde jedoch auch ergänzt, die Ressourcen des nördlichen Berglands seien viel umfangreicher und seine Bevölkerung ziemlich groß gewesen. Nach der Zerstörung der kanaanäischen Zentren in den Ebenen, möglicherweise bei Schischaks Überfall Ende des 10. Jahrhunderts, wäre jeder potentiell starke Mann im Norden in der Lage gewesen, auch die Gewalt über die fruchtbaren Täler des Nordens an sich zu reißen. Das paßt zu dem, was anhand der herausragendsten archäologischen Überreste der Omriden zu erkennen ist. Indem die Omriden sich vom ursprünglichen Herrschaftsbereich des Nordreichs Israel im Bergland bis Megiddo, Hazor und Geser auf kanaanäisches Gebiet und weiter auf die Gebiete Südsyriens und des Ostjordanlands vorschoben, verwirklichten sie die jahrhundertealten Träume von Herrschern im Bergland von der Gründung eines riesigen, vielfältigen Staats, der die Gewalt über reiche landwirtschaftliche Regionen und belebte internationale Handelsstraßen besitzen würde. Gleichzeitig entstand auch – notgedrungen – eine multi-ethnische Gesellschaft.

Das Nordreich Israel umfaßte das Bergland von Samaria mit den nördlichen Tälern; damit gliederte es mehrere verschiedene Ökosysteme und eine heterogene Bevölkerung in seinen Staat ein. Das Bergland von Samaria – das Kerngebiet des Staates und Sitz der Hauptstadt – wurde von Dorfgemeinschaften bewohnt, die sich kulturell und religiös als Israeliten identifiziert haben dürften. In den nördlichen Ebenen – der Jesreel-Ebene und den Jordan-Tälern – bestand die Bevölkerung überwiegend aus in Dörfern ansässigen Bauern, die jahrhundertelang eng den kanaanäischen Stadtstaaten verbunden waren. Weiter im Norden waren die Dörfer eher an der aramäischen Kultur Syriens und der Phöniker an der Küste ausgerichtet.

Vor allem die große, lebendige kanaanäische Bevölkerung, die sich im Norden erhalten hatte, mußte in den Verwaltungsapparat eines jeden vollentwickelten Staats integriert werden. Schon vor den jüngsten archäologischen Entdeckungen war das einzigartige demographische

Gemisch der Bevölkerung des Nordreichs, vor allem aber die Beziehung zwischen Israeliten und Kanaanäern nicht der Aufmerksamkeit der Bibelwissenschaftler entgangen. Auf der Grundlage der biblischen Berichte über religiöse Unruhen im Omriden-Reich schlug der deutsche Gelehrte Albrecht Alt vor, die Omriden hätten ein System der dualen Herrschaft von ihren beiden Hauptstädten aus entwickelt, wobei Samaria als Zentrum für die kanaanäische Bevölkerung und Jesreel als die Hauptstadt der nördlichen Israeliten diente. Jüngste archäologische und historische Funde legen das genaue Gegenteil nahe. Die israelitische Bevölkerung konzentrierte sich wohl eher auf das Bergland um Samaria, Jesreel im Herzen der fruchtbaren Ebene lag dagegen in einer Region mit einer klaren kanaanäischen kulturellen Kontinuität. Die bemerkenswerte Stabilität der Besiedlung und die unveränderte Anordnung kleiner Dörfer in der Jesreel-Ebene lassen klar darauf schließen, daß die Omriden das ländliche kanaanäische System in den nördlichen Ebenen nicht erschütterten.

Für die Omriden war solch eine politische Integration ganz besonders dringend, weil zur gleichen Zeit im benachbarten Damaskus, in Phönikien und in Moab konkurrierende Staaten entstanden – jeder mit machtvollen kulturellen Ansprüchen an die Bevölkerungsgruppen an den Grenzen zu Israel. Demnach war das frühe 9. Jahrhundert die Zeit, in der nationale und sogar so etwas wie territoriale Grenzen definiert werden mußten. Daher ist der Bau von eindrucksvollen Befestigungsanlagen durch die Omriden, einige davon mit einem Palast, im israelitischen Kernland, in der Jesreel-Ebene, an der Grenze mit Aram-Damaskus und sogar noch weiter entfernt sowohl als eine verwaltungstechnische Notwendigkeit als auch als königliche Propaganda zu werten. Der britische Bibelwissenschaftler Hugh Williamson deutet sie als sichtbare Aushängeschilder von Macht und Ansehen des Omriden-Staats, um der Bevölkerung zu Hause und entlang der neuen Grenzen zu imponieren, ihr Furcht einzuflößen, ja, sie sogar einzuschüchtern.

Von allen Reichtümern, die den Omriden zur Verfügung standen, war ihre heterogene Bevölkerung vielleicht der wertvollste – für Landwirtschaft, Bautätigkeit und Krieg. Zwar läßt sich die Bevölkerungszahl im Königreich Israel im 9. Jahrhundert v. Chr. kaum genauer abschätzen, aber großflächige Sondierungen in der Region legen nahe, daß sich die Bevölkerung des Nordreichs im 8. Jahrhundert v. Chr. – hundert Jahre nach den Omriden – auf ungefähr 350 000 Menschen belaufen haben mochte. Zu jener Zeit war Israel sicher der am dichtesten bevölkerte Staat in der Levante und hatte bei weitem mehr Bewohner als Juda, Moab oder Ammon. Sein einziger möglicher Rivale war das Königreich Aram-Damaskus in Südsyrien, das – wie ausführlicher im nächsten Kapitel zu lesen sein wird – mit Israel hart um die regionale Vorherrschaft rang.

Andere positive Entwicklungen außerhalb der Region begünstigten ebenfalls die Geschicke des Reiches der Omriden. Sein Aufstieg zur Macht fiel mit der Wiederbelebung des Handels im östlichen Mittelmeer zusammen, und die Hafenstädte in Griechenland, Zypern und an der phönikischen Küste beteiligten sich wieder intensiv am Überseehandel. Der starke phönikische Einfluß auf die israelitische Kultur, das plötzliche Auftauchen großer Mengen von Gefäßen im zyprisch-phönikischen Stil und die – sicherlich nicht zufällige – Nachricht in der Bibel von Ahabs Heirat mit einer phönikischen Prinzessin lassen darauf schließen, daß Israel als Lieferant wertvoller landwirtschaftlicher Erzeugnisse und Herr über einige der wichtigsten Überlandhandelsstraßen durch die Levante an dieser Wirtschaftserneuerung aktiv teilhatte.

Mit ihrer Vorstellung von einem Staat, der große Gebiete im Bergland und in den Ebenen umfaßte, belebten die Omriden in gewisser Hinsicht von neuem die Ideen, die Praktiken und die materielle Kultur des bronzezeitlichen Kanaans in den Jahrhunderten vor dem Aufstieg Israels. Aus konzeptioneller und funktioneller Sicht ähnelten die großartigen Omriden-Zitadellen denn auch den Hauptstädten der großen kanaanäischen Stadtstaaten in der Spätbronzezeit, die über ein Mosaik von Völkern und Ländern geherrscht hatten. Die Anordnung von Megiddo im 9. Jahrhundert v. Chr. unterschied sich in Form und Funktion nicht wesentlich von der in der Spätbronzezeit. Große Teile des Tells waren für öffentliche Bauten und freie Flächen vorgesehen, während die Unterkünfte nur einen begrenzten Raum einnahmen. Wie im Fall des kanaanäischen Megiddos bestand die Stadtbevölkerung hauptsächlich aus der herrschenden Elite, die ihre Macht über das ländliche Hinterland ausübte. Eine ähnliche kulturelle Kontinuität ist bestens in der nahegelegenen Stadt Ta'anach belegt: Ein dort gefundener prachtvoll verzierter Opferständer aus dem 9. Jahrhundert v. Chr. weist kunstvolle Motive auf, die den kanaanäischen Traditionen der Spätbronzezeit nahestehen.

Deshalb fällt es aus einer strengen archäologischen Perspektive schwer, das Königreich Israel als Ganzes mit all seinen ethnischen, kulturellen und religiösen Elementen als besonders israelitisch zu betrachten, wie die späteren Verfasser der Bibel es sahen. Das israelitische Element des Nordreichs war in vieler Hinsicht eine judäische Vorstellung aus der späten Königszeit.

Die schlimmsten Bösewichter?

Der Verfasser der Bücher der Könige war nur darauf bedacht zu zeigen, daß die Omriden bösartig waren und daß sie die göttliche Strafe erhielten, die ihnen ihr sündhaftes, arrogantes Verhalten eingebracht hatte. Natürlich mußte er dabei Einzelheiten und Ereignisse über die Omriden nacherzählen, die aus Volksmärchen und früheren Traditionen wohlbekannt waren, aber bei allen wollte er die dunkle Seite der Omriden hervorheben. Deshalb minderte er ihre militärische Macht mit Hilfe der Geschichte von der Belagerung Samarias durch die Aramäer, die Ereignisse aus späterer Zeit schildert, und mit der Beschuldigung, in einem Augenblick des Siegs habe Ahab einem göttlichen Befehl, seinen Feind völlig auszumerzen, zuwidergehandelt. Der Verfasser der Bibel brachte die Großartigkeit des Palasts in Samaria und den majestätischen königlichen Komplex in Jesreel mit Abgötterei und sozialer Ungerechtigkeit in Verbindung. Er verknüpfte die Bilder der furchteinflößenden Macht israelitischer Streitwagen in voller Schlachtordnung mit dem schrecklichen Ende der Omriden-Familie. Er wollte die Omriden delegitimieren und zeigen, daß die ganze Geschichte des Nordreichs ausschließlich aus Sünden bestand, die zwangsläufig zu Elend und Zerstörung führten. Je mehr Israel in der Vergangenheit geblüht hatte, desto verächtlicher und negativer sprach er von seinen Königen.

Der wahre Charakter Israels unter den Omriden ist geprägt von außerordentlicher militärischer Macht, architektonischen Leistungen und (soweit das heute beurteilt werden kann) hochentwickelter Verwaltung. Omri und seine Nachfolger ernteten den Haß der Bibel, *weil* sie so stark waren und weil es ihnen gelang, aus dem Nordreich eine bedeutende Regionalmacht zu machen, die das armselige, ländliche, von Hirten bevölkerte Königreich Juda am Rand im Süden völlig überschattete. Die Möglichkeit, daß die israelitischen Könige, die mit den Nationen verkehrten, ausländische Frauen heirateten und Heiligtümer und Paläste vom kanaanäischen Typus bauten, aufblühten, war sowohl unerträglich als auch undenkbar.

Aus der Sicht Judas in der späten Königszeit galten Internationalismus und Offenheit der Omriden darüber hinaus als Sünde. Gemäß der deuteronomistischen Ideologie des 7. Jahrhunderts v. Chr. betrachtete man es als ein direktes Vergehen gegen das göttliche Gebot, sich in das Leben der Nachbarvölker einzumischen. Aber eine Lektion konnte man aus dieser Erfahrung dennoch lernen. Als die Bücher der Könige kompiliert wurden, hatte sich das Urteil der Geschichte schon gewendet. Die Omriden waren gestürzt worden, und das Königreich Israel existierte nicht mehr. Aber mit Hilfe archäologischer Beweise und außerbiblischer schriftlicher Quellen ist heute zu erkennen, daß die lebhaften Porträts in der Bibel, die Omri, Ahab und Isebel jahrhundertelang der Lächerlichkeit und Verachtung preisgaben, geschickt die wahre Beschaffenheit des ersten echten Königreichs Israels verbargen.

8. Im Schatten des Reichs
(ca. 842–720 v. Chr.)

Eine dunkle Vorahnung schwebt über dem Nordreich Israel, als sich die biblische Erzählung auf ihren tragischen Höhepunkt zubewegt. Leid, Enteignung und Verbannung scheinen das unausweichliche Schicksal der Bewohner des abtrünnigen Königreichs als Strafe für ihr gottloses Handeln zu sein. Statt dem Tempel in Jerusalem und JHWH unter Ausschluß aller anderen Götter die Treue zu halten, führen die Bewohner des nördlichen Israel – und vor allem seine sündigen Könige – eine Katastrophe nach der anderen herbei, die zu ihrer Zerstörung führen. Treue Propheten JHWHs treten auf, um Israel zur Rechenschaft zu ziehen und seine Rückkehr zu Rechtschaffenheit und Gerechtigkeit zu fordern, aber ihre Rufe bleiben ungehört. Die Invasionen ausländischer Heere und die Verwüstung des Nordreichs Israel stellen die wesentlichen Bestandteile eines göttlichen Plans dar.

Die Bibel interpretiert das Schicksal des Nordreichs rein theologisch. Dagegen bietet die Archäologie die Ereignisse in den hundert Jahren nach dem Sturz der Omriden aus einer völlig anderen Sicht. Während Juda weiterhin arm und isoliert bleibt, machen der natürliche Reichtum und die relativ dichte Bevölkerung des Königreichs Israel es zu einem verlockenden Ziel für die zunehmend komplexe regionale Politik der assyrischen Zeit. Mit ihrem Wohlstand und ihrer Macht ziehen die Omriden den Neid und die militärische Gegnerschaft der Nachbarn – sowie die ehrgeizigen Pläne des großen assyrischen Reichs – auf sich. Angesichts des Reichtums im Königreich Israel wachsen die sozialen Spannungen, von den Propheten aufs schärfste angeprangert, auch im Inneren. Aber Israels größtes Unglück – und die Ursache für seinen Untergang sowie die Verbannung eines Großteils seiner Bewohner – dürfte nach heutiger Sicht wohl die Tatsache sein, daß es als unabhängiges Königreich im Schatten eines großen Weltreichs einfach zuviel Erfolg hatte.

Gottlosigkeit, Gottes Gnade und Israels endgültiger Sturz

Die Bücher der Könige zeigen, wie sich Elias grimmige Prophezeiungen über den Untergang des Hauses Omris bis zum letzten Buchstaben erfüllen. Doch die weitere biblische Erzählung weist auf, daß, obwohl die alte Königsfamilie Israels ausgelöscht ist, die fortgesetzte Abgötterei Israels keineswegs ein Ende findet. Nach dem Sturz der Omriden tritt der neugesalbte König, Jehu (der von 842 bis 814 v. Chr. regiert), der Sohn Nimsis, in die Fußstapfen Jerobeams, Omris und Ahabs und nimmt ebensowenig Rücksicht auf Jerusalem wie diese. Denn obgleich er alle Baal-Propheten, -Priester und -Anhänger in Samaria abschlachtet und das Haus Baals zu einer öffentlichen Latrine macht (2. Kön. 10,18–28), teilt die Bibel mit: «Von den Sünden Jerobeams, des Sohnes Nebats, der Israel sündigen machte, ließ Jehu nicht ab, von den goldenen Kälbern in Bethel und in Dan!» (2. Kön. 10,29) Mit anderen Worten: Zwar merzt Jehu den Baal-Kult aus, aber er vernichtet nicht die konkurrierenden nördlichen Kultzentren, die die religiöse Vorherrschaft Jerusalems in Frage stellen – genausowenig wie die Könige Israels, die nach ihm kommen.

Wie vom Propheten Elia vorausgesagt, läßt die Strafe nicht lange auf sich warten. Dieses Mal ist Hasaël, der König von Aram-Damaskus, Gottes Instrument der Zerstörung, der Israel sowohl im Ostjordanland als auch in einem verheerenden Feldzug entlang der Küstenebene am Mittelmeer schlägt (2. Kön. 10,32–33; 12,17–18; 13,3.7.22). Es ist eine Zeit des Niedergangs für das Nordreich, denn zu Lebzeiten Jehus und seines Sohns Joahas wird Israel unablässig von Aram-Damaskus bedrängt. Israels Heer wird geschlagen, seine Gebiete werden verkleinert. Für die einfachen Bewohner des Nordreichs Israel endet jedoch schon bald die Zeit der Züchtigung: «Aber der Herr gab ihnen Gnade und erbarmte sich ihrer und wandte sich ihnen wieder zu um seines Bundes willen mit Abraham, Isaak und Jakob und wollte sie nicht verderben, verwarf sie auch nicht von seinem Angesicht bis auf diese Stunde» (2. Kön. 13,23).

Damit ist der nächste israelitische König, Joas*, zumindest vorübergehend mit göttlicher Gunst gesegnet und gewinnt die Städte zurück, die Israel an Aram verlor (2. Kön. 13,25). Und die Geschicke Israels

* Die Bibel erwähnt zwei Könige aus ungefähr derselben Zeit – einen in Israel und den zweiten in Juda –, die *beide* abwechselnd mit den hebräischen Namen *Jehoash* bzw. *Joash* bezeichnet werden. Um Klarheit zu schaffen, wird der nördliche König (der von 800–784 v. Chr. herrschte) als «Joas» bezeichnet und der südliche König (der 836–798 v. Chr. regierte) als Joahas.

nehmen scheinbar eine deutliche Wendung zum Besseren – selbst nach Joas' Strafaktion gegen Juda –, als sein Sohn Israels Thron besteigt. Auch hier ist es eine Sache göttlichen Mitgefühls, denn Joas' Sohn, der Jerobeam heißt – wie der größte aller königlichen Sünder im Norden –, herrscht während der nächsten 41 Jahre (788–747 v. Chr.) friedlich in Samaria. Auch wenn dieser König von keiner der Sünden des ersten Jerobeam läßt, sondern die nördlichen Heiligtümer beibehält, und auch wenn die Proteste der Propheten Amos und Hosea durch das ganze Land hallen:

> stellte [er] wieder her das Gebiet Israels von Hamath bis ans Salzmeer nach dem Wort des Herrn, des Gottes Israels, das er geredet hatte durch seinen Knecht Jona, den Sohn Amitthais, den Propheten, der von Gath-Hahepher war. Denn der Herr sah den bitteren Jammer Israels an, daß sie allesamt dahin waren und kein Helfer in Israel war. Und der Herr hatte nicht gesagt, daß er den Namen Israels austilgen wollte unter dem Himmel, und errettete sie durch Jerobeam, den Sohn des Joas (2. Kön. 14,25–27).

Leider hält diese Zeit des göttlichen Segens nicht an, denn wie in 2. Könige 10,30 erklärt wird, hat Gott Jehu verheißen, von seiner Familie würden nur vier Generationen herrschen. So wird Jerobeams II. Sohn Sacharja nach nur sechsmonatiger Herrschaft ermordet, und für Israel beginnt wieder eine Zeit des Bürgerkriegs und Drucks von außen. Schallum, der Mörder, wird schon kurz danach von einem anderen, noch brutaleren Thronanwärter, Menahem, dem Sohn Gadis, getötet, der zehn Jahre (747–737 v. Chr.) in Samaria herrscht. Zu diesem Zeitpunkt bereitet Gott ein neues Instrument und eine Kette von Ereignissen vor, um das Nordreich zu strafen. Sie führen zu seiner endgültigen Zerstörung. Gemeint ist das mächtige assyrische Reich, dessen Heere anmarschiert kommen und hohen Tribut fordern; deshalb ist Menahem gezwungen, von jedem wohlhabenden Mann in Israel eine Steuer von fünfzig Silberschekeln zu erheben (2. Kön 15,19–20).

Der Druck von außen wie innen steigt an. Menahems Sohn und Nachfolger, Pekachja, wird von einem Offizier, Pekach, dem Sohn Remaljas, ermordet. Aber mittlerweile begnügen sich die Assyrer nicht mehr mit Tribut. Sie wollen das reiche Land Israel für sich selbst: «Zu der Zeit Pekachs, des Königs von Israel, kam Tiglatpileser, der König von Assyrien, und nahm Jjon, Avel-Beth-Maacha, Janoah, Kedes, Hazor, Gilead und von Galiläa das ganze Land Naphthali und führte sie weg nach Assyrien» (2. Kön. 15,29). Damit sind die nördlichen Täler und Galiläa erobert (732 v. Chr.) und ihre Bewohner deportiert; die göttlichen Verheißungen vom sicheren Erbe, den Israeliten bei der Landnahme Kanaans ursprünglich gemacht, ist damit aufgehoben. Das Königreich Israel verliert einen Teil seiner reichsten Gebiete und ist auf das Bergland rund um die Hauptstadt Samaria begrenzt. Angesichts dieser kastastrophalen Wende wird der Usurpator Pekach ermordet – der vierte israelitische König, der in knapp 15 Jahren auf diese Weise ums Leben kommt. Pekachs Mörder und Nachfolger, Hosea, ist dann der letzte König des Königreichs Israel.

Die assyrische Schlinge zieht an, als Salmanassar V. als neuer aggressiver König von Assyrien den Thron besteigt. Hosea gibt sich zwar als loyaler Vasall und bietet Salmanassar Tribut an, insgeheim bemüht er sich jedoch um ein Bündnis mit dem König von Ägypten, um einen offenen Aufstand zu beginnen. Als Salmanassar von der Verschwörung erfährt, nimmt er Hosea gefangen und fällt in das restliche Königreich Israel ein. Drei Jahre belagert der assyrische König die israelitische Hauptstadt Samaria und nimmt sie 722 v. Chr. schließlich ein: «und führte Israel weg nach Assyrien und ließ sie wohnen in Halah und am Habor, dem Fluß von Gosan, und in den Städten der Meder» (2. Kön. 17,6).

Mit der Eroberung und Deportation ist die Geschichte aber noch nicht zu Ende. Nachdem die Assyrer die Israeliten aus ihrem Land nach Mesopotamien verschleppt haben, bringen sie neue Siedler nach Israel: «Der König von Assyrien aber ließ Leute von Babel kommen, von Kutha, von Awa, von Hamath und Sepharwaim und ließ sie wohnen in den Städten von Samaria an Israels statt. Und sie nahmen Samaria ein und wohnten in seinen Städten» (2. Kön. 17,24). Damit gehen die zehn nördlichen Stämme Israels unter weit entlegenen Nationen verloren. Nur das Königreich Juda mit seinem Tempel und seinen davidischen Königen überlebt, um weiter an Gottes Geboten festzuhalten und das Land Israel zu erlösen.

Ein näherer Blick auf Israels spätere Geschichte

Archäologen sprechen oft von langen Zeiträumen, in denen sich wenig verändert – aber nur, weil es ihnen anhand ihrer Funde schwerfällt, chronologische Unterteilungen auszumachen. Denn schließlich dürfte es wohl keine menschliche Gesellschaft geben, die über zweihundert Jahre hinweg im wesentlichen unverändert bleibt. Genau so haben die Archäologen jedoch traditionell das Nordreich betrachtet, denn seit den 1920er Jahren wurden zwar einige der wichtigsten Stätten des Nordreichs Israel von ihnen ausgegraben, aber außer seiner endgültigen Zerstörung verzeichneten sie keine wesentlichen Veränderungen. Wie schon die archäologische Erforschung der Omriden galt auch die Zeit danach, als Israel noch immer eine unabhängige Geschichte hatte, aus archäologischer Sicht weder als formativ noch besonders interessant. Die Archäologen, die unbewußt die theologische Interpretation der Bibel spiegelten, beschrieben eine ziemlich monotone Kontinuität, auf die unvermeidlich die Zerstörung folgt. Der inneren Dynamik des Königreichs und seiner Wirtschaftsgeschichte schenkten sie sehr wenig Aufmerksamkeit (außer daß sie einige Überlegungen über eine einzige Sammlung von Ernteerträgen aus Samaria anstellten). Wie noch zu sehen sein wird, sind das jedoch entscheidende Forschungsgebiete, will man je über die ausschließlich theologische biblische Interpretation von Israels Geschichte – sein Ende sei eine direkte, unvermeidbare Strafe für seine Sünden – hinausgehen. Die hundertzwanzig Jahre israelitischer Geschichte nach dem Sturz der Omriden waren in Wirklichkeit eine Zeit dramatischen gesellschaftlichen Wandels im Königreich, von wirtschaftlichem Auf und Ab und unablässig wechselnden Strategien, um die Bedrohung durch das assyrische Reich zu überleben.

Einer der Hauptgründe für dieses Mißverständnis war die herkömmliche Datierung, bei der die gesamte Geschichte des Nordreichs – von seinem Aufstieg bis zum Sturz – in einem einzigen chronologischen Block zusammengefaßt wurde. Man nahm an, viele wichtige Zentren in der Jesreel-Ebene und an der Mittelmeerküste wie Megiddo, Jokneam und Dor enthielten nur *eine einzige* Schicht, die die gesamte Geschichte des Königreichs Israel von Jerobeam I. (eigentlich von Schischaks Feldzug im Jahr 926 v. Chr.) bis zum Sturz Samarias 722 v. Chr. aufzeigt – und zwar entgegen den Beweisen für große Veränderungen und militärische Niederlagen, die während dieses langen Zeitraums stattfanden. Zu den wichtigsten Ereignissen gehört die Invasion Israels durch König Hasaël von Damaskus, die in der Bibel und auf der Dan-Stele von Hasaëls Schreibern eigens festgehalten wird.

Mit dem herkömmlichen archäologischen Verständnis stimmte etwas nicht: Wie war es möglich, daß Hasaël Dan einnahm und die Gebiete des Nordreichs verheerte, aber dennoch keine wahrnehmbaren Spuren dieser Zerstörung hinterließ?

Salmanassar III.	859–824 v. Chr.
Adad-Nirari III.	811–783
Tiglatpileser III.	745–727
Salmanassar V.	727–722
Sargon II.	722–705
Sanherib	705–681
Asarhaddon	681–669
Assurbanipal	669–627

Tabelle 6: Assyrische Könige, die in die Geschichte Israels und Judas eingreifen (nach Cogan und Tadmor: *II Kings*)

Aram in Israel

Hasaëls Übergriffe auf das früher von Israel kontrollierte Gebiet waren eindeutig verheerend und trugen wesentlich dazu bei, die Macht des Nordreichs zu schwächen. Auf der berühmten Stele aus Moab prahlt König Mescha damit, es sei ihm gelungen, Israel moabitische Gebiete zu nehmen und sogar auf israelitisches Territorium weiter im Norden vorzudringen. In der Bibel heißt es, die ehemals von den Israeliten kontrollierten Gebiete im Ostjordanland nördlich von Moab seien von Hasaël eingenommen worden (2. Kön. 10,32–33). Der auffälligste Beweis für Hasaëls Offensive ist die Inschrift von Tel Dan. Während die biblische Erzählung vom Fall der Omriden das Massaker an der Königsfamilie in ihrem Palast in Jesreel mit Jehus Revolte verbindet – der amtierende König von Israel, Joram, wird von Jehus Pfeil niedergestreckt –, bringt der rekonstruierte Text der Dan-Inschrift Jorams Tod mit einem aramäischen Sieg in Verbindung. Hasaël prahlt: «[Ich tötete Jo]ram, den Sohn von [Ahab], König von Israel, und [ich] tötete [Ahas]ja, den Sohn von [Joram Köni]g aus dem Hause Davids. Und ich machte [ihre Städte zu Ruinen und] gab ihr Land der [Verwüstung anheim].»

War das Hasaël oder Jehu? Das wird man wohl kaum je sicher wissen. Hasaëls Druck und Jehus Aufstand sind in der Bibel miteinander verknüpft. Hasaël betrachtete Jehu möglicherweise als sein Instrument, oder vielleicht verwischte sich die Erinnerung an die beiden Ereignisse während der zweihundert Jahre, die bis zur Kompilation des Deuteronomistischen Geschichtswerks vergingen. Sicher hat die massive Offensive des syrischen Heerführers beim schlimmen Niedergang

Israels eine große Rolle gespielt. Hasaël strebte vornehmlich an, die Gewalt über das fruchtbare, strategische Grenzland zwischen den beiden Königreichen zu gewinnen, und anscheinend eroberte er nicht nur die ehemals von den Omriden eingenommenen aramäischen Gebiete, sondern verwüstete auch einige der fruchtbarsten landwirtschaftlichen Regionen Israels und unterbrach ihre Handelsstraßen.

Die Bibel erwähnt keine signifikanten, langfristigen Eroberungen durch ausländische Mächte in den Gebieten westlich des Jordans zwischen der Zeit der Einnahme Kanaans durch Josua und der assyrischen Eroberung. Scheinbar besaßen die biblischen Grenzen des Landes Israel, die im Buch Josua umrissen werden, den Status heiliger Unverletzlichkeit. Außer dem kleinen Stück Land, das Salomo König Hiram von Tyrus als Gegenleistung für seine Hilfe beim Tempelbau geschenkt haben soll, schildert die Bibel eine stürmische, aber im Grunde kontinuierliche israelitische Besiedlung des ganzen Landes Israel bis zur Eroberung durch die Assyrer. Aber eine erneute Überprüfung der archäologischen Befunde, gestützt von neuen, präziseren Datierungstechniken, verweist auf einen Zeitraum von wenigen Jahrzehnten, zwischen ungefähr 835 und 800 v. Chr., in denen das Königreich Aram-Damaskus die Macht über das obere Jordantal und bedeutende Gebiete im nordöstlichen Israel ausübte und große israelitische Verwaltungszentren in der fruchtbaren Jesreel-Ebene verwüstete.

Dafür hat man mit Hilfe der Ausgrabungen der omridischen Palastanlage in Jesreel, die im 9. Jahrhundert v. Chr. nur für einen relativ kurzen Zeitraum bewohnt war und ziemlich kurz nach ihrer Erbauung zerstört wurde, wichtige neue Beweise gefunden. In der späteren Eisenzeit hat es zwar noch eine kleine Ortschaft in Jesreel gegeben, aber die Stätte hat ihre frühere Bedeutung nie wieder zurückerlangt. Daher gibt es gute Gründe dafür, die Zerstörung Jesreels entweder mit Jehus Aufstand oder Hasaëls Invasion in Verbindung zu bringen, die sich beide wenige Jahre nach der Mitte des 9. Jahrhunderts ereigneten.

Da Jesreel nur für eine relativ kurze Zeit bewohnt war, bietet die in seiner Zerstörungsschicht gefundene Keramik aufschlußreiche Beispiele für die Formen, die in der Mitte des 9. Jahrhunderts v. Chr. typisch waren und wie sie tatsächlich auf dem Niveau der «salomonischen» Paläste in Megiddo und in parallelen Schichten in Stätten im ganzen Norden gefunden wurden. Leser, die (trotz der Beweise wie Tonscherben, parallele Architektur und Radiokarbondatierung) noch immer nicht davon überzeugt sind, daß die Omriden diese «salomonischen» Städte bauten, sollten jetzt die Möglichkeit erwägen, daß die gewaltsame Zerstörung dieser Stätten – lange Zeit dem ägyptischen Überfall unter dem Befehl von Pharao Schischak im ausgehenden 10. Jahrhundert v. Chr. zugeschrieben – in Wirklichkeit um 835 zu Hasaëls Zeit erfolgte.

Überall in den reichen nördlichen Tälern gingen Städte in Flammen auf, von Tel Rehov bis Beth-Schean, Ta'anach und Megiddo. Auf der Grundlage dieser neuen Befunde schloß der israelische Bibelhistoriker Nadav Naaman, diese Zerstörungsschichten stünden für eine so nachhaltige Verwüstung des Nordreichs durch Hasaël, daß sich einige der Orte nie davon erholten. Der militärische Druck auf Israel gipfelte möglicherweise in der Belagerung der Hauptstadt Samaria vermutlich durch Barhadad III. (aus der Bibel als Benhadad bekannt), Hasaëls Sohn. Die beiden Belagerungen von Samaria, die die Bibel in die Zeit Ahabs und Jorams datiert, sind höchstwahrscheinlich in dieser Zeit erfolgt.

Mit Hilfe der Archäologie hat man somit etwas erfahren, was die Bibel zu erwähnen vergaß: Das Kernland Israels war längere Zeit besetzt. Keiner der früheren Archäologen schien Beweise für dieses Ereignis zu finden. In Hazor ordnete Yigael Yadin dem Zeitraum zwischen den Omriden und dem Ende des Nordreichs vier Schichten zu, von denen keine speziell mit Hasaëls Invasion zusammenhing. Aber sobald man die Stadt mit dem Sechskammertor und der Kasemattenmauer – lange mit Salomo in Verbindung gebracht – in die Zeit der Omriden datiert, kann man ihre Zerstörung mit Hasaëls Feldzug verbinden. In Dan, der Stadt, die Hasaël einnahm – und in der er eine Siegesstele aufstellte, die die Wiedereroberung von Gebieten für sein Königreich verkündet –, wurde mit der herkömmlichen Datierung keine Zerstörung Mitte des 9. Jahrhunderts v. Chr. festgestellt, ganz zu schweigen von einer aramäischen Besetzung. Aber auch in Dan erlaubt die alternative Datierung, eine Zerstörungsschicht mit Hasaëls Eroberung zu identifizieren, an die die Dan-Stele erinnert.

Allerdings war Hasaël nicht stark genug, um auch die verheerten israelitischen Zentren weiter südlich in der Jesreel-Ebene und in der Bucht von Beth-Schean, die weit weg vom eigenen Herrschaftsgebiet lagen, zu annektieren. Anscheinend ließ er sie in Ruinen zurück, womit er bewirkte, daß viele Orte verlassen waren und die ganze Region mehrere Jahrzehnte lang verfiel. Einige Zentren erholten sich nie davon; Jesreel und Ta'anach erlangten zum Beispiel nie wieder ihre frühere Bedeutung zurück. Eine Analyse der Keramik in Megiddo legt den Schluß nahe, daß diese für die israelitische Verwaltung im Norden entscheidende Stadt fast ein halbes Jahrhundert lang verlassen war.

Somit verlor das Reich Israel die wirksame Kontrolle über einige seiner fruchtbarsten landwirtschaftlichen Regionen und, was noch wichtiger ist, sein Gegner gewann einen festen Halt in den strategischen Orten Hazor und Dan im Nordosten. Diese Orte lagen näher bei Damaskus als bei Samaria, noch dazu auf Gebiet, das Hasaëls Behauptung zufolge ursprünglich zu Aram gehört hatte. Noch einmal sei Hasaëls Inschrift zitiert, die die Lage nach dem Tod seines Vorgängers beschreibt: «Und mein Vater legte sich nieder, er ging zu seinen [Ahnen]. Und der König von I[s]rael drang früher in meines Vaters Land ein.» Es ist undenkbar, daß Hasaël das obere Jordantal einnahm, eine Siegesstele in Dan aufstellte und sich dann zurückzog. Hier wurden die Siege auf dem Schlachtfeld in eine langfristige territoriale Vorherrschaft umgesetzt.

Es ist daher wahrscheinlich, daß die neue, in Hazor gleich nach Hasaëls Eroberung erbaute Stadt ein wichtiges Glied in einer Kette *aramäischer* Städte und Festungen war, die die südöstliche Grenze von Aram-Damaskus vor Israel schützten. Die direkt auf der Zerstörungsschicht errichtete Stadt nahm die gesamte obere bronzezeitliche Akropolis ein und war von einer neuen massiven Mauer umgeben. An ihrem westlichen Ende, anscheinend auf der jetzt zerstörten omridischen Zitadelle, wurde eine Zitadelle oder ein Palast errichtet. Sogar das großartige, in den Fels gehauene Wassersystem entstand möglicherweise in diesem Stadium der Geschichte der Stadt.

Die berühmte Stele in Dan wurde zweifellos in einer neuen, von Hasaël wiederaufgebauten Stadt aufgestellt. Charakteristisch für die Stadt aus dem ausgehenden 9. Jahrhundert v. Chr. ist eine gewaltige Stadtmauer aus Stein, ähnlich der in Hazor freigelegten, und ein ungewöhnlich kunstvolles Stadttor. Das Tor weist ein besonderes Element auf, das in Israel und Juda zur damaligen Zeit unbekannt war: Außen am rechten Turm, wenn man die Stadt betritt, wurden die Überreste eines Vordachs oder einer erhöhten Plattform gefunden. Dazu gehören weiter zwei behauene runde Steinbasen mit typisch nördlichen (das heißt syrischen) Merkmalen. Die Gedenkstele, die wohl auch Hasaëls Bautätigkeit erwähnte, dürfte entweder am Stadttor oder an der kunstvoll wiedererrichteten Kultstätte aus Quadern, vermutlich wieder Arams Gott Hadad geweiht, gestanden haben.

Eine weitere gewaltige Festung aus der gleichen Zeit – die möglicherweise mit Hasaëls Besetzung des nördlichen Israels zusammenhängt – ist ein als et-Tell bekannter Ort am Nordufer des Sees Genezareth. Seine Ausgräber schlugen vor, ihn als den Ort zu identifizieren, an dem die sehr viel spätere Ortschaft Bethsaida in römischer Zeit entstand. Im 9. Jahrhundert umgab den Ort eine massive Steinmauer, ähnlich den in Hazor und Dan erbauten Mauern. Auch wurde ein Stadttor entdeckt, das in Form und Größe dem in Dan freigelegten ähnelt. Vor dem Stadttor machten die Ausgräber einen ungewöhnlichen Fund, der die ethnische oder, genauer, die kulturelle und politische Zugehörigkeit der Bewohner verrät. Beim rechten Turm, wenn man das Tor betritt, wurde eine Basaltstele gefunden. Die Darstellung einer gehörnten Gottheit ist typisch aramäisch. Und ihre Lage vor dem Tor legt die Vermutung nahe, daß unter dem kunstvollen Vordach des Tors in Dan möglicherweise eine ähnliche Stele aufgestellt war.

Damit gibt es Hinweise darauf, daß auf Hasaëls Invasion von Israel in der Mitte des 9. Jahrhunderts v. Chr. eine längere Besetzung und die Gründung von mindestens drei Festungen – in Dan, Hazor und Bethsaida – folgten, die gemeinsame Merkmale, einige davon typisch aramäische, aufwiesen. Weiter darf man annehmen, daß die Bevölkerung in diesem Teil des israelitischen Königreichs wenigstens teilweise, wenn nicht überwiegend aramäisch war. Darauf läßt die Tatsache schließen, daß man bei den Ausgrabungen beinahe jeder großen Stätte der Region aus der Eisenzeit II aramäisch beschriebene Ostraka zutage förderte.

Assyrien kehrt zurück

Die syrische Besetzung Israels dauerte nicht lange. Aus assyrischen Quellen ist bekannt, daß Hasaël in den Westen und Süden bis nach Israel vordringen konnte, weil die herrschenden assyrischen Könige in der zweiten Hälfte des 9. Jahrhunderts einige Jahrzehnte lang mit Unruhen in anderen Teilen ihres Reichs beschäftigt waren. Als dann jedoch ein mächtiger neuer assyrischer Monarch, Adad-Nirari III., 811 v. Chr. den Thron bestieg, veränderten sich die Machtverhältnisse zwischen Aram und Israel dramatisch. Adad-Nirari erneuerte sofort den militärischen Druck im Westen und belagerte Damaskus, zu diesem Zeitpunkt die stärkste Regionalmacht. Zwar war Damaskus dazu fähig, Israel zu überwinden, aber mit den Armeen der damaligen mesopotamischen Supermacht konnte es sich nicht messen. Barhadad III., Hasaëls Sohn, ergab sich und zahlte Assyrien hohen Tribut. Diese Ereignisse setzten der Hegemonie von Aram-Damaskus und damit auch dem militärischen Druck auf Israel ein Ende.

Angesichts dessen beginnt man zu verstehen, wie stark sich der assyrische Imperialismus auf den Verlauf der Ereignisse im Königreich Israel auswirkte und daß vieles von dem, was die Bibel der Gottlosigkeit oder Habgier der Könige von Israel zuschreibt, eher damit zusammenhing, wie der Wind internationaler Machtpolitik wehte. Wenngleich die Bücher der Könige Ahab hauptsächlich als Götzenanbeter und Tyrann darstellen, ist aus der Monolith-Inschrift Salmanassars III. bekannt, daß er einer der energischsten Gegner der assyrischen Vorherrschaft war und seine gewaltige Streitwagenmacht in die Konfrontation mit den Assyrern in Karkar schickte. Und während Jehu, der Aufrührer, als Gottes Instrument dargestellt ist, um die Abgötterei in Israel auszurotten, ist er auf dem berühmten «schwarzen Obelisken» Salmanassars zu sehen, wie er sich zu Füßen des großen assyrischen Königs bis tief auf den Boden verneigt. Dazu merkt Salmanassar an: «Der Tribut von Jehu, dem Sohn Omris: Ich erhielt von ihm Silber, Gold, eine goldene Saplu-Schüssel, eine Goldvase mit spitzem Boden, goldene Becher, goldene Eimer, Zinn, einen Stab für einen König.» (Die Tatsache, daß Jehu als «Sohn Omris» bezeichnet wird – das heißt als Sohn der Familie, die er der Bibel zufolge ausrottete –, bedeutet nur, daß er Herrscher eines Vasallenreichs war, dessen Hauptstadt von Omri gegründet worden war.)

Der erneute Aufstieg Israels unter Jehus Enkel Joas (2. Kön. 13,22–25) hing eher mit der assyrischen Demütigung von Damaskus zusammen als mit dem geschilderten Gesinnungswandel Gottes. Das Ende der regionalen Hegemonie von Aram-Damaskus gab dem Nordreich Israel – das schon zur Zeit Salmanassars III. Assyrien seiner Loyalität versichert hatte – die hervorragende Gelegenheit, als Assyriens meistbegünstigter Vasall anerkannt zu werden. Unter der Führung von König Joas erholte sich das Nordreich schnell und begann mit der Wiedereinnahme der Gebiete, die es an Damaskus verloren hatte (2. Kön. 13,25). Israels Expansion hielt auch noch unter Jerobeam II. an (2. Kön. 14,25,28), der Israels Grenzen sogar bis weit auf ehemals aramäische Gebiete vorschob. Ein Blick auf die archäologischen Daten zeigt, daß Israel unter Joas' Sohn Jerobeam II., der in der Geschichte des Nordreichs am längsten herrschte, eine Zeit beispiellosen Wohlstands erlebte.

Früchte einer neuen Weltordnung

An die neue Phase des Wohlstands, die um ungefähr 800 v. Chr. einsetzte, erinnerte man sich anscheinend noch lange als der eines goldenen Zeitalters im Nordreich – auch unter den Bewohnern Judas. Der Verfasser der Bücher der Könige mußte eine Erklärung für dieses eher verwirrende gute Glück der eigentlich sündigen Bewohner des Nordens finden. Er erklärt die veränderten Verhältnisse damit, daß Gott plötzlich Mitleid für Israel empfunden habe (2. Kön. 14,26–27); doch heute sehen wir, daß die assyrische Aggression gegen Damaskus und Israels eifrige Beteiligung an der wachsenden assyrischen Weltwirtschaft der wahrscheinlichere Grund war. Hasaëls Siegesstele in Dan wurde zertrümmert, ihre Bruchstücke wurden in späteren Bauten wiederverwendet (wo sie gut 2800 Jahre später von Archäologen wiedergefunden wurden), als die Israeliten dort eine neue Stadt errichteten. Die Stele in Bethsaida mit der Gottheit im aramäischen Stil wurde absichtlich umgedreht und mit der Oberseite nach unten gelegt. Und um ungefähr die gleiche Zeit wurde Hazor eingenommen, zerstört und wiederaufgebaut; es dürfte kein Zufall sein, daß in dieser Bauphase zum ersten Mal hebräische Inschriften in Hazor auftauchen.

Wie stark die israelitische Wirtschaft unter Jerobeam II. war, läßt sich am besten mit Hilfe von Israels landwirtschaftlicher Entwicklung und mit der eindrucksvollen Zunahme seiner Bevölkerung belegen. Über Tausende von Jahren galt das Bergland um Samaria als die beste Region im Land für den Anbau von Wein und Oliven. Bei intensiven archäologischen Sondierungen in den Berggebieten südlich von Samaria kamen Belege für eine beispiellose Expansion der Olivenölproduktion in der Eisenzeit zutage. Im 8. Jahrhundert v. Chr. werden zum ersten Mal Ortschaften auf Felsvorsprüngen inmitten der am besten für Plantagen geeigneten Regionen gegründet, deren Bewohner sich anscheinend auf diesen Zweig der Landwirtschaft spezialisierten (Abb. 23). Rings um diese Dörfer, bei denen es sich um königliche Güter gehandelt haben könnte oder um solche, die speziell für diesen Zweck gegründet worden waren, wurden Dutzende von Ölmühlen und anderen Einrichtungen zur Weiterverarbeitung in den Fels gehauen. An potentiellen Märkten fehlte es nicht: Das Olivenöl aus dem Bergland Israels konnte man gewinnbringend nach Assyrien exportieren und nach Ägypten verschiffen, weil es sowohl in Ägypten als auch in Assyrien an für den Olivenanbau gut geeigneten Regionen fehlte. Die berühmten Samaria-Ostraka – eine Sammlung von 63 mit Tinte hebräisch be-

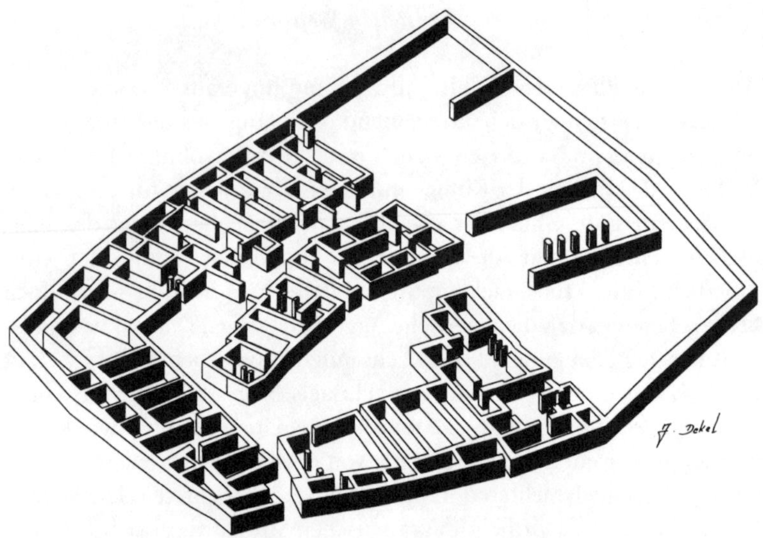

Abb. 23: Plan eines ölproduzierenden Ortes im Bergland, nordwestlich von Jerusalem. (Nach einem in Atiqot veröffentlichten Plan)

schriebenen Töpferscherben, überzeugend auf Jerobeams II. Zeit datiert – verzeichnen Ladungen von Öl und Wein von entlegenen Dörfern in die Hauptstadt Samaria.

Mittlerweile war dieses landwirtschaftliche Hinterland dichter bewohnt als je zuvor. Die Bevölkerung des Nordreichs, an eine Weltwirtschaft angebunden und nicht mit einer bedeutenden militärischen Bedrohung konfrontiert, expandierte dramatisch. Die in den letzten Jahrzehnten im großen Maßstab durchgeführten Sondierungen werfen Licht auf die große Bevölkerungszunahme vom 10. bis zum 8. Jahrhundert v. Chr. Im ausgehenden 8. Jahrhundert war das Nordreich – das Bergland von Samaria ebenso wie die nördlichen Täler – die am dichtesten bewohnte Region der gesamten Levante.*

Zugegeben, die Zahlen sind unvollständig, aber sie ergeben eine allgemeine Schätzung, der zufolge die Bevölkerung im Nordreich im

* Diese Annahme beruht auf einer groben Schätzung der Bevölkerungsdichte, für die eine Kombination archäologischer und ethnographischer Daten verwendet wurde. Bei dieser Technik zum Abschätzen alter Bevölkerungen multipliziert man das bebaute Gebiet aller im 8. Jahrhundert v. Chr. bewohnten Ortschaften (bestimmt mit Hilfe von vorgefundenen unverwechselbaren Keramiktypen aus dem 8. Jahrhundert) mit dem Koeffizienten für Dichte, das heißt, die durchschnittliche Bevölkerungsdichte, wie man sie in traditionellen Gesellschaften vor der Moderne im 19. oder zu Beginn des 20. Jahrhunderts beobachtet hat.

8. Jahrhundert einschließlich seines Gebiets im Ostjordanland ungefähr 350 000 Menschen umfaßte. Mit dem gleichen Verfahren geschätzt, dürfte die Bevölkerung des *gesamten* Gebiets von Westkanaan in der Bronzezeit nicht einmal 250 000 Seelen erreicht haben. Das demographische Wachstum ist ganz besonders dramatisch, wenn man berücksichtigt, daß die Bevölkerung im Bergland in der frühen Eisenzeit kaum mehr als 45 000 Menschen zählte. Noch im 8. Jahrhundert betrug die Bevölkerung des Königreichs Juda dagegen kaum mehr als 100 000 Seelen. Die Bevölkerung der ostjordanischen Staaten Ammon und Moab zusammen erreichte mit Mühe ein Drittel der Bevölkerung des nördlichen Israels.

Dieser Zahlenvergleich erklärt die militärische Macht und Wirtschaftskraft des Nordreichs. Er liefert auch einen Hinweis auf die menschlichen Ressourcen Israels, die sowohl einen Truppenaufbau als auch eine eindrucksvolle Bautätigkeit ermöglichten. Allem Anschein nach führte Joas oder, das ist wahrscheinlicher, Jerobeam II. große Bauunternehmungen nicht nur in Megiddo (einschließlich des großen Wassersystems und der beiden gewaltigen Stallanlagen) durch, sondern war auch für den Wiederaufbau von Hazor als einer Festung in den von den Aramäern zurückeroberten Gebieten und den Wiederaufbau der Stadt Geser, eines strategischen Außenpostens des Nordreichs an der Grenze mit Juda und Philistäa, zuständig. Eine neue massive Stadtmauer mit Tor in Geser stammt möglicherweise auch aus dieser Zeit.

Wie großartig das wiedererstandene Reich Israel war, geht klar aus den archäologischen Funden hervor. Es ist bezeichnend, daß Jerobeam II. der erste israelitische König ist, von dem wir ein offizielles Siegel besitzen. Dieser ungewöhnlich große, schöne Gegenstand wurde zu Beginn des 20. Jahrhunderts in Megiddo gefunden. Darauf sind ein mächtiger brüllender Löwe und eine hebräische Inschrift zu sehen, die besagt: «Gehört Schma', dem Knecht [das heißt hohen Beamten] Jerobeams.» Die Darstellung des Löwen auf dem Siegel ist für das 8. Jahrhundert v. Chr. typisch, deshalb kann es nicht dem früheren Jerobeam zugeschrieben werden, der das Nordreich beinahe zweihundert Jahre davor gegründet hatte. Israeliten wie Judäer dürften sich wegen des Wohlstands, der internationalen Beziehungen und der umfassenden Bauvorhaben als Kennzeichen einer ruhmreichen Monarchie noch lange an das Königreich Jerobeams II. erinnert haben. Man denke nur an den berühmten Text in 1. Könige 9,15, der Salomos Bautätigkeit in Hazor, Megiddo und Geser beschreibt. Könnte es sein, daß der judäische Verfasser, der seine Geschichte beinahe hundert Jahre später niederschrieb, die Ruinen der großen, von Jerobeam erbauten Gebäude romantisch (und patriotisch) verklärt Salomos Goldenem Zeitalter zuschrieb?

Noch einmal: Das Rätsel um die Megiddo-Ställe

Allem Anschein nach gehörten Pferde zu den meistgeschätzten, wertvollsten Gütern des Nordreichs. Der Wiederaufbau Megiddos zur Zeit Jerobeams II. (Abb. 20, siehe Seite 203) könnte einige interessante Anhaltspunkte für den Umfang von Pferdezucht und -dressur in Israel liefern.

Die herausragendsten Elemente in der jüngsten israelitischen Bauphase Megiddos sind zwei große Gebäudekomplexe mit Säulen, von denen das Team von der University of Chicago in den 1920er Jahren meinte, es seien von Salomo erbaute Ställe, und die Yadin als von Ahab, der ja eine mächtige Streitwagenmacht gegen die Assyrer in der Schlacht von Karkar ins Feld geführt hatte, errichtete Ställe neu datierte. Die Anhänger der Theorie über Ställe, ob sie nun für eine Verbindung mit Salomo oder Ahab waren, vertraten die Ansicht, die Pferde seien in langen, schmalen Seitengängen der Gebäude gehalten worden, in denen sie an Steinsäulen angebunden waren und aus den zwischen den Säulen aufgestellten Trögen fressen konnten (Abb. 15, siehe Seite 154). Der Mittelgang, dessen Boden mit glattem Putz bedeckt war, diente vorgeblich als Bereich, in dem Pferdeknechte die Pferde striegeln und das Futter verteilen konnten. Die Archäologen schlugen außerdem vor, der große Hof vor den südlichen Ställen habe als Dressur- und Übungsplatz gedient.

Bei dieser attraktiven Theorie gab es nur ein Problem: In keinem der Gebäude hat man Gegenstände gefunden, die mit Pferden, Streitwagen oder Kavallerie zusammenhingen. Und die Seitengänge ähnlicher Gebäude, die man an anderen Orten fand, waren mit Tongefäßen angefüllt, was für viele Gelehrte darauf schließen ließ, *alle* derartige Gebäude mit drei Gängen seien als Lagerhäuser verwendet worden. Einige vertraten die Theorie, die in den Megiddo-Gebäuden gefundenen Tröge seien zum Füttern von Lasttieren, vermutlich Eseln, verwendet worden, die in Karawanen Waren in die Lagerhäuser brachten. Andere Gelehrte schlugen vor, die Gebäude mit Säulen in Megiddo hätten, genau wie an anderen Orten in der Region, womöglich als Kasernen oder sogar als öffentliche Märkte gedient.

Bei den gegenwärtig andauernden Ausgrabungen in Megiddo versucht man, das Problem mit Hilfe systematischer chemischer Tests der jüngst ausgegrabenen Erde vom Boden der Gebäude mit Säulen zu lösen, um Spuren von Futter oder Tierkot zu identifizieren. Bisher waren die Ergebnisse unbestimmt. Aber eins wurde bei den erneuten Ausgrabungen schon klargestellt. Man sollte nicht erwarten, in den Gebäuden irgendwelche bedeutsamen Gegenstände im Zusammenhang mit Pferden zu finden, denn nachdem die Assyrer die Stadt übernommen hatten, säuberten sie sie gründlich und verwendeten sie wenigstens teilweise wieder; als sie davonzogen, riß man sie ab. Sie wurden absichtlich zerstört, indem man ihre Wände zum Einsturz brachte.

Dank der Neudatierung der Schichten in Megiddo – und der Neubewertung der archäologischen Geschichte des Nordreichs – scheiden die früheren Theorien aus; statt dessen können wir sicher sagen, daß die stallähnlichen Bauten in Megiddo aus der Zeit Jerobeams II. stammen. Ahab, der eindeutig eine große Streitwagenmacht unterhielt, baute die großen Paläste in Megiddo, die der Ebene der «Ställe» *vorausgehen* (wenngleich einige Gelehrte vorschlagen, daß es auch in dieser Stadt, die nur teilweise ausgegraben wurde, ebenfalls Ställe gab). Aber selbst wenn die «Ställe» mit Jerobeam II. in Verbindung gebracht werden, hat man noch immer nicht das Problem gelöst, wozu sie eigentlich dienten. Gibt es irgendwelche Anhaltspunkte, die auf die Bedeutung von Pferden im Reich Israel deuten würden oder vielleicht helfen könnten, Israels militärische Rolle im assyrischen Reich zu begreifen?

Der entscheidende Beleg stammt aus assyrischen Quellen, die zeigen, daß das Nordreich Israel lange, nachdem König Ahab Salmanassar III. in der Schlacht von Karkar 853 v. Chr. mit zweitausend Streitwagen entgegengetreten war, berühmt für seine Streitwagentruppe war. Die Assyriologin Stephanie Dalley stieß in assyrischen Aufzeichnungen auf überzeugende Berichte, wonach einige der Vasallenstaaten des Reichs sich auf die Zucht und den Export von Pferden für den Krieg mit Streitwagen und Kavallerie spezialisierten. Bekanntlich blühte Israel unter Jerobeam, weil es sich auf bestimmte Waren spezialisiert hatte. Könnte es sein, daß in Megiddo die architektonischen Reste eines wichtigen Pferdezuchtzentrums für das berühmte Streitwagenkorps des Königreichs Israel zu sehen sind? Und ist es weiter möglich, daß Israel zur Zeit Jerobeams II. Pferde nicht nur für seine eigenen militärischen Erfordernisse züchtete, sondern auch für Streitwageneinheiten im gesamten assyrischen Reich? Ein Anhaltspunkt hierfür stammt von einem anderen assyrischen Vasallenstaat, dem Königreich Urartu in

Ostanatolien, dessen Kavallerie als die beste der Welt galt. Aus einer ausdrücklichen Erwähnung in assyrischen Quellen geht hervor, daß dort Pferde für den Export gezüchtet wurden. Interessanterweise hat man in Urartu Gebäude an Orten aus der Eisenzeit II freigelegt, die im Grundriß den «Ställen» in Megiddo überraschend ähnlich sind.

Aber die vielleicht bezeichnendste Verbindung der Israeliten mit militärischer Pferdehaltung stammt aus einer Zeit gleich nach der Eroberung des Nordreichs durch Assyrien, als eine bestimmte israelitische Streitwageneinheit dem assyrischen Heer einverleibt wurde. Stephanie Dalleys Erforschung von assyrischen, als «Pferdelisten» bezeichneten Tafeln gibt Auskunft über Beamte, Offiziere und Einheiten in der assyrischen Armee zur Zeit Sargons II. Diesen Aufzeichnungen zufolge wurden andere spezialisierte Truppen aus eroberten Regionen in das assyrische Heer eingegliedert, nur die israelitische Streitwagenbrigade durfte als einzige ausländische Einheit ihre nationale Identität beibehalten. Der assyrische König Sargon II. sagt sehr deutlich: «Ich bildete eine Einheit mit 200 ihrer Streitwagen für meine königlichen Streitkräfte.»

Es sieht daher ganz danach aus, als habe man den israelitischen Streitwagenkämpfern, weil sie für ihr Geschick so bekannt waren, eine Sonderstellung eingeräumt. Unter anderen Details wird in den Pferdelisten auch ein israelitischer Befehlshaber namens Schma', vermutlich vom Streitwagenkorps, erwähnt, der im assyrischen Heer ein hohes Amt bekleidete und dem königlichen Gefolge angehörte.

Die ersten Proteststimmen

Der Wohlstand und die Beliebtheit, die das Nordreich Israel während der Herrschaft Jerobeams II. erlangte, bedeutete für die israelitische Aristokratie großen Reichtum. Wenngleich die eher chaotischen Ausgrabungsmethoden zu Beginn des 20. Jahrhunderts in Samaria keine detaillierte Analyse der Häuser und Renovierungen der Königsstadt im frühen 8. Jahrhundert v. Chr. zulassen, erlauben zwei ungemein interessante kleine Funde zumindest einen Einblick, wie üppig und reich Israels herrschende Klasse lebte. Über zweihundert zarte Elfenbeintäfelchen im phönikischen Stil mit ägyptischen Motiven, vom Stil her auf das 8. Jahrhundert v. Chr. datiert, dürften die Wände des Palasts oder die besseren Möbel der israelitischen Königsfamilie geziert haben. Sie zeugen vom Reichtum und dem kosmopolitischen Geschmack der israelitischen Monarchen und der Adelsfamilien ihres Königreichs. Die berühmten Samaria-Ostraka, Quittungen für die Sendungen von Öl und Wein, das vom Land in die Hauptstadt geliefert wurde, stehen für ein hochentwickeltes System von Gutschriften und Aufzeichnungen, in dem große Landbesitzer oder Steuerbeamte der Regierung, die das Einbringen der Ernte überwachten, Anspruch auf die Erzeugnisse des Hinterlands erhoben.

Nachdem das Nordreich unter Jerobeam II. den Höhepunkt seines Wohlstands erreicht hat, lassen sich auch endlich alle Kennzeichen für eine vollständige Staatsbildung nachweisen: die Fertigkeit zu lesen und zu schreiben, eine bürokratische Verwaltung, eine spezialisierte Wirtschaftsproduktion und ein Berufsheer. Aus dieser Zeit gibt es auch erste Aufzeichnungen von Protesten von Propheten. Die Orakel der Propheten Amos und Hosea sind die frühesten erhaltenen Prophetenbücher; sie enthalten Material, das die Glanzzeit Jerobeams II. spiegelt. Mit ihren schonungslosen Anprangerungen der korrupten, gottlosen Aristokratie im Norden dokumentieren sie den Prunk dieser Zeit und bringen zum ersten Mal Ideen zum Ausdruck, die später die Herausbildung der deuteronomistischen Ideologie tiefgreifend beeinflußt haben.

Amos wird als Schafhirte geschildert, der vom judäischen Dorf Tekoa in den Norden zieht. Aber gleichgültig, welche exakte gesellschaftliche Stellung oder Gründe er haben mochte, im Königreich Israel als Mahner aufzutreten, die in seinem Namen aufgezeichneten Orakel stellen eine scharfe Verurteilung des üppigen Lebenstils und der materiellen Realität von Israels Adel im 8. Jahrhundert v. Chr. dar:

> Weh denen, die ihr schlaft auf elfenbeingeschmückten Lagern und euch streckt auf euren Ruhebetten. Ihr eßt die Lämmer aus der Herde und die gemästeten Kälber und spielt auf der Harfe und erdichtet euch Lieder wie David und trinkt Wein aus Schalen und salbt euch mit dem besten Öl, aber bekümmert euch nicht um den Schaden Josephs (Am. 6,4–6).

Amos verurteilt jene, die in Häusern wohnen, «die von Quadersteinen gebaut» sind (5,11), und sein Zeitgenosse, der Prophet Hosea, kritisiert: «Täglich mehrt es die Lüge und Gewalttat. Sie schließen mit Assyrien einen Bund und bringen Öl nach Ägypten» (Hos. 12,2). Mit diesen und vielen anderen Anspielungen umreißen die beiden Propheten die Wirtschaftsbande und die materielle Kultur, die die Archäologie im Königreich Israel so üppig belegt hat.

Neben der Anprangerung der Reichen und Mächtigen kritisieren

Amos und Hosea aber auch scharf die soziale Ungerechtigkeit, den Götzendienst und die inneren Spannungen, die der internationale Handel und die Abhängigkeit von Assyrien gebracht haben. Dazu sagt Hosea: «Assur soll uns nicht helfen; wir wollen nicht mehr auf Rossen reiten, auch nicht mehr sagen zu den Werken unserer Hände: ‹Ihr seid unser Gott›» (Hos. 14,4). Amos verurteilt die Boshaftigkeit jener, die zu den Religionsvorschriften nur ein Lippenbekenntnis ablegen, während sie Reichtümer für sich selbst anhäufen und die Armen schmähen:

> Höret dies, die ihr die Armen unterdrückt und die Elenden im Lande zugrunde richtet und sprecht: Wann will denn der Neumond ein Ende haben, daß wir Getreide verkaufen, und der Sabbat, daß wir Korn feilhalten können und das Maß verringern und den Preis steigern und die Waage fälschen, damit wir die Armen um Geld und die Geringen um ein Paar Schuhe in unsere Gewalt bringen und Spreu für Korn verkaufen? (Am. 8,4–6)

Amos' und Hoseas Anhänger bewahrten diese Anklagen der Propheten auf; nach dem Sturz des Königreichs Israel nahmen sie eine neue Bedeutung an. Denn mit ihrer Kritik der Wohlhabenden und ihrem Abscheu vor der Auswirkung ausländischer Lebensart auf die Bewohner Israels leiteten sie eine geistige und soziale Bewegung ein, die einen unauslöschlichen Eindruck auf die Art hinterlassen sollte, wie sich der biblische Text herausbildete.

Israels Todeskampf

Als Jerobeam II. 747 v. Chr. stirbt, zeigt sich, daß die Struktur der israelitischen Gesellschaft – trotz ihres materiellen Wohlstands und ihrer Leistungen in Architektur und in den Kriegskünsten – hohl ist. Unter den regionalen Verwaltern, Armeeoffizieren und Gruppen mit Sonderinteressen bilden sich vermutlich Fraktionen. In schneller Folge und im allgemeinen blutig löst ein König den anderen ab. Die heikle Balance zwischen wirtschaftlicher Unabhängigkeit und politischem Bündnis mit oder, besser: Unterwerfung unter Assyrien bröckelt allmählich. Den Sturz Israels dokumentiert lediglich der Text im zweiten Buch der Könige, der ergänzt wird durch gelegentliche Bestätigungen in assyrischen Aufzeichnungen.

Die Serie gewalttätiger dynastischer Aufstände in Samaria hätte zu keiner gefährlicheren Zeit erfolgen können. In Mesopotamien fanden große Veränderungen statt. Im Jahr 745 – genau nach der Ermordung zweier Könige in Samaria – erhob sich der ehrgeizige Gouverneur der großen assyrischen Stadt Kalach im Tigris-Tal gegen seine eigenen Oberherren und schickte sich an, Assyrien in einen brutalen, räuberischen Staat umzuwandeln.

Dieser neue König, Tiglatpileser III. (in der Bibel auch unter seinem babylonischen Namen Pul bekannt) begann mit nichts Geringerem als dem gründlichen Aufräumen im assyrischen Reich. Hiervon waren vorrangig die Beziehungen zu seinen ehemaligen Vasallen betroffen, die fortan einer direkteren Kontrolle unterstanden. 738 v. Chr. führte er sein Heer in einem großen, bedrohlichen Feldzug in den Westen, auf dem es ihm gelang, Assyriens ehemals halb unabhängige Vasallen mit beispiellosen wirtschaftlichen Forderungen in die Knie zu zwingen. Das war jedoch nur der Anfang. In der Zeit des assyrischen Imperialismus, die Tiglatpileser eingeleitet hatte, sollte Vasallentum bald durch Eroberung und Annexion ersetzt werden; gleichzeitig würden die einheimischen Völker ganz nach Gutdünken der assyrischen Behörden deportiert werden.

In der Hauptstadt Samaria ändert sich die Außenpolitik des Nordreichs Israel nach dem Tod Königs Menahem 737 v. Chr. und der beinahe sofort darauf folgenden Ermordung seines Sohns und Nachfolgers durch einen Militäroffizier namens Pekach, den Sohn Remaljas. Nichts ist über die politischen und persönlichen Motive Pekachs, dieses letzten Usurpators, bekannt, aber er beendet unvermittelt Israels servile Unterwerfung unter Assyrien. Vielleicht war es nur eine verzweifelte Reaktion auf den Wandel der assyrischen Politik und die Unfähigkeit, den assyrischen Forderungen nachzukommen, die Pekach bewogen, sich in einem riskanten Spiel um Unabhängigkeit einer Koalition anderer lokaler Mächte – darunter König Rezin von Damaskus und einige philistäische Städte – anzuschließen.

Es folgt eine tragische Serie von Fehleinschätzungen, die das Ende des unabhängigen Israel herbeiführen und jede Aussicht darauf zunichte machen, irgendein Staat in der Levante werde je wieder frei und unabhängig agieren können, solange das assyrische Reich bestand. Pekach und Rezin hoffen, eine breite, engagierte Front des Widerstands aller Staaten in der Region gegen Assyrien ins Leben zu rufen. Aber es kommt zu keiner Koalition, und Tiglatpileser reagiert zornig. Nachdem er Damaskus eingenommen und Rezin hingerichtet hat, zieht er an der Mittelmeerküste entlang, zerstört alle potentiell aufrührerischen Städte und stellt sicher, daß die Aufständischen keine Unterstützung aus Ägypten erhalten. Danach richtet er sein volles Augenmerk auf das Königreich Israel. Er erobert den größten Teil seiner Gebiete, zerstört seine wichtigsten Städte und deportiert einen Teil seiner Bevölkerung. Damit hat Tiglatpileser Israel in die Knie gezwungen.

Als Tiglatpileser 727 v. Chr. stirbt, hat das assyrische Reich den größten Teil des Gebiets des Nordreichs annektiert. Zu Verwaltungszwecken wird es in die Provinzen Dor (mit der Nordküste), Megiddo (mit der Jesreel-Ebene und Galiläa) und Gilead (mit dem ostjordanischen Hochland) unterteilt. Ein Relief aus der Zeit Tiglatpilesers III. zeigt die Belagerung einer Stadt mit dem Namen Gaazru – vermutlich Geser; es läßt darauf schließen, daß auch der südlichen Küstenebene Israels nicht das bittere Schicksal der Nordprovinzen erspart bleibt. Übriggeblieben vom Nordreich ist nur noch das Bergland rund um die Hauptstadt Samaria. Und deshalb kann Tiglatpileser in einer monumentalen Inschrift prahlen: «Das Land von Bit-Humria [das heißt des Hauses Omris], alle seine Städte machte ich in meinen früheren Feldzügen dem Erdboden gleich ... Ich plünderte sein Vieh, und ich verschonte allein Samaria.»

Die Assyrianisierung des Nordens

Das assyrische Reich unter Tiglatpileser mit seinem neuen Herrscherstil begnügte sich nicht damit, einfach Gebiete zu erobern. Die Assyrer betrachteten alle Länder, Tiere, Ressourcen und Völker der von ihnen eingenommenen Regionen als Gegenstände – als bewegliches Vermögen –, das im besten Interesse des assyrischen Staats hin- und hergeschoben oder ausgebeutet werden konnte und sollte. Deshalb führten die Assyrer eine Politik großangelegter Deportationen und Neuansiedlungen ein. Dieser Politik lagen viele Ziele zugrunde, die aber alle dem Zweck einer anhaltenden Fortentwicklung des Reichs dienten. Aus militärischer Sicht bedeuteten Eroberung und Beseitigung einheimischer Dörfer, daß die Bevölkerung in Schrecken versetzt, demoralisiert und aufgesplittert und damit weiterer organisierter Widerstand verhindert wurde. Aus wirtschaftlicher Sicht bedeutete die Einberufung ins Reichsheer neue Kräfte und militärische Technologien innerhalb eines Rahmens, in dem die neuen Rekruten genau überwacht werden konnten. Die Zwangsumsiedlung von Handwerkern in die Zentren des assyrischen Kernlands verstärkte den Anteil gut ausgebildeter menschlicher Ressourcen, die der assyrischen Wirtschaft zur Verfügung standen. Und schließlich war mit der systematischen Wiederansiedlung neuer Populationen in leeren oder erst kurz davor eroberten Gebieten beabsichtigt, die landwirtschaftliche Produktion des Reichs auszuweiten.

Tiglatpileser III. leitete diesen Vorgang in den Regionen des Königreichs Israel, über die seine Armeen hergefallen waren, beinahe sofort ein. In seinen Annalen gibt er die Zahl von 13500 Deportierten an. Wenn das keine Übertreibung ist – und archäologische Sondierungen in Untergaliläa lassen auf eine weit verbreitete Entvölkerung schließen –, dann haben die Assyrer einen bedeutenden Teil der ländlichen Bevölkerung dieser Gebiete nach Assyrien deportiert.

Die katastrophalen Ergebnisse von Tiglatpilesers erstem Sturm sind an vielen Orten erkennbar. In Hazor, das in der Bibel im Zusammenhang mit seinem Feldzug ausdrücklich erwähnt wird (2. Kön. 15,29), wurde die letzte israelitische Stadt zerstört und niedergebrannt. Klare archäologische Beweise zeigen, daß die Befestigungen der Stadt kurz vor dem letzten assyrischen Sturm verstärkt wurden – vergeblich, wie die Ereignisse zeigten. Auch in Dan und Beth-Schean gibt es Spuren einer massiven Zerstörung. Mit Megiddo hatten die Assyrer dagegen etwas anderes vor, denn es sollte das neue Zentrum der Reichsverwaltung werden. Die Viertel mit den Wohnhäusern wurden in Brand gesteckt; eingestürzte, abgebrannte Gebäude und zerschlagene Gefäße erzählen von den letzten Stunden der israelitischen Stadt. Aber die Gebäude mit Säulen – die berühmten Megiddo-Ställe – wurden nicht angerührt und vermutlich eine Zeitlang wiederverwendet. Die Assyrer hatten vor, den Ort für ihren eigenen Gebrauch neu aufzubauen, und die fein behauenen Steine der Stallbauten boten sich bestens als Baumaterial an.

Megiddo liefert die besten Beweise für die frühen Etappen der assyrischen Besetzung. Nachdem die letzte israelitische Stadt teilweise zerstört war, lag sie für kurze Zeit verlassen da, dann folgte ihr umfassender Wiederaufbau. Die Assyrer machten Megiddo zur Hauptstadt ihrer neuen Provinz, die die ehemaligen Gebiete des Nordreichs in den nördlichen Tälern sowie das Bergland von Galiläa umfaßte. Innerhalb weniger Jahrzehnte erwähnen offizielle Dokumente Megiddo als den Sitz des Gouverneurs. Der Brennpunkt der neuen Stadt, die nach einem völlig neuen Grundriß erbaut wurde, lag beim Tor; dort entstanden zwei Paläste im typisch assyrischen Stil. Der Rest der Stadt war als ein exaktes Gitter von parallelen Straßen von Osten nach Westen und von Norden nach Süden angelegt, so daß rechteckige Blocks für Wohnhäuser entstanden – eine bis dahin in der Levante unbekannte Form der Stadtplanung. Angesichts dieser radikalen Veränderungen

König	Daten*	Biblische Darstellung	Assyrische Quellen	Archäologische Funde
Jehu	842–814	Putscht gegen die Omriden und rottet die Dynastie aus; zerstört den Tempel des Baal in Samaria; Auseinandersetzung mit Aram-Damaskus hält an; Prophet Elisa	Zahlt Tribut an Salmanassar III.	Hazor und der Norden in den Händen von Aram-Damaskus; Megiddo verlassen?
Joahas	817–800**	Israel wird geschlagen und Samaria von Aram belagert; Prophet Elisa		
Joas	800–784	Schlägt die Aramäer und Israel; erholt sich; greift Jerusalem an	Zahlt Tribut an Adad-Nirari III.	Hazor wieder in israelitischer Hand?
Jerobeam II.	788–747 **	Schlägt Damaskus; unter ihm gewinnt das Nordreich seine weiteste Ausdehnung		Beispielloser Wohlstand im nördlichen Königreich; umfangreiche Bautätigkeit in Hazor, Geser und Megiddo (Ställe und Wassersystem); Ostraka und Elfenbeintäfelchen in Samaria; in Megiddo Siegel mit seinem Namen gefunden

Sacharja	747	Herrscht sechs Monate, dann durch einen Putsch getötet		
Schallum	747	Herrscht einen Monat und wird in einem Putsch getötet		
Menahem	747–737	Zahlt Tribut an den König von Assyrien	Zahlt Tribut an Tiglatpileser	
Pekachja	737–735	In einem Putsch getötet		
Pekach	735–732	Kämpft mit Damaskus gegen Ahas von Juda; Tiglatpileser III. erobert Galiläa und die Jesreel-Ebene	Von Tiglatpileser III. abgesetzt; Tiglatpileser erobert Galiläa	Zerstörung israelitischer Städte im Norden
Hosea	732–724***	Letzter König von Israel; Salmanassar V., König von Assyrien, belagert Samaria, nimmt es ein und verschleppt Israeliten nach Assyrien	Von Tiglatpileser III. eingesetzt und zahlt ihm Tribut	

* Nach dem *Anchor Bible Dictionary* ** Einschließlich Mitregentschaften *** Oder 722 v. Chr.

Tabelle 7: Israelitische Könige von Jehu bis Hosea

ist es durchaus möglich, daß neue Völker, die aus anderen eroberten Gebieten des assyrischen Reichs deportiert worden waren, jetzt hier angesiedelt wurden.

Das Ende des Nordreichs

Das auf die unmittelbare Umgebung von Samaria beschränkte Rumpfreich Israel war kaum mehr als ein Leckerbissen, den der aufsteigende assyrische Staat bei der erstbesten Gelegenheit schlucken konnte. Hosea, Pekachs Mörder und letzter König Israels, bietet Assur eilig Tribut an, gleichzeitig leitet er jedoch eine katastrophal gefährliche Verschwörung in die Wege. In der kurzen Zeit der Unsicherheit über die Nachfolge zwischen Tiglatpilesers III. Tod und der Thronbesteigung von Salmanassar V. wendet sich Hosea Berichten zufolge heimlich an einen der regionalen Herren im ägyptischen Delta in der Hoffnung, daß Ägypten jetzt bereit ist, sich in den Kampf gegen Assur einzuschalten. In einem letzten Schritt wagt Hosea es auch noch, seine Tributzahlungen an den neuen assyrischen König einzustellen.

Wer kann sich über die Folgen wundern? Salmanassar V. bricht sofort zu einem Vernichtungsfeldzug auf. Er nimmt das Land rund um Samaria ein und belagert die Stadt. Nach einer langen Belagerung wird die Stadt gestürmt und mindestens ein Teil der überlebenden Bevölkerung zu Sammelpunkten getrieben, um anschließend in weit entlegenen assyrischen Gebieten neu angesiedelt zu werden. Unter den Gelehrten ist noch immer heftig umstritten, ob Salmanassar V. selbst noch die Einnahme Samarias erlebte oder ob sein Nachfolger Sargon II., der 722 v. Chr. den Thron bestieg, für den Gnadenstoß verantwortlich war. Wie dem auch sei, Sargons Chronik gibt den umfassendsten assyrischen Bericht von den Ereignissen:

> Die Bewohner von Samaria, die sich einigten und sich mit einem mir feindlichen König verschworen, nicht länger Knechtschaft zu erleiden und Assur keinen Tribut zu bringen und die kämpften, gegen sie habe ich mit der Macht der großen Götter, meiner Herren, gekämpft. Als Beute zählte ich 27 280 Menschen, zusammen mit ihren Streitwagen und Göttern, auf die sie vertrauten. Ich bildete eine Einheit mit 200 ihrer Streitwagen für meine königlichen Streitkräfte. Den Rest siedelte ich in der Mitte Assyriens an. Ich bevölkerte Samaria mehr als zuvor. Ich brachte Völker aus Ländern, die ich mit meinen Händen erobert habe, hinein. Ich setzte meinen Beauftragten als Gouverneur über sie. Und ich zählte sie zu den Assyrern.

Sargon liefert uns in seinem Bericht die Anzahl der aus Samaria Deportierten, wenngleich unklar ist, ob er sich auf die Bevölkerung der Hauptstadt und ihre direkte Umgebung oder auf die gesamte Zahl der Israeliten bezieht, die im Verlauf der vorhergehenden Jahre aus dem Königreich fortgeführt wurden. Die Bibel zählt zwar einige der Ziele auf: «Halah und am Habor, dem Fluß von Gosan und in den Städten der Meder» (2. Kön. 17,6), aber über das endgültige Schicksal der meisten Israeliten – der zehn Stämme des nördlichen Israels – sollte nie wieder etwas zu erfahren sein. Anfangs dürften die Deportierten versucht haben, ihre Identität zu bewahren, indem sie zum Beispiel an den israelitischen Formen des Gottesdienstes festhielten oder ihren Kindern israelitische Namen gaben. Aber schon bald waren sie assyrianisiert und ins Reich integriert.

Es war vorbei. Zweihundert stürmische Jahre endeten in einer Katastrophe. Das stolze Nordreich und ein bedeutender Teil seiner Bevölkerung waren der Geschichte für immer verlorengegangen.

Deportierte und Überlebende

Wie schon zuvor, als die assyrischen Oberherren wichtige Orte im Norden wie Megiddo vermutlich mit zuverlässigen Untertanen besiedelten, brachten sie neue Bevölkerungsgruppen ins Land, die sie anstelle der deportierten Israeliten im Kernland des israelitischen Berglands ansiedelten: «Der König von Assyrien aber ließ Leute von Babel kommen, von Kutha, von Awa, von Hamath und Sepharwaim und ließ sie wohnen in den Städten von Samaria an Israels statt. Und sie nahmen Samaria ein und wohnten in seinen Städten» (2. Kön. 17,24). Einige historische und archäologische Anhaltspunkte lassen darauf schließen, daß diese neuen Gruppen aus aufständischen Gebieten in Südmesopotamien nicht nur in Samaria, sondern auch in dem strategisch besonders wichtigen Gebiet um Bethel – dem alten israelitischen Kultzentrum – an der Nordgrenze des noch immer unabhängigen Königreichs Juda angesiedelt wurden. Der biblische Historiker liefert Indizien dafür, wenn er Awim, eine Stadt, die im 7. Jahrhundert zu Juda gehört, dem Gebiet von Bethel zuschlägt (Jos. 18,23). Dieser Name hängt sicher mit Awa zusammen, das als einer der Herkunftsorte der Deportierten erwähnt wird. Ein aramäischer Text verweist auf Deportierte, die in Bethel selbst angesiedelt wurden. Außerdem liefern einige Keilschrifttexte aus dem 7. Jahrhundert mit babylonischen Namen, die man in Geser und seiner

Umgebung fand, greifbare Beweise für die Anwesenheit dieser Deportierten im südwestlichen Gebiet des besiegten Israel, ebenfalls an der Grenze mit Juda. Schließlich meinte Adam Zertal von der Universität Haifa, ein besonderer Keramiktyp mit keilschriftähnlichen Zeichen, an einigen Stätten im Bergland von Samaria gefunden, hänge möglicherweise auch mit diesen frisch eingetroffenen Gruppen zusammen.

Aber der Bevölkerungsaustausch war keineswegs vollständig. Die in den assyrischen Quellen für beide Deportationen – durch Tiglatpileser III. aus Galiläa und durch Sargon II. aus Samaria – angegebenen Bruttozahlen belaufen sich auf ungefähr 40000 Menschen. Das ist nicht mehr als ein Fünftel der geschätzten Bevölkerung des Nordreichs westlich des Jordans im 8. Jahrhundert v. Chr. Anscheinend deportierte Tiglatpileser III. hauptsächlich störende Dorfbewohner aus dem Bergland von Galiläa sowie die Bevölkerung der Hauptzentren wie Megiddo, während Sargon II. wiederum vor allem den Adel aus Samaria und möglicherweise auch Soldaten und Handwerker deportierte, die über in Assyrien benötigtes Können verfügten. Die meisten überlebenden Israeliten konnten demzufolge auf dem Land bleiben. Im Bergland um die Stadt Samaria, die das Zentrum der neuen assyrischen Provinz Samerina werden sollte, beschränkte sich die Deportation auf ein Mindestmaß. Die Assyrer hatten gute wirtschaftliche Gründe dafür, das reiche, ölproduzierende Gebiet nicht zu verwüsten. In den nördlichen Tälern zerstörten sie die israelitischen Verwaltungszentren, rührten aber die ländliche Bevölkerung (die im wesentlichen der kanaanäischen, phönikischen und aramäischen Tradition entstammte) nicht an – solange sie gehorchte und für ihren Anteil der assyrischen Tributforderungen aufkam. Selbst die brutalen assyrischen Eroberer erkannten, daß die völlige Zerstörung und Deportation der ländlichen Bevölkerung Israels auch die landwirtschaftliche Produktion ihrer neuen Provinz vernichtet hätte; deshalb entschieden sie sich, wo immer möglich, für Stabilität und Kontinuität.

Sondierungen und Ausgrabungen in der Jesreel-Ebene bestätigen denn auch die überraschende demographische Kontinuität. Ungefähr die Hälfte der ländlichen Ortschaften bei Samaria war auch in den Jahrhunderten danach bewohnt. Für diese demographische Situation gibt es möglicherweise sogar einen Hinweis in der Bibel. Einige Jahre nach der Zerstörung des Nordreichs feierte der judäische König Hiskia Passa in Jerusalem. Wie verlautet, «sandte [Hiskia] hin zu ganz Israel und Juda und schrieb Briefe an Ephraim und Manasse, daß sie zum

Hause des Herrn nach Jerusalem kommen sollten, Passa zu halten dem Herrn, dem Gott Israels» (2. Chron. 30,1). Mit Ephraim und Manasse ist das Bergland von Samaria nördlich von Juda gemeint. Zwar mag die Historizität des Buchs Chronik in Frage gestellt werden, aber auch Jeremia berichtet ungefähr hundertfünfzig Jahre nach dem Sturz des Nordreichs, daß Israeliten aus Sichem, Silo und Samaria mit Opfergaben in den Tempel in Jerusalem kamen (Jer. 41,5).

Die Tatsache, daß eine beträchtliche Anzahl von Israeliten weiterhin im Bergland von Samaria einschließlich des südlichen Gebietes von Bethel neben den neuen, von den Assyrern hereingebrachten Bevölkerungen lebten, sollte in Judas Außenpolitik und bei der Entfaltung der biblischen Ideologie im 7. Jahrhundert v. Chr. noch eine wichtige Rolle spielen.

Die harte Lektion des Königreichs Israel

Man wird nie wissen, wie zuverlässig die Traditionen, Texte oder Archive waren, die die Verfasser der Bibel für die Kompilation ihrer Geschichte des Königreichs Israel benutzten. Sie strebten nicht an, eine objektive Geschichte des Nordreichs zu schreiben, vielmehr wollten sie eine *theologische Erklärung* für eine Geschichte liefern, die zumindest in ihren groben Umrissen schon allgemein bekannt gewesen sein dürfte. Gleichgültig, was Volkssagen über die einzelnen Könige von Israel gesagt haben mögen, die Verfasser der Bibel beurteilten jeden einzelnen negativ. Die Herrschaft der meisten verdiente lediglich einige zusammenfassende Worte: Solch und solch ein König «tat, was dem Herrn mißfiel. Er ließ sein Leben lang nicht ab von den Sünden Jerobeams, des Sohnes Nebats». Einige bemerkenswerte Herrscher – wie Jerobeam I. und die Omriden – werden mit härteren Worten und in strengen Berichten verurteilt. Selbst die besten nördlichen Könige gelten immer noch als Sünder: Joram, dem Sohn des Ahab, wird zwar zugeschrieben, die Mazzebe (= das Steinmal) des Baal entfernt zu haben, und Jehu wird gelobt, weil er die Anbetung des Baal ausgerottet habe, gleichzeitig werden aber beide laut gerügt, weil sie nicht abließen von den «Sünden Jerobeams, des Sohnes Nebats». Sogar Hosea, der letzte König Israels, der etwas zu spät versuchte, Israel aus dem assyrischen Griff zu lösen, wird nur geringfügig nachsichtiger beurteilt: «Und er tat, was dem Herrn mißfiel, doch nicht wie die Könige von Israel, die vor ihm waren» (2. Kön. 17,2). Beginnend mit Jerobeams Sünden bietet die Bibel eine Geschichte dar, deren Verhängnis vorhersehbar ist.

Die Zeiten des Wohlstands im Nordreich Israel, an die man sich dank der monumentalen Überreste, die noch immer in vielen Städten im Norden zu sehen sind, jahrhundertelang erinnerte, stellten für die späteren judäischen Beobachter, die die Bücher der Könige verfaßten, ein ernsthaftes theologisches Problem dar. Wenn das Nordreich so böse war, warum hat JHWH es nicht vernichtet, als Jerobeam I. noch an der Macht war, oder gleich nach seiner Herrschaft, zur Zeit seiner eigenen Dynastie? Oder spätestens zur Zeit der Omriden, den Baal-Anhängern? Wenn sie so böse waren, warum ließ JHWH ihre Blüte zu? Der deuteronomistische Historiker fand einen eleganten Weg, den beinahe zweihundert Jahre währenden Fortbestand des nördlichen Israel zu erklären, indem er nahelegte, das Verhängnis sei hinausgeschoben worden, weil JHWH sogar bei den sündigsten Monarchen des Nordreichs einige Verdienste feststellte. Da er «den Jammer Israels» sah, konnte er nicht widerstehen, es bei mehreren Gelegenheiten vor großen Katastrophen zu retten.

Die offiziellen Priester der nördlichen Heiligtümer in Dan und Bethel hätten zweifellos dem widersprechende, kunstvolle Erklärungen über Aufstieg und Sturz des Nordreichs abgegeben. Schließlich ist es nur natürlich anzunehmen, daß es im Norden Propheten gegeben haben dürfte – der Bibel zufolge allerdings falsche –, die den königlichen Einrichtungen in Samaria nahestanden. Ihre Version hätte aber nicht in die Bibel, wie man sie heute kennt, gepaßt. Hätte Israel überlebt, hätten wir möglicherweise noch eine parallele, konkurrierende und ganz andere Geschichtsdarstellung. Da die Assyrer Samaria und alle Einrichtungen seiner königlichen Macht jedoch zerstörten, wurden auch alle konkurrierenden Geschichten zum Schweigen gebracht. Wenngleich Propheten und Priester aus dem Norden sehr wahrscheinlich mit dem Strom der Flüchtlinge Zuflucht in Judas Städten und Orten suchten, wurde die biblische Geschichte fortan von den Gewinnern – oder doch den Überlebenden – geschrieben und ausschließlich gemäß den jüngsten judäischen deuteronomistischen Überzeugungen gestaltet.

Für Juda, das sich noch im 7. Jahrhundert der schrecklichen Zerstörung, die das Nordreich heimgesucht hatte, voll bewußt war, lag die Bedeutung von Israels Geschichte klar auf der Hand. Sie kommt in den beredten Worten des Nachrufs auf Israel, der auf die Schilderung vom Sturz Samarias folgt, zum Ausdruck. Für den deuteronomistischen Historiker bildet nicht die Zeit Ahabs oder Jerobeams II., ja, nicht einmal das tragische Ende den Höhepunkt der Geschichte des Nordreichs, sondern die Zusammenfassung, in der es um die Schilderung von Israels Sünden und Gottes Strafe geht. Dieser theologische Höhepunkt ist mitten in das große Drama zwischen zwei Katastrophen eingefügt – gleich nach der Beschreibung, wie Samaria eingenommen wird und die Israeliten deportiert werden, und bevor von der erneuten Besiedlung des Landes mit ausländischen Völkern die Rede ist:

Denn die Israeliten hatten gegen den Herrn, ihren Gott, gesündigt, der sie aus Ägyptenland geführt hatte, aus der Hand des Pharao, des Königs von Ägypten, und fürchteten andere Götter und wandelten nach den Satzungen der Heiden, die der Herr vor Israel vertrieben hatte, und taten wie die Könige von Israel. Und die Israeliten ... [bauten] sich Höhen in allen Orten, von den Wachttürmen bis zu den festen Städten, und richteten Steinmale auf und Ascherabilder auf allen hohen Hügeln und unter allen grünen Bäumen und opferten auf allen Höhen wie die Heiden, die der Herr vor ihnen weggetrieben hatte ... Sie taten wie die Heiden um sie her, von denen der Herr ihnen geboten hatte, sie sollten nicht wie diese tun. Aber sie verließen alle Gebote des Herrn, ihres Gottes, und machten sich zwei gegossene Kälber und ein Bild der Aschera und beteten alles Heer des Himmels an und dienten Baal und ließen ihre Söhne und Töchter durchs Feuer gehen und gingen mit Wahrsagen und Zauberei um und verkauften sich, zu tun, was dem Herrn mißfiel, um ihn zu erzürnen.

Da wurde der Herr sehr zornig über Israel und tat es von seinem Angesicht weg, so daß nichts übrig blieb als der Stamm Juda allein ... Denn der Herr riß Israel vom Hause David los, und sie machten zum König Jerobeam, den Sohn Nebats. Der wandte Israel ab vom Herrn und machte, daß sie schwer sündigten. So wandelte Israel in allen Sünden Jerobeams, die er getan hatte, und sie ließen nicht davon ab, bis der Herr Israel von seinem Angesicht wegtat, wie er geredet hatte durch alle seine Knechte, die Propheten. So wurde Israel aus seinem Lande weggeführt nach Assyrien bis auf diesen Tag (2. Kön. 7–23).

Heute kann man mit Hilfe der archäologischen Arbeit und ökologischen Untersuchungen erkennen, daß das Ende unvermeidlich war. Israel wurde zerstört und Juda überlebte, weil Israel – mit seinen reichen Ressourcen und seiner produktiven Bevölkerung – für Assyriens große Pläne ein unvergleichlich attraktiveres Ziel war als das arme, unzugängliche Juda. Aber für die Leser und Zuhörer in Juda in den trostlosen Jahren nach der Eroberung Israels durch die Assyrer, als es durch das Reich und ausländische Übergriffe bedroht war, wurde die biblische Geschichte über Israel als ein Hinweis, eine Warnung begriffen, dies könne auch *ihnen* zustoßen. Das ältere und einst mächtige Königreich Israel, mit fruchtbarem Land und produktiven Bewohnern gesegnet, hatte sein Erbe verloren. Jetzt würde das überlebende Königreich Juda schon bald die Rolle eines von Gott begünstigten jüngeren Bruders übernehmen – wie Isaak, Jakob oder ihr eigener Vorfahre, König David –, um das verlorene Geburtsrecht an sich zu nehmen und Land und Bewohner Israels zu erlösen.

DRITTER TEIL

Juda und die Entstehung der biblischen Geschichte

9. Die Transformation des Königreichs Juda (ca. 930–705 v. Chr.)

Um die Leidenschaft und Macht der großen historischen Saga in der Bibel zu begreifen, muß man die Besonderheit von Zeit und Raum erkennen, in der sie ursprünglich verfaßt wurde. Wir nähern uns nun dieser bedeutenden Zeit in der religiösen und literarischen Geschichte, weil Juda erst nach dem Niedergang Israels zu einem voll entwickelten Staat mit den notwendigen Berufspriestern und ausgebildeten Schreibern wird, die sich an solch eine Aufgabe heranwagen können. Erst als Juda allein der nichtisraelitischen Welt gegenübersteht, braucht es einen Text, durch den es sich definieren und der es motivieren kann. Dieser Text ist der historische Kern der Bibel, der im Laufe des 7. Jahrhunderts v. Chr. in Jerusalem verfaßt wird. Und da Juda der Ort ist, an dem die zentrale Schrift des alten Israel entsteht, dürfte es kaum überraschen, daß der biblische Text vom Anbeginn der Geschichte Israels wiederholt Judas Sonderstellung hervorhebt.

Wie im Buch Genesis zu lesen ist, werden die verehrten Erzväter und Erzmütter in der alten judäischen Hauptstadt Hebron – in der Höhle Machpela – begraben. Von Jakobs Söhnen sollte Juda über alle anderen Stämme Israels herrschen (Genesis 49,8). Wie keiner der anderen israelitischen Kämpfer befolgen die Judäer treu Gottes Gebote; bei der Invasion Kanaans sollen nur sie die götzenanbetenden Kanaanäer völlig aus ihrem Stammeserbe ausgemerzt haben. David, Israels größter König und militärischer Befehlshaber, stammt aus dem judäischen Dorf Bethlehem und betritt von dort die Bühne der biblischen Geschichte. Seine vorgeblichen Heldentaten und seine enge Beziehung zu Gott werden wichtige Themen in den Schriften. Der letzte Akt im Drama über die Einnahme Kanaans ist Davids Eroberung von Jerusalem. Jerusalem wird zu einer Königsstadt, zum Ort, an dem der Tempel steht, zu einer politischen Hauptstadt der davidischen Dynastie und zum heiligen Brennpunkt für das Volk Israel für alle Ewigkeit.

Obwohl die Bibel Juda so hervorhebt, gibt es bis zum 8. Jahrhundert v. Chr. keinerlei archäologische Anhaltspunkte dafür, daß dieses kleine, ziemlich isolierte Gebiet im Bergland, im Osten und Süden noch dazu von einer trockenen Steppe umgeben, irgendeine besondere

Bedeutung besessen hätte. Wie schon weiter oben gesehen, war es dünn besiedelt; seine Städte – sogar Jerusalem – waren klein und wenig zahlreich. Überdies begann Israel, nicht Juda, Kriege in der Region. Israel, nicht Juda, unterhielt weitreichende diplomatische und Handelsbeziehungen. Wann immer die beiden Königreiche sich rieben, befand sich Juda in der Defensive und war gezwungen, benachbarte Mächte zu Hilfe zu rufen. Bis zum ausgehenden 8. Jahrhundert gibt es keinerlei Hinweise darauf, daß Juda in regionalen Angelegenheiten mehr als eine Randerscheinung war. In einem Moment der Offenheit zitiert der biblische Historiker eine Fabel, in der er Juda auf den Status der «Distel auf dem Libanon» reduziert, verglichen mit Israel, der «Zeder auf dem Libanon» (2. Kön. 14,9). Auf der internationalen Bühne war Juda kaum mehr als ein recht kleines, isoliertes Königreich, das, wie der große Eroberer, der assyrische König Sargon II. verächtlich meinte, «weit entlegen ist».

Aber zu Beginn des ausgehenden 8. Jahrhunderts v. Chr. geschieht etwas Außergewöhnliches. Plötzlich verändert eine Serie epochaler Umwälzungen, angefangen mit Israels Niedergang, die politische und religiöse Landeschaft. Judas Bevölkerung schwillt in einem nie dagewesenen Umfang an. Seine Hauptstadt wird zum ersten Mal ein nationales religiöses Zentrum und eine geschäftige Metropole. Mit den benachbarten Nationen wird intensiv Handel getrieben. Schließlich beginnt eine große religiöse Reformbewegung, die sich auf die ausschließliche Verehrung JHWHs im Jerusalemer Tempel konzentriert, damit, ein ganz und gar neues, revolutionäres Verständnis des Gottes Israels zu entwickeln. Eine Analyse der historischen und sozialen Entwicklungen im 9. und 8. Jahrhundert im Vorderen Orient erklärt einige dieser Veränderungen. Noch wichtigere Anhaltspunkte liefert die Archäologie Judas in der späten Königszeit.

Gute Könige und schlechte

Es besteht kein Grund, ernsthaft die Zuverlässigkeit der Liste der davidischen Könige in der Bibel anzuzweifeln, die in Jerusalem in den zweihundert Jahren nach David und Salomo herrschten. Die Bücher der Könige verflechten kunstvoll die Geschehnisse im Nord- und Südreich zu einer einzigen nationalen Geschichte; dabei beziehen sie sich häufig auf heute verlorengegangene königliche Annalen, die als «die Chronik der Könige von Juda» und «die Chronik der Könige von Israel» bezeichnet werden. Die Daten über die Thronbesteigung der Könige von Juda sind genau auf die der Könige von Israel abgestimmt – wie in einem typischen Text aus 1. Könige 15,9, in dem es heißt: «Im zwanzigsten Jahr Jerobeams, des Königs von Israel, wurde Asa König über Juda». Diese Über-Kreuz-Datierung, die mit Hilfe datierbarer Hinweise von außerhalb bei einzelnen israelitischen und judäischen Königen überprüft werden kann, hat sich im allgemeinen als zuverlässig und folgerichtig erwiesen – abgesehen von einigen leichten zeitlichen Korrekturen für bestimmte Regierungszeiten und der Berücksichtigung möglicher Mitregenten (Tabelle 2, siehe Seite 31).

So ist zu erfahren, daß zwischen dem ausgehenden 10. und der Mitte des 8. Jahrhunderts v. Chr. in Jerusalem elf Könige (mit einer Ausnahme allesamt Erben der davidischen Dynastie) regierten. Über jede Regierungszeit wird recht lakonisch berichtet. In keinem Fall begegnet uns das dramatische, kritische Charakterporträt, wie man es in der biblischen Darstellung des nördlichen Königs Jerobeam oder des götzenanbetenden Hauses Omris sieht. Das bedeutet aber nicht, daß die Theologie in der biblischen Darstellung der Geschichte Judas keine Rolle spielt. Gottes Strafe kam schnell und überdeutlich. Wenn sündige Könige in Jerusalem herrschten und sich Abgötterei ausbreitete, wurden sie, wie nachzulesen ist, bestraft, und Juda erlebte militärische Rückschläge. Sobald gerechte Könige über Juda herrschten und das Volk treu dem Gott Israels diente, blühte das Königreich und dehnte sein Gebiet aus. Im Gegensatz zum Nordreich, das im gesamten biblischen Text durchgehend mit negativen Begriffen geschildert wird, ist Juda grundsätzlich gut. Zwar herrschten in Juda ebenso viele gute und schlechte Könige, aber die Dauer ihrer Herrschaft war unterschiedlich lang. Gute Könige nehmen den größten Teil der Geschichte des südlichen Königreichs ein.

Schon zur Zeit Rehabeams, Salomos Sohn und Nachfolger, tut «Juda, was dem Herrn mißfiel»; seine Bewohner machen sich «Höhen» und ahmen die Greuel der Heiden nach (1. Kön. 14,22–24). Die Strafe für diesen Abfall kommt schnell und ist schmerzhaft. Im fünften Jahr des Königs Rehabeam (926 v. Chr.) zieht der ägyptische Pharao Schischak gegen Jerusalem und nimmt die Schätze aus dem Tempel und dem Palast der davidischen Könige als Tribut mit (1. Kön. 14,25–26). Dennoch hat Rehabeams Sohn Abia, der «wandelte in allen Sünden seines Vaters, die dieser vor ihm getan hatte, und dessen Herz nicht ungeteilt war bei dem Herrn, seinem Gott» (1. Kön. 15,3), die Lektion nicht gelernt. Judas Unglück hält an, es kommt zu immer wieder aufflackernden Zusammenstößen mit den Truppen des Nordreichs Israel.

Unter Asa, der seit dem ausgehenden 10. Jahrhundert v. Chr. 41 Jahre lang in Jerusalem herrscht, wenden die Dinge sich zum Besseren, denn «Asa tat, was dem Herrn wohlgefiel, wie sein Vater David» (1. Kön. 15,11). Deshalb überrascht es nicht, daß Jerusalem in seiner Zeit vor dem Angriff Baesas, des Königs von Israel, gerettet wird. Asa wendet sich hilfesuchend an den König von Aram-Damaskus, der Israel hoch oben an seiner Nordgrenze angreift, so daß Baesa gezwungen ist, seine Streitkräfte von den nördlichen Vororten Jerusalems abzuziehen.

Der nächste König, Josaphat (der erste Monarch, der einen Namen trägt, der mit einer Abwandlung des Gottesnamens JHWH zusammengesetzt ist: *Jeho* + *schafaṭ* = «JHWH hat gerichtet»), wird gelobt, weil er dem Vorbild seines gerechten Vaters Asa folgt. Er herrscht in der ersten Hälfte des 9. Jahrhunderts v. Chr. 25 Jahre in Jerusalem, schließt Frieden mit dem Königreich Israel und unternimmt gemeinsam mit ihm erfolgreiche Offensiven gegen Aram und Moab.

Das Königreich Juda erlebt in den Jahrhunderten danach ein häufiges Auf und Ab und erreicht einen Tiefpunkt, als Josaphats Sohn Joram in die sündige Familie Ahabs und Isebels einheiratet. Das Ergebnis ist ein vorhersagbares Unglück: Edom (lange abhängig von Juda) erhebt sich in einem Aufstand, und Juda verliert reiche landwirtschaftliche Gebiete an die Philister im westlichen Hügelland. Noch gravierender sind die blutigen Auswirkungen des Sturzes der Omriden, die auch den Königspalast in Jerusalem erschüttern. Ahasja – der Sohn Jorams und der Omriden-Prinzessin Athalja – kommt während Jehus Staatsstreich ums Leben. Als Athalja in Jerusalem vom Tod ihres Sohns und all ihrer Verwandten durch Jehu erfährt, befiehlt sie die Liquidation sämtlicher königlichen Erben des Hauses Davids und besteigt selbst den Thron. Sechs Jahre lang wartet ein Tempelpriester namens Jojada. Als die Zeit reif ist, verkündet er öffentlich, ein davidischer Erbe sei vor Athaljas Gemetzel gerettet worden, und präsentiert den Knaben Joas, Ahasjas Sohn von einer anderen Frau. Als Joas zum rechtmäßigen davidischen König gesalbt wird, erschlägt man Athalja. Die Zeit des nördlichen, omridischen Einflusses auf das Südreich, in dessen Verlauf der Baal-Kult nach Jerusalem gebracht wird (2. Kön. 11,18), nimmt ein blutiges Ende.

Joas herrscht vierzig Jahre in Jerusalem und «tat, was recht war und dem Herrn wohlgefiel» (2. Kön. 12,3). Seine wichtigste Handlung ist die Ausbesserung des Tempels. Während seiner Regierung bedroht Hasaël, der König von Aram-Damaskus, Jerusalem. Er läßt die Stadt erst in Ruhe, nachdem er vom judäischen König einen erdrückenden Tribut gefordert – und auch erhalten hat (2. Kön. 12,18–19); das ist aber bei weitem nicht so schrecklich wie die Verwüstung, die Hasaël im Nordreich anrichtet.

Der Wechsel von guten zu schlechten Königen in Juda – manchmal sind sie auch beides gleichzeitig – hält weiter an. Amazja, ein mäßig gerechter König, der «tat, was dem Herrn wohlgefiel, doch nicht wie sein Vater David» (1. Kön. 14,3), führt einen erfolgreichen Krieg gegen Edom, wird dann aber von den Truppen des Königreichs Israel, die auf das Gebiet Judas einfallen und die Mauer von Jerusalem einreißen, geschlagen und gefangengenommen. Und die Geschichte geht weiter mit der Herrschaft des gerechten Asarja (auch als Usia bekannt), der Judas Grenzen in den Süden vorschiebt, und seines Sohns Jotham.

Eine dramatische Wende zum Schlechten tritt mit Jothams Tod und der Thronbesteigung von Ahas (743–727 v. Chr.) ein. Ahas wird von der Bibel, die diesmal weit über das übliche Maß hinausgeht, ungewöhnlich hart verurteilt:

> Und er tat nicht, was dem Herrn, seinem Gott, wohlgefiel, wie sein Vater David, denn er wandelte auf dem Wege der Könige von Israel. Dazu ließ er seinen Sohn durchs Feuer gehen nach den greulichen Sitten der Heiden, die der Herr vor den Israeliten vertrieben hatte, und brachte Opfer dar und räucherte auf den Höhen und auf den Hügeln und unter allen grünen Bäumen (2. Kön. 16,2–4).

Die Folgen sind katastrophal. Die aufrührerischen Edomiter nehmen Elath am Roten Meer ein, und Rezin, der mächtige König von Damaskus, und sein Verbündeter Pekach, der König von Israel, ziehen gegen Juda in den Krieg und belagern Jerusalem. König Ahas, der mit dem Rücken zur Wand steht, wendet sich hilfesuchend an Tiglatpileser III., den König von Assyrien, und schickt ihm Geschenke aus dem Tempel: «Und der König von Assyrien hörte auf ihn und zog herauf gegen Damaskus und eroberte es und führte die Einwohner weg nach Kir und tötete Rezin» (2. Kön. 16,9). Wenigstens vorübergehend ist Juda dank der cleveren List eines bösen Königs gerettet, der sich an das mächtige assyrische Reich wendet.

Aber es ist Zeit für einen umfassenden religiösen Wandel. Der ununterbrochene Kreis von Abfall, Strafe und Reue soll jetzt durchbrochen werden. Ahas' Sohn Hiskia, der 25 Jahre in Jerusalem herrscht, führt eine umfassende religiöse Reform durch, die die Reinheit und Treue zu JHWH wiederherstellt, die seit König Davids Zeit fehlt. Einer der deutlichsten Hinweise auf den Kult, der in Juda auf dem Land praktiziert wird, ist die Beliebtheit der Höhen – es sind Altäre unter freiem Himmel –, die sogar von den gerechtesten Königen kaum je zerstört werden. Gebetsmühlenartig wiederholt die Bibel, wenn sie die Taten jedes gerechten Königs zusammenfaßt: «Die Höhen wurden nicht entfernt.» Die Bewohner von Juda bringen auch weiterhin Opfer dar und verbrennen Weihrauch auf den Höhen. Als erster entfernt Hiskia die Höhen sowie die Gegenstände der Abgötterei:

> Und er tat, was dem Herrn wohlgefiel, ganz wie sein Vater David. Er entfernte die Höhen und zerbrach die Steinmale und hieb das Bild der Aschera um und zerschlug die eherne Schlange, die Mose gemacht hatte. Denn bis zu dieser Zeit hatte ihr Israel geräuchert und man nannte sie Nehuschtan [d.i. Erzbild]. Er vertraute dem Herrn, dem Gott Israels, so daß unter allen Königen von Juda seinesgleichen nach ihm nicht war noch vor ihm gewesen ist. Er hing dem Herrn an und wich nicht von ihm ab und hielt seine Gebote, die der Herr dem Mose geboten hatte. Und der Herr war mit ihm, und alles, was er sich vornahm, gelang ihm (2. Kön. 18,3–7).

Das biblische Bild von Judas Geschichte hält demnach unbeirrt an dem Glauben fest, das Königreich sei einst außerordentlich heilig gewesen, habe aber manchmal vom Glauben gelassen. Erst als Hiskia den Thron besteigt, kann Judas Heiligkeit wiederhergestellt werden.

Die Archäologie läßt dagegen auf eine völlig andere Situation schließen: Das Goldene Zeitalter, in dem die Stämme und David JHWH treu sind, entspricht demnach einem späteren religiösen Ideal, keiner historischen Realität. Es wurde nicht wiederhergestellt, sondern es dauerte Jahrhunderte, bis sich eine zentralisierte Monarchie und eine nationale Religion mit dem Brennpunkt in Jerusalem entwickelt hatten, die zu Hiskias Zeit *neu* waren. Die Abgötterei der Bewohner Judas war keine Abkehr von ihrem früheren Monotheismus. Es war ihre herkömmliche Religion seit Jahrhunderten.

Das verborgene Gesicht des alten Juda

Bis vor einigen Jahren nahmen praktisch alle biblischen Archäologen die Beschreibung der Bibel von den beiden Bruderstaaten Juda und Israel für bare Münze. Sie stellten Juda schon zu Salomos Zeit als einen voll entwickelten Staat dar und bemühten sich nach Kräften, archäologische Beweise für die Bautätigkeit und eine effiziente regionale Verwaltung der frühen judäischen Könige zu finden. Wie jedoch weiter oben gezeigt, handelt es sich bei den vorgeblichen archäologischen Beweisen für die vereinte Monarchie um nichts anderes als Wunschdenken. Das gilt auch für die Bauwerke, die man Salomos Nachfolgern zuschrieb. Es stellte sich als illusorisch heraus, die Festungen, die Salomos Sohn Rehabeam in ganz Juda gebaut haben soll (laut 2. Chron. 11,5–12), zu identifizieren; ebenso war es unmöglich, die massiven Befestigungen auf dem Tell en-Naṣbe nördlich von Jerusalem mit den Verteidigungsanlagen, die der judäische König Asa in der biblischen Stadt Mizpa errichtet haben soll (1. Kön. 15,22), in Verbindung zu bringen. Heute weiß man, daß diese königlichen Bauten genau wie die salomonischen Tore und Paläste fast zweihundert Jahre nach der Herrschaft der betreffenden Könige errichtet wurden.

Die Archäologie zeigt deutlich, daß die frühen Könige von Juda ihren Kollegen im Norden weder in ihrer Machtfülle noch in ihrer Fähigkeit als Verwalter ebenbürtig waren, obwohl die Zeit ihrer Herrschaft und sogar die Daten ihrer Thronbesteigung in den Büchern Könige miteinander verflochten sind. Israel und Juda waren zwei verschiedene Welten. Mit der möglichen Ausnahme der Stadt Lachisch in den Ausläufern der Schfela gibt es *keine* Anzeichen für größere regionale Zentren in Juda ähnlich den nördlichen Städten Geser, Megiddo und Hazor. Ebenso waren die judäische Stadtplanung und Architektur weitaus rustikaler. Monumentale Bautechniken – wie die Verwendung von Quadersteinmauern und proto-äolischen Kapitellen, so typisch für den kunstvollen Baustil der Omriden im Nordreich – treten im Süden vor dem 7. Jahrhundert v. Chr. nicht auf. Selbst wenn königliche Bauten des Hauses Davids in Jerusalem (angeblich durch spätere Bautätigkeit vernichtet) einen gewissen – aber keinesfalls einen großartigen – Eindruck gemacht haben sollten, liegen in den wenigen Städten und Dörfern anderenorts im südlichen Bergland keinerlei Belege für eine monumentale Bauweise vor.

Trotz der lange aufrechterhaltenen Behauptung, am reichen salomonischen Hof habe es eine Blüte der Literatur, des religiösen Denkens und der Geschichtsschreibung gegeben, fehlen jegliche Hinweise auf eine weit verbreitete Fähigkeit zu lesen und zu schreiben in Juda zur Zeit der geteilten Monarchie. Nicht eine einzige Spur einer angeblichen literarischen Tätigkeit in Juda im 10. Jahrhundert v. Chr. wurde gefunden. Auch monumentale Inschriften und persönliche Siegel – die wesentlichen Anzeichen für einen voll entwickelten Staat – treten in Juda *erst zweihundert Jahre nach Salomo* im späten 8. Jahrhundert v. Chr.

König	Daten*	Bewertung in der Bibel	Biblische Darstellung	Außerbiblische Zeugnisse
Rehabeam	931–914	schlecht	Erster König von Juda; befestigt Städte	Feldzug des Pharao Schischak
Abia	914–911	schlecht	Kämpft gegen Jerobeam von Israel	
Asa	911–870	gut	Säubert Juda von ausländischen Kulten; kämpft mit dem König von Damaskus gegen Baesa von Israel; baut an Judas Nordgrenze zwei Festungen	
Josaphat	870–846**	gut	Kämpft mit Ahab gegen die Aramäer und mit Joram gegen Moab; verheiratet seinen Sohn mit einer Omriden-Prinzessin	
Joram	851–843**	schlecht	Edom erhebt sich gegen Juda	In der Tell-Dan-Inschrift erwähnt?
Ahasja	843–842	schlecht	Ein Omriden-Sohn; bei Jehus Putsch in Israel getötet	In der Tell-Dan-Inschrift erwähnt?
Athalja	842–836	schlecht	Ermordet viele aus dem Haus Davids; in einem blutigen Putsch getötet	

Joahas	836–798	gut	Erneuert den Tempel; rettet Jerusalem vor Hasaël; in einem Putsch getötet	
Amasja	798–769	gut	Schlägt Edom; von Joas, dem König von Israel angegriffen	
Asarja (auch als Usia bekannt)	785–733**	gut	Lebt abgeschieden im Haus für Leprakranke; Zeit des Propheten Jesaja	Zwei Siegel mit seinem Namen
Jotham	759–743**	gut	Von den Königen von Israel und Aram bedrängt; Jesajas Zeit	
Ahas	743–727**	schlecht	Angriffe von den Königen von Israel und Aram; ruft Tiglatpileser III um Hilfe; Jesajas Zeit	Zahlt Tribut an Tiglatpileser III.; beginnender Wohlstand im Judäischen Bergland

* Nach dem *Anchor Bible Dictionary*, und Galil, *The Chronology of the Kings of Israel and Judah*
** Zusammen mit den Mitregenten

Tabelle 8: Judäische Könige von Rehabeam bis Ahas

auf. Die meisten der bekannten Ostraka und beschrifteten Gewichtssteine – ein weiterer Beweis für bürokratische Aufzeichnungen und geregelte Handelsnormen – stammen erst aus dem 7. Jahrhundert. Beweise für eine Massenproduktion von Keramik in zentralisierten Werkstätten oder die industrielle Herstellung von Öl für den Export tauchen ebenfalls erst zu der gleichen späten Zeit auf. Die geschätzten Bevölkerungszahlen zeigen genau, wie ungleich Juda und Israel waren. Wie schon erwähnt, legen die archäologischen Sondierungen nahe, daß die Bevölkerungszahl im Judäischen Bergland ungefähr ein Zehntel der immensen im Bergland des Nordreichs Israel betragen haben dürfte.

Angesichts dieser Befunde dürfte mittlerweile klar sein, daß sich Juda in der Eisenzeit keines frühzeitigen Goldenen Zeitalters erfreute. David und sein Sohn Salomo sowie die späteren Mitglieder der davidischen Dynastie herrschten über eine isolierte, ländliche Region am Rand, in der es weder großen Reichtum noch eine zentralisierte Verwaltung gab. Auch erlebte es keinen plötzlichen Niedergang mit Schwäche und Unglück nach einer Zeit des beispiellosen Reichtums. Vielmehr machte es über Hunderte von Jahren eine lange, allmähliche Entwicklung durch. Davids und Salomos Jerusalem war nur eines von mehreren religiösen Zentren im Land Israel; ganz sicher war es nicht das von Anfang an anerkannte geistige Zentrum des gesamten Volkes Israel.

Bisher wurde nur anhand negativer Beweise gezeigt, was Juda nicht war. Aber es gibt auch ein Bild davon, wie Jerusalem und seine Umgebung zur Zeit Davids und Salomos und ihrer frühen Nachfolger ausgesehen haben müssen. Dieses Bild ist nicht der Bibel entnommen. Es stammt aus dem Tell el-Amarna-Archiv aus dem bronzezeitlichen Ägypten.

Der weit entlegene Stadtstaat in den Bergen

Unter den über dreihundertfünfzig Keilschrifttafeln aus dem 14. Jahrhundert v. Chr., die in der alten ägyptischen Hauptstadt Achet-Aton, dem modernen Tell el-Amarna, gefunden wurden und die die Korrespondenz zwischen dem Pharao von Ägypten und den Königen asiatischer Staaten und kleiner Potentaten in Kanaan enthalten, erlaubt eine Gruppe von sechs Tafeln einen einzigartigen Einblick in die Königsherrschaft und die wirtschaftlichen Möglichkeiten im südlichen Bergland – genau dort, wo das Königreich Juda später entstehen sollte. Die

Briefe wurden von Abdi-Hepa, dem König von Urusalim (dem Namen für Jerusalem in der Spätbronzezeit), geschrieben und verraten, daß sein Königreich eine dünn besiedelte Bergregion war, die lose von der Königszitadelle in Jerusalem überwacht wurde.

Wie aus den Sondierungen bekannt wurde, mit deren Hilfe man von den wiederholten Besiedlungszyklen im Laufe der Jahrtausende erfuhr, wurde Judas unverwechselbare Gesellschaft in großem Maß von seiner entlegenen geographischen Position, den unberechenbaren Regenfällen und dem rauhen Gelände geprägt. Im Gegensatz zum nördlichen Bergland mit den breiten Tälern und natürlichen Überlandstraßen in die Nachbarregionen lag Juda landwirtschaftlich stets am Rand und abseits der wichtigen Handelsstraßen und bot einem möglichen Herrscher nur magere Aussichten auf Reichtum. Seine Wirtschaft konzentrierte sich auf die autarke Produktion der einzelnen Bauerngemeinschaft oder Hirtengruppe.

Ein ähnliches Bild zeichnet sich auch in Abdi-Hepas Korrespondenz ab. Er kontrollierte das Bergland von der Region um Bethel im Norden bis zur Gegend von Hebron im Süden – ein ungefähr 2330 Quadratkilometer großes Gebiet – und lag im Streit mit benachbarten Herrschern im nördlichen Bergland (Sichem) und der Schfela. Sein Land war sehr dünn besiedelt; bisher hat man nur acht kleine Ortschaften entdeckt. Die seßhafte Bevölkerung auf Abdi-Hepas Gebiet, einschließlich der in Jerusalem, dürfte kaum 1500 Menschen überstiegen haben; es war die Gegend mit der niedrigsten Bevölkerungszahl in Kanaan. Aber in diesem Grenzgebiet im Bergland gab es zahlreiche Hirtengruppen, die zahlenmäßig möglicherweise die seßhafte Dorfbevölkerung übertrafen. Es ist anzunehmen, daß die Autorität in den entlegenen Teilen von Abdi-Hepas Gebiet in der Hand von Geächteten, bekannt als Apiru, den beduinengleichen Schasu, und unabhängigen Sippen lag.

Abdi-Hepas Hauptstadt, Urusalim, war eine kleine Festung im Bergland, am südöstlichen Rand des alten Jerusalem gelegen, das später als die Davidstadt bekannt werden sollte. Dort hat man keine monumentalen Gebäude oder Befestigungen aus dem 14. Jahrhundert v. Chr. gefunden, und wie vom Historiker Nadav Naaman vorgeschlagen, war Abdi-Hepas Hauptstadt wohl eine bescheidene Ortschaft für die Elite, die über die wenigen landwirtschaftlichen Dörfer und eine große Anzahl von Hirtengruppen in der Umgebung herrschte.

Das Schicksal von Abdi-Hepas Dynastie ist unbekannt; ebensowenig gibt es ausreichende archäologische Beweise, um die Veränderungen zu verstehen, die sich in Jerusalem im Übergang von der späten

Bronzezeit zur frühen Eisenzeit zutrugen. Aber aus der weiteren Perspektive von Umwelt, Siedlungsstruktur und Wirtschaft hat sich in den folgenden Jahrhunderten kaum etwas wesentlich geändert. Auf der Hochebene gab es ein paar landwirtschaftliche Dörfer (deren Zahl zugegebenermaßen leicht anstieg), Hirtengruppen zogen je nach Jahreszeit mit ihren Herden umher, und über alle übte eine winzige Elite in Jerusalem nominell ihre Herrschaft aus. Vom historischen David kann man praktisch nichts sagen; man kann allenfalls auf die große Ähnlichkeit zwischen den abgerissenen Apiru-Banden, die Abdi-Hepa bedrohten, und den biblischen Geschichten über den geächteten Anführer David und seine Bande mächtiger Männer hinweisen, die im Bergland von Hebron und in der Wüste Juda umherstreiften. Aber ob David nun Jerusalem in dem gewagten Apiru-ähnlichen Überfall, der in den Büchern Samuel beschrieben wird, einnahm oder nicht, auf jeden Fall scheint klar zu sein, daß die von ihm gegründete Dynastie zwar einen Herrscherwechsel bedeutete, aber kaum etwas an der grundsätzlichen Art der Herrschaft im südlichen Bergland änderte.

Das alles läßt darauf schließen, daß die Einrichtungen in Jerusalem – Tempel und Palast – das Leben der Landbevölkerung von Juda bei weitem nicht so stark beherrschten, wie die biblischen Texte weismachen wollen. In den frühen Jahrhunderten der Eisenzeit dürfte Judas auffallendstes Merkmal Kontinuität, keine plötzlichen politischen oder religiösen Neuerungen, gewesen sein. Das lassen sogar die religiösen Praktiken deutlich erkennen, von denen die späteren Historiker des Königreichs Juda ganz besonders besessen zu sein scheinen.

Judas traditionelle Religion

Die Bücher der Könige beschreiben ausdrücklich den Abfall, der soviel Unglück über Juda gebracht hat. Das wird typisch detailliert in dem Bericht über Rehabeams Herrschaft dargelegt:

> Und Juda tat, was dem Herrn mißfiel; und sie reizten ihn mehr, als alles ihn reizte, was ihre Väter getan hatten mit ihren Sünden, die sie taten. Denn auch sie machten sich Höhen, Steinmale und Ascherabilder auf allen hohen Hügeln und unter allen grünen Bäumen. Es waren auch Tempelhurer im Lande und sie taten alle die Greuel der Heiden, die der Herr vor Israel vertrieben hatte (1. Kön. 14,22–24).

Auch zur Zeit König Ahas' ungefähr zweihundert Jahre später scheint es sich im wesentlichen um die gleichen Sünden gehandelt zu haben. Ahas war ein berüchtigter Apostat, der es den Königen von Israel nachmachte und sogar seinen eigenen Sohn als Brandopfer darbrachte (2. Kön. 16,2–4).

Bibelwissenschaftler haben nachgewiesen, daß das keine willkürlichen isolierten heidnischen Praktiken waren, sondern daß sie Bestandteil eines ganzen Komplexes von Ritualen waren, mit denen die himmlischen Mächte um Fruchtbarkeit und das Wohlergehen der Menschen und des Landes angefleht wurden. In ihrer äußeren Form ähnelten sie durchaus den Praktiken, mit denen die Nachbarvölker andere Götter ehrten und versuchten, ihren Segen zu erlangen. Die archäologischen Funde von Tonfigurinen, Räucheraltären, Gefäßen für Trankopfer und Altären für Opfer in ganz Juda legen lediglich nahe, daß die religiösen Praktiken stark variierten und geographisch dezentral waren, statt sich ausschließlich auf die Verehrung von JHWH im Tempel von Jerusalem zu beschränken.

In Juda mit seiner relativ unterentwickelten Staatsbürokratie wie ebensolchen nationalen Einrichtungen fanden religiöse Rituale an zwei verschiedenen Schauplätzen statt, die manchmal zusammenarbeiteten, manchmal aber auch offen kollidierten. Der erste war der Tempel in Jerusalem, von dem es zwar wortreiche biblische Beschreibungen aus verschiedenen Zeiten, aber praktisch keinerlei archäologische Beweise gibt (da sie durch spätere Baumaßnahmen vernichtet worden sein dürften). Der zweite Brennpunkt einer religiösen Praxis lag bei den über das ganze Land zerstreuten Sippen. Dort beherrschten komplexe Netze von Verwandtschaftsbeziehungen alle Lebensphasen sowie die Religion. Rituale für die Fruchtbarkeit des Landes und der Segen der Ahnen gaben den Menschen Hoffnung auf das Wohlergehen ihrer Familien und heiligten die Felder und Weiden in ihrem Besitz.

Der Bibelhistoriker Baruch Halpern und der Archäologe Lawrence Stager haben die biblischen Beschreibungen der Sippenstrukturen mit den Überresten der eisenzeitlichen Ortschaften im Bergland verglichen und dabei ein unverkennbares Architekturschema von erweiterten Familiensiedlungen identifiziert; die Rituale, die ihre Bewohner ausübten, dürften sich manchmal stark von denen im Tempel in Jerusalem unterschieden haben. Gemäß einheimischen Bräuchen und Traditionen erbten die Judäer ihre Häuser, ihr Land und sogar ihre Gräber von ihrem Gott und ihren Ahnen. Opfer wurden an Schreinen innerhalb der Wohnsiedlungen, an Familiengräbern und offenen Altären auf dem ganzen Land dargebracht. An diese Stätten der Verehrung wurde selten gerührt, nicht einmal von den «frömmsten» und aggressivsten Königen. Deshalb ist es kein Wunder, daß die Bibel wiederholt anmerkt: «Die Höhen wurden nicht abgeschafft.»

Die Existenz von Höhen und anderen Formen der Verehrung von Ahnen und Haushaltsgöttern stellte – entgegen der Anspielung in den Büchern Könige – keinen Abfall von einem früheren, reineren Glauben dar, sondern war Bestandteil der uralten Tradition der Bewohner im Bergland von Juda, die JHWH neben einer Vielzahl von Göttern und Göttinnen verehrten oder den Kult ihrer Nachbarn übernahmen. Kurz, JHWH wurde auf viele verschiedene Arten verehrt – und manchmal mit einem himmlischen Gefolge dargestellt. Der kritischen Polemik in den Büchern der Könige ist indirekt zu entnehmen, daß die Priester auf dem Land auf den Höhen auch Räucheropfer für die Sonne, den Mond und die Sterne darbrachten.

Da es sich bei den Höhen um offene Flächen oder natürliche Bergspitzen gehandelt haben dürfte, hat man bisher noch keine konkreten archäologischen Spuren von ihnen identifiziert. Die Entdeckung von Hunderten von Figurinen nackter Fruchtbarkeitsgöttinnen an jedem Siedlungsplatz Judas in der späten Königszeit ist deshalb der klarste archäologische Beweis dafür, wie beliebt diese Art von Verehrung war. Noch suggestiver sind die Inschriften, die man in Kuntillet ᶜAjrud im nordöstlichen Sinai, einem Ort aus dem frühen 8. Jahrhundert v. Chr. – mit kulturellen Beziehungen zum Nordreich – gefunden hat. Sie beziehen sich anscheinend auf die Göttin Aschera als die Gemahlin von JHWH. Und damit man nicht meine, ein verheirateter JHWH sei lediglich eine sündige nördliche Halluzination, sei erwähnt, daß eine ähnlich geartete Formel, die von JHWH und seiner Aschera spricht, in einer Inschrift der späten Königszeit aus dem Hügelland in Juda auftaucht.

Dieser tiefverwurzelte Kult beschränkte sich aber nicht nur auf die ländlichen Bezirke. Es gibt umfassende biblische und archäologische Informationen darüber, daß in Jersualem sogar in der späten Königszeit der synkretistische JHWH-Kultus blühte. Die Anklagen der verschiedenen judäischen Propheten machen deutlich, daß JHWH in Jerusalem *zusammen* mit anderen Göttern wie Baal, Astarte, den himmlischen Heerscharen und sogar den nationalen Göttern der Nachbarländer verehrt wurde. Durch die Kritik der Bibel an Salomo (die möglicherweise die Wirklichkeit der späten Königszeit spiegelt) erfährt man von der Verehrung des Milkom der Ammoniter, des Kamos der Moabiter und der Astarte der Sidonier (1. Kön. 11,5; 2. Kön. 23,13). Jeremia berichtet, die Zahl der in Juda verehrten Götter entspreche der Anzahl seiner Städte und die Zahl der Baal-Altäre in Jerusalem sei gleich der Anzahl der Gassen in der Hauptstadt (Jer. 11,13). Überdies wurden auch Kultgegenstände, die Baal, Astarte und den himmlischen Heerscharen geweiht waren, in den Tempel JHWHs in Jerusalem gebracht. Ezechiel 8 beschreibt ausführlich alle Greuel, die im Tempel in Jerusalem praktiziert wurden, einschließlich der Anbetung des mesopotamischen Gottes Thammuz.

Demnach sollte man die großen Sünden von Ahas und der anderen bösen Könige Judas in keiner Weise als etwas Außergewöhnliches betrachten. Diese Herrscher ließen es lediglich zu, daß die ländlichen Traditionen ungestört weiterliefen. Sie und viele ihrer Untertanen brachten ihre Ergebenheit zu JHWH in Riten zum Ausdruck, die an unzähligen Gräbern, Kultstätten und Höhen im ganzen Königreich befolgt wurden; damit ging manchmal auch die Anbetung anderer Götter einher.

Ein plötzliches Erwachsenwerden

Während der zweihundert Jahre der geteilten Monarchie führte Juda die größte Zeit über ein Schattendasein. Wegen seines begrenzten Wirtschaftspotentials, seiner relativen geographischen Isolierung und dem traditionsverbundenen Konservatismus seiner Sippen war es für das assyrische Reich weit weniger attraktiv als das größere, reichere Königreich Israel. Aber mit dem Aufstieg des assyrischen Königs Tiglatpileser III. (745–727 v. Chr.) und Ahas' Beschluß, sein Vasall zu werden, begann für Juda ein Spiel, bei dem es sehr viel verlieren konnte. Nach 720, als Samaria erobert war und Israel zu bestehen aufhörte, war Juda von assyrischen Provinzen und Vasallen umgeben. Diese neue Situation sollte Auswirkungen auf die Zukunft haben, die beinahe zu gewaltig waren, als daß man sie hätte voraussehen können. Innerhalb einer einzigen Generation verwandelte sich die königliche Zitadelle von Jerusalem vom Sitz einer eher unbedeutenden lokalen Dynastie zum politischen und religiösen Nervenzentrum einer Regionalmacht – sowohl aufgrund dramatischer interner Entwicklungen als auch, weil Tausende von Flüchtlingen aus dem eroberten Königreich Israel in den Süden geflohen waren.

Beim Erfassen von Tempo und Umfang der plötzlichen Expansion

Jerusalems erwies sich die Archäologie von unschätzbarem Wert. Wie zum ersten Mal von dem israelischen Archäologen Magen Broshi vorgeschlagen, zeigen in den letzten Jahrzehnten durchgeführte Ausgrabungen, daß Jerusalem am Ende des 8. Jahrhunderts v. Chr. plötzlich eine beispiellose Bevölkerungsexplosion erlebte, so daß seine Wohngebiete sich von dem ehemals schmalen Kamm – der Davidstadt – auf den gesamten Hügel westlich davon ausdehnten (Abb. 24). Eine gewaltige Verteidigungsmauer wurde errichtet, die die neuen Vororte umschloß. Innerhalb weniger Jahrzehnte – sicher innerhalb einer einzigen Generation – hatte Jerusalem sich von einer bescheidenen Stadt im Bergland von vier oder fünf Hektar zu einem gewaltigen Stadtgebiet von sechzig Hektar verwandelt, mit dicht nebeneinanderstehenden Häusern, Werkstätten und öffentlichen Gebäuden. Die Einwohnerzahl hat sich möglicherweise von ungefähr 1000 auf 15 000 verfünfzehnfacht.

Ein ähnliches Bild von einem enormen Bevölkerungswachstum zeichnet sich mit Hilfe archäologischer Sondierungen im landwirtschaftlichen Hinterland Jerusalems ab. In dieser Zeit entstanden nicht nur viele neue Gehöfte in der unmittelbaren Umgebung der Stadt, auch die Gebiete südlich der Hauptstadt auf dem ehemals relativ leeren Land wurden mit neuen – großen wie kleinen – Bauerndörfern überflutet. Aus schläfrigen alten Dörfern wurden zum ersten Mal richtige Städte. Auch in der Schfela erfolgte der große Sprung vorwärts im 8. Jahrhundert v. Chr., der mit einem dramatischen Wachstum in der Zahl und Größe der Ortschaften einherging. Lachisch – die bedeutendste Stadt der Region – ist dafür ein gutes Beispiel. Bis zum 8. Jahrhundert war sie eine bescheidene Stadt; danach wurde sie mit einer gewaltigen Mauer umgeben und in ein großes Verwaltungszentrum verwandelt. Auch in der Bucht von Beerscheba tief im Süden wurden im ausgehenden 8. Jahrhundert eine Reihe neuer Städte gegründet. Alles in allem war die Expansion erstaunlich; im späten 8. Jahrhundert gab es in Juda ungefähr dreihundert Ortschaften aller Größen, von der Metropole Jerusalem bis zu kleinen Bauernhöfen, wo es zuvor nur einige Dörfer und bescheidene Städte gegeben hatte. Die Bevölkerung, die sich lange um einige zehntausend Seelen bewegt hatte, wuchs jetzt auf ungefähr 120 000 Menschen an.

Im Gefolge der assyrischen Feldzüge im Norden erlebte Juda nicht nur ein plötzliches Bevölkerungswachstum, sondern machte auch eine tiefgreifende gesellschaftliche Entwicklung durch. Mit einem Wort, es wurde ein richtiggehender Staat. Vom ausgehenden 8. Jahrhundert an tauchen die archäologischen Hinweise auf die Herausbildung von Staat-

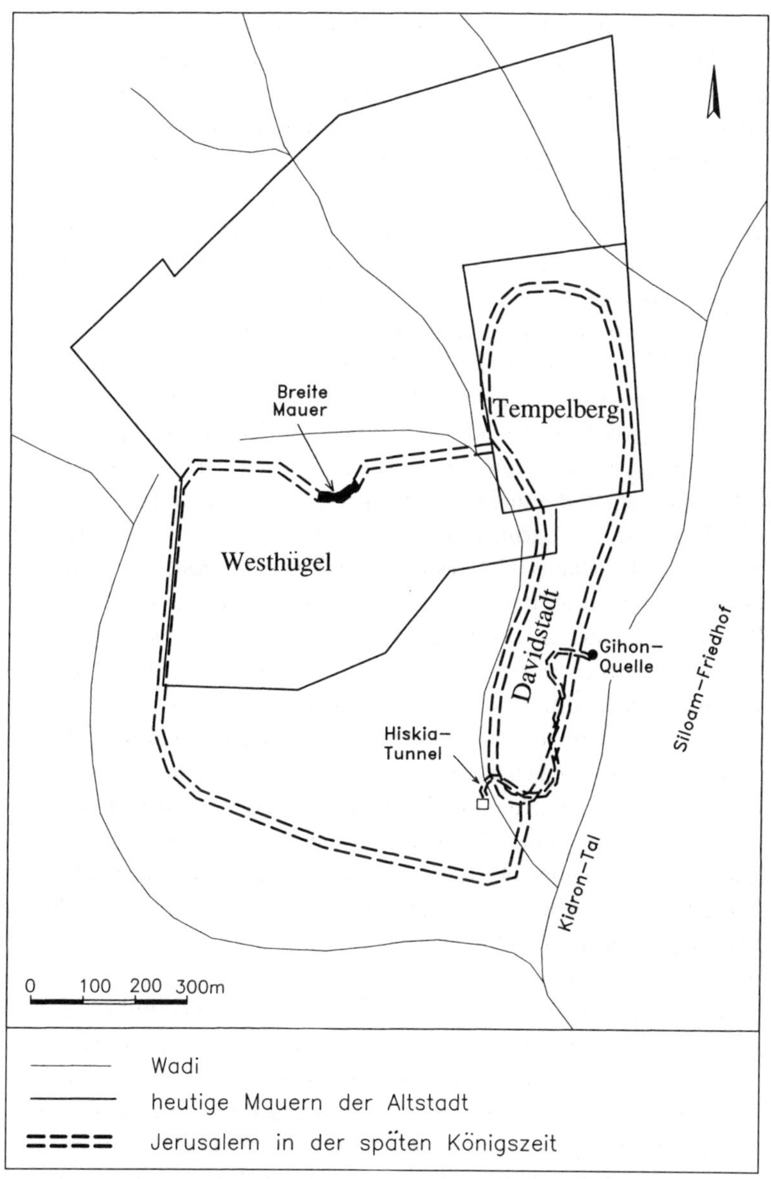

Abb. 24: Jerusalem, Erweiterung von der «Davidstadt» auf den Westhügel.

lichkeit auch im südlichen Königreich auf: monumentale Inschriften, Siegel und Siegelabdrücke sowie Ostraka für die königliche Verwaltung; die sporadische Verwendung von Quadersteinen und Steinkapitellen in öffentlichen Gebäuden; die Massenproduktion von Keramikgefäßen und anderen Gegenständen in zentralen Werkstätten sowie ihr Vertrieb im ganzen Land. Nicht weniger wichtig war das Entstehen mittelgroßer Städte, die als regionale Zentren dienten, und die Entwicklung einer öl- und weinverarbeitenden Industrie im großen Maßstab, die sich vom lokalen, privaten Sektor zum staatlichen verlagerte.

Die Belege für neue Bestattungsriten – hauptsächlich, aber nicht ausschließlich in Jerusalem – lassen darauf schließen, daß sich zu dieser Zeit eine nationale Elite herausbildete. Im 8. Jahrhundert v. Chr. begannen einige Jerusalemer damit, an den Hängen der Höhenzüge rund um die Stadt kunstvolle Gräber in den Fels zu hauen. Viele sind ungewöhnlich reich ausgestattet und haben Decken mit Giebeln und architektonische Elemente wie Gesimse und bekrönende Pyramiden, alle geschickt aus dem Fels gehauen. Es besteht kein Zweifel daran, daß in diesen Gräbern Angehörige des Adels und hohe Beamte bestattet wurden, wie Bruchstücke einer Inschrift an einem der Gräber im Dorf Siloam in Jerusalem (östlich von der Davidstadt) beweisen, das «[...]jahu, der verantwortlich ist für das Haus», gewidmet war. Es dürfte nicht völlig aus der Luft gegriffen sein anzunehmen, daß dies Sebnas Grab war (dessen Name möglicherweise mit dem Gottesnamen zu Sebnajahu zusammengesetzt wurde), des königlichen Palastvorstehers, den Jesaja (22,15–16) wegen seiner Arroganz anprangert, ein Grab in den Fels zu hauen. Auch an einigen Orten des Hügellands hat man kunstvolle Gräber gefunden; das weist auf eine plötzliche Anhäufung von Reichtum und gesellschaftliche Differenzierung in Jerusalem und auf dem Land im 8. Jahrhundert hin.

Aber woher stammte dieser Reichtum und die erkennbare Bewegung zur vollen Staatsbildung? Die unausweichliche Schlußfolgerung ist die, daß Juda plötzlich mit dem assyrischen Reich zusammenarbeitete und sich sogar in seine Wirtschaft integrierte. Zwar nahm schon König Ahas von Juda noch vor dem Sturz Samarias die Zusammenarbeit mit Assyrien auf, aber die dramatischsten Veränderungen erfolgten zweifellos nach dem Zusammenbruch Israels. Daß die Besiedlung plötzlich bis weit in den Süden, bis in die Bucht von Beerscheba reichte, läßt vielleicht darauf schließen, daß sich das Königreich Juda im ausgehenden 8. Jahrhundert an dem intensiver werdenden arabischen Handel unter assyrischer Vorherrschaft beteiligte. Es gibt gute

Gründe dafür, daß sich den judäischen Waren neue Märkte eröffneten, die eine verstärkte Öl- und Weinproduktion anregten. Demzufolge erlebte Juda eine wirtschaftliche Revolution und ging von einer traditionellen Wirtschaft, die sich auf das Dorf und die Sippe stützte, zum Anbau von zum Verkauf bestimmten Ernten und zur Industrialisierung unter zentraler staatlicher Leitung über. In Juda, besonders aber in Jerusalem, wo die Außen- und Wirtschaftspolitik gemacht wurde und wo sich die nationalen Institutionen befanden, häufte sich Reichtum an.

Die Geburt einer neuen nationalen Religion

Neben den außerordentlichen gesellschaftlichen Wandel im späten 8. Jahrhundert v. Chr. trat ein intensives religiöses Ringen, das direkt mit dem Entstehen der Bibel, wie man sie heute kennt, zusammenhängt. Bevor sich das Königreich Juda als ein voll ausgeprägter bürokratischer Staat herausbildete, waren unterschiedliche, verstreute religiöse Ideen im Umlauf. So gab es, wie schon erwähnt, den königlichen Kult im Jerusalemer Tempel, daneben unzählige Formen von Fruchtbarkeits- und Ahnenkult auf dem Land, außerdem verband man allgemein die Verehrung von JHWH mit der anderer Götter. Soweit mit Hilfe der archäologischen Funde im Nordreich geurteilt werden kann, gab es auch in Israel eine ähnliche Vielfalt religiöser Praktiken. Abgesehen von den Erinnerungen an die scharfen Predigten von Männern wie Elia und Elisa, dem anti-omridischen Puritanismus Jehus und den harten Worten von Propheten wie Amos und Hosea hat es nie eine konzertierte oder anhaltende Anstrengung der israelitischen Regierung gegeben, die ausschließliche Verehrung des Gottes JHWH durchzusetzen.

Aber nach dem Fall Samarias setzte sich parallel zur wachsenden Zentralisierung des Königreichs Juda eine neue Einstellung durch, die sich stärker auf religiöses Gesetz und religiöse Praxis konzentrierte. Jerusalems Einfluß – demographisch, wirtschaftlich und politisch – war jetzt gewaltig und mit einer neuen politischen und territorialen Zielsetzung verknüpft: der Vereinheitlichung von ganz Israel. Dementsprechend wuchs auch die Entschlossenheit seiner Priester und Propheten, die «richtige» Form der Verehrung für alle Bewohner Judas – sowie für alle Israeliten, die im Norden unter assyrischer Herrschaft lebten – zu definieren. Diese dramatischen Veränderungen der religiösen Führung haben Bibelwissenschaftler wie Baruch Halpern zu der These veranlaßt, im ausgehenden 8. und zu Beginn des 7. Jahrhunderts v. Chr. sei innerhalb nur weniger Jahrzehnte die monotheistische Tradition der jüdisch-christlichen Zivilisation geboren worden.

Es ist ein hoher Anspruch, die Entstehung des modernen religiösen Bewußtseins auf den Punkt zu bringen, besonders, wenn seine zentrale Schrift, die Bibel, die Entstehung des Monotheismus Hunderte von Jahren früher ansetzt. Aber auch in diesem Fall bringt die Bibel eher eine nachträgliche Interpretation anstelle einer exakten Beschreibung der Vergangenheit. Die gesellschaftlichen Entwicklungen, die in Juda in den Jahrzehnten nach dem Fall Samarias stattfanden, erlauben eine neue Sichtweise davon, wie die traditionellen Geschichten von umherziehenden Erzvätern und einer großen nationalen Befreiung aus Ägypten der Sache der religiösen Erneuerung – dem Aufkommen monotheistischer Ideen – innerhalb des sich gerade herausbildenden judäischen Staates dienten.

Irgendwann im ausgehenden 8. Jahrhundert v. Chr. verschaffte sich zunehmend eine Schule Gehör, die darauf bestand, die Kulte auf dem Land seien Sünde – und nur JHWH allein dürfe verehrt werden. Wo die Idee ihren Ursprung hat, ist nicht sicher. Sie wird in dem Erzählzyklus um Elia und Elisa ausgedrückt, der erst lange nach dem Untergang der Omriden schriftlich festgehalten wurde, und, das ist wichtiger, in den Werken der Propheten Amos und Hosea, die beide im 8. Jahrhundert im Norden tätig waren. Demzufolge schlugen einige Bibelwissenschaftler vor, diese Bewegung habe ihren Ursprung unter Dissidentenpriestern und -propheten in den letzten Tagen des Nordreichs, die entsetzt waren über die Abgötterei und die soziale Ungerechtigkeit zur assyrischen Zeit. Nach der Zerstörung des Königreichs Israel flohen sie in den Süden, wo sie ihre Vorstellungen verbreiteten. Andere Gelehrte haben auf mit dem Jerusalemer Tempel verbundene Kreise verwiesen, die darauf bedacht waren, über das zunehmend entwickelte Land religiöse und wirtschaftliche Macht auszuüben. Vielleicht spielten beide Faktoren in der dicht gepackten Atmosphäre in Jerusalem nach dem Fall Samarias eine Rolle, als Flüchtlinge aus dem Norden und judäische Priester und königliche Beamte zusammenarbeiteten.

Wie immer ihre Zusammensetzung aussah, die neue religiöse Bewegung (vom ikonoklastischen Historiker Morton Smith als die «JHWH-allein-Bewegung» getauft) lag in einem bitteren, anhaltenden Konflikt mit den Anhängern der älteren, traditionelleren judäischen religiösen Bräuche und Rituale. Ihre Stärke im Königreich Juda läßt sich nur schwer abschätzen. Wenngleich sie anfangs wahrscheinlich nur eine kleine Minderheit darstellte, hat sie später doch einen großen Teil der bis heute erhaltenen biblischen Historiographie hervorgebracht oder beeinflußt. Es war zufällig der richtige Augenblick dafür; die Ausweitung der bürokratischen Verwaltung bewirkte auch eine Verbreitung der Fertigkeit zu lesen und zu schreiben. Zum ersten Mal übte die Autorität schriftlicher Texte anstelle vorgetragener Epen oder Balladen eine gewaltige Wirkung aus.

Wie mittlerweile schon hinreichend klar geworden sein dürfte, spiegeln die Abschnitte in den Büchern der Könige über Gerechtigkeit und Sünden der früheren Könige von Juda die Ideologie der JHWH-allein-Bewegung. Hätten die Anhänger der traditionellen Formen der synkretistischen Verehrung am Ende den Sieg davongetragen, gäbe es möglicherweise eine ganz andere Bibel – oder vielleicht gar keine. Denn es war Ziel der JHWH-allein-Bewegung, der religiösen Praxis eine unbestrittene orthodoxe Form zu geben und eine einzige, um Jerusalem zentrierte nationale Geschichte zu schaffen. Das gelang ihr vorzüglich mit dem, was später das Gesetz des Buches Deuteronomium und das Deuteronomistische Geschichtswerk wurde.*

Die Bibelwissenschaftler haben im allgemeinen die strikt religiösen Aspekte des Kampfes zwischen den Jerusalemer Fraktionen unterstrichen; es besteht jedoch kein Zweifel daran, daß sie auch entschiedene Auffassungen zur Innen- und Außenpolitik vertraten. Wie heute dürfte man auch in der alten Welt die Religion nie völlig aus Wirtschaft, Politik und Kultur ausgeklammert haben. Die Vorstellungen der «JHWH-allein»-Gruppen hatten einen territorialen Aspekt: die Suche nach der «Wiedereinsetzung» der davidischen Dynastie über ganz Israel, einschließlich der Gebiete des untergegangenen Nordreichs, in denen, wie weiter oben gesehen, auch nach dem Fall Samarias weiterhin viele Israeliten lebten. Damit würde ganz Israel unter einem König vereint, der in Jerusalem herrschte, gleichzeitig würden die Kultzentren im Norden zerstört und der israelitische Kult in Jerusalem zentralisiert werden.

Man erkennt mühelos, warum die Verfasser der Bibel über die Abgötterei so verstimmt waren. Sie war das Symbol für eine chaotische gesellschaftliche Vielfalt; die Häupter der Sippen in den entlegenen Ge-

* In diesem Zusammenhang muß betont werden, daß einige der grundsätzlichen Ideen, die später für das Buch Deuteronomium (und vielleicht sogar eine frühere Version einer «nationalen» Geschichte) charakteristisch waren, im ausgehenden 8. Jahrhundert v. Chr. formuliert sein mochten, diese Ideen ihre volle Reife jedoch erst im späten 7. Jahrhundert v. Chr. erreichten, als die Texte für das Buch Deuteronomium und das Deuteronomistische Geschichtswerk ihre erkennbare Form erhielten.

bieten lenkten ihre eigenen Geschicke in Wirtschaft, Politik und gesellschaftlichen Beziehungen, ohne vom Hof in Jerusalem verwaltet oder kontrolliert zu werden. Diese Unabhängigkeit der ländlichen Regionen, so altehrwürdig sie den Bewohnern Judas auch erscheinen mochte, wurde als ein «Rückfall» in die Barbarei der vorisraelitischen Zeit angeprangert. Ironischerweise wurde das, was im engsten Sinne judäisch war, als kanaanäische Häresie bezeichnet. In der religiösen Diskussion und Polemik galt das Alte plötzlich als fremd und das Neue als wahr und echt. Und in einem Vorgang, den man das eigentümliche Ergebnis rückblickender Theologie nennen muß, wurde das neue zentralisierte Königreich Juda und die auf Jerusalem beschränkte Verehrung JHWHs so in die Geschichte Israels hineingelesen, als sei es eigentlich immer schon so gewesen.

König Hiskias Reformen?

Man kann kaum beurteilen, wann die neue, alles andere ausschließende Theologie sich zum ersten Mal praktisch auf die Politik in Juda auswirkte; in den Büchern Könige werden verschiedene Reformen bereits zur Zeit König Asas im frühen 9. Jahrhundert v. Chr. erwähnt, die alle in die Richtung einer »JHWH-allein«-Verehrung zielen. Aber ihre historische Zuverlässigkeit ist fragwürdig. Eins scheint indessen ziemlich klar zu sein: Als König Hiskia im ausgehenden 8. Jahrhundert v. Chr. den Thron von Juda bestieg, erinnerten die Verfasser der Bücher der Könige sich daran als eines beispiellosen Ereignisses.

Wie in 2. Könige 18,3-7 geschildert, strebte Hiskias Reform als höchstes Ziel die ausschließliche Verehrung JHWHs an dem einzigen legitimen Ort für diese Verehrung an – dem Tempel in Jerusalem. Aber Hiskias Reformen lassen sich in den archäologischen Hinterlassenschaften schwerlich entdecken. Die dafür gefundenen Beweise, insbesondere zwei Stätten im Süden – Arad und Beerscheba – sind umstritten.* Deshalb hat Baruch Halpern vermutet, Hiskia habe zwar die Verehrung auf dem Land verboten, aber die staatlichen Tempel in den Verwaltungszentren des Königreichs nicht geschlossen. Dennoch hat sich um die Zeit von König Hiskias Herrschaft ein tiefer Wandel im Land Juda vollzogen. Juda war nunmehr das Zentrum des Volkes Israel und Jerusalem das Zentrum der JHWH-Verehrung. Und die Mitglieder der davidischen Dynastie waren die einzigen legitimen Vertreter und Mittler von JHWHs Herrschaft auf Erden. Der unvorhersehbare

Lauf der Geschichte hatte Juda in einem entscheidenden Augenblick eine Sonderstellung verschafft.

Allerdings sollten die dramatischsten Ereignisse erst noch kommen. Im Jahr 705 v. Chr. stirbt der altehrwürdige assyrische König Sargon II., sein weitgehend unerfahrener Sohn Sanherib erbt seinen Thron. Es folgen Unruhen im Osten des Reichs, und die einst unbesiegbare Fassade Assyriens droht zu zerbröckeln. Vielen in Jerusalem muß es vorgekommen sein, als habe JHWH auf wunderbare Weise Juda – gerade noch zur rechten Zeit – darauf vorbereitet, sein historisches Schicksal zu erfüllen.

* Der israelische Archäologe Yohanan Aharoni, der beide Stätten ausgrub, hat einen kleinen Tempel in Arad identifiziert, von dem er annahm, er sei im 9. Jahrhundert v. Chr. erbaut worden, und schlug vor, sein Altar – wenn nicht der Tempel selbst – müsse wohl im späten 8. Jahrhundert abgebaut worden sein. Das brachte er mit Hiskias Reform in Verbindung. Aber andere Gelehrte sind der Ansicht, Aharoni habe den Arad-Tempel falsch datiert. Sie vertreten die Ansicht, er sei erst im 7. Jahrhundert erbaut worden, mit anderen Worten, nach Hiskias Regierung.

In Beerscheba fand man einige glatt behauene Steinblöcke eines großen Opferaltars, die auseinandergenommen und in Lagerhäusern aus dem späten 8. Jahrhundert wiederverwendet wurden, während man andere in die Füllung der Erdmauer zur Befestigung dieser Stadt geworfen hatte. Aharoni schlug vor, der abgebaute Altar habe ursprünglich in einem Tempel in der Stadt gestanden und sei im Verlauf von Hiskias Reform entfernt und abgebaut worden.

Um die Dinge noch komplizierter zu machen, wäre anzumerken, daß das bekannte assyrische Relief über die Einnahme von Lachisch durch Sanherib im Jahr 701 v. Chr. Zweifel an dem Erfolg von Hiskias Politik einer religiösen Zentralisierung weckt. Das Relief zeigt, daß die assyrischen Truppen anscheinend Kultgegenstände aus der besiegten Stadt forttragen; das läßt möglicherweise auf die anhaltende Existenz einer Kultstätte dort bis spät in Hiskias Zeit schließen.

10. Zwischen Krieg und Überleben
(705–639 v. Chr.)

König Hiskias Beschluß, sich gegen das assyrische Reich aufzulehnen, dürfte eine der schicksalhaftesten Entscheidungen gewesen sein, die je im Königreich Juda getroffen wurden. Um seine Unabhängigkeit von dem harten Oberherrn der Region – der erst zwanzig Jahre zuvor das Königreich Israel aufgelöst hat – zu erklären und um die erforderlichen umfassenden wirtschaftlichen und militärischen Vorbereitungen zu treffen, braucht man politische Macht und staatliche Organisation. Überdies ist dazu auch eine klare Absicherung durch die Religion nötig, daß JHWH trotz der furchteinflößenden Macht des assyrischen Reichs für Judas endgültigen militärischen Erfolg sorgen werde. Die Bibel schreibt alle die schrecklichen Mißgeschicke des Nordreichs Israel der Abgötterei seiner Einwohner zu. Jetzt ist die Reinigung des JHWH-Kults der einzige Weg, um Judas Sieg zu sichern und sein Volk vor dem Schicksal von Zerstörung und Verbannung zu retten, das die Bewohner des sündigen Nordens ereilt hat.

So geht Juda nach Sargons Tod im Jahr 705 v. Chr., als die Fähigkeit des Reichs, seine entlegenen Gebiete im Griff zu behalten, in Frage gestellt ist, eine anti-assyrische Koalition ein, die von Ägypten gestützt wird (2. Kön. 18,21; 19,9), und hält das Banner des Aufstands hoch – mit weitreichenden, unvorhergesehenen Auswirkungen. Vier Jahre später, im Jahr 701 v. Chr., marschiert der neue assyrische König, Sanherib, mit einem gewaltigen Heer in Juda ein. Die Bücher der Könige zeigen sich mutig angesichts des Ergebnisses: Hiskia ist ein großer Held, ein idealer König, nur mit David vergleichbar. Er geht in Mose Fußstapfen und säubert Juda von allen Sünden der Vergangenheit. Dank seiner Frömmigkeit ziehen die Assyrer sich aus Juda zurück, ohne Jerusalem einzunehmen. Wie gleich zu sehen sein wird, ist das weder die ganze Story, noch bietet der anschließende Bericht über die 55 Jahre währende Herrschaft von Hiskias Sohn Manasse alles, was darüber zu sagen war. Im Gegensatz zur Idealisierung Hiskias stellen die Bücher der Könige Manasse als den schlimmsten Apostaten dar, der seine lange Herrschaft auf dem Thron dazu nutzt, alle die schrecklichen Greuel der Vergangenheit zurückzubringen.

Müßte man sich nur auf das biblische Material verlassen, bestünde kein Grund, dieses in Schwarzweiß gemalte Bild von Hiskias Gerechtigkeit und Manasses Abfall anzuzweifeln. Zeitgenössische assyrische Quellen und die moderne Archäologie zeigen jedoch, daß hinter der theologischen Deutung, die Judas Aufstand gegen Assyrien in der Bibel erhalten hat, eine völlig andere historische Wirklichkeit steht.

Ein großes Wunder und sein Verrat

Das 2. Buch der Könige berichtet von Hiskias großem Einsatz im Stil eines meisterhaften Dramas, in dem wenige Akteure formalisierte Reden über leicht erkennbare theologische Themen vortragen. Dieser Stil von Monologen, zur Erbauung des Bibellesers bestimmt, ist kennzeichnend für das Deuteronomistische Geschichtswerk. Die Verwendung religiöser Rhetorik ist durchschaubar; die biblische Geschichte führt vor, daß die bloße Macht von Waffen oder das Gleichgewicht der Kräfte keinen Einfluß auf das Ergebnis hat, wenn sich Nationen bekriegen. Dahinter steht vielmehr die lenkende Hand JHWHs, der sich der Heere und Schlachten bedient, um jene zu belohnen, die streng und ausschließlich ihn verehren – und jene zu strafen, die es nicht tun.

Nach der Beschreibung von Hiskias religiösem Verhalten ist im 2. Buch der Könige ein kurzer Exkurs oder, besser, eine Wiederholung über den Sturz des Nordreichs und die Deportation seiner Bewohner wegen ihrer Sünden eingefügt. Das soll den Leser an den Unterschied zwischen dem Schicksal des sündigen Israel und des gerechten Juda erinnern. Die Situation ist in beiden Fällen ähnlich, die Ergebnisse genau entgegengesetzt: Israel erhebt sich, Salmanassar V. belagert Samaria, das Nordreich wird zerstört, und seine Bewohner werden deportiert; weil sie sündigen, ist JHWH nicht zur Stelle, um ihnen zu helfen. Auch Juda erhebt sich, Sanherib belagert Jerusalem, aber Hiskia ist ein gerechter König, deshalb wird Jerusalem errettet und Sanheribs Heer vernichtet. Die Moral ist klar, auch wenn die furchteinflößenden assyrischen Streitkräfte in das übrige Juda eingefallen sind und sämtliche vorgeschobenen Festungsstädte erobert haben. Sich auf JHWHs Macht zu verlassen, das ist der einzige Schlüssel zur Rettung.

Die assyrischen Befehlshaber, die Jerusalem belagern, fordern die verwirrten Verteidiger auf den Mauern der Stadt heraus, verspotten die Bürger und versuchen, ihren Mut zu brechen, indem sie König Hiskias Weisheit anzweifeln und seinen Glauben lächerlich machen:

Hört das Wort des großen Königs, des Königs von Assyrien! So spricht der König: Laßt euch von Hiskia nicht betrügen, denn er vermag euch nicht zu erretten aus meiner Hand. Und laßt euch von Hiskia nicht vertrösten auf den Herrn, wenn er sagt: Der Herr wird uns erretten und diese Stadt wird nicht in die Hände des Königs von Assyrien gegeben werden. Hört nicht auf Hiskia! Denn so spricht der König von Assyrien: Schließt Freundschaft mit mir und kommt zu mir heraus, so soll jedermann von seinem Weinstock und seinem Feigenbaum essen und von seinem Brunnen trinken, bis ich komme und euch hole in ein Land, das eurem Lande gleich ist, darin Korn, Wein, Brot, Weinberge, Ölbäume und Honig sind; dann werdet ihr am Leben bleiben und nicht sterben. Hört nicht auf Hiskia, denn er verführt euch, wenn er spricht: Der Herr wird uns erretten. Haben etwa die Götter der andern Völker ihr Land errettet aus der Hand des Königs von Assyrien? Wo sind die Götter von Hamath und Arpad? Wo sind die Götter von Sepharwaim, Hena und Iwa? Wo sind die Götter des Landes Samaria? Haben sie Samaria errettet aus meiner Hand? Wo ist ein Gott unter den Göttern aller Länder, der sein Land aus meiner Hand errettet hätte, daß allein der Herr Jerusalem aus meiner Hand erretten sollte? (2. Kön. 28,28–35)

Hiskia ist zutiefst erschüttert, aber der Prophet Jesaja beruhigt ihn mit einem göttlichen Orakel:

So spricht der Herr: Fürchte dich nicht vor den Worten, die du gehört hast, mit denen mich die Knechte des Königs von Assyrien gelästert haben. Siehe, ich will einen Geist über ihn bringen, daß er ein Gerücht hören und in sein Land zurückziehen wird, und will ihn durchs Schwert fällen in seinem Land … Darum spricht der Herr über den König von Assyrien: Er soll nicht in diese Stadt kommen und keinen Pfeil hineinschießen und mit keinem Schild davor kommen und soll keinen Wall gegen sie aufschütten, sondern er soll den Weg wieder zurückziehen, den er gekommen ist … Und ich will diese Stadt beschirmen, daß ich sie errette um meinetwillen und um meines Knechtes David willen (2. Kön. 19,6–7,32–34).

Und tatsächlich kommt die wunderbare Errettung noch in derselben Nacht:

Und in dieser Nacht fuhr aus der Engel des Herrn und schlug im Lager von Assyrien hundertfünfundachtzigtausend Mann. Und als man sich früh am Morgen aufmachte, siehe, da lag alles voller Leichen. So brach Sanherib, der König von Assyrien, auf und zog ab, kehrte um und blieb zu Ninive. Und als er anbetete im Haus seines Gottes Nisroch, erschlugen ihn mit dem Schwert seine Söhne Adrammelech und Sarezer (2. Kön 19,35–37).

Damit ist Judas Unabhängigkeit – und sein glühender Glaube an die rettende Macht JHWHs gegen alle Feinde – auf wunderbare Weise bewahrt.

Aber schon bald darauf nimmt die Geschichte eine bizarre Wendung, als Hiskias Sohn Manasse den davidischen Thron besteigt. Zu einer Zeit, in der JHWHs Macht allen Bewohnern Judas offenkundig sein sollte, macht der neue König Manasse eine scharfe theologische Kehrtwende:

> Und er tat, was dem Herrn mißfiel, nach den gräulichen Sitten der Heiden, die der Herr vor Israel vertrieben hatte, und baute wieder die Höhen auf, die sein Vater Hiskia zerstört hatte, und richtete dem Baal Altäre auf und machte ein Bild der Aschera, wie Ahab, der König von Israel, getan hatte, und betete alles Heer des Himmels an und diente ihnen.
>
> Und er baute Altäre im Hause des Herrn, von dem der Herr gesagt hatte: Ich will meinen Namen zu Jerusalem wohnen lassen, und er baute allem Heer des Himmels Altäre in beiden Vorhöfen am Hause des Herrn. Und er ließ seinen Sohn durchs Feuer gehen und achtete auf Vogelgeschrei und Zeichen und hielt Geisterbeschwörer und Zeichendeuter; so tat er viel von dem, was dem Herrn mißfiel, um ihn zu erzürnen (2. Kön. 21,2–6).

Trotz des Glaubens, ein geheiligtes Jerusalem sei jetzt – und eigentlich schon immer – JHWHs Sitz auf Erden und seine Reinheit der Garant für das Wohlergehen der Bewohner Israels, verführt Manasse seine Untertanen angeblich, so «daß sie es ärger trieben als die Heiden, die der Herr vor Israel vertilgt hatte» (2. Kön. 21,9).

Was geht hier vor? Wer bewirkt diese dramatischen Umstürze? War Hiskia wirklich so gerecht und Manasse so schlecht?

Vorbereitungen, einem Weltreich zu trotzen

Die Bücher der Könige geben nur spärliche Hintergrundinformation über Hiskias Aufstand, indem sie sich auf die Aussage beschränken: «Und er wurde abtrünnig vom König von Assyrien und war ihm nicht mehr untertan» (2. Kön. 18,7). Die Bücher der Chronik, mehrere hundert Jahre später geschrieben, gelten generell als eine weniger zuverlässige historische Quelle als die Bücher der Könige; dennoch geben sie detaillierter Auskunft über die Vorbereitungen, die Hiskia in den Monaten und Wochen vor dem assyrischen Angriff anordnete. In diesem Fall läßt die Archäologie, wie noch zu sehen sein wird, darauf schließen, daß die Bücher der Chronik möglicherweise zuverlässigere historische Informationen liefern, die nicht in die Bücher der Könige aufgenommen wurden. Nicht nur läßt Hiskia Lagerhäuser für Getreide, Öl und Wein sowie Ställe für Schafe und Rinder im ganzen Königreich bauen (2. Chron. 32,27–29), er verwendet auch große Mühe darauf, Jerusalems Wasserzufuhr während einer Belagerung sicherzustellen:

> Und als Hiskia sah, daß Sanherib kam und willens war, gegen Jerusalem zu kämpfen, beriet er sich mit seinen Obersten und Kriegshelden, ob man die Wasserquellen verdecken sollte, die draußen vor der Stadt waren; und sie stimmten ihm zu. Und es versammelte sich viel Volk, und sie verdeckten alle Quellen und den Bach, der durch die Erde geleitet wird, und sprachen: Daß die Könige von Assyrien nur kein Wasser finden, wenn sie kommen!
>
> Und Hiskia war getrost und besserte alle Mauern aus, wo sie Lücken hatten, und führte Türme auf und baute draußen noch eine andere Mauer und befestigte den Millo an der Stadt Davids und machte viele Waffen und Schilde und setzte Hauptleute über das Kriegsvolk und sammelte sie zu sich auf dem Platz am Tor der Stadt und redete ihnen zu Herzen und sprach: Seid getrost und unverzagt, fürchtet euch nicht und verzagt nicht vor dem König von Assyrien noch vor dem ganzen Heer, das bei ihm ist; denn mit uns ist ein Größerer als mit ihm. Mit ihm ist ein fleischlicher Arm, mit uns aber ist der Herr, unser Gott, daß er uns helfe und führe unsern Streit. Und das Volk verließ sich auf die Worte Hiskias, des Königs von Juda (2. Chron. 32,2–8).

Für Hiskias religiöse Reformen gibt es in seinem ganzen Herrschaftsbereich nur spärliche und umstrittene archäologische Hinweise. Stattdessen hat man reichhaltige Belege für die Planung und das schreckliche Ergebnis seines Aufstands gegen Assyrien gefunden. Jerusalem war natürlich ein Brennpunkt der Unternehmungen. Die Vorbereitungen für die Verteidigung sind am deutlichsten in den Ausgrabungen im jüdischen Viertel von Jerusalem zutage gekommen. Ein sechs Meter starker Schutzwall wurde um die kurz zuvor entstandenen Stadtviertel auf dem Westhügel gezogen. Allem Anschein nach wurde dieser Schutzwall in einer Zeit der nationalen Not erbaut; der Westhügel war schon dicht bewohnt, und die Privathäuser, die auf dem geplanten Verlauf der Stadtbefestigungen lagen, wurden eingerissen. Auf den Bau dieser Mauer bezieht sich die Bibel offenbar, als Jesaja dem König vorwirft: «die Häuser Jerusalems ... [er] brach sie ab, um die Mauer zu befestigen» (Jes. 22,10).

Eine weitere wichtige Aufgabe bestand darin, die Wasserversorgung der Stadt bei einer Belagerung sicherzustellen. Die einzige ständig wasserführende Quelle in Jerusalem – Gihon – lag am Grund des Kidron-Tals außerhalb der Stadtmauer (Abb. 24, siehe Seite 265). Das war in Jerusalem ein altes Problem, und schon früher hatte man Versuche unternommen, es zu lösen, indem ein Tunnel in den Fels gehauen wurde, um von innerhalb der befestigten Stadt aus zur Quelle zu gelangen. Hiskia hatte eine ehrgeizigere Idee: Statt Mittel zu finden, ans Wasser zu gelangen, plante er, das Wasser in die Stadt zu bringen. Es gibt sogar eine wertvolle zeitgenössische Beschreibung dieses außerordentlichen Ingenieursvorhabens, die ursprünglich in die Wände des Wassertunnels selbst eingehauen war. Diese einzigartige monumentale Inschrift auf Hebräisch, die im ausgehenden 19. Jahrhundert beim Südende des Tunnels entdeckt wurde, beschreibt, wie ein unterirdischer Tunnel durch den Fels gehauen wurde, um das Wasser von der Gihon-Quelle zu einem geschützten Teich innerhalb der Stadtmauern zu leiten.

Der Tunnel ist ungefähr fünfhundertvierzig Meter lang und hoch und breit genug, daß eine Person hindurchgehen kann. Er wurde so exakt durch den Fels getrieben, daß der Höhenunterschied zwischen Quelle und Teich knapp dreißig Zentimeter beträgt. Der alte Text, der an das Werk erinnert und heute als die Siloa-Inschrift bekannt ist, fängt das Drama des Vorhabens ein, als es sich seiner Vollendung zuneigt, und beschreibt, wie der Tunnel von zwei Mannschaften gleichzeitig in Angriff genommen wurde, die an entgegengesetzten Enden des Tunnels durch den Fels vordrangen:

> ... das Durchbohren. Dies ist die Geschichte des Durchbohrens. Als noch [...] Hacke[n] [schwangen?] jeder zu seinem Gefährten hin, und als noch drei Ellen zu durchbohren waren, [hörte man] die Stimme eines Mannes, der dem andern zurief, denn da war ein Spalt an der rechten Seite [und an der linken]. Und am Tag des Durchbruchs begegneten sich die Arbeiter, Mann gegen Mann, Hacke gegen Hacke, und das Wasser floß von der Quelle zum Teich, 1200 Ellen weit und 100 Ellen war die Dicke des Felsens über den Köpfen der Arbeiter.

Wie sie sich begegnen konnten, obwohl der Tunnel gewunden ist, wird noch immer heiß diskutiert. Vermutlich war es eine Kombination von technischem Geschick und genauester Kenntnis der Geologie des Berges. Eine derartige Leistung entging nicht der Aufmerksamkeit der biblischen Historiker, so daß wir hier einen der seltenen Fälle haben, in denen ein bestimmtes Projekt eines hebräischen Königs auch archäologisch sicher identifiziert werden kann: «Was mehr von Hiskia zu sagen ist und alle seine tapferen Taten und wie er den Teich und die Wasserleitung gebaut hat, durch die er Wasser in die Stadt geleitet hat, siehe, das steht geschrieben in der Chronik der Könige von Juda» (2. Kön. 20,20).

Außerhalb von Jerusalem nutzte Hiskia sämtliche staatliche Einrichtungen aus, um sicherzustellen, daß sein gesamtes Königreich auf den Krieg vorbereitet war (Abb. 25). Die Stadt Lachisch im Hügelland wurde von gewaltigen Verteidigungsanlagen umgeben, die aus einer geneigten Stützmauer auf halber Höhe des Berghangs und einer massiven Ziegelmauer auf dem Kamm bestanden. Eine riesige Bastion schützte ein Sechskammertor, und eine große erhöhte Terrasse innerhalb der Mauern trug vermutlich einen Palast oder eine Residenz für den königlichen Befehlshaber der Stadt. Außerdem wurde ein Gebäudekomplex ähnlich den Megiddo-Ställen nahe beim Palast erbaut, der als Stall oder Lagerhaus diente. Ein großer, in den Fels gehauener Schacht stellte möglicherweise den oberen Teil eines Wassersystems dar. Wenngleich einige dieser Elemente noch vor Hiskias Zeit entstanden sein mögen, sind sie zu seiner Zeit alle vorhanden und werden verstärkt und auf die Konfrontation mit Sanheribs Armee vorbereitet.

Nie zuvor hatte ein judäischer König soviel Energie und Erfahrung sowie so viele Ressourcen in Kriegsvorbereitungen investiert.* Archäologische Funde lassen darauf schließen, daß die Anlage von Vorräten in Juda zum ersten Mal zentral organisiert wurde. Der deutlichste Beweis dafür ist ein wohlbekannter Typ von großen Vorratskrügen, die man im gesamten Gebiet von Hiskias Königreich fand; es war Massenware, die sich in Form und Größe ähnelt. Ihr wichtigstes und einzigartiges Merkmal sind die Siegeleindrücke, die vor dem Brennen in den noch feuchten Ton ihrer Griffe gedrückt wurden. Die Eindrücke weisen ein Emblem in Form einer geflügelten Sonnenscheibe oder eines Skarabäus auf, vermutlich königliche judäische Insignien, und die kurze hebräische Inschrift *lmlk* («gehört dem König»). Neben die Erwähnung des Königs tritt der Name einer von vier Städten: Hebron, Socho, Siph und ein noch unidentifizierter, mit den Buchstaben MMST gekennzeichneter Ort. Die ersten drei kennt man aus anderen Quellen, der vierte geheimnisvolle Ort war entweder eine Bezeichnung für Jerusalem oder eine unbekannte judäische Stadt.

Die Wissenschaftler haben mehrere verschiedene Erklärungen für die Verwendung dieser Krüge vorgeschlagen: Entweder enthielten sie die Erzeugnisse von königlichen Gütern, oder sie wurden als offizielle

* Falls die Liste von Festungen, die Rehabeam baute (2. Chron. 11,5–12), irgendeine historische Grundlage hat, stammt sie wohl eher aus Hiskias Zeit, wie einige Historiker meinen, und zeugt von den Vorbereitungen in anderen Zentren im ländlichen Raum.

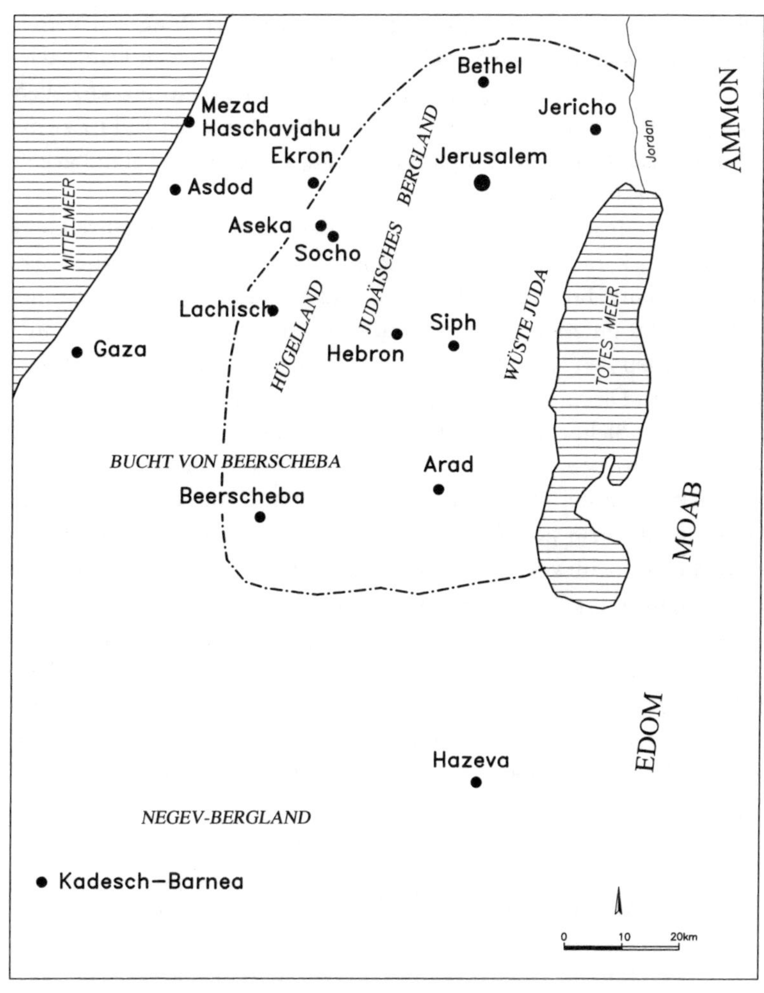

Abb. 25: Juda in der späten Königszeit: die wichtigsten Orte. Die Linie markiert das Kernland im späten 7. Jahrhundert, der Zeit Josias.

Behälter beim Eintreiben von Steuern und der Verteilung von Waren verwendet, oder aber die Siegeleindrücke waren lediglich kennzeichnende Markierungen der Töpferwerkstätten, in denen die offiziellen königlichen Vorratskrüge hergestellt wurden. Auf jeden Fall ist ziemlich klar, daß sie mit der Organisation Judas vor dem Aufstand gegen Assyrien zusammenhängen.

Wie weit Hiskias Vorbereitungen für den Aufstand das ganze Land einbezogen, kann man nur vermuten. Das 2. Buch der Chronik erwähnt, er habe Boten nach Ephraim und Manasse geschickt, also ins Bergland des untergegangenen Nordreichs, um die Israeliten dort aufzufordern, zu den Passa-Feiern nach Jerusalem zu kommen (2. Chron. 30,1.10.18). Dieser Bericht ist kaum als historisch zu werten, wurde er doch aus der Sicht eines anonymen Verfassers im 5. oder 4. Jahrhundert v. Chr. geschrieben, der Hiskia als einen zweiten Salomo darstellte, der ganz Israel um den Tempel in Jerusalem einte. Aber die Andeutung, Hiskia interessiere sich für die Gebiete des ehemaligen Königreichs Israel, dürfte nicht völlig erfunden sein, denn jetzt konnte Juda die Führung für das gesamte Land Israel fordern. Aber selbst so sind Forderungen eins und erreichbare Ziele etwas ganz anderes. Wie dem auch sei, Hiskias Aufstand gegen Assyrien erwies sich als eine katastrophale Fehlentscheidung. Wenngleich Sanherib noch unerfahren war, bewies er an der Spitze einer starken assyrischen Invasionsmacht sein Können auf dem Schlachtfeld mehr als ausreichend. König Hiskia von Juda war ihm auf keinen Fall ebenbürtig.

Was geschah wirklich? Sanheribs brutale Rache

Trotz des biblischen Berichts über die wunderbare Bewahrung Jerusalems zeichnen zeitgenössische assyrische Aufzeichnungen ein völlig anderes Bild vom Ende des Aufstands. Im assyrischen Bericht über Sanheribs Verwüstung des judäischen Landes heißt es knapp und kalt:

> Was Hiskia, den Judäer betrifft, so unterwarf er sich nicht meinem Joch. Ich belagerte 46 seiner befestigten Städte, von Mauern umgebene Festungen und die unzähligen kleinen Dörfer in ihrer Umgebung und eroberte sie mit Hilfe von gut gestampften Erdrampen und Sturmböcken, die ich dicht an die Mauern bringen ließ, zusammen mit dem Angriff der Fußsoldaten; auch wurden Minen, Breschen und Pioniere eingesetzt. Ich trieb von ihnen 200 150 Menschen heraus, Junge und Alte, Männer und Frauen, Pferde, Maultiere, Esel, Kamele, unzähliges großes und kleines Vieh und betrachtete sie als Beute. Ihn

selbst machte ich zum Gefangenen in Jerusalem, seiner königlichen Residenz, wie einen Vogel in einem Käfig. Ich umgab ihn mit Erdarbeiten, um jene zu stören, die seiner Stadt Tore verließen. Seine Städte, die ich geplündert hatte, nahm ich von seinem Land fort und händigte sie Mitinti, dem König von Asdod, Padi, dem König von Ekron, und Ṣilbel, dem König von Gaza, aus. So verringerte ich sein Land, aber den Tribut erhöhte ich weiter.

Zwar mag die angegebene Zahl von Gefangenen stark übertrieben sein, aber die assyrischen Aufzeichnungen bestätigen zusammen mit den bei archäologischen Ausgrabungen in Juda gewonnenen Informationen hinreichend, wie intensiv der systematische Feldzug mit Belagerung und Plünderung war; er begann in den reichsten landwirtschaftlichen Gebieten Judas in den Ausläufern des Hügellands und führte dann hinauf bis zur Hauptstadt im Bergland. Die Verheerung der judäischen Städte ist an fast jedem im judäischen Hinterland ausgegrabenen Tell zu erkennen. Die schaurigen archäologischen Funde passen perfekt zur Schilderung in assyrischen Texten wie zum Beispiel der Beschreibung der Einnahme der bedeutenden judäischen Festung Aseka, von der es heißt, sie «liegt auf einem Bergkamm wie unzählige spitze Eisendolche und reicht hoch in den Himmel». Sie wurde im Sturm genommen, geplündert und danach verwüstet.

Hier ging es keineswegs um planlose Gewalt, mit der die Judäer zur Unterwerfung gezwungen werden sollten. Es war ein kalkulierter Feldzug der wirtschaftlichen Zerstörung, bei dem das aufrührerische Königreich der Quellen seines Wohlstands beraubt wurde. Die Stadt Lachisch, in Judas fruchtbarstem landwirtschaftlichen Gebiet gelegen, war das wichtigste regionale Zentrum der königlichen judäischen Herrschaft und nach Jerusalem die zweitwichtigste Stadt des Königreichs. Welche entscheidende Rolle sie bei den Ereignissen im Jahr 701 v. Chr. spielte, ist im biblischen Text angedeutet (2. Kön. 18,14.17; 19,8). Mit seinem Angriff wollte Sanherib sie völlig zerstören. Eine lebendige Darstellung der assyrischen Belagerung dieser Stadt mit bemerkenswerten Einzelheiten hat sich in einem großen Wandrelief erhalten, das einst Sanheribs Palast in Ninive im Nord-Irak schmückte (Abb. 26). Dieses ungefähr 18 Meter lange und 2,75 Meter hohe Relief wurde in den 1840er Jahren von dem britischen Forscher Austen Henry Layard entdeckt und anschließend nach London gebracht; dort ist es im British Museum ausgestellt. Für wie wichtig die Ereignisse, die es darstellt, erachtet wurden, zeigt sich daran, daß es an der Wand eines inneren Gemachs in Sanheribs Palast angebracht wurde. Eine

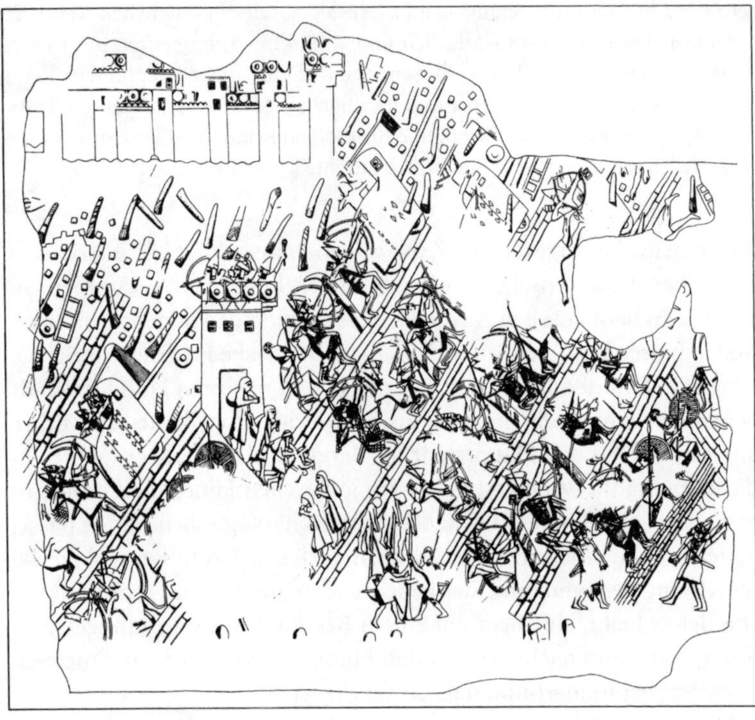

Abb. 26: Assyrisches Relief aus Sanheribs Palast in Ninive: die Einnahme der Stadt Lachisch. (Zeichnung von Judith Dekel; mit Genehmigung von Professor David Ussishkin, Universität Tel Aviv)

kurze Inschrift verweist auf das Thema: «Sanherib, der König der Gesamtheit, der König von Assyrien, setzt sich auf seinen Thron, während die Beute aus der Stadt Lachisch an ihm vorbeigetragen wird.»

Dieses eindrucksvolle Lachisch-Relief schildert den ganzen schrecklichen Ablauf der Ereignisse innerhalb eines einzigen Rahmens. Es zeigt Lachisch als eine aufs stärkste befestigte Stadt. Vor den Mauern wird heftig gekämpft. Die Assyrer haben eine Belagerungsrampe gebaut, auf der sie ihre schwer gepanzerten Sturmböcke gegen die Befestigungsmauern schieben. Die Verteidiger von Lachisch wehren sich verzweifelt und versuchen zu verhindern, daß die Sturmböcke sich der Mauer nähern. In dem Versuch, die Kriegsmaschinen in Brand zu stecken, werfen sie mit Fackeln nach ihnen, während die Assyrer Wasser auf die Sturmböcke gießen. Assyrische Bogenschützen hinter den Sturmböcken schießen ganze Batterien von Pfeilen auf die Mauer ab, während die judäischen Verteidiger zurückschießen. Aber alle Vorbereitungen der Stadt für ihre Verteidigung sind – genauso wie der heldenhafte Kampf ihrer Verteidiger – umsonst. Die Gefangenen werden aus dem Tor geführt; die Körper der Toten sind hoch auf Speere gespießt. Aus der Stadt wird Beute getragen, darunter die heiligen Gefäße für ihre religiösen Rituale. Während der ganzen Zeit sitzt Sanherib mit unbeweglicher Majestät auf einem Thron vor seinem Königszelt unweit des assyrischen Lagers und überwacht die Prozession von Gefangenen und Beute aus den Häusern und öffentlichen Gebäuden der aufrührerischen Gemeinschaft.

Einige Gelehrte haben die Genauigkeit der Details auf diesem Relief in Frage gestellt und die Ansicht vertreten, es handele sich um königliche Propaganda für die eigenen Zwecke und nicht um einen Bericht über die Ereignisse in Lachisch. Aber es besteht kaum ein Zweifel daran, daß es im Relief ganz spezifisch um die Stadt Lachisch und die besonderen Ereignisse im Jahr 701 v. Chr. dort geht. Nicht nur sind die Topographie der Stadt und die einheimische Pflanzenwelt exakt dargestellt; man kann sogar den genauen Aussichtspunkt identifizieren, von dem aus der Künstler die Skizze für das Relief anfertigte. Überdies haben die archäologischen Ausgrabungen in Lachisch Einzelheiten über die Lage des Tors und die Beschaffenheit der Befestigungen und des Belagerungssystems geliefert, die bestätigen, daß das Relief genau ist.

Die britischen Ausgrabungen in Lachisch in den 1930er Jahren und die erneute Ausgrabung unter David Ussishkin für die Universität Tel Aviv in den 1970er Jahren legten voneinander unabhängige sensationelle Belege für die letzten Stunden dieser großen judäischen Festung frei. Die im Relief dargestellte assyrische Belagerungsrampe wurde identifiziert und ausgegraben. Es ist das einzige erhaltene Beispiel für eine derartige Belagerungsstruktur, das je auf dem Gebiet des assyrischen Reichs gefunden wurde. Es überrascht nicht, daß sie an der verletzbarsten Seite angelegt wurde, dort wo die Anhöhe durch einen Grat mit dem angrenzenden Hügelland verbunden ist; die Abhänge an den anderen Seiten sind zu steil, als daß dort eine Rampe gebaut und Sturmböcke aufgestellt werden könnten.

Die archäologischen Funde innerhalb der Stadt zeugen von der verzweifelten Gegenwehr der Verteidiger. Sie errichteten eine gewaltige Gegenrampe direkt gegenüber der assyrischen Rampe; aber dieser letzte Versuch der Verteidiger, die Assyrer daran zu hindern, eine Bresche in die Mauer zu schlagen, schlug fehl. Die Stadt wurde völlig niedergebrannt. Andere Funde belegen, wie heftig die Schlacht war. Am Fuß der Stadtmauer fand man Hunderte von Pfeilspitzen. Durchlöcherte Felsbrocken, einige davon mit Resten verbrannter Seile in den Löchern – anscheinend von den Verteidigern bei dem Versuch, die Belagerungsmaschinen zu zerstören, von den Schutzwällen geschleudert –, wurden an der Stelle der Mauer gefunden, an der der Hauptangriff erfolgte. In den Höhlen an den Westhängen des Tells wurde zusammen mit Tonscherben aus dem ausgehenden 8. Jahrhundert v. Chr. ein Massengrab mit ungefähr 1500 Leichen entdeckt.

Eine andere biblische Perspektive

Zwar konzentriert sich das 2. Buch der Könige auf die rettende Macht von JHWH über Jerusalem und erwähnt nur lakonisch, daß «alle festen Städte Judas» (2. Kön. 18,13) eingenommen worden seien, aber andere Texte enthüllen, wie grauenvoll der assyrische Feldzug für jene Judäer war, die das Unglück hatten, Opfer von Sanheribs Raubzug durch die ländlichen Gebiete zu werden. Diese Zeugnisse findet man nicht in der Deuteronomistischen Geschichtsdarstellung, sondern in den Büchern der Propheten. Zwei zeitgenössische Zeugen – die Propheten Jesaja und Micha – sprechen von der Furcht und dem Leid, die Juda im Gefolge des assyrischen Vorstoßes lähmten. Jesaja, der zur Zeit der Belagerung in Jerusalem war, schildert lebhaft einen Feldzug, der das Gebiet nördlich von Jerusalem traf (10,28–32). Und Micha, der aus der Schfela aus einer Stadt unweit von Lachisch stammte, beschreibt den dumpfen Schock der heimatlosen Überlebenden, die ihr Unglück ihrer eigenen Abgötterei zuschreiben:

> Verkündet's ja nicht in Gath; laßt euer Weinen nicht hören; in Beth-Leaphra wälzt euch im Staube! Ihr Einwohner von Sphir müßt dahin mit allen Schanden; die Einwohner von Zaanan werden nicht ausziehen; das Leid Beth-Haëzels wird euch wehren, daß ihr euch da lagert. Die Einwohner von Maroth vermögen sich nicht zu trösten; denn es wird das Unglück vom Herrn kommen auch bis an die Tore Jerusalems.
>
> Du Stadt Lachisch, spanne Rosse an und fahre davon, denn du bist für die Tochter Zion der Anfang zur Sünde, und in dir finden sich die Übertretungen Israels (Mich. 1,10–13).

Der Schlag, der dem Hügelland versetzt wurde, spiegelt sich auch hinreichend deutlich in den Ergebnissen der archäologischen Sondierungen wider, die zeigen, daß sich die Region von Sanheribs Feldzug nie erholt hat. Auch in den Jahrzehnten danach, als Juda teilweise wiederauflebte, war das Hügelland weiterhin dünn besiedelt. Sowohl die Anzahl der Orte als auch die bebaute Fläche – auf beiden beruhen alle Bevölkerungsschätzungen – schrumpften auf ungefähr ein Drittel ihrer Größe im ausgehenden 8. Jahrhundert. Einige große Städte wurden wiederaufgebaut, aber viele Kleinstädte, Dörfer und Bauernhöfe blieben Ruinen. Diese Tatsache ist besonders bedeutsam, wenn man bedenkt, daß sich die Bevölkerung der Schfela vor dem assyrischen Angriff auf ungefähr 50000 Menschen belief, also beinahe die Hälfte der Bevölkerung des gesamten Königreichs darstellte.

Der Glaube an JHWH allein schützte Hiskias Gebiet nicht vor dem Zorn der Assyrer. Große Teile Judas wurden verheert, und die assyrischen Sieger übergaben wertvolles landwirtschaftliches Land an die philistäischen Stadtstaaten. Judas Gebiet schrumpfte dramatisch, Hiskia sah sich zu hohen Tributzahlungen an Assyrien gezwungen, und eine bedeutende Zahl von Judäern wurde nach Assyrien deportiert. Nur Jerusalem und das Judäische Bergland unmittelbar im Süden der Hauptstadt blieben verschont. Trotz aller Reden in der Bibel über Hiskias Frömmigkeit und den rettenden Eingriff JHWHs war Assyrien der einzige Sieger. Sanherib hatte alle seine Ziele erreicht: Er brach Judas Widerstand und unterwarf es. Hiskia hatte einen wohlhabenden Staat geerbt, und Sanherib zerstörte ihn.

Einsammeln der Scherben

Nach dem mißlungenen Aufstand gegen Assyrien mußte Hiskias Politik der religiösen Säuberung und Konfrontation mit Assyrien vielen als ein schrecklicher, leichtsinniger Fehler erschienen sein. Einige der Priester auf dem Land mochten sogar die Ansicht vertreten haben, Hiskia habe mit seiner gotteslästerlichen Zerstörung der verehrten Höhen und seinem Verbot der Anbetung von Astarte, Sternen, Mond und anderen Göttern neben JHWH ein derartiges Unglück über das Land gebracht. Da hauptsächlich die Literatur des »JHWH-allein«-Lagers überliefert ist, kann man nicht wissen, was die Gegner behaupteten. Man weiß nur, daß Hiskia im Jahr 698 v. Chr starb, also drei Jahre nach Sanheribs Invasion, und sein zwölfjähriger Sohn Manasse den Thron bestieg; daraufhin wurde der religiöse Pluralismus auf dem (jetzt beträchtlich geschrumpften) Land in Juda wiederhergestellt. Das 2. Buch der Könige berichtet mit großer anprangender Entrüstung davon. Für den deuteronomistischen Historiker war Manasse mehr als ein gewöhnlicher Apostat. Er wird als der sündigste Monarch geschildert, den das Königreich Juda je erlebt hat (2. Kön. 21,3–7). Darüber hinaus beschuldigt das Buch der Könige ihn, ihm werde Jerusalem seine «zukünftige» Zerstörung zu verdanken haben (2. Kön. 21,11–15).

Hinter diesem Umschwung der offiziellen Religionspolitik stand offensichtlich mehr als nur theologische Überlegungen. Das Überleben des Königreichs lag in den Händen von Manasse und seiner engsten Berater, und diese waren entschlossen, Juda wieder zu beleben. Dazu war es nötig, den ländlichen Gebieten – noch immer potentiell die größte Quelle für den Wohlstand des Königreichs – ein bestimmtes Maß an wirtschaftlicher Autonomie zurückzugeben. Das Wiederaufleben der jetzt verheerten ländlichen Gegenden konnte nicht ohne die Mitarbeit des Netzes von Dorfältesten und Sippen erreicht werden, und das bedeutete auch, daß man den Gottesdienst der lange verehrten einheimischen Höhen wieder zulassen mußte. Kurz: Die Kulte um Baal, Astarte und des himmlischen Heeres kehrten zurück.

Obgleich Manasse sich wie ein gehorsamer Vasall verhalten mußte, kalkulierte er ganz richtig, daß die wirtschaftliche Erholung Judas auch im Interesse Assyriens lag. Ein wohlhabendes Juda würde dem Reich gegenüber loyal sein und als wirksamer Puffer gegen Ägypten – Assyriens Erzfeind im Süden – dienen. Wahrscheinlich haben die Assyrer dem reuigen Juda sogar den Status eines meistbegünstigten Vasallen eingeräumt: Ein Text aus dem 7. Jahrhundert, der über den Tribut berichtet, den die Staaten in der südlichen Levante dem assyrischen König zahlten, läßt darauf schließen, daß Judas Tribut wesentlich niedriger war als der von den benachbarten, ärmeren assyrischen Vasallen Ammon und Moab.

Anscheinend rechtfertigte Manasse das von seinen assyrischen Oberherren in ihn gesetzte Vertrauen. Ein Dokument aus der Zeit Asarhaddons, der Sanherib auf dem Thron in Assyrien ablöste, erwähnt Manasse unter einer Gruppe von 22 Königen, denen befohlen wurde, Baustoffe für ein königliches Projekt nach Ninive zu schicken. Der nächste assyrische König, Assurbanipal, führte Manasse unter den Königen an, die ihm Geschenke schickten und ihm bei der Eroberung Ägyptens halfen. Zwar berichtet das 2. Buch der Chronik, Manasse sei zu einem bestimmten Augenblick seiner Herrschaft von den Assyrern in Babel gefangengehalten worden (2. Chron. 33,11), aber die Umstände und sogar die historische Zuverlässigkeit dieser dort geschilderten Gefangennahme sind noch immer Gegenstand anhaltender Diskussionen. Klar ist, daß seine lange Herrschaft – 55 Jahre – eine friedliche Zeit für Juda war. Die während seiner Regierungszeit gegründeten Städte und Ortschaften hatten bis zur endgültigen Zerstörung Judas im folgenden Jahrhundert Bestand.

Es ist nicht leicht, die Funde aus dem frühen 7. Jahrhundert v. Chr. archäologisch von denen aus der zweiten Hälfte desselben Jahrhunderts zu unterscheiden. Aber soviel ist bekannt, um die Meinung vertreten zu können, daß nach den gründlichen Verwüstungen im Hügelland (sowie der Annexion großer Landstriche durch die philistäischen Städte) die Bevölkerung im Judäischen Bergland wuchs. Das geht so gut wie sicher auf die Ankunft vertriebener judäischer Flüchtlinge zurück, die aus den verwüsteten Regionen des Hügellands flohen. Die landwirtschaftliche Produktion um die Hauptstadt wurde intensiver. Um Jerusalem und südlich davon bei Bethlehem entstand im 7. Jahrhundert v. Chr. ein dichtes Netz von Gehöften. Sie sollten vermutlich vor allem die wachsende Bevölkerung in der Metropole ernähren.

Aber die faszinierendste Entwicklung in Juda im Verlauf des 7. Jahrhunderts ist wohl die, daß eine demographische Expansion stattfand, bei der sich judäische Ortschaften bis in die Trockengebiete im Osten und Süden (Abb. 25, siehe Seite 279) vorschoben. In der Wüste Juda, in der es im 8. Jahrhundert kaum dauerhafte Ortschaften gegeben hatte, spielte sich in den darauffolgenden Jahrzehnten etwas Außergewöhnliches ab. Im 7. Jahrhundert wurden Gruppen kleiner Ortschaften in jeder ökologischen Nische gegründet, die sich geringfügig besser für den Anbau eignete als der Rest der Wüste: im Jordangraben auf halbem Weg zwischen Jerusalem und dem Toten Meer, bei Jericho und entlang dem Westufer des Toten Meers. In der Bucht von Beerscheba wuchs die Zahl der Ortschaften beträchtlich. Zwischen dem 8. und 7. Jahrhundert verzehnfachte sich die Bevölkerung in dieser Region. Könnte diese Entwicklung mit Manasses Politik zusammenhängen?

Das ist sehr wahrscheinlich. Es ist klar, daß die Wirtschaft des judäischen Königreichs bis zu Sanheribs Feldzug dank der verschiedenen ökologischen Nischen auf seinem Gebiet ausgewogen war: Im Bergland gab es vor allem Ölbäume und Weingärten; im Hügelland wuchs überwiegend Getreide, während Tierzucht hauptsächlich am Wüstenrand im Süden und Osten betrieben wurde. Als das Hügelland an die philistäischen Stadtstaaten übertragen wurde, verlor Juda seine reiche Kornkammer im Westen. Gleichzeitig wuchs die Bevölkerung, die in den verbliebenen Teilen des Königreichs ernährt sein wollte, ziemlich stark an. Dieser Druck trieb vermutlich einen Teil der Bewohner Judas in einem verzweifelten Versuch, den Verlust des reichen landwirtschaftlichen Gebiets im Hügelland wettzumachen, an die Randgebiete des Königreichs. Der Anbau in den Trockengebieten konnte tatsächlich das Problem lösen. Schätzungen des landwirtschaftlichen Potentials des Beckens von Beerscheba im Altertum lassen darauf schließen, daß es, wäre die Produktion dort gut organisiert gewesen, allein bis zu einem Viertel des gesamten Getreidebedarfs Judas hätte decken können. Allerdings konnte das ohne die Unterstützung des Staates nicht in einem so großen Maßstab geschehen. Deshalb ist anzunehmen, daß die Expansion in die Trockengebiete durch Manasses neue (Wirtschafts-)Politik inspiriert, wenn nicht direkt von ihm gelenkt wurde.

Arabische Karawanen und Olivenöl

Manasses Programm ging weit über die Sicherstellung des bloßen Existenzminimums hinaus. Er war fest entschlossen, Juda in die assyrische Weltwirtschaft zu integrieren. Die beiden wichtigsten wirtschaftlichen Aktivitäten Assyriens in und um die Region von Juda waren der Handel mit exotischen Luxusgütern und Weihrauch aus Arabien sowie die Massenproduktion und der Vertrieb von Olivenöl.

Der arabische Handel galt als eines der Hauptinteressen Assyriens, und es besteht kaum ein Zweifel daran, daß er dem Reich seit dem ausgehenden 8. Jahrhundert v. Chr. bedeutsame Einnahmen brachte. Dementsprechend war Assyrien sehr an der Sicherheit der Wüstenstraßen interessiert, die von der Arabischen Halbinsel in den Norden zu ihren Endstationen an der Mittelmeerküste führten. Der assyrische König Tiglatpileser III. betrachtete Gaza, die traditionelle Endstation der Wüstenstraßen, in einer seiner Siegesinschriften «als das Zollhaus Assyriens»; dort setzte er seine Beamten zum Eintreiben der Zölle am Hafen, dem Absatzmarkt, an dem die Karawanenstraßen zusammenliefen, ein. Sargon II. erklärte, er öffne die Grenze zu Ägypten für den Handel; auf diese Weise vermischten sich Assyrer mit Ägyptern. An verschiedenen Orten in der südlichen Küstenebene hat man tatsächlich eine Reihe assyrischer Festungen und Verwaltungszentren gefunden. An der Küste südlich von Gaza wurde ein befestigter Ort mit Überresten von Lagerhäusern ausgegraben. Die Ansammlung von Tierknochen, die auf Tell Ǧemme, einem weiteren Ort bei Gaza, gefunden wurde, zeugt von einer dramatischen Zunahme der Zahl der Kamele im 7. Jahrhundert. Aufgrund ihrer Untersuchung der Knochen schlägt die

Archäologin und Zoologin Paula Wapnish vor, daß diese Kamele – alle ausgewachsen und daher nicht Teil einer natürlichen, vor Ort gezüchteten Herde – vermutlich beim Karawanenhandel verwendet wurden.

Durch die südlichsten Gebiete in der Bucht von Beerscheba, die noch immer vom Königreich Juda kontrolliert wurden, durch das Hochland von Edom und die südliche Küstenebene führten einige der wichtigsten Karawanenstraßen. Und gerade in diesen Gebieten fand im 7. Jahrhundert ein beispielloses Bevölkerungswachstum statt. In dieser Zeit erfolgte unter assyrischer Vorherrschaft auch die erste weitläufige Besiedlung des Hochlands von Edom. Dank dieser Entwicklungen stieg Edom erst jetzt zu einem vollentwickelten Staat auf.

Die reichen, vielfältigen archäologischen Funde aus dem riesigen Gebiet zwischen Edom und Philistäa lassen darauf schließen, daß Assyrer, Araber, Phöniker und Edomiter an diesem blühenden Handel teilhatten. Auch Juda unter Manasse war ein herausragender Teilnehmer. Die Besiedlungswelle in der Bucht von Beerscheba sollte vor diesem Hintergrund verstanden werden. Möglicherweise expandierte Juda entlang den Handelsstraßen sogar noch tiefer in den Süden. Weit südlich in der Wüste hat man zwei große Festungen aus dem 7. Jahrhundert ausgegraben. Die erste ist Kadesch-Barnea am Westrand des Negev-Berglands, ungefähr achtzig Kilometer südwestlich von Beerscheba. Dieser Ort beherrscht die größte Oase an der wichtigen Handelsstraße von Südjuda bis zur Spitze des Roten Meers und von dort bis Arabien. Die zweite Festung wurde kürzlich in Hazeva ausgegraben, einem Ort ungefähr 32 Kilometer südlich vom Toten Meer an einer anderen Straße in den Süden. Die Funde in beiden Festungen veranlaßten den Bibelwissenschaftler Nadav Naaman zu dem Vorschlag, beide seien im frühen 7. Jahrhundert v. Chr. unter assyrischer Schirmherrschaft mit Hilfe einheimischer Vasallenstaaten erbaut und mit Truppen aus Juda und Edom bemannt worden.

Südarabische Inschriften, an mehreren Stellen in Juda gefunden, liefern schlüssige Beweise für die engen Beziehungen zu Arabien zu jenem Zeitpunkt. Derartige Belege kommen auch aus Jerusalem. In der Davidstadt wurden drei Ostraka mit südarabischer Schrift gefunden. Da sie sich auf typisch judäischen Gefäßen – nicht auf importierten – befanden, zeugen sie möglicherweise von einer in Juda ansässigen arabischen Bevölkerung. Ein ansonsten für das 7. Jahrhundert typisches hebräisches Siegel trägt einen südarabischen Namen. In diesem Zusammenhang vertreten mehrere Gelehrte die Ansicht, Manasses Gemahlin Meschullemeth sei eine Araberin gewesen. Könnte es sich um eine diplomatische

Eheschließung gehandelt haben, die eine Stärkung von Judas Handelsinteressen im Süden zum Ziel hatte? Könnte die deuteronomistische Erzählung vom Besuch der Königin von Saba bei Salomo in Jerusalem von kulturellen Kontakten und Wirtschaftsbestrebungen eines anderen davidischen Königs im 7. Jahrhundert inspiriert worden sein?

Aber Kontakt mit Arabien war nicht der einzige wirtschaftliche Horizont, der sich eröffnete. Die Assyrer rissen auch die Olivenölproduktion in der Levante an sich und entwickelten sie weiter. Beweise dafür stammen vom Tel Miqne, einer Stätte im westlichen Hügelland, an der das biblische Ekron lag. Bevor die Assyrer die Region übernahmen, war Ekron jahrhundertelang nur ein bescheidener Ort, aber im frühen 7. Jahrhundert wuchs es zu einem gewaltigen Zentrum der Olivenölproduktion an. Über hundert Ölmühlen wurden dort gefunden – mehr als an jedem anderen Ort in der Geschichte des Landes. Es war denn auch das eindrucksvollste Zentrum für Olivenölproduktion überhaupt, das man aus dem alten Vorderen Orient kennt. Das Industriegebiet nahm ungefähr ein Fünftel des Stadtgebiets ein. Die jährliche Kapazität wird auf ungefähr tausend Tonnen geschätzt.

Das Öl aus Ekron wurde sowohl nach Assyrien als auch Ägypten transportiert – den beiden Ländern, denen es an den geeigneten Umweltbedingungen für den Anbau von Ölbäumen für eine eigene Ölproduktion fehlte. Allerdings liegt Ekron selbst nicht im klassischen Olivenanbaugebiet im Bergland, sondern in einem flachen Gebiet, das typisch für Getreideanbau ist. Vermutlich wurde es wegen seiner Lage am Hauptstraßennetz der südlichen Küstenebene auf halbem Weg zwischen den Regionen mit Olivenanbau im Bergland und den Hauptabsatzzentren an der Küste im Westen als Produktionszentrum gewählt.

Die Olivenhaine, aus denen die Oliven für die Industrie in Ekron stammten, lagen vermutlich im Judäischen Bergland und möglicherweise auch in der assyrischen Provinz Samaria im Norden. Wie schon weiter oben erwähnt, wurde die Olivenölproduktion in Juda erst im 7. Jahrhundert richtig industrialisiert, und sie dürfte auch der Hauptlieferant von Oliven an die Industrie in Ekron gewesen sein. Die Archäologen, die Ekron ausgruben – Trude Dothan von der Hebräischen Universität in Jerusalem und Seymour Gitin vom Albright Institute – und denen die bedeutende Zahl typischer israelitischer Altäre mit Hörnern in den Gebäuden der Ölmühlen auffiel, vermuteten, Sanherib habe Judäer in großer Zahl als Fronarbeiter in Philistäa angesiedelt. Damit wurde eine weitere Schranke – wie grausam und kaltherzig auch immer – zwischen Juda und der Außenwelt niedergerissen.

Eine weitere Zentralisierung des judäischen Staates war vonnöten, um diese zentral geplanten Wirtschaftsinitiativen aktiv zu fördern. Für den großflächigen Anbau von Oliven und Weintrauben und für ihre Industrieerzeugnisse wurden Einrichtungen zum Lagern, Transportieren und zur wirksamen Verteilung benötigt. Überdies erforderten die umfassende Besiedlung von Trockengebieten und der landwirtschaftliche Anbau dort eine langfristige Planung. Große Mengen von überschüssigem Getreide mußten in guten Jahren gelagert werden, damit sie in Jahren strenger Dürre von den Zentren aus verteilt werden konnten. Die archäologischen Befunde stützen die Annahme eines verstärkten Eingreifens der Regierung in alle Aspekte des Lebens in Juda. Die staatliche Aktivität ging so weit, daß die Anzahl von Siegeln, Siegeleindrücken, Ostraka mit verwaltungstechnischen Angaben und offiziellen Gewichten in den judäischen Schichten aus dem 7. Jahrhundert die zuvor gefundenen Mengen bei weitem überschreiten.

Wechselnde Geschicke

Das assyrische Jahrhundert – von Ahas' letzten Regierungsjahren bis zur Zeit Hiskias und Manasses – ist ein faszinierendes Beispiel für dramatische Veränderungen in der Politik in Juda. Die drei Könige – Großvater, Vater und Sohn – schwankten zwischen Trotz und Verpflichtung gegenüber den assyrischen Behörden und zwischen synkretistischer und puritanischer Politik hin und her. Die Art und Weise, wie sie vom biblischen Historiker behandelt werden, spiegelt ebenfalls diese Veränderungen, aber aus einer völlig anderen Perspektive. Ahas wird als ein Götzenanbeter beschrieben, der mit den Assyrern kollaborierte. Hiskia ist das völlige Gegenteil. Unter seiner Herrschaft gab es keine Fehler, nur Verdienste. Er war ein idealer König, der Juda von allen Verfehlungen der Vergangenheit säuberte. Anders als sein sündiger Vater, der Juda bereitwillig Assyrien unterwarf, kämpfte Hiskia tapfer und warf das assyrische Joch ab. Die Assyrer bedrohten Jerusalem, aber JHWH erlöste die Stadt auf wunderbare Weise. Die Geschichte endet ohne den geringsten Hinweis auf die zukünftige Unterwerfung unter Assyrien. Außer in einem einzigen Vers werden die katastrophalen Ergebnisse des assyrischen Feldzugs in den judäischen ländlichen Gebieten mit keinem Wort erwähnt. Auch Manasse ist das Gegenteil seines Vaters. Er ist der schlimmste Apostat, der die Reformen abschaffte und die Greuel der Vergangenheit wieder einsetzte.

Ganz anders hört sich dagegen das an, was Quellen von außerhalb und die Archäologie dazu zu sagen haben. Der Zusammenbruch des Nordreichs weckte in Jerusalem Träume von einem Zusammenschluß der gesamten israelitischen Bevölkerung unter einer Hauptstadt, einem Tempel und einer Dynastie. Aber angesichts der mächtigen Assyrer gab es nur zwei Möglichkeiten: den Traum zu vergessen und mit Assyrien zusammenzuarbeiten oder sich für die nationalistische Politik zu entscheiden und auf den rechten Augenblick zu warten, um Assyriens Joch abzuwerfen. Ein hoher Einsatz erfordert extreme Maßnahmen; das assyrische Jahrhundert ist Zeuge dramatischer Schwankungen zwischen diesen beiden Polen.

Ahas war ein vorsichtiger, pragmatischer König, der Juda das schreckliche Schicksal Israels ersparte und es zu Wohlstand führte. Er begriff, daß er nur überleben konnte, wenn er sich mit Assyrien verbündete; seine Oberherren räumten ihm als loyalem Vasall Konzessionen ein, und Juda wurde in die regionale assyrische Wirtschaft integriert. Ahas herrschte zu einer Zeit beispiellosen Wohlstands in Juda, in der es zum ersten Mal das Stadium einer voll entwickelten Eigenstaatlichkeit erreichte. Da er jedoch zuließ, daß die traditionellen religiösen Praktiken blühten, zog er sich den Zorn des deuteronomistischen Historikers zu.

In seinen ersten Jahren als Herrscher blieb Hiskia nichts anderes übrig, als in die Fußstapfen seines Vaters zu treten. Als jedoch der große Sargon auf dem Schlachtfeld starb und Sanherib an die Macht kam, hatte Assyrien es mit Aufruhr in mehreren Teilen des Reichs zu tun. Plötzlich schien die «Wiederherstellung» eines pan-israelitischen Staates realistisch, besonders angesichts der erwarteten Unterstützung durch Ägypten. Hiskia leitete eine religiöse Reform in die Wege, die den Aufstand rechtfertigen und die Bevölkerung veranlassen sollte, ihn zu unterstützen. Aber der Aufstand gegen Assyrien erwies sich als eine leichtsinnige Entscheidung, die in eine Katastrophe mündete.

Als Manasse den Thron bestieg, gewann das gemäßigte Lager wieder die Macht in Jerusalem. Da er damals nur zwölf Jahre alt war, besteht kaum ein Zweifel daran, daß der Coup in Jerusalem schon vorher geplant war. Manasse drehte das Rad zurück zu Ahas' Zeit. Seine lange Herrschaft kennzeichnet einen vollständigen Sieg des pragmatischen, synkretistischen Lagers. Er entschied sich für die Zusammenarbeit mit Assyrien und integrierte Juda erneut in die regionale assyrische Wirtschaft. Wie ein Phönix, der aus der Asche aufsteigt, erholte Juda sich allmählich vom Trauma von Sanheribs Feldzug.

König	Daten*	Bewertung in der Bibel	Biblische Darstellung	Außerbiblische Belege	Archäologische Funde
Hiskia	727–698	gerecht	Religiöse Reform; erhebt sich gegen Assyrien; Jerusalem wird befreit	Sanherib verwüstet Juda – Annalen und das Lachisch-Relief in Ninive	Jerusalem wächst dramatisch; neue Mauer in Jerusalem; der Siloa-Tunnel; der Siloa-Friedhof; Befestigung von Lachisch; Wohlstand in der Bucht von Beerscheba; Zerstörung von Lachisch und anderen Orten; Belege für Schriftkultur
Manasse	698–642	am schlimmsten	Großer Abtrünniger, vergießt viel unschuldiges Blut	Zahlt Tribut an Assyrien	Bevölkerungswachstum in der Bucht von Beerscheba und in der Wüste Juda, Bau der Festung in Kadesch-Barnea? Judas Beteiligung an der Olivenölproduktion in Ekron, wachsende Schriftkultur
Amon	641–640	schlecht	In einem Putsch getötet		
Josia	639–609	am gerechtesten	Große religiöse Reform; nimmt Bethel ein; von Pharao Necho getötet		Anhaltender Wohlstand in der Bucht von Beerscheba; Erholung im Hügelland; Bildlosigkeit auf Siegeln und Siegelabdrücken

* Nach dem *Anchor Bible Dictionary*

Tabelle 9: Die judäischen Könige von Hiskia bis Josia

Angesichts dieser Wende der Ereignisse dürften die Propheten und Weisen der JHWH-allein-Bewegung schrecklich frustriert gewesen sein. Alle früheren Leistungen ihres Helden Hiskia beim Ausmerzen der Sünde der Abgötterei und der Herausforderung an das fremde Reich waren wie weggeblasen – erst von Sanheribs brutalen Heeren, danach von Hiskias eigenem Sohn. Wenn Hiskia als Israels potentieller Erlöser gegolten hatte, war sein Sohn Manasse der Teufel für sie. Die Bibel enthält Hinweise darauf, daß in Juda gelegentlich Unruhen unter den Bürgern aufflammten. Welche Zwischenfälle hinter dem Bericht «auch vergoß Manasse sehr viel unschuldiges Blut, bis Jerusalem ganz voll davon war» (2. Kön. 21,16) standen, weiß man nicht, aber man könnte sich vorstellen, daß die Gegner des Königs versuchten, die Macht zu ergreifen. Es verwundert daher kaum, daß, als die Deuteronomisten in Juda kurz nach Manasses Tod an die Macht gelangten und sich daran begaben, die Geschichte des Königreichs niederzuschreiben, sie die Rechnung beglichen. Sie schilderten Manasse als den bösesten aller Könige und den Vater aller Abtrünnigen.

Auf den Höhepunkt zu

Manasses Erfolg, Juda aus der von Sanherib hinterlassenen Einöde in einen hoch entwickelten Staat innerhalb des assyrischen Weltreichs umzuwandeln, führte zu großem Reichtum einiger und zu sozialer Entwurzelung und Unsicherheit für viele. Als erster wies Baruch Halpern darauf hin, daß mit dem Zustrom von Flüchtlingen aus dem Norden nach dem Fall Samarias, der Neuorganisation der ländlichen Gebiete unter Hiskia und dem zweiten Zustrom von Flüchtlingen aus dem von Sanherib verwüsteten Hügelland viele traditionelle Sippenbindungen an bestimmte Gebiete für immer zerrissen wurden. Auf dem Land begünstigten Produktionssteigerungen, die die wachsende Nachfrage der Ölpressen und des Getreidehandels erforderlich machte, diejenigen, die an den Schalthebeln von Produktion und Handel saßen, weit mehr als die, die auf den Feldern arbeiteten. Welchen Anspruch die überlebenden Sippen auch immer auf eine ununterbrochene Erbfolge für ihre Felder, Dörfer und Bergspitzen erheben mochten, die Kriegsauswirkungen, Veränderungen in der Bevölkerung und eine intensivere Planung der Wirtschaft durch den König dürften viele dazu bewogen haben, von einem – echten oder eingebildeten – Goldenen Zeitalter in der Vergangenheit zu träumen, als ihre Vorfahren sicher in genau definierten Gebieten wohnten und sich der göttlichen Verheißung von ewigem Frieden und Wohlstand in ihrem Land erfreuten.

Schon bald kommt es zum Höhepunkt der Geschichte. Im Jahr 642 v. Chr. stirbt Manasse, sein Sohn Amon ist sein Nachfolger. Nach dem 2. Buch der Könige «tat [er], was dem Herrn mißfiel, wie sein Vater Manasse getan hatte» (2. Kön. 21,20). Schon nach zwei Jahren gibt es in Jerusalem eine Verschwörung, bei der Amon ermordet wird. Entsetzt erschlägt «das Volk des Landes» – anscheinend die soziale und wirtschaftliche Elite Judas – die Verschwörer und setzt Amons achtjährigen Sohn Josia auf den Thron. Josia herrscht 31 Jahre in Jerusalem und geht als der gerechteste König in die Geschichte Judas ein, dessen Ansehen sogar mit dem Davids wetteifert. Und während seiner Herrschaft kommt erneut das «JHWH-allein«-Lager an die Macht.

Auch diesmal geraten dessen leidenschaftliche religiöse Überzeugungen und der Glaube an JHWHs Macht, Juda und die davidische Dynastie vor allen irdischen Gegnern zu schützen, in Konflikt mit der harten Wirklichkeit der Geschichte. Aber dieses Mal hinterläßt die Bewegung ein glänzendes Testament, das ihre Ideen lebendig hält. Ihr großartiges Monument ist eine zeitlose Sammlung hebräischer Text, die ihre Sicht der Geschichte und ihre Hoffnungen für die Zukunft ausdrücken. Diese Geschichtensammlung bildet die unerschütterliche Grundlage der Hebräischen Bibel, wie man sie heute kennt.

11. Eine große Reform
(639–586 v. Chr.)

Die Herrschaft des Königs Josia von Juda kennzeichnet den Höhepunkt der Geschichte des israelitischen Königtums – zumindest muß sie damals so erschienen sein. Für den Verfasser der Deuteronomistischen Geschichtsdarstellung markiert Josias Herrschaft einen metaphysischen Augenblick, der an Bedeutung kaum dem von Gottes Bund mit Abraham, dem Auszug aus Ägypten oder der König David gegebenen göttlichen Verheißung nachsteht. König Josia gilt der Bibel nicht nur als ein würdiger Nachfolger Moses, Josuas und Davids: Als das Bild dieser großen Männer – wie sie in der biblischen Darstellung auftreten – umrissen wurde, dachte man offenbar an Josia. Josia ist das Ideal, in das Israels gesamte Geschichte zu münden scheint. «Seinesgleichen war vor ihm kein König gewesen, der so von ganzem Herzen, von ganzer Seele, von allen Kräften sich zum Herrn bekehrte, ganz nach dem Gesetz des Mose, und nach ihm kam seinesgleichen nicht», heißt es in 2. Könige 23,25; diese Lobpreisung erreicht eine Höhe wie sonst bei keinem anderen biblischen König.

Josia, ein direkter Nachkomme König Davids in der 16. Generation, besteigt im Alter von acht Jahren den Thron während der blutigen Unruhen, die dem Mord an seinem Vater in Jerusalem folgen. Über sein frühes Leben weiß man kaum etwas. Bei den Erzählungen über sein religiöses Erwachen als junger Mann, das in 2. Chronik 34,3 geschildert wird, dürfte es sich um eine spätere biographische Ausschmückung handeln. Allerdings erkannten ihn während seiner 31 Jahre währenden Herrschaft über das Königreich Juda viele als die größte Hoffnung für die nationale Erlösung, als einen echten Messias an, dazu bestimmt, den verblaßten Ruhm des Hauses Israel wiederherzustellen. Wegen der Glaubenssätze eines Gesetzesbuchs, das man wie durch ein Wunder im Tempel in Jerusalem «entdeckt», oder in Übereinstimmung mit diesen leitet er eine Kampagne in die Wege, um jede Spur ausländischer oder synkretistischer Verehrung einschließlich der uralten Höhen im ländlichen Raum auszumerzen. Er und seine puritanischen Anhänger machen nicht einmal an der traditionellen Nordgrenze seines Königreichs halt, sondern dringen weiter in den Norden bis nach Bethel vor, wo der verhaßte Jerobeam einen mit Jerusalem konkurrierenden Tempel erbaut hatte, in dem (so heißt es in der Prophezeiung in 1. Könige 13,2) ein davidischer Erbe namens Josia eines Tages die Knochen der Götzenpriester des Nordens verbrennen werde.

Josias messianische Rolle entspringt der Theologie einer neuen religiösen Bewegung, die dramatisch den Sinn des Begriffs «Israelit» nachhaltig verändert und die Fundamente für das zukünftige Judentum – und damit auch für das Christentum – legt. Diese Bewegung bringt schließlich die Dokumente hervor, die den Kern der Bibel bilden – vor allem das wichtigste, ein Gesetzbuch, das bei einer Renovierung des Jerusalemer Tempels im Jahr 622 v. Chr., dem 18. Regierungsjahr Josias, entdeckt wird. Dieses Buch, das von den meisten Gelehrten als ein Original des Buchs Deuteronomium identifiziert wird, bewirkt eine Revolution im Ritual und eine vollständige Neuformulierung der israelitischen Identität. Es enthält die zentralen Merkmale des biblischen Monotheismus: die ausschließliche Verehrung eines Gottes an einem Ort; die zentralisierte, nationale Einhaltung der Hauptfeste des jüdischen Jahrs (Passa, Laubhüttenfest) und eine Reihe von Gesetzen, die sich mit sozialer Wohlfahrt, Gerechtigkeit und persönlicher Moral befassen.

Das war der entscheidende Augenblick bei der Herausbildung der biblischen Tradition, wie man sie heute kennt. Der Text über Josias Herrschaft konzentriert sich allerdings beinahe ausschließlich auf die Einzelheiten seiner religiösen Reform und ihres vorgeblichen geographischen Umfangs. Sehr viel weniger sagt er über die großen historischen Ereignisse aus, die sich in den Gebieten rund um Juda abspielten, und auch nicht darüber, wie sie den Aufstieg der deuteronomistischen Ideologie beeinflußt haben könnten. Eine Untersuchung der zeitgenössischen historischen Quellen und archäologischen Funde hilft vielleicht dabei zu begreifen, wie Josia, dieser ansonsten vergessene König, der über ein winziges Königreich im Schatten der großen Weltmächte herrschte, bewußt oder unbewußt der Schirmherr einer intellektuellen und geistigen Bewegung werden konnte, die einige der großen ethischen Lehren der Bibel und ihre einzigartige Sicht von Israels Geschichte hervorbrachte.

Ein unerwarteter Fund im Tempel

Dieses bedeutungsvolle Kapitel im politischen und geistigen Leben Judas beginnt mit der Thronbesteigung des jungen Prinzen Josia im Jahr 639 v. Chr. Aus der Sicht der Bibel, für die sich in der Geschichte Judas «böse» und «gerechte» Könige ablösen, sieht es nach einem Wendepunkt aus. Denn Josia ist ein treuer Nachfolger Davids: «Er tat, was dem Herrn wohlgefiel und wandelte ganz in dem Wege seines Vaters David und wich nicht davon ab, weder zur Rechten noch zur Linken» (2. Kön. 22,2).

Gemäß der Bibel läßt diese Gerechtigkeit Josia entscheidende Taten vollbringen. In seinem 18. Regierungsjahr – 622 v. Chr. – befiehlt Josia dem Hohenpriester Hilkia, die öffentlichen Gelder für die Renovierung des Tempels des Gottes Israels zu verwenden. Während der Arbeiten taucht ein sensationeller Text auf, den der Hohepriester im Tempel entdeckt und der Schreiber Schaphan dem König vorliest. Der Eindruck ist gewaltig, denn plötzlich wird auf schockierende Weise offenbar, daß der JHWH-Kult, wie er traditionell in Juda praktiziert wurde, falsch war.

Josia ruft alle Bewohner Judas zusammen, um einen feierlichen Eid abzulegen, sich völlig den göttlichen Geboten hinzugeben, wie sie in dem soeben entdeckten Buch angeführt sind:

> Und der König ging hinauf ins Haus des Herrn, und alle Männer Judas und alle Einwohner von Jerusalem mit ihm, Priester und Propheten und alles Volk, Klein und Groß. Und man las vor ihren Ohren alle Worte aus dem Buch des Bundes, das im Hause des Herrn gefunden war. Und der König trat an die Säule und schloß einen Bund vor dem Herrn, daß sie dem Herrn nachwandeln sollten und seine Gebote, Ordnungen und Rechte halten von ganzem Herzen und von ganzer Seele, um zu erfüllen die Worte dieses Bundes, die geschrieben stehen in diesem Buch. Und alles Volk trat in den Bund (2. Kön. 13,2–3).

Im Anschluß daran bemüht sich Josia, den JHWH-Kult gründlich zu säubern, und leitet die intensivste puritanische Reform in der Geschichte Judas in die Wege. Seine ersten Ziele sind die Götzenriten, wie sie in Jerusalem und sogar im Tempel selbst praktiziert werden:

> Und der König gebot dem Hohenpriester Hilkia und dem zweitobersten Priester und den Hütern der Schwelle, daß sie aus dem Tempel des Herrn hinaustun sollten alle Geräte, die dem Baal und der Aschera und allem Heer des Himmels gemacht waren. Und er ließ sie verbrennen draußen vor Jerusalem im Tal Kidron und ihre Asche nach Bethel bringen. Und er setzte die Götzenprie-

ster ab, die die Könige von Juda eingesetzt hatten, um auf den Höhen zu opfern in den Städten Judas und um Jerusalem her; auch die dem Baal geopfert hatten, der Sonne und dem Mond und den Planeten und allem Heer am Himmel. Und er ließ das Bild der Aschera aus dem Hause des Herrn bringen hinaus vor Jerusalem an den Bach Kidron und verbrennen am Bach Kidron und zu Staub mahlen und den Staub auf die Gräber des einfachen Volks werfen. Und er brach ab die Häuser der Tempelhurer, die an dem Hause des Herrn waren, in denen die Frauen Gewänder für die Aschera wirkten (2. Kön.23,4–7).

Er vernichtet die Stätten ausländischer Kulte, besonders jene, die, wie verlautet, schon zur Zeit Salomos unter königlicher Schirmherrschaft in Jerusalem errichtet wurden:

Und er machte auch unrein die Feuerstätte im Hinnomtale, damit niemand seinen Sohn oder seine Tochter dem Moloch durchs Feuer gehen ließe. Und er schaffte die Rosse ab, die die Könige von Juda für den Dienst der Sonne bestimmt hatten am Eingang des Hauses des Herrn, bei der Kammer Nethan-Melechs, des Kämmerers, die in dem Anbau war, und die Wagen der Sonne verbrannte er mit Feuer. Und die Altäre auf dem Dach, dem Obergemach des Ahas, die die Könige von Juda gemacht hatten, und die Altäre, die Manasse gemacht hatte in den beiden Vorhöfen des Hauses des Herrn, brach der König ab und ging hin und warf ihren Staub in den Bach Kidron. Auch die Höhen, die östlich von Jerusalem waren, zur Rechten am Berge des Verderbens, die Salomo, der König von Israel, gebaut hatte der Astarte, dem gräulichen Götzen von Sidon, und Kamos, dem gräulichen Götzen von Moab, und Milkom, dem gräulichen Götzen der Ammoniter, machte der König unrein und zerbrach die Steinmale und hieb die Ascherabilder um und füllte ihre Stätte mit Menschenknochen (2. Kön. 23,10–14).

Josia schafft auch die Opferrituale der Priester in den ländlichen Gebieten ab, die ihre Riten auf den überall auf dem Land zerstreuten Höhen und Kultstätten abhalten. «Und er ließ kommen alle Priester aus den Städten Judas und machte unrein die Höhen, wo die Priester opferten, von Geba an bis nach Beerscheba» (2. Kön. 23,8).

Die alten Rechnungen werden eine nach der anderen beglichen. Als nächstes ist die große «Sünde Jerobeams» beim Götzenaltar in Bethel an der Reihe, an der die biblische Prophezeiung erfüllt wird, derzufolge ein gerechter König namens Josia eines Tages für seine Zerstörung sorgt:

Auch den Altar in Bethel, die Höhe, die Jerobeam gemacht hatte, der Sohn Nebats, der Israel sündigen machte, diesen Altar brach er ab, zerschlug seine Steine und machte sie zu Staub und verbrannte das Bild der Aschera.

Und Josia wandte sich um und sah die Gräber, die auf dem Berge waren, und sandte hin und ließ die Knochen aus den Gräbern holen und verbrannte sie auf dem Altar und machte ihn unrein nach dem Wort des Herrn, das der Mann Gottes ausgerufen hatte, als er es verkündete. Und er sprach: Was ist das für ein Grabmal, das ich sehe? Und die Leute in der Stadt sprachen zu ihm: Es ist das Grab des Mannes Gottes, der von Juda kam und ausrief, was du getan hast an dem Altar in Bethel. Und er sprach: Laßt ihn liegen, niemand rühre seine Gebeine an! Und so blieben mit seinen Gebeinen auch die Gebeine des Propheten unberührt, der von Samaria gekommen war (2. Kön. 23,15–18).

Josia hört mit Bethel aber noch nicht auf, sondern setzt seine Säuberung weiter im Norden fort:

Und er entfernte auch alle Heiligtümer auf den Höhen in den Städten Samarias, die die Könige von Israel gemacht hatten, um den Herrn zu erzürnen, und tat mit ihnen, ganz wie er in Bethel getan hatte. Und er ließ alle Priester der Höhen, die dort waren, schlachten auf den Altären und verbrannte Menschengebeine darauf und kam nach Jerusalem zurück (2. Kön. 23,19–20).

Noch während Josia die Abgötterei bekämpft, setzt er nationale religiöse Feiern ein:

Und der König gebot dem Volk: Haltet dem Herrn, eurem Gott, Passa, wie es geschrieben steht in diesem Buch des Bundes! Denn es war kein Passa so gehalten worden wie dies von der Zeit der Richter an, die Israel gerichtet haben, und in allen Zeiten der Könige von Israel und der Könige von Juda (2. Kön. 23,21–22).

Rückblickend betrachtet, handelt es sich bei der biblischen Beschreibung der religiösen Reform Josias in 2. Könige 23 nicht um einen einfachen Bericht über die Ereignisse. Es ist ein sorgfältig formulierter Text, der Anspielungen auf alle großen Persönlichkeiten und Ereignisse in Israels Geschichte enthält. Josia wird indirekt mit Mose verglichen, dem großen Befreier und dem Initiator des Passa-Festes. Ebenso ist er Josua und David, den großen Eroberern, nachempfunden; und er folgt Salomos Beispiel, dem Schirmherrn des Tempels in Jerusalem. Mit der Geschichte von Josias Reform werden auch die bösen Taten der Vergangenheit gesühnt. Dadurch, daß es Josia gelingt, Jerobeams Altar in Bethel zu zerstören, das Kultzentrum des Königreichs Israel, das so lange mit Jerusalem konkurriert hat, wird auch an die Sünden des Nordreichs erinnert. Dort liegt Samaria mit seinen Höhen, und die bittere Erinnerung an seine Zerstörung wird heraufbeschworen. Die gesamte Geschichte Israels hat nun einen Wendepunkt erreicht. Nach Jahrhunderten der Missetaten ist Josia gekommen, um die Sünden der Vergangenheit auszumerzen und das Volk Israel durch das genaue Befolgen des Gesetzes zur Erlösung zu führen.

Was war das «Buch des Gesetzes»?

Die Entdeckung des Buchs des Gesetzes war für die weitere Geschichte des Volkes Israel ein Ereignis von immenser Bedeutung. Es galt als der endgültige Gesetzeskodex, der Mose von Gott auf dem Sinai gegeben worden war. Sein gehorsames Befolgen würde das Überleben des Volkes Israel sichern.

Schon im 18. Jahrhundert fielen Bibelwissenschaftlern die vielen Ähnlichkeiten zwischen der Beschreibung des im Tempel gefundenen Gesetzbuchs und dem Buch Deuteronomium auf. Die direkten Parallelen zwischen dem Inhalt des Deuteronomiums und den im Bericht über Josias Reform genannten Zielen lassen eindeutig darauf schließen, daß beiden eine gemeinsame Ideologie zugrunde liegt. Als einziges Buch im Pentateuch erhebt das Deuteronomium den Anspruch, die «Worte des Bundes» zu enthalten, die ganz Israel befolgen muß (29,9). Nur in diesem Buch werden alle Opfer außer an der «Stätte, die der Herr, euer Gott, aus all euren Stämmen erwählen wird», verboten (12,5), während die anderen Bücher des Pentateuch wiederholt ohne jede Kritik den Opferdienst an Altären überall im ganzen Land erwähnen. Als einziges Buch beschreibt das Deuteronomium auch das nationale Opfer zum Passa-Fest in einem nationalen Heiligtum (16,1–8). Und während es offensichtlich ist, daß der heute vorliegende Text des Buchs spätere Zusätze enthält, entspricht es in seinen Hauptlinien genau jenen Regeln, die Josia im Jahr 622 v. Chr. *zum ersten Mal* in Jerusalem befolgt.

Die Tatsache, daß ein schriftlicher Gesetzeskodex plötzlich zu diesem Zeitpunkt auftaucht, paßt gut zu den archäologischen Belegen über die Verbreitung der Fähigkeit zu lesen und zu schreiben in Juda. Wenngleich der Prophet Hosea und König Hiskia mit Ideen in Verbindung gebracht werden, die denen im Buch Deuteronomium ähnlich sind, steht der Bericht vom Auftauchen eines endgültigen schriftlichen Textes und seiner öffentlichen Verlesung durch den König im Einklang mit den Beweisen für die plötzliche Verbreitung der Fähigkeit zu lesen und zu schreiben im Juda des 7. Jahrhunderts. Die Entdeckung von Hunderten von persönlichen Siegeln und Siegelabdrücken, die mit dem Hebräisch dieser Zeit beschriftet sind, zeugen vom weit verbreiteten

Gebrauch der Schrift und schriftlicher Dokumente. Wie schon erwähnt, sind solche relativ weitverbreiteten Belege ein wichtiger Hinweis darauf, daß Juda in dieser Zeit das Niveau eines voll entwickelten Staats erreicht hatte. In den vorangegangenen Jahrhunderten dürfte es wohl kaum in der Lage gewesen sein, umfangreiche Texte hervorzubringen.

Übrigens haben Gelehrte darauf hingewiesen, daß die literarische Form des Bundes zwischen JHWH und dem Volk Israel im Buch Deuteronomium auffallend assyrischen Verträgen mit Vasallen aus dem frühen 7. Jahrhundert v. Chr. ähnelt, die die Rechte und Pflichten eines unterworfenen Volkes ihrem Herrscher gegenüber festlegen. Außerdem weist das Deuteronomium nach Ansicht des Bibelwissenschaftlers Moshe Weinfeld sowohl in bezug auf die Ideologie, die in den programmatischen Reden ausgedrückt wird, als auch auf die Gattung von Segen und Fluch sowie in bezug auf die Zeremonien bei der Gründung neuer Ortschaften Ähnlichkeiten mit der frühgriechischen Literatur auf. Faßt man alle Argumente zusammen, dann besteht kaum ein Zweifel daran, daß das in 2. Könige erwähnte Gesetzbuch eine Originalversion des Deuteronomiums ist. Allerdings ist daraus auch zu schließen, daß es eigentlich kein altes Buch ist, das plötzlich entdeckt wurde, sondern daß es im 7. Jahrhundert v. Chr. kurz vor oder während Josias Herrschaft verfaßt wurde.

Der Aufstieg eines Pharaos und ein sterbendes Reich

Um zu begreifen, warum das Buch Deuteronomium seine Form erhielt und warum es solch eine offensichtliche emotionale Kraft besaß, muß man zunächst einmal einen Blick auf die internationale Bühne während der letzten Jahrzehnte der Geschichte Judas werfen. Ein Überblick über die historischen und archäologischen Quellen macht deutlich, daß große Verschiebungen in der Machtbalance innerhalb der gesamten Region die biblische Geschichtsdarstellung wesentlich geprägt haben.

Als der achtjährige Prinz Josia im Jahr 639 v. Chr. den Thron in Juda bestieg, erlebte Ägypten eine große politische Renaissance, bei der Bilder seiner entlegenen Vergangenheit – und der großen Eroberer und Staatsgründer – als Symbole genutzt wurden, um die Macht Ägyptens und sein Ansehen in der ganzen Region zu steigern. Seit 656 v. Chr. befreite sich Psammetich I., der Gründer der 26. Dynastie, von der Vorherrschaft des assyrischen Reichs und dehnte seine Herrschaft auf einen großen Teil des Gebiets in der Levante aus, das der große Pharao Ramses II. im 13. Jahrhundert v. Chr. kontrolliert hatte.

Der Grund für diese ägyptische Renaissance war vor allem der plötzliche, steile Niedergang Assyriens in den letzten Jahrzehnten des 7. Jahrhunderts v. Chr. Noch diskutieren Gelehrte über das genaue Datum und die Ursache für den Zusammenbruch Assyriens, das über hundert Jahre lang unbestritten die Weltherrschaft innegehabt hatte. Zum Niedergang der assyrischen Macht am Ende der Herrschaft des letzten großen assyrischen Königs Assurbanipal (669–627 v. Chr.) kam es im wesentlichen wegen des Drucks der berittenen skythischen Nomadenstämme an der Nordgrenze des Reichs und der anhaltenden Konflikte mit den unterworfenen Völkern von Babylonien und Elam im Osten. Nach Assurbanipals Tod wurde die assyrische Herrschaft zusätzlich durch einen Aufstand in Babylonien im Jahr 626 und den Ausbruch eines Bürgerkriegs in Assyrien selbst drei Jahre später, 623 v. Chr., in Frage gestellt.

Von der assyrischen Schwäche profitierte Ägypten direkt. Pharao Psammetich I., der von der Stadt Sais im Nildelta aus herrschte, gelang es, den einheimischen ägyptischen Adel unter seiner Führung zu einen. Während seiner Herrschaft von 664 bis 610 v. Chr. zogen sich die assyrischen Streitkräfte aus Ägypten zurück und überließen diesem die Macht über den Großteil der Levante. Der griechische Historiker Herodot, der als eine wichtige Quelle für die Ereignisse dieser Zeit gilt, berichtet (in einer Erzählung, die mit vielen sagenhaften Elementen ausgeschmückt ist), wie Psammetich in den Norden zog und die Stadt Asdod an der Mittelmeerküste 29 Jahre lang belagerte. Gleichgültig, ob dieser Bericht wahr ist oder nicht, archäologische Funde an Stätten in der Küstenebene weisen jedenfalls auf einen wachsenden ägyptischen Einfluß im ausgehenden 7. Jahrhundert hin. Psammetich prahlt überdies in einer zeitgenössischen Inschrift, er habe die Macht über die Mittelmeerküste bis Phönikien im Norden inne.

Allem Anschein nach verlief der Rückzug der Assyrer aus ihren ehemaligen Besitzungen an der Küstenebene und auf dem Gebiet des ehemaligen Nordreichs Israel friedlich. Möglicherweise gab es sogar so etwas wie eine Übereinkunft zwischen Ägypten und Assyrien, wonach Ägypten die assyrischen Provinzen westlich des Euphrats erbte und sich dafür verpflichtete, Assyrien militärisch zu unterstützen. Wie dem auch sei, der Traum, den Ägypten fünfhundert Jahre lang gehegt hatte, sein Reich in Kanaan wiederherzustellen, hatte sich erfüllt. Die Ägypter kontrollierten erneut die reichen Ebenen mit ihrer landwirtschaftlichen Fülle und den internationalen Handelsstraßen. Dagegen waren die ziemlich isolierten Bewohner des Berglands – jetzt als ein Königreich, Juda, organisiert – genau wie zur Zeit der großen Pharaonen des Neuen Reichs, die zu Eroberungen auszogen, für die Ägypter eher unwichtig. Und deshalb blieben sie, wenigstens am Anfang, weitgehend sich selbst überlassen.

Eine neue Einnahme des verheißenen Landes

Durch den Rückzug der Assyrer aus den nördlichen Regionen Israels entstand eine Situation, die sich aus judäischer Sicht wie ein lange erwartetes Wunder ausnahm. Hundert Jahre assyrischer Vorherrschaft gingen zu Ende; Ägypten interessierte sich überwiegend für die Küste, und das böse Nordreich Israel existierte nicht mehr. Der Weg schien endlich frei zu sein für eine Erfüllung der judäischen Bestrebungen. Endlich schien es möglich, daß Juda sich in den Norden ausdehnen, die Gebiete des besiegten Nordreichs im Bergland übernehmen, den israelitischen Kult zentralisieren und einen großen pan-israelitischen Staat gründen konnte.

Für solch einen ehrgeizigen Plan braucht man eine aktive, machtvolle Propaganda. Das Deuteronomium stellte die Einheit des Volkes Israel und die Zentralität seiner nationalen Kultstätte her, aber außerdem wurde mit dem Deuteronomistischen Geschichtswerk und Teilen des Pentateuch ein Epos erschaffen, das die Macht und Leidenschaft erneut auflebender judäischer Träume ausdrücken sollte. Aus diesem Grund dürften die Verfasser und Redaktoren die kostbarsten Traditionen des Volkes Israel gesammelt und umgearbeitet haben, um die Nation auf den großen nationalen Kampf vorzubereiten, der ihr bevorstand.

Sie verschönten und bearbeiteten die Geschichten in den ersten vier Büchern der Tora, verflochten die regionalen Varianten der Geschichten über die Erzväter, wobei sie Abrahams, Isaaks und Jakobs Abenteuer in eine Zeit legten, die irgendwie an das 7. Jahrhundert v. Chr. erinnert, und betonten die Vorherrschaft Judas über ganz Israel. Sie gestalteten ein großes nationales Epos der Befreiung für alle Stämme Israels gegen einen großen, dominierenden Pharao, dessen Reich in seinen geographischen Einzelheiten auf unheimliche Weise an das von Psammetich erinnerte.

Im Deuteronomistischen Geschichtswerk schufen sie ein zusammenhängendes Epos von der Einnahme Kanaans, in dem die heftigsten Schlachten genau dort wüteten, wo die erneute Einnahme Kanaans stattfinden würde: im Jordangraben, im Gebiet um Bethel, in den Ausläufern des Hügellands und den Zentren der ehemaligen israelitischen (und später assyrischen) Verwaltung im Norden. Das mächtige, wohlhabende Nordreich, in dessen Schatten Juda über zweihundert Jahre lang gestanden hatte, wurde als eine historische Verirrung verurteilt – ein sündiger Abfall vom wahren israelitischen Erbe. Die einzigen rechtmäßigen Herrscher aller israelitischen Territorien waren Könige von Davids Geschlecht, besonders der fromme Josia. Bethel, das große Kultzentrum des Nordreichs, das Josia übernahm, wurde scharf verurteilt. «Kanaanäer», das heißt alle nichtisraelitischen Bewohner, wurden ebenfalls herabgesetzt und ein strenges Verbot gegen die Mischehe von Israeliten mit ausländischen Frauen erlassen, die die Menschen der Deuteronomistischen Geschichtsdarstellung und dem Pentateuch zufolge nur zur Abgötterei verleiten würden. Beide politischen Standpunkte hingen vermutlich mit der praktischen Herausforderung einer Expansion in Gebiete des Landes Israel zusammen, in denen die Assyrer viele Nichtisraeliten angesiedelt hatten. Das betraf vor allem die Südregionen des ehemaligen Nordreichs um Bethel.

Man kann nicht wissen, ob frühere Fassungen der Geschichte Israels schon zur Zeit Hiskias oder von regimekritischen Fraktionen während der langen Herrschaft Manasses verfaßt worden waren oder ob das große Epos vollständig unter Josias Regierung entstand. Allerdings wird deutlich, daß viele im Deuteronomistischen Geschichtswerk beschriebene Personen, so der fromme Josua, David und Hiskia sowie die Apostaten Ahas und Manasse, als – positive wie negative – Spiegelbilder Josias dargestellt sind. Hier geht es nicht um Geschichtsschreibung im modernen Sinn. Das Werk war vielmehr eine ideologische und gleichzeitig theologische Komposition.

Zum ersten Mal in der Geschichte des alten Israel gab es im 7. Jahrhundert v. Chr. ein breites Publikum für derartige Werke. Juda war jetzt ein stark zentralisierter Staat geworden, in dem die Fähigkeit zu lesen und zu schreiben sich von der Hauptstadt und den größeren Städten auf das Land verbreitete. Dieser Prozeß hatte vermutlich schon im 8. Jahrhundert begonnen, erreichte einen Höhepunkt aber erst zu Josias Zeit. Neben den mündlichen Vortrag trat jetzt die Schrift als ein Mittel, um revolutionär anmutende politische, religiöse und soziale Ideen zu äußern. Trotz ihrer Geschichten von Abfall und Illoyalität seitens Israels und seiner Monarchen, trotz des Kreislaufs von Sünde,

Strafe und Erlösung und trotz all der Katastrophen der Vergangenheit zeichnet die Bibel eine zutiefst optimistische Geschichte. Sie verspricht ihren Lesern und Zuhörern, daß sie am glücklichen Ende der Geschichte teilhaben würden, sobald ihr König Josia Israel von den Greueln seiner Nachbarn gesäubert, seine Sünden ausgemerzt, das allgemeine Befolgen der wahren Gesetze von JHWH durchgesetzt und den ersten Schritt zur Verwirklichung von Davids sagenhaftem Königreich gemacht haben würde.

Eine Revolution auf dem Land

Unter Josia herrschte zweifellos eine messianische Stimmung. Das deuteronomistische Lager gewann, und in Jerusalem muß ein außergewöhnliches Hochgefühl vorgeherrscht haben. Aber die Lektion, die in dem Übergang von dem gerechten Hiskia zu dem sündigen Manasse gelegen hatte, war noch nicht vergessen. Josias Reformern schlug sicher auch Widerstand entgegen. Deshalb war es jetzt die richtige Zeit für Erziehung und soziale Reformen. In diesem Zusammenhang sollte darauf hingewiesen werden, daß das Deuteronomium ethische Gesetze und Vorschriften für soziale Wohlfahrt enthält, die ihresgleichen in der Bibel suchen. Es fordert den Schutz des Individuums sowie die Verteidigung dessen, was man heute als Menschenrechte und Menschenwürde bezeichnet. Seine Gesetze legen eine beispiellose Sorge für die Schwachen und Hilflosen in der judäischen Gesellschaft an den Tag:

> Wenn einer deiner Brüder arm ist in irgendeiner Stadt in deinem Lande, das der Herr, dein Gott, dir geben wird, so sollst du dein Herz nicht verhärten und deine Hand nicht zuhalten gegenüber deinem armen Bruder, sondern sollst sie ihm auftun und ihm leihen, soviel er Mangel hat (Dtn. 15,7–8).

> Du sollst das Recht des Fremdlings und der Waise nicht beugen und sollst der Witwe nicht das Kleid zum Pfand nehmen. Denn du sollst daran denken, daß du Knecht in Ägypten gewesen bist und der Herr, dein Gott, dich von dort erlöst hat. Darum gebiete ich dir, daß du solches tust (Dtn. 24,17–18).

Hier geht es nicht nur um reine Wohltätigkeit, sondern um ein Bewußtsein, das aus der gemeinsamen Wahrnehmung einer nationalen Einheit erwachsen war und jetzt durch die in einem Text kodifizierte Saga von Israel gestärkt wurde. Die Rechte auf das Land der Familie werden geschützt, indem untersagt wird, die Grenzsteine zu verrücken (19,14), und die Rechte von Frauen, die von ihren Ehemännern zurückgesetzt werden, werden gesichert (21,15–17). Bauern erhalten Anweisung, jedes dritte Jahr den Armen den Zehnten zu geben (14,28–29); Fremdlinge werden vor Diskriminierung geschützt (24,14–15); Sklaven müssen nach sechsjährigem Dienst freigelassen werden (15,12–15). Das sind nur einige Beispiele dafür, wie umfassend die Gesetzgebung im persönlichen Bereich war, die die traditionellen Ungerechtigkeiten und Ungleichheiten im täglichen Leben aufheben sollte.

Angesprochen wird auch die Regierungsweise in der klaren Absicht, die Macht der führenden Mitglieder der judäischen Gesellschaft zu begrenzen, damit sie ihre Position nicht zum eigenen Vorteil nutzen oder die weitere Bevölkerung unterdrücken:

> Richter und Amtleute sollst du dir bestellen in allen Toren deiner Städte, die dir der Herr, dein Gott, geben wird, in jedem deiner Stämme, daß sie das Volk richten mit gerechtem Gericht. Du sollst das Recht nicht beugen und sollst auch die Person nicht ansehen und keine Geschenke nehmen; denn Geschenke machen die Weisen blind und verdrehen die Sache der Gerechten (Dtn. 16,18–19).

Sogar der König ist den Gesetzen des Bundes unterworfen, und es ist klar, daß die Verfasser des Deuteronomiums dabei sowohl die Sünden der Könige von Israel als auch die Gerechtigkeit Josias im Sinn hatten:

> Du sollst aber einen aus deinen Brüdern zum König über dich setzen. Du darfst nicht irgendeinen Ausländer, der nicht dein Bruder ist, über dich setzen. Nur daß er nicht viele Rosse halte und führe das Volk nicht wieder nach Ägypten, um die Zahl seiner Rosse zu mehren, weil der Herr euch gesagt hat, daß ihr hinfort nicht wieder diesen Weg gehen sollt. Er soll auch nicht viele Frauen nehmen, daß sein Herz nicht abgewandt werde, und soll auch nicht viel Silber und Gold sammeln. Und wenn er nun sitzen wird auf dem Thron seines Königreichs, soll er eine Abschrift dieses Gesetzes, wie es den levitischen Priestern vorliegt, in ein Buch schreiben lassen. Das soll bei ihm sein und er soll darin lesen sein Leben lang, damit er den Herrn, seinen Gott, fürchten lernt, daß er halte alle Worte dieses Gesetzes und diese Rechte und danach tue. Sein Herz soll sich nicht erheben über seine Brüder und soll nicht weichen von dem Gebot weder zur Rechten noch zur Linken, auf daß er verlängere die Tage seiner Herrschaft, er und seine Söhne, in Israel (Dtn. 17,15–20).

Den wohl aufschlußreichsten Fund, der beispielhaft dieses neue Bewußtsein von den Rechten des einzelnen veranschaulicht, machte man 1960 in einer Festung aus dem späten 7. Jahrhundert v. Chr. an der Mittelmeerküste südlich des modernen Tel Avivs, die den Archäologen als Mezad Haschavjahu bekannt ist (Abb. 25, siehe Seite 279). In den Ruinen dieser Festung fand man Bruchstücke importierter griechischer Keramik, die die mögliche Anwesenheit griechischer Söldner dort belegen. Den jahwistischen Namen zufolge, die auf am Ort gefundenen Ostraka stehen, gab es in der Festung wohl auch Judäer, die teils die umliegenden Felder bebauten, teils hier als Soldaten und Offiziere stationiert waren. Einer der Arbeiter verfaßte einen empörten Appell an den Befehlshaber der Garnison, geschrieben in Tinte auf eine Tonscherbe. Diese kostbare hebräische Inschrift ist der vielleicht älteste erhaltene archäologische Beleg für die neue Einstellung und damit für die neuen Rechte, die das deuteronomistische Gesetz gewährt:

> Möge der Beamte, mein Herr, die Klage seines Knechtes anhören. Dein Knecht arbeitet bei der Ernte. Dein Knecht war in Hasar-Assam. Dein Knecht erntete, beendete [seine Arbeit] und lagerte [das Getreide] einige Tage, bevor er aufhörte. Als dein Knecht mit dem Ernten fertig war und es vor einigen Tagen gelagert hatte, kam Hoschajahu, Sohn des Schobai, und nahm deines Knechtes Gewand. Als ich die Ernte beendet hatte, damals, vor einigen Tagen, nahm er deines Knechtes Gewand. Alle meine Gefährten werden für mich zeugen, alle, die mit mir in der Sonnenhitze ernteten – sie werden für mich zeugen, daß dieses wahr ist. Ich bin schuldfrei von jedem Verstoß. (So) gib mir bitte mein Gewand zurück. Wenn der Beamte es nicht als eine Pflicht betrachtet, deines Knechtes Gewand zurückzugeben, dann habe Mitleid mit ihm und gebe deines Knechtes Gewand zurück. Du darfst nicht schweigen, wenn dein Knecht ohne sein Gewand ist.

Hier wird die persönliche Forderung gestellt, das Gesetz trotz des unterschiedlichen gesellschaftlichen Rangs von Adressat und Bittsteller zu befolgen. Das Einfordern von Rechten durch einen einzelnen gegenüber einem anderen ist ein revolutionärer Schritt fort von der vorderasiatischen Tradition, sich nur auf die Macht der Sippe zu verlassen, um die Rechte eines Mitglieds einer Gemeinschaft zu sichern.

Das ist nur ein Beispiel, das sich zufällig in den Ruinen eines Orts weit weg vom Zentrum Judas erhalten hat. Und doch ist seine Bedeutung klar. Die Gesetze im Deuteronomium stehen als ein neuer Kodex für die Rechte des Individuums und die Pflichten des Volkes Israel. Sie bilden auch die Grundlage für einen universalen sozialen Kodex und ein System von Gemeinschaftswerten, die bis heute Bestand haben.

Archäologie und die Reformen Josias

Zwar war die Archäologie von unschätzbarem Wert, um die langfristigen gesellschaftlichen Veränderungen aufzudecken, die hinter der Entwicklung Judas und der Entstehung der deuteronomistischen Bewegung stehen; bei der Suche nach Belegen für Josias besondere Leistungen war sie dagegen weitaus weniger erfolgreich. Der Tempel in Bethel – Josias Hauptziel in seinem Feldzug gegen die Abgötterei – wurde bisher nicht gefunden, man hat lediglich einen zeitgenössischen judäischen Tempel außerhalb von Jerusalem freigelegt. Sein Schicksal während Josias Programm einer religiösen Zentralisierung ist unklar.*

Ebenso liefern Siegel und Siegeleindrücke judäischer Beamter und Honoratioren der späten Königszeit nur *mögliche* Beweise für Josias Reformen. Frühere judäische Siegel weisen Bilder auf, die wohl mit dem Astralkult – Bilder von Sternen und dem Mond, die wohl als heilige Symbole galten – zusammenhängen; im ausgehenden 7. Jahrhundert v. Chr. enthalten die meisten Siegel dagegen nur Namen (und manchmal auch eine Blumendekoration), jede Ausschmückung mit Bildern fehlt ganz offensichtlich. Künstlerische Stile in anderen Regionen wie Ammon und Moab zeugen von einem ähnlichen Wandel, der damit zusammenhängen mag, daß sich die Fähigkeit, zu lesen und zu schreiben, in der gesamten Region verbreitete, aber nirgends fällt die Veränderung so auf wie in Juda. Das spiegelt möglicherweise den Einfluß von Josias Reform, die darauf bestand, daß ein bildloser JHWH der einzige legitime Brennpunkt der Verehrung ist, und die die Anbetung himmlischer Mächte in sichtbarer Form zu verhindern suchte.

Andere Belege legen jedoch nahe, daß es Josia nicht gelang, der Anbetung von Götterbildern Einhalt zu gebieten, denn zahlreiche Figurinen einer stehenden Frau, die ihre Brüste mit beiden Händen hält (generell als die Göttin Astarte identifiziert), wurden an allen größeren judäischen Orten aus dem ausgehenden 7. Jahrhundert in privaten Wohnanlagen gefunden. Dieser Volkskult hatte demnach wenigstens auf der Ebene privater Haushalte trotz der religiösen Politik aus Jerusalem weiterhin Bestand.

* Dieser Tempel wurde bei der Festung Arad im Süden ausgegraben. Nach dem Archäologen Yohanan Aharoni, dem Ausgräber, wurde der Tempel seit dem späten 7./frühen 6. Jahrhundert nicht mehr benutzt, als man darüber eine neue Befestigungsmauer baute. Das läßt anscheinend darauf schließen, daß der Tempel um die Zeit von Josias Reformen geschlossen oder aufgegeben wurde. Andere Gelehrte stellen diese Datierung jedoch in Frage und sind sich nicht so sicher, daß der Betrieb im Arad-Tempel zu dieser Zeit eingestellt wurde, wie Josia es sich vermutlich gewünscht hätte.

Wie weit ging Josias Revolution?

Der Umfang von Josias Eroberungen wurde bisher mit archäologischen und historischen Methoden nur grob bestimmt. Wenngleich das Heiligtum in Bethel noch nicht gefunden wurde, entdeckte man für das 7. Jahrhundert typische judäische Artefakte in der Umgebung. Möglicherweise expandierte Josia weiter nördlich in Richtung auf Samaria (wie es in 2. Kön. 23,19 angedeutet wird), dafür wurden jedoch noch keine eindeutigen archäologischen Belege gefunden.

Die Tatsache, daß Lachisch wieder befestigt und erneut als große judäische Festung im Westen genutzt wurde, dürfte als der vermutlich beste Beweis dafür gelten, daß Josia jene Gebiete der Schfela kontrollierte, die sein Großvater Manasse neu belebt hatte. Aber noch weiter in den Westen hätte Josia eigentlich nicht vordringen können, denn dort lagen Gebiete, die für die Ägypter von größtem Interesse waren. Im Süden läßt die anhaltende Besiedlung mit Judäern darauf schließen, daß sich die Bucht von Beerscheba und möglicherweise auch die Festungen im Süden, die Manasse einige Jahrzehnte zuvor unter assyrischer Vorherrschaft gegründet hatte, in Josias Gewalt befanden.

Im Grunde genommen war das Königreich unter Josia eine direkte Fortsetzung Judas unter Manasses Herrschaft. Seine Bevölkerungszahl überstieg vermutlich nicht 75 000 Menschen, mit einer ziemlich dichten Besiedlung in den ländlichen Gebieten im Judäischen Bergland, einem Netz von Ortschaften in den Trockengebieten im Osten und Süden und einer eher geringen Bevölkerungsdichte in der Schfela. In vieler Hinsicht war Juda ein dichtbesiedelter Stadtstaat, denn in der Hauptstadt wohnten ungefähr zwanzig Prozent seiner Gesamtbevölkerung. Das städtische Leben in Jerusalem erlangte einen Höhepunkt, wie er erst wieder in römischer Zeit erreicht wurde. Der Staat war gut organisiert und stark zentralisiert wie zu Manasses Zeit. Im Hinblick auf die religiöse Entwicklung und den literarischen Ausdruck seiner nationalen Identität war Josias Zeit jedoch ein völlig neues Stadium in Judas Geschichte.

Machtprobe in Megiddo

Josias Leben endete unerwartet plötzlich. Im Jahr 610 v. Chr. starb Psammetich I., der Gründer der 26. ägyptischen Dynastie; ihm folgte sein Sohn Necho II. auf den Thron. Im Verlauf einer Militärexpedition in den Norden, um dem zerbröckelnden assyrischen Reich im Kampf gegen die Babylonier beizustehen, kam es zu einer schicksalhaften Begegnung. Das 2. Buch der Könige schildert das Ereignis lakonisch, beinahe im Telegrammstil: «Zu seiner Zeit zog der Pharao Necho, der König von Ägypten, herauf gegen den König von Assyrien an den Strom Euphrat. Und der König Josia zog ihm entgegen, aber Necho tötete ihn in Megiddo, als er ihn sah» (2. Kön. 23,29). Das 2. Buch der Chronik erweitert das um einige Einzelheiten und macht den Bericht vom Tod Josias zu einer Tragödie auf dem Schlachtfeld:

> Necho, der König von Ägypten [zog] herauf, um Krieg zu führen bei Karkemisch am Euphrat. Und Josia zog ihm entgegen. Aber Necho sandte Boten zu ihm und ließ ihm sagen: Was hab ich mit dir zu tun, König von Juda? Ich komme jetzt nicht gegen dich ... Aber Josia ließ nicht ab von ihm, ... und kam, mit ihm zu kämpfen in der Ebene von Megiddo. Aber die Schützen schossen auf den König Josia, und der König sprach zu seinen Männern: Führt mich fort; denn ich bin schwer verwundet! Und seine Männer hoben ihn von dem Wagen und brachten ihn auf einen von seinen andern Wagen und führten ihn nach Jerusalem. Und er starb und wurde begraben in den Gräbern seiner Väter (2. Chron. 35,20–24).

Welcher dieser Berichte ist genauer? Was sagen sie über Erfolg oder Mißerfolg von Josias Reformen aus? Und welche Bedeutung haben die Ereignisse in Megiddo für die Entwicklung des biblischen Glaubens? Die Antwort liegt wieder einmal bei der politischen Entwicklung in der Region. Assyriens Macht schwindet weiter, und der anhaltende babylonische Druck auf das Kernland des sterbenden Reichs droht, die alte Welt aus dem Gleichgewicht zu bringen und ägyptische Interessen in Asien zu gefährden. Ägypten beschließt, auf assyrischer Seite einzugreifen, und im Jahr 616 marschiert sein Heer in den Norden. Damit wird aber der Zusammenbruch Assyriens nicht aufgehalten. 612 fällt die große assyrische Hautstadt Ninive, und der assyrische Hof flieht nach Haran im Westen, ein Ereignis, das der Prophet Zephanja festhält (2,13–15). Zwei Jahre später, im Jahr 610, als Psammetich stirbt und sein Sohn Necho den Thron besteigt, müssen die ägyptischen Streitkräfte sich zurückziehen, und die Babylonier nehmen Haran ein. Im Jahr darauf beschließt Necho, zu handeln und in den Norden zu ziehen.

Viele Bibelwissenschaftler bevorzugten die Fassung im 2. Buch der Chronik, die eine richtige Schlacht zwischen Necho und Josia in Megiddo im Jahr 609 beschreibt. Aus ihrer Sicht hatte Josia das Reich ausgedehnt und die gesamten Berggebiete des ehemaligen Nordreichs übernommen, das heißt, er hatte die ehemalige assyrische Provinz Samaria annektiert. Danach dehnte er seine Herrschaft weiter in den Norden bis nach Megiddo aus; dort baute er östlich des Tells eine große Festung. Er machte Megiddo zu einem strategischen Vorposten im Norden des wachsenden judäischen Staates. Einige Wissenschaftler meinten, er habe sich auf die Seite der Babylonier gegen Assyrien stellen wollen, indem er Nechos Vordringen in dem schmalen Durchgang, der nach Megiddo führt, blockierte. Einige vertraten sogar die Ansicht, die Aussage von 2. Chronik 34,6 sei zuverlässig und Josia sei es gelungen, noch weiter in den Norden, auf ehemals israelitische Gebiete in Galiläa vorzudringen.

Die Vorstellung, Josia sei in Megiddo mit einer wirksamen Militärstreitmacht eingetroffen, um Necho aufzuhalten und ihn an seinem Vormarsch in den Norden zu hindern, ist allerdings etwas zu weit hergeholt. Es ist ziemlich unwahrscheinlich, daß Josias Heer groß genug war, um eine Schlacht mit den Ägyptern zu riskieren. Bis ungefähr 630 v. Chr. stand sein Königreich noch unter assyrischer Vorherrschaft, und es ist undenkbar, daß Psammetich, der stark genug war, um die gesamte östliche Mittelmeerküste bis Phönikien in seine Gewalt zu bringen, es zugelassen hätte, daß Juda eine starke Militärmacht aufstellt. Auf jeden Fall hätte Josia viel aufs Spiel gesetzt, hätte er sein Heer gegen die Ägypter so weit entfernt vom Kernland seines Reichs eingesetzt. Deshalb dürfte die Version im Buch der Könige die verläßlichere sein.

Nadav Naaman hat eine ganz andere Erklärung vorgeschlagen. Ihm zufolge ist Necho 609, ein Jahr nach Psammetichs Tod und seiner Thronbesteigung in Ägypten, durch das gesamte Land gezogen, um seinen Vasallen einen neuen Treueeid abzunehmen. Gemäß der Sitte war ihr früherer Eid, den sie Psammetich gegeben hatten, mit dessen Tod hinfällig geworden. Daher dürfte Josia in die ägyptische Festung in Megiddo zitiert worden sein, um Necho dort zu treffen und ihm gegenüber seinen Treueeid abzulegen. Aber aus irgendeinem Grund habe Necho beschlossen, ihn hinzurichten.

Womit erzürnte Josia den ägyptischen Monarchen so sehr? Josias Vorstoß in den Norden ins Bergland von Samaria könnte ägyptische Interessen in der Jesreel-Ebene bedroht haben. Oder vielleicht gefährdete Josia mit seinem Versuch einer Expansion in den Westen über seine Gebiete in der Schfela hinaus ägyptische Interessen in Philistäa. Nicht weniger plausibel ist Baruch Halperns These, Necho könne über die unabhängige Politik Josias im Süden entlang den lebenswichtigen Handelsstraßen nach Arabien verärgert gewesen sein.

Eines ist klar. Der deuteronomistische Historiker, der Josia als einen göttlich gesalbten Messias betrachtete, der Juda erlösen und zum Ruhm führen sollte, fühlte sich eindeutig außerstande zu erklären, wie es zu einer derartigen historischen Katastrophe kommen konnte, und hinterließ nur einen knappen, rätselhaften Hinweis auf Josias Tod. Die Träume dieses Königs und Möchtegern-Messias wurden am Hügel von Megiddo gewaltsam zum Schweigen gebracht. Jahrzehnte einer geistigen Wiederbelebung und visionärer Hoffnungen fielen über Nacht in sich zusammen. Josia war tot, und das Volk Israel wurde erneut von Ägypten versklavt.

Die letzten davidischen Könige

Als sei das nicht genug, bringen die folgenden Jahre noch größere Katastrophen. Nach Josias Tod zerbröckelt offenbar die großartige Reformbewegung. Die letzten vier Könige von Juda – drei davon Söhne Josias – werden von der Bibel negativ als Apostaten eingestuft. Das Deuteronomistische Geschichtswerk schildert die letzten beiden Jahrzehnte der Geschichte Judas denn auch als eine Zeit des koninuierlichen Niedergangs, die in die Zerstörung des judäischen Staates mündet.

Josias Nachfolger Joahas, der anscheinend antiägyptisch eingestellt ist, herrscht nur drei Monate lang und kehrt zur Abgötterei der früheren Könige Judas zurück. Pharao Necho setzt ihn ab, schickt ihn in die Verbannung und ersetzt ihn durch seinen Bruder Jojakim, der auch «tat, was dem Herrn mißfiel». Seine Gottlosigkeit steigert er noch dadurch, daß er von den Bewohnern des Landes Tribut fordert, um ihn seinem Oberherrn, Pharao Necho, auszuhändigen.

Die Bibel und die zeitgenössischen Prophetenbücher dokumentieren – und das wird auch durch außerbiblische Quellen bestätigt –, daß der heftige Kampf zwischen den rivalisierenden Großmächten in den Jahren nach Josias Tod stattfand. Anscheinend behielt Ägypten noch mehrere Jahre lang die Macht über die westlichen Gebiete des ehemaligen assyrischen Reichs; damit erreichten die Träume von einer Auferstehung des früheren Pharaonenruhms einen neuen Höhepunkt. Aber in Mesopotamien wuchs die Macht der Babylonier unaufhaltsam. Im Jahr 605 v. Chr. schlug der babylonische Kronprinz, der später als Nebukadnezar bekannt wurde, in Karkemisch in Syrien vernichtend das ägyptische Heer (dieses Ereignis ist in Jer. 46,2 festgehalten), woraufhin die ägyptischen Streitkräfte in Panik zurück an den Nil flohen. Mit dieser Niederlage war das assyrische Reich endgültig und unwiederbringlich aufgelöst, und Nebukadnezar, jetzt König von Babylonien, strebte danach, die Kontrolle über alle Länder im Westen zu gewinnen.

Die babylonischen Streitkräfte marschierten schon bald die Ebene an der Mittelmeerküste in den Süden hinunter und verwüsteten die reichen philistäischen Städte. In Juda geriet die pro-ägyptische Fraktion, die wenige Monate nach Josias Tod die Macht am Hof in Jerusalem ergriffen hatte, in Panik; ihre verzweifelten Appelle an Necho um militärische Unterstützung gegen die Babylonier erhöhten jedoch lediglich ihre politische Verletzlichkeit in den schrecklichen Zeiten, die noch bevorstanden.

Und so zog sich die Schlinge um Jerusalem immer fester zu. Die Babylonier waren jetzt fest entschlossen, den judäischen Staat zu plündern und völlig zu verheeren. Nach Jojakims plötzlichem Tod sah sich sein Sohn Jojachin der Macht der furchterregenden babylonischen Armee gegenüber:

Zu der Zeit zogen herauf die Kriegsleute Nebukadnezars, des Königs von Babel, gegen Jerusalem und belagerten die Stadt. Und Nebukadnezar kam zur Stadt, als seine Kriegsleute sie belagerten. Aber Jojachin, der König von Juda, ging hinaus zum König von Babel mit seiner Mutter, mit seinen Großen, mit seinen Obersten und Kämmerern. Und der König von Babel nahm ihn gefangen im achten Jahr seiner Herrschaft. Und er nahm von dort weg alle Schätze im Hause des Herrn und im Hause des Königs und zerschlug alle goldenen Gefäße, die Salomo, der König von Israel, gemacht hatte im Tempel des Herrn, wie denn der Herr geredet hatte.

Und er führte weg das ganze Jerusalem, alle Obersten, alle Kriegsleute, zehntausend Gefangene und alle Zimmerleute und alle Schmiede und ließ nichts übrig als geringes Volk des Landes. Und er führte weg nach Babel Jojachin und die Mutter des Königs, die Frauen des Königs und seine Kämmerer; dazu die Mächtigen im Lande führte er auch gefangen von Jerusalem nach Babel. Und von den besten Leuten siebentausend und von den Zimmerleuten und Schmieden tausend, lauter starke Kriegsmänner (2. Kön. 24,10–16).

Diese Ereignisse, die im Jahr 597 v. Chr. stattfanden, sind auch in der babylonischen Chronik belegt:

Im siebenten Jahr, im Monat Kislew, zog der König von Akkad seine Truppen zusammen, marschierte ins Chatti-Land und lagerte gegen die Stadt von Juda, und am zweiten Tag des Monats Adar ergriff er die Stadt und nahm den König gefangen. Er ernannte dort einen König seiner eigenen Wahl und nahm hohen Tribut mit zurück nach Babylon.

Der Jerusalemer Adel und die Priester – die leidenschaftlichsten Vertretern der deuteronomistischen Ideologie – werden ins Exil geführt und lassen einen wachsenden Konflikt zwischen den zurückgebliebenen Parteien des davidischen Königshauses und des Hofes zurück, die nicht recht wissen, was nun zu tun ist.

Das ist aber nur der erste Schritt bei der gewaltsamen Auflösung Judas. Nebukadnezar ersetzt den verbannten Jojachin sofort durch seinen Onkel Zedekia, einen scheinbar gehorsameren Vasallen. Das ist ein Fehler, denn schon wenige Jahre später zettelt Zedekia eine Verschwörung mit den benachbarten Königen an, um sich wieder zu erheben; wie eine Gestalt in einer griechischen Tragödie bringt er damit das Verhängnis über sich und seine Stadt. Im Jahr 587 v. Chr. trifft Nebukadnezar mit seinem schrecklichen Heer ein und belagert Jerusalem. Das ist der Anfang vom Ende.

Während die babylonischen Streitkräfte plündernd durch die ländlichen Gebiete ziehen, fallen die Vorposten Judas einer nach dem anderen. In praktisch jedem judäischen Ort der späten Königszeit wurden eindeutige archäologische Belege für die letzten Jahre des Südreichs ausgegraben: in der Bucht von Beerscheba, im Hügelland und im Judäischen Bergland. In der Festung Arad, einem Zentrum judäischer Macht und militärischer Unternehmungen im Süden, fand man im Schutt der Zerstörungsschicht eine Gruppe von Ostraka, d. h. beschriebene Tonscherben, auf denen verzweifelte Befehle für Truppenbewegungen und die Beförderung von Nahrungsmittelvorräten stehen. In Lachisch im Hügelland geben Ostraka, die in den Ruinen des letzten Stadttors gefunden wurden, ergreifenden Einblick in die letzten Augenblicke des unabhängigen Judas, während ein Signalfeuer der Nachbarstädte nach dem anderen verlöscht. Vermutlich wurden diese Ostraka von einem Außenposten in der Umgebung an den Befehlshaber von Lachisch geschrieben; sie bezeugen, wie man sich des bevorstehenden Verhängnisses bewußt war:

> Und möge mein Herr wissen, daß wir die Signale von Lachisch nach all den Zeichen, die mein Herr mir gab, beobachten. Denn wir sehen Aseka nicht …

Diese trostlose Nachricht wird durch einen Eintrag im Buch Jeremia (34,7) bestätigt, in dem es heißt, daß Lachisch und Aseka tatsächlich die letzten Städte in Juda sind, die dem babylonischen Angriff standhalten.

Schließlich ist nur noch Jerusalem übrig. Die biblische Beschreibung seiner letzten Stunden ist das reinste Grauen:

... der Hunger (wurde) stark in der Stadt, so daß das Volk des Landes nichts mehr zu essen hatte. Da brach man in die Stadt ein. Und der König und alle Kriegsmänner flohen bei Nacht ... Und der König floh zum Jordantal hin.

Aber die Kriegsleute der Chaldäer [=Neubabylonier] jagten dem König nach und sie holten ihn ein im Jordantal von Jericho, und alle Kriegsleute, die bei ihm waren, zerstreuten sich von ihm. Die Chaldäer aber nahmen den König gefangen und führten ihn hinauf zum König von Babel nach Ribla, und sie sprachen das Urteil über ihn. Und sie erschlugen die Söhne Zedekias vor seinen Augen und blendeten Zedekia die Augen und legten ihn in Ketten und führten ihn nach Babel (2. Kön. 25,3–7).

Der letzte Akt der Tragödie spielt ungefähr einen Monat später:

Nebusaradan, der Oberste der Leibwache, als Feldhauptmann des Königs von Babel, [kam] nach Jerusalem und verbrannte das Haus des Herrn und das Haus des Königs und alle Häuser in Jerusalem ... Und die ganze Heeresmacht der Chaldäer ... riß die Mauern Jerusalems nieder. Das Volk aber, das übrig war in der Stadt ... führte Nebusaradan, der Oberste der Leibwache, weg (2. Kön. 25,8–11).

Die archäologischen Funde übermitteln nur die letzten entsetzlichen Augenblicke der Gewalt. Beinahe überall innerhalb der Stadtmauern hat man die Anzeichen für eine große Feuersbrunst aufgespürt. Pfeilspitzen, die in den Häusern und bei den nördlichen Befestigungen gefunden wurden, bestätigen, wie heftig die letzte Schlacht um Jerusalem wütete. Die Privathäuser, die in Brand gesteckt wurden und einstürzten, zeugten noch hundertfünfzig Jahre danach als verkohlte Schuttreste von der gründlichen Zerstörung Jersualems durch die Babylonier (Neh. 2,13).

Und damit ist alles vorbei. Vierhundert Jahre judäischer Geschichte gehen in Feuer und Blut unter. Das stolze Königreich Juda ist völlig verheert, seine Wirtschaft ruiniert und seine Gesellschaft auseinandergerissen. Der letzte König einer Dynastie, die jahrhundertelang geherrscht hat, wird gefoltert und in Babylon gefangengehalten. Alle seine Söhne werden getötet. Der Tempel in Jerusalem – der einzige legitime Ort für die Verehrung JHWHs – ist zerstört.

Mit dieser großen Katastrophe hätte die religiöse und nationale Existenz des Volkes Israel zu Ende gehen können. Wie durch ein Wunder überleben beide.

12. Exil und Rückkehr
(586 – ca. 440 v. Chr.)

Um die ganze Geschichte des alten Israel und die Entstehung der biblischen Geschichte zu begreifen, kann man nicht mit Josias Tod aufhören, genauso wenig wie mit der Zerstörung Jerusalems und des Tempels oder dem Sturz der davidischen Dynastie. Es ist entscheidend zu untersuchen, was sich in Juda in den Jahrzehnten nach der Eroberung durch Babylonien ereignete, sich die Entwicklungen unter den Verbannten in Babylonien anzusehen und sich schließlich die Geschehnisse im nachexilischen Jerusalem vor Augen zu führen. In dieser Zeit und an diesen Orten erhielten die Texte des Pentateuch und des Deuteronomistischen Geschichtswerks umfassende Zusätze und wurden umgearbeitet, bis sie im wesentlichen ihre endgültige Form erhalten hatten. Unterdessen entwickelte das Volk Israel in Babylon und Jerusalem im 6. und 5. Jahrhundert v. Chr. neue Formen der gemeinschaftlichen Organisation und des Gottesdienstes, die die Grundlagen des Judentums zur Zeit des Zweiten Tempels – und damit auch des frühen Christentums – bilden. Die Ereignisse und Prozesse, die sich in den anderthalb Jahrhunderten nach der Eroberung des Königreichs Juda abspielten – soweit wir sie anhand historischer und archäologischer Quellen rekonstruieren können –, sind zentral, wenn man begreifen will, wie die jüdisch-christliche Tradition entstand.

Bevor wir jedoch mit der biblischen Erzählung fortfahren, muß auf eine bedeutungsvolle Veränderung der verfügbaren biblischen Quellen aufmerksam gemacht werden. Die Deuteronomistische Geschichtsdarstellung, die die Geschicke Israels von dem Ende der Wüstenwanderung bis zur Eroberung Jerusalems durch die Babylonier schildert, ist unvermittelt zu Ende. Aber andere Verfasser schreiben sie weiter. Die Situation in Juda nach der Zerstörung wird im Buch Jeremia beschrieben, während das Buch Ezechiel (von einem Verbannten geschrieben) über das Leben und die Erwartungen der judäischen Verbannten in Babylonien informiert. Über Ereignisse, die stattfanden, als mehrere Wellen von Verbannten nacheinander nach Jerusalem zurückkehrten, informieren die Bücher Esra und Nehemia sowie die Propheten Haggai und Sacharja. Zu diesem Zeitpunkt in unserer Geschichte ist auch eine neue Terminologie angebracht: Aus dem Königreich Juda wird Jehud – der aramäische Name der Provinz im Persischen Reich –, und die Bewohner Judas, die Judäer, sind fortan als *Jehudim*, oder Juden, bekannt.

Von der Zerstörung zur Restauration

Diese kritische Phase der Geschichte Israels beginnt mit einer Szene von größtem Unheil und enormer Hoffnungslosigkeit. Jerusalem ist zerstört, der Tempel eine Ruine, der letzte regierende davidische König, Zedekia, geblendet und verbannt, seine Söhne wurden abgeschlachtet. Viele Angehörige der judäischen Elite wurden ebenfalls ins Exil geführt. Die Situation ist auf einem Tiefpunkt angelangt, und es sieht ganz danach aus, als habe die Geschichte des Volkes Israel ein bitteres, unumstößliches Ende erreicht.

Aber nicht ganz. Aus dem abschließenden Kapitel im 2. Buch der Könige und aus dem Buch Jeremia ist zu erfahren, daß ein Teil der Bevölkerung Judas überlebt und nicht ins Exil geführt wird. Die babylonischen Behörden gewähren ihnen sogar ein gewisses Maß an Autonomie und setzen über die Menschen, die in Juda geblieben sind, zugegebenermaßen die «Geringen im Land», einen Statthalter namens Gedalja, den Sohn Ahikams, ein. Mizpa, eine bescheidene Stadt nördlich von Jerusalem, wird das Zentrum von Gedaljas Verwaltung und ein Zufluchtsort für andere Judäer wie den Propheten Jeremia, der sich dem unglückseligen Aufstand gegen Babylonien widersetzt hat. Gedalja versucht, das Volk Judas zur Zusammenarbeit mit den Babyloniern zu bewegen und ihr Leben und ihre Zukunft trotz der Zerstörung des Tempels und der Stadt Jerusalem wieder aufzubauen. Aber schon bald wird Gedalja von Ismael, dem Sohn Nethanjas «aus königlichem Geschlecht», ermordet – möglicherweise, weil man Gedaljas Zusammenarbeit mit den Babyloniern als eine Bedrohung für die Hoffnungen des davidischen Hauses betrachtet. Auch andere judäische Beamte und Vertreter des babylonischen Reichs, die bei ihm sind, werden getötet. Die Überlebenden aus dem Volk Judas fürchten um ihr Leben, beschließen zu fliehen und lassen Juda damit praktisch unbewohnt zurück. Die Menschen, «Klein und Groß», flüchten nach Ägypten, «denn sie fürchteten sich vor den Chaldäern» (wie die Babylonier auch genannt wurden). Der Prophet Jeremia flieht mit ihnen, und damit kommen Jahrhunderte, in denen die Israeliten das verheißene

Land bewohnten, zu einem scheinbaren Ende (2. Kön. 25,22–26; Jer. 40,7–43,7).

Die Bibel enthält wenige Einzelheiten über das Leben der Verbannten während der nächsten fünfzig Jahre. Als einzige Quellen stehen die indirekten, oft obskuren Anspielungen in verschiedenen Prophetenbüchern zur Verfügung. Ezechiel und Deuterojesaja (Kapitel 40–55 im Buch Jesaja) berichten, die judäischen Verbannten hätten sowohl in der Hauptstadt Babylon als auch auf dem Land gelebt. Die Priester und die Angehörigen der Königsfamilie unter den Verbannten bauten sich ein neues Leben auf, wobei der verbannte davidische König Jojachin – und nicht der entehrte, geblendete Zedekia – möglicherweise einige Autorität über die Gemeinde ausübte. Verstreuten Hinweisen im Buch Ezechiel ist zu entnehmen, daß die judäischen Ansiedlungen anscheinend in unterentwickelten Gebieten des Babylonischen Reiches in der Nähe neuausgehobener Kanäle angelegt wurden. Ezechiel, selbst ein verbannter Priester des Jerusalemer Tempels, wohnte eine Zeitlang in einem Ort bei einem alten Tell mit dem Namen Tel-Abib ([neu]hebräisch: Tel Aviv; Ez. 3,15).

Wie das Leben der Exilanten aussah, darüber verrät die Bibel kaum etwas außer, daß sich die Verbannten gemäß Jeremias Rat auf einen langen Aufenthalt einrichteten: «Baut Häuser und wohnt darin; pflanzt Gärten und eßt ihre Früchte; nehmt euch Frauen und zeugt Söhne und Töchter, nehmt für eure Söhne Frauen und gebt eure Töchter Männern, daß sie Söhne und Töchter gebären; mehrt euch dort, daß ihr nicht weniger werdet» (Jer. 29,5–6). Aber schon bald sollte die Geschichte eine plötzliche, dramatische Wende nehmen, die viele der Verbannten zurück nach Jerusalem brachte.

Das mächtige neubabylonische Reich zerbröckelt und wird im Jahr 539 v. Chr. von den Persern erobert. Im ersten Jahr seiner Herrschaft gibt Kyros, der Begründer des Persischen Reichs, einen Erlaß für die Wiederherstellung Judas und des Tempels heraus:

> So spricht Kyros, der König von Persien. Der Herr, der Gott des Himmels, hat mir alle Königreiche der Erde gegeben, und er hat mir befohlen, ihm ein Haus zu Jerusalem in Juda zu bauen. Wer nun unter euch von seinem Volk ist, mit dem sei sein Gott, und er ziehe hinauf nach Jerusalem in Juda und baue das Haus des Herrn, des Gottes Israels; das ist der Gott, der zu Jerusalem ist (Esr. 1,2–3).

Unter der Führung von Scheschbazzar, in Esra 1,8 als «Fürst Judas» bezeichnet (was möglicherweise darauf schließen läßt, daß er ein Sohn des in die Verbannung geführten davidischen Königs Jojachin war), kehrt die erste Gruppe von Verbannten nach Zion zurück. Wie verlautet, führen sie die Tempelschätze mit sich, die Nebukadnezar ein halbes Jahrhundert zuvor aus Jerusalem mitgenommen hat. Es folgt eine Liste der Rückkehrer, geordnet nach Herkunftsort, Familie und Anzahl, zusammen insgesamt 50 000 Menschen. Sie lassen sich in ihrer alten Heimat nieder und legen den Grundstein für einen neuen Tempel. Ein paar Jahre später versammelt sich eine weitere Welle von Heimkehrern in Jerusalem. Sie werden von Jeschua, dem Sohn Jozadaks, und anscheinend einem Enkel Jojachins mit dem Namen Serubbabel angeführt, bauen einen Altar und begehen das Laubhüttenfest. In einer bewegenden Szene beginnen sie mit dem Wiederaufbau des Tempels:

> Und das ganze Volk jauchzte laut beim Lobe des Herrn, weil der Grund zum Hause des Herrn gelegt war. Und viele von den betagten Priestern, Leviten und Sippenhäuptern, die das frühere Haus noch gesehen hatten, weinten laut, als nun dies Haus vor ihren Augen gegründet wurde. Viele aber jauchzten mit Freuden, so daß das Geschrei laut erscholl. Und man konnte das Jauchzen mit Freuden und das laute Weinen im Volk nicht unterscheiden; denn das Volk jauchzte laut, so daß man den Schall weithin hörte (Esr. 3,11–13).

Die Einwohner Samarias – die ehemaligen Bürger des Nordreichs und die von den Assyrern dorthin verschleppten Verbannten – hören vom Baubeginn für den Zweiten Tempel, kommen zu Serubbabel und bitten ihn, mitarbeiten zu dürfen. Aber Jeschua, der Priester, und Serubbabel schicken die Bewohner des Nordens fort und sagen ihnen unverblümt: «Es ziemt sich nicht, daß ihr und wir miteinander das Haus unseres Gottes bauen» (Esr. 4,3). Die Fraktion, die sich in der Verbannung behauptet hat, ist mittlerweile nämlich der Ansicht, sie besitze das göttliche Recht, den Charakter judäischer Orthodoxie zu bestimmen.

Voller Groll behindert «das Volk des Landes» die Arbeit und schreibt sogar dem persischen König einen Brief, in dem es die Juden beschuldigt, sie wollten «die aufrührerische und böse Stadt wieder aufbauen», und voraussagt, daß, «wenn diese Stadt wieder aufgebaut wird und die Mauern wieder errichtet werden, so werden sie Steuern, Abgaben und Zoll nicht mehr geben, und zuletzt wird es den Königen Schaden bringen, ... und ... hernach [wirst du] nichts behalten ... von dem, was jenseits des Euphrat liegt» (Esr. 4,12–16). Als der persische König diesen Brief erhält, ordnet er die Einstellung aller Bauarbeiten in Jerusalem an.

Trotzdem fahren Serubbabel und Jeschua mit der Arbeit fort. Als der persische Statthalter der Provinz davon erfährt und kommt, um den Ort zu inspizieren, will er wissen, wer die Erlaubnis zum Weiterbau gegeben habe. Er wird auf Kyros' ursprünglichen Erlaß verwiesen. Dem Buch Esra zufolge schreibt der Statthalter daraufhin an den neuen König, Darius, und bittet ihn um eine königliche Entscheidung. Darius gebietet ihm nicht nur, die Arbeit fortführen zu lassen, sondern auch alle Ausgaben vom Staatseinkommen abzuzweigen, den Tempel mit Tieren für die Opfer zu versorgen und alle zu bestrafen, die versuchen, die Ausführung des königlichen Erlasses zu behindern. Im Jahr 516 v. Chr. ist der Bau des Tempels vollendet. Damit beginnt für die Juden die Zeit des Zweiten Tempels.

Eine weitere dunkle Zeit, die länger als ein halbes Jahrhundert dauert, folgt, bis Esra, ein Schriftgelehrter aus der Familie des Hohepriesters Aaron, aus Babylon nach Jerusalem kommt (vermutlich im Jahr 458 v. Chr.): «Er war ein Schriftgelehrter, kundig im Gesetz des Mose, das der Herr, der Gott Israels, gegeben hatte ... Denn Esra richtete sein Herz darauf, das Gesetz des Herrn zu erforschen» (Esr. 7,6.10). Esra wird von Artaxerxes, dem König von Persien, damit beauftragt, über «Juda und Jerusalem» Erkundigungen einzuziehen. Der König hat ihm auch erlaubt, eine weitere Gruppe heimkehrwilliger jüdischer Verbannter aus Babylon mitzunehmen. Der persische König stattet Esra mit Geld und richterlicher Gewalt aus. Als Esra mit der jüngsten Welle von Heimkehrern in Jerusalem eintrifft und feststellt, daß das Volk Israel einschließlich der Priester und Leviten sich nicht von den Greueln seiner Nachbarn absondert, ist er schockiert. Alle gehen Mischehen ein und vermischen sich frei mit dem Volk des Landes.

Esra ruft sofort alle Heimkehrer zu einer Versammlung nach Jerusalem:

> Da versammelten sich alle Männer von Juda und Benjamin in Jerusalem ... Und alles Volk saß auf dem Platz vor dem Hause Gottes ... Und Esra, der Priester, stand auf und sprach zu ihnen: Ihr habt dem Herrn die Treue gebrochen, als ihr euch fremde Frauen genommen und so die Schuld Israels gemehrt habt. Bekennt sie nun dem Herrn, dem Gott eurer Väter, und tut seinen Willen und scheidet euch von den Völkern des Landes und von den fremden Frauen. Da antwortete die ganze Gemeinde und sprach mit lauter Stimme: Es geschehe, wie du uns gesagt hast! ... Die aus der Gefangenschaft gekommen waren, taten, wie sie versprochen hatten (Esr. 10,9–16).

Danach verschwindet Esra – eine der einflußreichsten Gestalten in biblischer Zeit – von der Bühne.

Der zweite Held in dieser Zeit ist Nehemia, der Mundschenk oder hohe Hofbeamte des persischen Königs. Nehemia hört vom armseligen Zustand der Bewohner Judas und vom schrecklichen Zerfall Jerusalems. Diese Nachrichten machen ihn zutiefst betroffen, und er bittet den persischen König Artaxerxes um die Erlaubnis, nach Jerusalem zu gehen und die Stadt seiner Vorfahren wiederaufzubauen. Der König erteilt Nehemia die Erlaubnis und ernennt ihn zum Statthalter. Gleich nach seiner Ankunft in Jerusalem (um 445 v. Chr.) begibt Nehemia sich auf eine nächtliche Inspektionstour durch die Stadt; danach ruft er das Volk auf, sich ihm für eine große gemeinsame Anstrengung anzuschließen, um die Mauern Jerusalems wiederaufzubauen, «damit wir nicht weiter ein Gespött seien». Als jedoch Judas Nachbarn – die führenden Köpfe in Samaria und Ammon sowie die Araber im Süden – von Nehemias Plan, Jerusalem zu befestigen, hören, beschuldigen sie die Juden, einen Aufstand gegen die persischen Behörden zu planen, und tun sich zusammen, um die Stadt anzugreifen. Trotzdem wird weiter an der Mauer gebaut, bis sie fertig ist. Überdies bemüht Nehemia sich, die soziale Gesetzgebung durchzusetzen, indem er jene anprangert, die Zinsen erheben, und darauf dringt, den Armen ihr Land wiederzugeben. Gleichzeitig untersagt er die Mischehe von Juden mit fremden Frauen.

Diese Regelungen, die Esra und Nehemia in Jerusalem im 5. Jahrhundert v. Chr. treffen, bilden das Fundament für das Judentum des Zweiten Tempels, denn sie ziehen klare Grenzen zwischen dem jüdischen Volk und seinen Nachbarn und führen das deuteronomistische Gesetz streng durch. Den Anstrengungen Esras und Nehemias – sowie anderer judäischer Priester und Schriftgelehrter im Verlauf von hundertfünfzig Jahren des Exils, des Leids, der Gewissensprüfung und der politischen Rehabilitierung – ist die Entstehung der Hebräischen Bibel in ihrer im wesentlichen endgültigen Form zu verdanken.

Von der Katastrophe zum historischen Revisionismus

Die große, während Josias Herrschaft zusammengewobene biblische Saga, die die Geschichte Israels von der Verheißung Gottes an die Erzväter über den Auszug aus Ägypten, die Landnahme, das vereinigte Königreich und die getrennten Staaten bis hin zum Auffinden des Gesetzbuches im Jerusalemer Tempel erzählt, war eine glänzende, mit Leidenschaft geschriebene Komposition. Ihr Ziel war es zu erklären, warum Ereignisse in der Vergangenheit auf zukünftige Triumphe schließen ließen, die Notwendigkeit der im Deuteronomium geforderten religiösen Reformen zu rechtfertigen sowie, das war der praktische Aspekt, die Gebietsansprüche der davidischen Dynastie zu untermauern. Aber genau in dem Augenblick, als Josia sich anschickte, Judas Größe wiederherzustellen, wurde er vom Pharao niedergestreckt. Seine Nachfolger fielen zurück in Abgötterei und kleinkariertes Ränkeschmieden. Ägypten beanspruchte den Besitz der Küste wieder für sich, und schon bald kamen die Babylonier, um der nationalen Existenz Judas ein Ende zu bereiten. Wo war der Gott, der Erlösung verheißen hatte? Während sich die meisten anderen Nationen im alten Vorderen Orient damit begnügt hätten, das Urteil der Geschichte zu akzeptieren, kollektiv mit den Schultern zu zucken und ihre Verehrung auf den Gott des Siegers zu übertragen, gingen die späteren Redaktoren der Deuteronomistischen Geschichtsdarstellung zurück ans Reißbrett.

Jojachin, der im Jahr 597 v. Chr. aus Jerusalem verbannte König und führende Kopf der judäischen Gemeinschaft in Babylonien, hätte die letzte große Hoffnung auf eine Wiedereinsetzung der davidischen Dynastie sein können. Aber angesichts der gerade eingetretenen Katastrophe konnte der zuvor unwidersprochene Glaube, ein davidischer Erbe werde die göttlichen Verheißungen erfüllen, nicht länger beim Wort genommen werden. Die dringende Notwendigkeit, die historischen Ereignisse der vorausgehenden Jahrzehnte neu zu interpretieren, führte zu einer Überarbeitung der ursprünglichen Deuteronomistischen Geschichtsdarstellung – um zu erklären, warum der lang erwartete Augenblick der Erlösung, der so perfekt auf die Herrschaft von Jojachins Großvater Josia zugeschnitten war, nicht eingetreten war.

Der amerikanische Bibelwissenschaftler Frank Moore Cross identifizierte schon vor langer Zeit zwei verschiedene Bearbeitungen oder Ausgaben des Deuteronomistischen Geschichtswerks, die die Unterschiede im historischen Bewußtsein vor und nach der Verbannung spiegeln. Die frühere Version, in der Bibelwissenschaft als Dtr^1 bezeichnet, wurde vermutlich während Josias Herrschaft geschrieben und war, wie schon weiter oben angeführt, völlig darauf abgestellt, die religiösen und politischen Ziele jenes Monarchen zu fördern. Nach Cross und vielen Gelehrten, die ihm folgten, endete die erste Deuteronomistische Geschichtsdarstellung, Dtr^1, mit den Abschnitten, die die großangelegten Zerstörungen der Götzenhöhen im ganzen Land und die Feier des ersten nationalen Passa-Fests in Jerusalem beschreiben. Diese Feier war eine symbolische Wiederholung des großen Passa-Fests

Moses, ein Fest, das der Befreiung aus der Sklaverei in die Freiheit unter JHWH gedenkt und der Befreiung Judas vom neuen Joch Ägyptens unter Pharao Necho vorgreift. Die ursprüngliche Deuteronomistische Geschichtsdarstellung schildert die Geschichte Israels von Mose letzter Rede über die Einnahme Kanaans unter Josua bis zur Gabe eines neuen Gesetzes und zur erneuten Einnahme des verheißenen Landes durch Josia. Es war eine Geschichte, an deren Ende göttliche Erlösung und ewige Glückseligkeit standen.

Aber es kam zur Katastrophe. Jahrhundertelange Anstrengungen und Hoffnungen erwiesen sich als vergeblich. Juda wurde erneut von Ägypten versklavt – dem gleichen Ägypten, aus dem die Israeliten befreit worden waren. Darauf folgte die Zerstörung Jerusalems und mit ihr ein schrecklicher theologischer Schlag: Die bedingungslose, David von JHWH gegebene Verheißung über die ewige Herrschaft seiner Dynastie in Jerusalem – die Grundlage für den deuteronomistischen Glauben – war gebrochen. Josias Tod und Jerusalems Zerstörung müssen die Verfasser der Deuteronomistischen Geschichtsdarstellung zur Verzweiflung getrieben haben. Wie konnte man in dieser Zeit der Dunkelheit an der heiligen Geschichte festhalten? Was für eine Bedeutung könnte sie möglicherweise noch haben?

Mit der Zeit ergaben sich neue Erklärungen. Judas Oberschicht – darunter möglicherweise genau die Menschen, die die ursprüngliche Deuteronomistische Geschichtsdarstellung verfaßt hatten – wurde im weit entlegenen Babylonien angesiedelt. Der Schock der Verschleppung schwächte sich zwar ab, aber noch immer brauchte man eine Geschichte; ja, eine Geschichte Israels wurde jetzt noch dringender benötigt. Die Judäer im Exil hatten alles verloren, einschließlich allem, was den deuteronomistischen Ideen teuer war. Sie hatten ihre Häuser, ihre Dörfer, ihr Land, die Gräber ihrer Vorfahren, ihre Hauptstadt, ihren Tempel und sogar die politische Unabhängigkeit ihrer vierhundertjährigen davidischen Dynastie verloren. Mit einer umgeschriebenen Geschichte Israels konnten die Verbannten am besten ihre Identität neu bekräftigen. Sie würde eine Verbindung zum Land ihrer Vorfahren, zu ihrer zerstörten Hauptstadt, ihrem niedergebrannten Tempel und zur großartigen Geschichte ihrer Dynastie herstellen.

Die Deuteronomistische Geschichtsdarstellung mußte deshalb auf den neuesten Stand gebracht werden. Diese zweite Version beruhte im wesentlichen auf der ersten, aber zwei neue Ziele waren vorgesehen. Zunächst mußte sie kurz das Ende der Geschichte erzählen, von Josias Tod bis zur Zerstörung und Verbannung. Zweitens mußte sie der ganzen Geschichte aber einen *Sinn* geben und erklären, wie die David von Gott gegebene unbedingte, ewige Verheißung mit der Zerstörung Jerusalems und des Tempels sowie mit der Absetzung der davidischen Könige in Einklang gebracht werden konnte. Und es erhob sich eine noch genauere theologische Frage: Wie kam es, daß der große, gerechte und fromme Josia außerstande gewesen war, die gewalttätige, blutige Einnahme Jerusalems abzuwenden?

Damit entstand die besondere Fassung, die Gelehrte als Dtr² bezeichnen und deren abschließende Verse (2. Kön. 25,27–30) von Jojachins Entlassung aus dem Kerker in Babylon im Jahr 560 v. Chr. berichten. (Das bedeutet natürlich, daß das Jahr 560 v. Chr. das frühestmögliche Datum für die Abfassung von Dtr² ist.) Sie schildert in beinahe telegrammartiger Kürze Josias Tod, die Herrschaft der vier letzten davidischen Könige, die Zerstörung Jerusalems und die Verbannung (2. Kön. 23,26–25,21). Am auffälligsten sind die Veränderungen, die erklären, warum Jerusalems Zerstörung trotz der großen Hoffnungen, die in König Josia gesetzt worden waren, unvermeidlich war. Ein zweiter deuteronomistischer Historiker erweiterte Dtr¹ um mehrere Einschübe und ergänzte die vorherige, David gegebene unbedingte Verheißung um eine Bedingung (1. Kön. 2,4; 8,25; 9,4–9), gleichzeitig fügte er überall im früheren Text unheilverkündende Hinweise auf die Unvermeidlichkeit von Zerstörung und Verbannung ein (zum Beispiel 2. Kön. 20,17–18). Überdies, und das ist wichtiger, machte er Manasse, den Erzfeind der deuteronomistischen Bewegung, der zwischen den gerechten Königen Hiskia und Josia herrschte und der als der bösartigste aller judäischen Könige bezeichnet wird, für alles verantwortlich:

> Da redete der Herr durch seine Knechte, die Propheten, und sprach: Weil Manasse, der König von Juda, diese Greuel getan hat, die ärger sind als alle Greuel, die die Amoriter getan haben, die vor ihm gewesen sind, und weil er auch Juda sündigen gemacht hat mit seinen Götzen, darum spricht der Herr, der Gott Israels: Siehe, ich will Unheil über Jerusalem und Juda bringen, so daß dem, der es hören wird, beide Ohren gellen sollen. Und ich will an Jerusalem die Meßschnur anlegen wie an Samaria und das Lot wie ans Haus Ahab und will Jerusalem auswischen, wie man Schüsseln auswischt, und will's umstürzen. Und wer von meinem Erbteil übrig bleiben wird, den will ich verstoßen und will sie geben in die Hände ihrer Feinde, daß sie Raub und Beute aller ihrer Feinde werden, weil sie getan haben, was mir mißfällt, und mich erzürnt haben von dem Tage an, da ihre Väter aus Ägypten gezogen sind, bis auf diesen Tag (2. Kön. 21,10–15).

Außerdem enthält Dtr[2] einen überraschenden theologischen Schwenk: Jetzt heißt es, Josia habe mit seiner Gerechtigkeit lediglich die unvermeidliche Zerstörung Jerusalems *hinausgezögert*, statt Israel die endgültige Erlösung zu bringen. Hulda, der Prophetin, zu der Josia einige seiner Hofleute schickt, um sie zu befragen, wird ein höchst beunruhigendes Orakel in den Mund gelegt:

Aber dem König von Juda, der euch gesandt hat, den Herrn zu befragen, sollt ihr sagen: So spricht der Herr, der Gott Israels: Was die Worte angeht, die du gehört hast: Weil du im Herzen betroffen bist und dich gedemütigt hast vor dem Herrn, als du hörtest, was ich geredet habe gegen diese Stätte und ihre Einwohner, daß sie sollen zum Entsetzen und zum Fluch werden, und weil du deine Kleider zerrissen hast und vor mir geweint hast, so habe ich's auch erhört, spricht der Herr. Darum will ich dich zu deinen Vätern versammeln, damit du mit Frieden in dein Grab kommst und deine Augen nicht sehen all das Unheil, das ich über diese Stätte bringen will (2. Kön. 22,18–20).

Um Israels Schicksal zu sichern, reichte es nicht mehr, daß nur ein davidischer Monarch gerecht war. Josia war fromm, und deshalb blieb es ihm erspart, Jerusalems Sturz mitanzusehen. Aber jetzt war die Gerechtigkeit des ganzen Volks – aufgrund der im Deuteronomium angeführten Rechte und Pflichten eines jeden einzelnen – der für die Zukunft des Volkes Israel entscheidende Faktor. Damit ordnete die umgeschriebene Deuteronomistische Geschichtsdarstellung glänzend den Bund mit David dem Bund zwischen Gott und dem Volk Israel am Sinai unter. Fortan gab es für Israel ein Ziel und eine Identität, selbst wenn es keinen König mehr hatte.

Aber trotz aller Drehungen und Erklärungen konnte der zweite Deuteronomist die Geschichte nicht mit einer hoffnungslosen Zukunft ausklingen lassen. Deshalb schloß er die siebenbändige Geschichte Israels mit einem kurzen Bericht über die Entlassung Jojachins aus dem Kerker in Babylon ab:

Aber im siebenunddreißigsten Jahr, nachdem Jojachin, der König von Juda, weggeführt war, am siebenundzwanzigsten Tage des zwölften Monats ließ Evil-Merodach, der König von Babel, im ersten Jahr seiner Herrschaft Jojachin, den König von Juda, aus dem Kerker kommen und redete freundlich mit ihm und setzte seinen Sitz über die Sitze der Könige, die bei ihm waren zu Babel. Und Jojachin legte die Kleider seiner Gefangenschaft ab, und er aß alle Tage bei dem König sein Leben lang. Und es wurde ihm vom König sein ständiger Unterhalt bestimmt, den man ihm gab an jedem Tag sein ganzes Leben lang (2. Kön.25,27–30).

Der letzte König aus dem Geschlecht Davids, aus der Dynastie, die die Verbindung zum Land, zur Hauptstadt und zum Tempel herstellte, war noch am Leben. Wenn das Volk Israel JHWH treu blieb, konnte die Verheißung an David wiederbelebt werden.

Die Zurückgebliebenen

In der Anfangszeit der archäologischen Forschung stellte man sich vor, das Babylonische Exil sei beinahe vollständig gewesen und der größte Teil von Judas Bevölkerung sei verschleppt worden. Man dachte, Juda sei seiner Bevölkerung entblößt und die ländlichen Gebiete seien verwüstet gewesen. Viele Wissenschaftler akzeptierten den biblischen Bericht, demzufolge der gesamte judäische Adel – die Königsfamilie, die Tempelpriester, die Beamten und die herausragenden Händler – fortgeführt wurde und nur die ärmsten Bauern in Juda zurückblieben.

Mittlerweile weiß man mehr über Judas Bevölkerung und daher auch, daß diese historische Rekonstruktion falsch ist. Zunächst soll ein Blick auf die Zahlenangaben geworfen werden. Das 2. Buch der Könige 24,14 gibt die Anzahl der Verbannten im ersten babylonischen Feldzug (im Jahr 597 v. Chr. zu Jojachins Zeit) mit zehntausend Menschen an, Vers 16 im selben Kapitel zählt dagegen achttausend Verbannte. Wenngleich der Bericht im Buch der Könige nicht genau angibt, wieviele Menschen zur Zeit der Zerstörung Jerusalems im Jahr 586 v. Chr. ins Exil geführt wurden, heißt es dort, daß nach Gedaljas Ermordung und dem Massaker an der babylonischen Garnison in Mizpa «alles Volk» nach Ägypten floh (2. Kön. 25,26), woraufhin die ländlichen Gebiete in Juda vorgeblich völlig menschenleer waren.

Eine ganz andere Schätzung der Anzahl der Verbannten wird dem Propheten Jeremia zugeschrieben, der, wie verlautet, mit Gedalja in Mizpa blieb, bis auch er nach Ägypten floh, und daher ein Augenzeuge der Ereignisse war. Im Buch Jeremia 52,28–30 heißt es, von den Babyloniern seien insgesamt 4600 Judäer ins Exil geführt worden. Wenngleich auch das eine ziemlich runde Zahl ist, halten die meisten Forscher sie für grundsätzlich glaubwürdig, denn die Teilsummen sind recht differenziert und dürften genauer sein als die aufgerundeten Zahlen in 2. Könige. Aber weder dem Buch der Könige noch Jeremia ist zu entnehmen, ob die Zahlen die *gesamte* Anzahl der Verbannten darstellen oder nur die der männlichen Haushaltsvorstände (in der Antike eine recht übliche Zählweise). Angesichts dieser gehäuften Unsicherheiten kann man vernünftigerweise lediglich sagen, daß die Gesamtzahl der Verbannten zwischen wenigen tausend und höchstens 15 000 oder 20 000 gelegen haben dürfte.

Vergleicht man diese Zahl mit Judas Gesamtbevölkerung im ausgehenden 7. Jahrhundert *vor* der Zerstörung Jerusalems, bekommt man eine Vorstellung vom Umfang der Deportationen. Judas Bevölkerungszahl kann man anhand der bei intensiven Sondierungen und Ausgrabungen gewonnenen Daten ziemlich genau auf ungefähr 75 000 Menschen schätzen. (Hiervon lebten in Jerusalem mindestens 20 Prozent – 15 000 Menschen –, hinzu kamen weitere 15 000, die vermutlich in der näheren landwirtschaftlich geprägten Umgebung wohnten.) Selbst wenn man die höchstmögliche Zahl an Verbannten annimmt (20 000), dürften sie allem Anschein nach *höchstens* ein Viertel der Bevölkerung des judäischen Staats umfaßt haben. Das würde bedeuten, daß mindestens 75 Prozent der Bevölkerung im Land geblieben war.

Was weiß man über diese große Mehrheit von Judäern, die nicht ins Exil gingen? Verstreute Hinweise in den prophetischen Texten lassen darauf schließen, daß sie wie zuvor ihr ländliches Leben weiterführten. Mizpa im Norden Jerusalems war als eine von mehreren Städten erhalten geblieben. Man besuchte auch die Ruinen des Tempels in Jerusalem, ebenso fanden dort weiterhin bestimmte Kulthandlungen statt (Jer. 41,5). Und es sollte darauf hingewiesen werden, daß diese Gemeinschaft nicht nur arme Dorfbewohner umfaßte, sondern auch Handwerker, Schriftgelehrte, Priester und Propheten. Ein wichtiger Teil der prophetischen Werke dieser Zeit, insbesondere die Bücher Haggai und Sacharja, wurde in Juda verfaßt.

Intensive Ausgrabungen überall in Jerusalem ergaben, daß die Stadt von den Babyloniern tatsächlich systematisch zerstört worden war. Die Feuersbrunst wütete anscheinend überall. Als Aktivitäten auf dem Sporn der Davidstadt in persischer Zeit wieder aufgenommen wurden, blieben die neuen Vororte auf dem Berg im Westen, die mindestens seit Hiskias Zeit dort geblüht hatten, allerdings unbewohnt. Westlich der Stadt dürfte eine einsame Grabhöhle aus dem 6. Jahrhundert v. Chr. einer Familie gehört haben, die in eine nahegelegene Ortschaft gezogen war, ihre Toten aber weiter im Grab ihrer Ahnen beisetzte.

Es ist erwiesen, daß das Land nördlich und südlich von Jerusalem ununterbrochen bewohnt war. In Mizpa auf einem Plateau des Stamms Benjamin, ungefähr 12 Kilometer nördlich von Jerusalem, funktionierte offenbar auch weiterhin so etwas wie eine Selbstverwaltung. Gedalja, der später ermordete Statthalter, der dort tätig war, dürfte vor der Zerstörung ein hoher Beamter in der judäischen Verwaltung gewesen sein. Mehrere Anzeichen (Jer. 37,12–13; 38,19) lassen darauf schließen, daß das Gebiet nördlich von Jerusalem sich den Babyloniern kampflos ergab, und die archäologischen Befunde stützen diese Hypothese.

Oded Lipschits von der Universität Tel Aviv führte die gründlichste Untersuchung der Ortschaften in Juda aus der babylonischen Zeit durch; dabei stellte er fest, daß der Tell en-Naṣbe beim modernen Ramallah – als Stätte des biblischen Mizpa identifiziert – im babylonischen Feldzug nicht zerstört wurde und daß hier tatsächlich im 6. Jahrhundert v. Chr. die wichtigste Ortschaft der Region lag. Andere Orte nördlich von Jerusalem wie Bethel und Gibeon waren im gleichen Zeitraum ebenfalls bewohnt. Im Gebiet südlich von Jerusalem um Bethlehem dürfte es eine bedeutsame Kontinuität von der späten Königszeit bis zur babylonischen Periode gegeben haben. Das Leben sowohl im Norden als auch im Süden Jerusalems ging demnach ununterbrochen weiter.

Sowohl die Texte als auch die Archäologie widersprechen der Vorstellung, zwischen Jerusalems Zerstörung 586 v. Chr. und der Rückkehr der Verbannten nach Kyros' Erlaß im Jahr 538 v. Chr. sei Juda völlig zerstört und unbewohnt gewesen. Nach der persischen Machtübernahme und der Rückkehr einer bestimmten Anzahl von Verbannten, die die persische Regierung unterstützten, änderte sich die Besiedlungsstruktur. Das Leben in der Stadt Jerusalem nahm neuen Aufschwung, und viele Heimkehrer ließen sich im Judäischen Bergland nieder. Die Listen der Heimkehrer in Esra 2 und Nehemia 7 führen nahezu 50000 Menschen an. Es ist unklar, ob diese ansehnliche Zahl die Gesamtzahl aller in mehreren Wellen eintreffenden Heimkehrer, die über einen Zeitraum von mehr als hundert Jahren kamen, darstellt oder die Gesamtbevölkerung der Provinz Jehud einschließlich der Zurückgebliebenen. In beiden Fällen ergab die archäologische Forschung, daß diese Zahl eine wilde Übertreibung ist. Daten von Sondierungen aller Ortschaften in Jehud im 5.–4. Jahrhundert v. Chr. ergeben eine Bevölkerung von ungefähr 30000 Menschen (zu den Grenzen von Jehud siehe Abb. 27). Diese geringe Zahl bildete demnach die nachexilische Gemeinschaft zur Zeit Esras und Nehemias, die die Herausbildung des späteren Judentums so stark prägte.

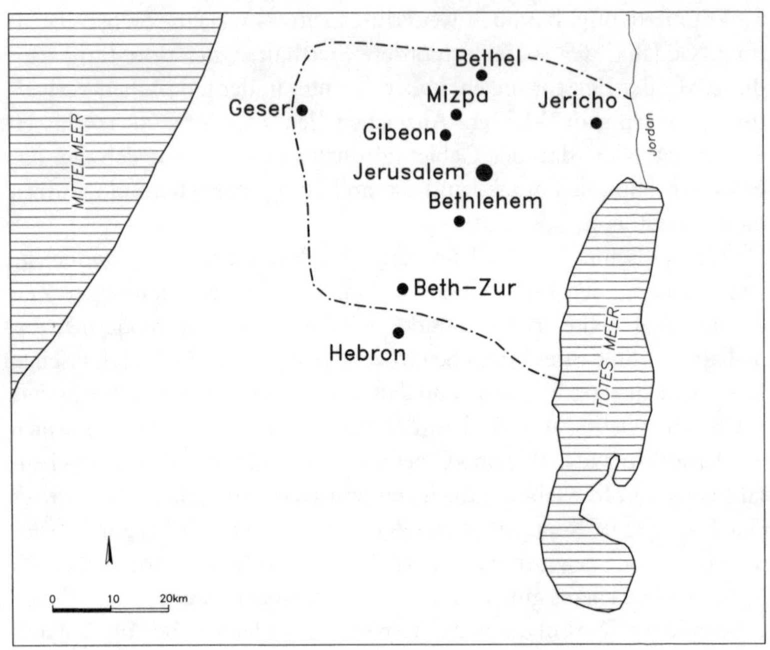

Abb. 27: Die Provinz Jehud in persischer Zeit.

Von Königen zu Priestern

Der Erlaß, mit dem Kyros der Große einer Gruppe judäischer Verbannter die Heimkehr nach Jerusalem erlaubte, dürfte kaum aus Sympathie für die in Juda Zurückgebliebenen oder das Leid der Verbannten ergangen sein. Vielmehr sollte man ihn als klug kalkulierte Politik im Interesse des Persischen Reichs betrachten. Die Perser tolerierten und förderten sogar einheimische Kulte, um sich der Loyalität der jeweiligen Gruppen zum Gesamtreich zu versichern; sowohl Kyros als auch sein Sohn Kambyses unterstützten den Bau von Tempeln und ermutigten die Rückkehr verschleppter Bevölkerungen auch andernorts in ihrem Großreich. Ihre Politik war es, einheimischen loyalen Eliten Autonomie zu gewähren.

Viele Forscher sind sich einig, daß die persischen Könige den Aufstieg einer loyalen Elite in Jehud wegen der strategischen und empfindlichen Lage der Provinz an der Grenze Ägyptens förderten. Diese loyale Elite wurde unter der jüdischen Exilgemeinschaft in Babylonien rekrutiert und von Honoratioren angeführt, die enge Beziehungen zur persischen Regierung unterhielten. Dabei handelte es sich hauptsächlich um Personen mit einem hohen gesellschaftlichen und wirtschaftlichen Rang, um Familien, die der Assimilation widerstanden hatten und die den deuteronomistischen Vorstellungen vermutlich am nächsten standen. Wenngleich die Heimkehrer in Jehud nur eine Minderheit waren, verliehen ihnen ihr religiöser, sozialer und politischer Rang sowie ihre Konzentration in und um Jerusalem weit mehr Macht, als es ihrer geringen Zahl entsprochen hätte. Sie dürften sich auch der Unterstützung der Einheimischen erfreut haben, die dem ein Jahrhundert zuvor verkündeten deuteronomistischen Gesetz wohlgesinnt waren. Mit Hilfe einer reichen Sammlung von Literatur – historischen Werken und prophetischen Schriften – und dank der Beliebtheit des Tempels, den die Heimkehrer in ihrer Macht hatten, konnten sie sich Autorität über die Bevölkerung der Provinz Jehud verschaffen. Dabei war ihnen die Tatsache behilflich – die auch die zukünftige Entwicklung des Judentums ermöglichte –, daß die Babylonier (im Gegensatz zur assyrischen Politik im Nordreich ein Jahrhundert zuvor) im besiegten Juda keine ausländischen Deportierten angesiedelt hatten.

Aber wie kommt es, daß die davidische Dynastie plötzlich von der Bühne verschwand? Warum wurde das Königtum nicht wiederhergestellt mit jemandem aus der Königsfamilie als König? Dem Buch Esra zufolge führten zwei Männer, Scheschbazzar und Serubbabel, die erste Gruppe der Heimkehrer an – beide werden als «Statthalter» von Jehud bezeichnet (Esr. 5,14; Hag. 1,1). Scheschbazzar, der die Schätze aus dem alten Tempel mitbringt und die Fundamente für den neuen Tempel legt, ist eine rätselhafte Gestalt. Er wird als «Fürst Judas» (Esr. 1,8) bezeichnet, deshalb identifizierten ihn viele Wissenschaftler mit Schenazzar in 1. Chronik 3,18, einem der Erben des davidischen Throns, vielleicht sogar Jojachins Sohn. Serubbabel, der im Jahr 516 v. Chr. den Bau des Tempels vollendet, ist möglicherweise ebenfalls von davidischem Geschlecht. Aber er handelt nicht allein, sondern zusammen mit dem Priester Jeschua. Es ist bezeichnend, daß Serubbabel aus den biblischen Berichten verschwindet, sobald der Tempel vollendet ist. Möglicherweise weckte seine Herkunft aus dem Hause Davids messianische Hoffnungen in Juda (Hag. 2,20–23), die die persischen Behörden veranlaßten, ihn aus politischen Gründen zurückzurufen.

Von diesem Zeitpunkt an spielte die davidische Familie in Jehuds Geschichte keine Rolle mehr. Gleichzeitig hielt die Priesterschaft, die in der Verbannung zu einer Führungsposition aufgestiegen war und auch bei den in Jehud Zurückgebliebenen eine wichtige Rolle spielte, dank ihrer Fähigkeit, die Identität der Gruppe zu wahren, ihr Ansehen aufrecht. In den Jahrzehnten darauf unterstanden die Bewohner von Jehud einem zweigleisigen System: politisch den von den persischen Behörden ernannten Statthaltern, die keinerlei Verbindungen zur davidischen Königsfamilie hatten; religiös den Priestern. Da es das Königtum nicht mehr gab, wurde jetzt der Tempel der Mittelpunkt, mit dem sich die Bewohner von Jehud identifizierten. Das war einer der entscheidenen Wendepunkte in der jüdischen Geschichte.

Die Neugestaltung der Geschichte Israels

Eine der wichtigsten Funktionen der priesterlichen Elite im nachexilischen Jerusalem bestand – abgesehen von der Durchführung der erneuerten Opfer- und Reinigungsrituale – darin, unablässig Literatur und Schrifttum hervorzubringen, um die Gemeinschaft zu festigen und ihre Normen von denen der Völker rings umher abzugrenzen. Wissenschaftlern ist schon seit langem aufgefallen, daß die Priesterschrift (P) im Pentateuch überwiegend nachexilisch ist – d. h., sie hängt mit dem Aufstieg der Priester in der Tempelgemeinschaft in Jerusalem zusammen. Nicht weniger wichtig ist wohl auch, daß die endgültige Redaktion des Pentateuch auch auf diese Zeit zurückgeht. Der Bibelwissenschaftler Richard Friedman ging noch einen Schritt weiter und behauptete, daß der Redaktor, der dem «Gesetz des Mose» seine endgültige Form gab, Esra gewesen sei, «Priester und Beauftragte[r] für das Gesetz des Gottes des Himmels» (Esr. 7,12), wie er ausdrücklich bezeichnet wird.

Die nachexilischen Verfasser, die jetzt wieder in Jerusalem lebten, mußten nicht nur die Zerstörung Jerusalems durch die Babylonier erklären, sondern auch die Gemeinschaft in Jehud wieder rund um den neuen Tempel einen. Sie mußten den Menschen Hoffnung auf eine bessere, reichere Zukunft machen, sich mit dem Problem der Beziehungen zu den benachbarten Gemeinschaften, insbesondere im Norden und Süden, auseinandersetzen und sich mit internen Problemen ihrer Gemeinde befassen. In dieser Hinsicht ähnelten die Bedürfnisse der nachexilischen Gemeinschaft in Jehud jenen in Juda während der späten Königszeit. Beide waren kleine Gemeinschaften, die ein eng begrenztes Gebiet bewohnten, das nur einen kleinen Teil des verheißenen Landes einnahm, aber als geistiges und politisches Zentrum der Israeliten von großer Bedeutung war.

Beide waren von fremden, feindlichen Nachbarn umgeben. Beide erhoben Anspruch auf Gebiete, die außerhalb ihres Herrschaftsbereichs lagen. Beide schlugen sich mit Fremden außerhalb ihres Gebiets und im Inneren herum und waren mit Fragen der Reinheit der Gemeinschaft und der Assimilation befaßt. Daher waren viele der Lehren, die aus der späten Königszeit stammten, den Ohren der Menschen in Jerusalem in nachexilischer Zeit nicht fremd. Die Vorstellung von der zentralen Stellung Judas und seiner Überlegenheit über seine Nachbarn klang sicher im Bewußtsein der Jerusalemer Gemeinschaft im späten 6. und 5. Jahrhundert v. Chr. nach. Aber andere Umstände – wie der Niedergang des Hauses David und das Leben innerhalb eines Weltreichs – zwangen die frühen nachexilischen Verfasser, die alten Vorstellungen neu zu formulieren.

In der Zeit des Exils und in nachexilischer Zeit nahm die Geschichte vom Auszug aus Ägypten eine besondere Bedeutung an. Die Erzählung von der großen Befreiung dürfte eine große Anziehungskraft auf die Verbannten in Babylonien ausgeübt haben. Wie der Bibelwissenschaftler David Clines sagte: «Die Knechtschaft in Ägypten ist ihre eigene Knechtschaft in Babylonien, und der Exodus der Vergangenheit wird der zukünftige Exodus.» Die Geschichte vom Auszug aus Ägypten und die ähnlichen Erinnerungen an die Rückkehr aus dem Exil dürften sich gegenseitig beeinflußt haben. Wenn die Heimkehrer die Erzählung vom Auszug aus Ägypten lasen, blickten sie in einen Spiegel ihrer eigenen Not. Yair Hoffman, einem Bibelwissenschaftler der Universität Tel Aviv, zufolge schildern beide Erzählungen, wie die Israeliten ihr Land für ein fremdes Land verließen; wie das Land Israel als zu jenen gehörig betrachtet wurde, die fortgingen und aufgrund einer göttlichen Verheißung zurückkehren sollten; wie die Menschen nach einer schweren Zeit im Exil zurück in ihre Heimat kehrten; wie die Heimkehrer unterwegs eine gefährliche Wüste durchqueren mußten, wie die Heimkehr zu Konflikten mit der einheimischen Bevölkerung führte; wie die Heimkehrer sich nur in einem Teil der ihnen verheißenen Heimat niederlassen konnten; und welche Maßnahmen die führenden Köpfe der Heimkehrer ergriffen, damit eine Assimilation der Israeliten an die Landesbevölkerung verhindert wurde.

Ebenso dürfte die Saga von Abraham, der aus Mesopotamien ins verheißene Land Kanaan zog, dort ein großer Mann wurde und eine wohlhabende Nation gründete, sicher Gefallen bei den Menschen im Exil und in nachexilischer Zeit gefunden haben. Die nachdrückliche Botschaft von der Trennung der Israeliten von den Kanaanäern in den

Erzählungen von den Erzvätern paßt ebenfalls zur Lage der Menschen im nachexilischen Jehud.

Allerdings lag das größte Problem der nachexilischen Gemeinschaft aus politischer und ethnischer Sicht im Süden. Nach der Zerstörung Judas ließen sich Edomiter im Südteil des besiegten Königreichs, in der Bucht von Beerscheba und im Bergland von Hebron nieder, einer Region, die bald als Idumäa bekannt sein sollte – das Land der Edomiter. Eine Grenze zwischen «uns» (der nachexilischen Gemeinschaft in der Provinz Jehud) und «ihnen» (den Edomitern im südlichen Bergland) zu ziehen, war von höchster Bedeutung. Es war daher lebenswichtig, wie in der Geschichte von Jakob und Esau, zu beweisen, daß Juda das überlegene Zentrum war und Edom zweitrangig und unzivilisiert.

Die Überlieferung von den Gräbern der Erzväter in der Höhle in Hebron, die zur Priesterschrift gehört, ist vor diesem Hintergrund zu verstehen. Die Gemeinschaft in Jehud kontrollierte nur einen Teil der Gebiete des ehemaligen Königreichs Juda, und jetzt verlief die Südgrenze von Jehud zwischen den Städten Beth-Zur und Hebron, wobei Hebron außerhalb lag. Die Bewohner von Jehud, die sich an Hebrons Bedeutung in der Königszeit erinnerten, dürften die Tatsache, daß es ihnen zu ihrer Zeit nicht mehr gehörte, bitter bedauert haben. Eine Tradition, die die Gräber der Erzväter, der Gründer der Nation, in Hebron lokalisiert, vertiefte ihre starke Bindung an das südliche Bergland. Ob die Geschichte nun alt war und die Tradition echt, auf jeden Fall fanden die Verfasser der Priesterschrift großen Gefallen an ihr und hoben sie in den Erzählungen von den Erzvätern hervor.

Allerdings begnügten sich die spätesten Redaktoren der Genesis nicht mit einfachen Metaphern. Sie wollten zeigen, daß die Ursprünge des Volkes Israel mitten im Herzen der zivilisierten Welt lagen. Deshalb ließen sie anklingen, daß der große Vater des Volkes Israel im Gegensatz zu den geringeren Völkern, die in unentwickelten, unkultivierten Regionen um sie herum entstanden waren, aus der kosmopolitischen, berühmten Stadt Ur stammte. Abrahams Herkunft aus Ur wird lediglich in zwei kurzen Versen erwähnt (Genesis 11,28.31 P), während sich die Erzählung von ihm dagegen eher auf die nordsyrische – aramäische – Stadt Haran konzentriert. Aber schon diese knappe Erwähnung reicht aus. Ur als Abrahams Geburtsort und als die Heimat eines mutmaßlichen Stammvaters der Nation konnte hohes Ansehen verleihen. Die Stadt galt nicht nur als ein Ort von großem Alter und Sitz der Gelehrsamkeit, sie gewann auch beträchtliche Bedeutung in der gesamten Region, als sie in der Mitte des 6. Jahrhunderts v. Chr. vom babylonischen, oder chaldäischen, König Nabonid als religiöses Zentrum wiederbelebt wurde. Der Hinweis auf Abrahams Herkunft aus «Ur in Chaldäa» dürfte den Juden einen herausragenden, alten kulturellen Stammbaum verschafft haben.

Das nachexilische Stadium, in dem die Bibel redigiert wurde, wiederholt in gekürzter Form viele Schlüsselthemen aus dem früheren Stadium im 7. Jahrhundert, die schon umfassend in diesem Buch diskutiert wurden. Das geht auf die ähnlichen Umstände und Bedürfnisse in beiden Zeiträumen zurück. Erneut war Jerusalem der Mittelpunkt der Israeliten, die in großer Unsicherheit lebten und den größten Teil des Landes, das sie aufgrund der göttlichen Verheißung als das ihre betrachteten, nicht kontrollierten. Wieder einmal wurde eine zentrale Autorität benötigt, um die Bevölkerung zu einen. Und wieder einmal geschah dies, indem der historische Kern der Bibel umgestaltet wurde, so daß er dem Volk Israel als wichtigste Quelle seiner Identität und als geistiger Anker dienen konnte, während es den vielen noch bevorstehenden Katastrophen, religiösen Herausforderungen und politischen Umschwüngen entgegensah.

Epilog:
Die Zukunft des biblischen Israel

Jehud blieb zweihundert Jahre in den Händen der Perser, bis Alexander der Große es im Jahr 332 v. Chr. eroberte. Danach wurde es den von Alexanders Nachfolgern gegründeten Reichen einverleibt, erst dem der Ptolemäer in Ägypten, dann dem der Seleukiden von Syrien. Mehr als hundertfünfzig Jahre nach Alexanders Eroberung bewahrte die führende Priesterschicht der Provinz, jetzt als Judäa bekannt, die Bräuche und befolgte die Gesetze, die zum ersten Mal zur Zeit Königs Josia formuliert und in Verbannung und nachexilischer Zeit weiter kodifiziert und verfeinert wurden. Aus der hellenistischen Zeit, um 300 v. Chr. stammt eine erste Beschreibung der biblischen Gesetze und Bräuche von einem außenstehenden Beobachter. Der griechische Schriftsteller Hekataios aus Abdera, der nicht lange nach Alexanders Tod den Vorderen Orient bereiste, gibt einen Einblick in die jüdische Tradition, in der das Ansehen der Priesterschaft und die Macht der sozialen Gesetzgebung im Deuteronomium völlig die Tradition des Königtums überlagert. Hekataios, der von den Gesetzen spricht, die «ein Mann namens Mose» einführte, «herausragend wegen seiner Weisheit und seines Muts», berichtet:

> Er wählte Männer von größter Vornehmheit und der größten Fähigkeit, an der Spitze der ganzen Nation zu stehen, und ernannte sie zu Priestern; und er ordnete an, daß sie sich mit dem Tempel und den Ehrungen und Opfern befassen sollten, die ihrem Gott gebracht wurden. Diese selben Männer setzte er zu Richtern in allen großen Auseinandersetzungen ein und vertraute ihnen das Überwachen der Gesetze und Bräuche an. Aus diesem Grund hatten die Juden nie einen König.

Die *Jehudim*, oder Juden, wurden im gesamten Mittelmeerraum als eine Gemeinschaft bekannt, die ihrem Gott auf einzigartige Weise ergeben ist. Ihren Kern bildeten nicht nur gemeinsame Gesetzeskodizes und Opfervorschriften, sondern ebenso die Saga von einer nationalen Geschichte, die mit dem Ruf an Abraham im entlegenen Ur beginnt und mit dem Wiederaufbau der Tempelgemeinschaft unter Esra und Nehemia in nachexilischer Zeit endet. Infolge des Endes des Königtums und der Zerstreuung der Juden in der gesamten griechisch-römischen Welt wurde der heilige Text der Hebräischen Bibel im 3. und 2. Jahrhundert v. Chr. nach und nach ins Griechische übersetzt und galt fortan als wichtigste Quelle der gemeinsamen Identität und als Richtschnur für all jene Angehörigen des Hauses Israel, die nicht in unmittelbarer Nähe des Tempels in Jerusalem lebten. Die Saga vom Auszug aus Ägypten und von der Einnahme des verheißenen Landes bot jedem einzelnen in der Gemeinschaft eine gemeinsame Vision der Solidarität und Hoffnung – und das auf eine Weise, zu der die Mythen über Könige oder Helden nicht fähig waren.

Im 2. Jahrhundert v. Chr. kam es zu einem dramatischen Wandel, als sich die Priester Judäas mit hellenistischer Kultur und Religion auseinandersetzen mußten. Der radikalen Widerstandsbewegung der Makkabäer – in vieler Hinsicht erinnert sie ideologisch an die deuteronomistische Bewegung zur Zeit Josias – gelang es, einen großen Teil des traditionellen Landes Israel einzunehmen und seine Bewohner auf das Gesetz einzuschwören. Die größte Bedeutung der Bibel dürfte allerdings nicht darin bestehen, Anleitungen für militärische Eroberungen oder politische Siege zu geben, die lediglich die Geschicke eines bestimmten Herrschers oder einer Dynastie fördern.

Im 1. Jahrhundert v. Chr., als die Makkabäer-Könige schließlich in dynastische Streitigkeiten verfielen und Herodes, König von Roms Gnaden, die Macht in Judäa ergriff, erwies sich die Bibel als die einigende Kraft und als der schriftlich niedergelegte Kern einer bedrängten Gemeinschaft. Die Geschichten von der Befreiung und von Josuas Landnahme verliehen den Widerstandsbewegungen des Volkes gegen einheimische Tyrannen und römische Oberherren im gesamten 1. Jahrhundert v. Chr. sowie im 1. und 2. Jahrhundert n. Chr. eine besondere emotionale Kraft. Nirgends sonst in der alten Welt wurde eine so machtvolle gemeinsame Saga geschaffen: Die griechischen Epen und Mythen sprachen nur in Metaphern und Beispielen; die mesopotamischen und persischen religiösen Epen führten in kosmische Geheimnisse ein, nicht aber in die irdische Geschichte, sie dienten auch nicht als praktische Richtschnur für das Leben. Die Bibel bot beides; sie lieferte das Ineinander von Erzählungen, in denen jeder Jude sowohl die Geschichte seiner Familie als auch seiner Nation erkennen kann. Kurz: Die Saga von Israel, wie sie sich zur Zeit Josias zum ersten Mal herausbildete, wurde der erste, vollständig ausformulierte Nations- und Gesellschaftsvertrag der Welt, der die Männer, Frauen und Kinder, die Reichen und die Armen einer ganzen Gemeinschaft einbezieht.

Nach der Zerstörung des Zweiten Tempels im Jahr 70 n. Chr. und dem Aufstieg des Christentums erwies sich die unabhängige Macht der Bibel, die ihr als einer sich herausbildenden Verfassung – nicht nur als literarischem Meisterwerk oder Sammlung alter Gesetze und Weisheiten – innewohnt. Sie bildete die Grundlage für die sich stetig ausweitende Bearbeitung in Mischna und Talmud des rabbinischen Judentums und wurde vom frühen Christentum als das «Alte Testament» anerkannt. Das Bewußtsein der geistigen Abstammung von Abraham und die gemeinsame Erfahrung des Auszugs aus der Sklaverei wurde für ein ständig wachsendes Netz von Gemeinden im gesamten Römischen Reich und im Mittelmeerraum zu einer gemeinsamen Grundeinstellung. Die Hoffnung auf eine zukünftige Erlösung war zwar nicht länger an die erloschene Dynastie Davids auf Erden gebunden, blieb aber in den prophetischen und messianischen Erwartungen des Judentums lebendig, ebenso wie in der christlichen Auffassung, Jesus entstamme der davidischen Linie. Der schmerzliche Tod des Beinahe-Messias Josia vor vielen Hunderten von Jahren hatte ein Muster vorgegeben, das die Geschichte überleben würde.

Die Hebräische Bibel diente in den Jahrhunderten danach unzähligen Gemeinschaften als einzigartige Quelle der Solidarität und Identität. Den Einzelheiten ihrer Erzählungen, die einer Schatzkammer voller weit zurückreichender Erinnerungen, bruchstückhafter Geschichten und immer wieder neu geschriebener Sagen entnommen sind, wohnte nicht als einer objektiven Chronik von Ereignissen in einem winzigen Land am Ostufer des Mittelmeers Kraft inne, sondern als einem zeitlosen Ausdruck dessen, was das göttliche Schicksal eines Volkes sein kann. So wie die Untertanen Karls des Großen ihn als einen neuen, erobernden David verehrten, wie die Anhänger des osmanischen Sultans Süleiman in ihm Salomos Weisheit erkannten, identifizierten andere Gemeinschaften in ganz anderen Kulturkreisen ihre eigenen Kämpfe mit den Kämpfen des biblischen Israel. Mittelalterliche Bauerngemeinschaften in Europa erhoben sich in apokalyptischen Aufständen, und die Bilder und Helden der Bibel waren ihre Schlachtenbanner. Die puritanischen Siedler in Neuengland gingen so weit, sich als Israeliten in der Wüste zu verstehen, und in den gerade entdeckten Weiden und Wäldern erschufen sie das verheißene Land neu – mit Orten wie Salem, Hebron, Goshen und New Canaan. Und niemand von ihnen zweifelte daran, daß das biblische Epos wahr ist.

Erst als die Bibel analysiert und getrennt von ihrer bedeutenden Rolle im Gemeinschaftsleben untersucht wurde, verlangten Theologen und Bibelwissenschaftler etwas von ihr, was sie nicht leistet. Im 18. Jahrhundert, als die Aufklärung nach einer exakten, überprüfbaren Geschichte zu suchen begann, wurde der historische Wahrheitsgehalt der Bibel Gegenstand erbitterter Debatten – und ist es immer noch. Die Gelehrten, die erkannten, daß eine Schöpfung innerhalb von sieben Tagen und plötzliche Wunder mit Hilfe von Wissenschaft und Vernunft nicht befriedigend erklärt werden können, fingen an, sich das aus der Bibel herauszusuchen, was ihrer Meinung nach «historisch» ist. Sie stellten Theorien über die verschiedenen Quellen für den biblischen Text auf, und die Archäologen stritten über die Belege, die die historische Zuverlässigkeit einer bestimmten biblischen Überlieferung beweisen oder widerlegen.

Aber die Integrität der Bibel, ja, sogar ihre Historizität, hängt nicht von historischen «Beweisen» für einzelne Ereignisse oder Gestalten ab, sei es die Teilung des Roten Meers, seien es die Posaunen, die die Mauern von Jericho zum Einsturz brachten, oder sei es Davids Sieg über Goliath mit einem einzigen Stein aus seiner Schleuder. Die biblische Saga bezieht ihre Kraft daraus, daß sie fesselnd und in sich stimmig von zeitlosen Themen wie der Befreiung eines Volkes, seinem anhaltenden Widerstand gegen Unterdrückung und seiner Suche nach sozialer Gleichheit erzählt. Sie drückt beredt das tief verwurzelte Gefühl von gemeinsamer Herkunft, kollektiven Erfahrungen und geteiltem Schicksal aus, die jede menschliche Gemeinschaft zum Überleben braucht.

In historischen Begriffen ausgedrückt, weiß man heute, daß die epische Saga in der Bibel als eine Antwort auf Not, Schwierigkeiten, Herausforderungen und Hoffnungen entstand, denen sich das Volk des winzigen Königreichs Juda in den Jahrzehnten vor seiner Zerstörung sowie die noch winzigere Tempelgemeinschaft in Jerusalem in der nachexilischen Zeit gegenübersahen. Der größte Beitrag der Archäologie zu unserem Verständnis der Bibel könnte darin liegen, daß sie begreifbar macht, wie ausgerechnet eine so kleine, relativ arme und entlegene Gesellschaft wie die Judas in der späten Königszeit und die des nachexilischen Jehud dieses bleibende Epos in seinen Hauptumrissen innerhalb einer so kurzen Zeitspanne hervorzubringen vermochte. Solch ein Verständnis ist entscheidend, denn nur wenn man erkennt, wann und warum die in der Bibel beschriebenen Ideen, Bilder und Ereignisse so geschickt zusammengefügt wurden, beginnt man auch, das wahre Genie und die anhaltende Kraft dieser einmaligen, einflußreichsten literarischen und geistigen Schöpfung der Menschheitsgeschichte zu ermessen.

ANHANG

Literaturhinweise

Einleitung: Archäologie und die Bibel

a) Geographie Kanaans/Israels:

Orni, E./Efrat, E.: Geography of Israel, Jerusalem 1971.

b) Nachschlagewerke:

Zu den wichtigsten Ausgrabungsstätten in Israel und Jordanien:

Stern, E. (Hg.): The New Encyclopedia of Archaeological Excavations in the Holy Land, I-IV, Jerusalem 1993.

Zur Bibel:

Freedman, D. N. (Hg.): The Anchor Bible Dictionary, I-VI, New York 1992.
Galling, K. (Hg.): Biblisches Reallexikon, Tübingen 1977.
Görg, M./Lang, B. (Hg.): Neues Bibel-Lexikon, Zürich 1988.

Zum alten Vorderen Orient:

Meyers, E. M. (Hg.): The Oxford Encyclopedia of Archaeology in the Near East, I-V, New York/Oxford 1997.
Sasson, J. M. (Hg.): Civilizations of the Ancient Near East, I-IV, London 1995.

c) Archäologie:

Renfrew, C./Bahn, P.: Archaeology: Theories, Methods and Practice, London 1991.

d) Geschichte der Archäologie in Palästina:

Silberman, N. A.: Digging for God and Country. Exploration in the Holy Land 1799–1917, New York 1982.

e) Einführungen in die Archäologie der Levante:

Ben-Tor, A. (Hg.): The Archaeology of Ancient Israel, New Haven 1992.
Fritz, V.: Einführung in die biblische Archäologie, Darmstadt 1985.

Mazar, A.: Archaeology of the Land of the Bible 10,000–586 B.C.E., New York 1990.

Stern, E.: Archaeology of the Land of the Bible, Vol. II: The Assyrian, Babylonian, and Persian Periods 732–332 BCE, New York 2001.

Weippert, H.: Palästina in vorhellenistischer Zeit, München 1988.

f) Historische Geographie Israels:

Aharoni, Y.: Das Land der Bibel. Eine historische Geographie, Neukirchen-Vluyn 1984.

Görg, M.: Beiträge zur Zeitgeschichte der Anfänge Israels, Wiesbaden 1989.

Helck, W.: Die Beziehungen Ägyptens zu Vorderasien im 3. und 2. Jahrtausend v. Chr., Wiesbaden 1971.

g) Übersetzungen von Texten aus dem alten Vorderen Orient:

Galling, K. (Hg.): Textbuch zur Geschichte Israels, Tübingen 1968.

Hallo, W. W./Younger, K. L. (Hg.): The Context of Scripture. Canonical Compositions, Monumental Inscriptions, and Archival Documents from the Biblical World, Leiden 1997ff.

Kaiser, O. (Hg.): Texte aus der Umwelt des Alten Testaments, I-III, Gütersloh 1982–1997.

Pritchard, J. B. (Hg.): Ancient Near Eastern Texts Relating to the Old Testament, Princeton 1969.

h) Zum Alten Testament allgemein:

Kaiser, O.: Grundriß der Einleitung in die kanonischen und deuterokanonischen Schriften des Alten Testaments, I-III, Gütersloh 1992–1994.

Knauf, E. A.:Die Umwelt des Alten Testaments, Stuttgart 1994.

Rendtorff, R.: Das Alte Testament. Eine Einführung, 4. Aufl. Neukirchen-Vluyn 1992.

Smend, R.: Die Entstehung des Alten Testaments, 4. Aufl. Stuttgart 1989.

Zenger, Erich/u. a.: Einleitung in das Alte Testament, 4. Aufl. Stuttgart 2001.

i) Pentateuch:

Blum, E.: Studien zur Komposition des Pentateuch, Berlin 1990.

Gunkel, H.: Genesis, Göttingen 1901.

Houtman, C.: Der Pentateuch, Kampen 1994.

Kratz, R. G.: Die Komposition der erzählenden Bücher des Alten Testaments, Göttingen 2000.

Lohfink, N.: Studien zum Pentateuch, Stuttgart 1988.

Nicholson, E. W.: The Pentateuch in the Twentieth Century. The Legacy of Julius Wellhausen, Oxford 1998.

Noth, M.: Überlieferungsgeschichte des Pentateuch, Stuttgart 1948.

Pury, A. de (Hg.): Le Pentateuque en question, Genf 1999.

Rendtorff, R.: Das überlieferungsgeschichtliche Problem des Pentateuch, Berlin 1976.

Rose, M.: Deuteronomist und Jahwist. Untersuchungen zu den Berührungspunkten beider Literaturwerke, Zürich 1981.

Schmid, H. H.: Der sogenannte Jahwist. Beobachtungen und Fragen zur Pentateuchforschung, Zürich 1976.

Seters, J. van: The Pentateuch. A Social-Science Commentary, Sheffield 1999.

Wellhausen, J.: Die Composition des Hexateuchs und der historischen Bücher des Alten Testaments, Berlin 1899.

–: Prolegomena zur Geschichte Israels, Berlin 1883.

Whybray, R. N.: The Making of the Pentateuch, Sheffield 1987.

j) Zur deuteronomistischen Geschichtsdarstellung:

Allgemeines:

Jenni, E.: Zwei Jahrzehnte Forschung an den Büchern Josua bis Könige. In: Theologische Rundschau 27 (1961), 1–32, 97–146.

Knoppers, G. N./McConville, J. G. (Hg.): Reconsidering Israel and Judah. Recent Studies on the Deuteronomistic History, Winona Lake 2000.

Kratz, R. G./Spieckermann, H. (Hg.): Liebe und Gebot. Studien zum Deuteronomium, Göttingen 2000.

Lohfink, N.: Studien zum Deuteronomium und zur deuteronomistischen Literatur, I-IV, Stuttgart 1990–2000.

McKenzie, S. L./Graham, M. P. (Hg.): The History of Israel's Traditions. The Heritage of Martin Noth, Sheffield 1994.

Preuß, H. D.: Zum deuteronomistischen Geschichtswerk. In: Theologische Rundschau 58 (1993), 229–264, 341–395.

Pury, A. de/Römer, T./Macchi, J.-D. (Hg.): Israel Constructs its History, Sheffield 2000.

Römer, T. C. (Hg.): The Future of the Deuteronomistic History, Löwen 2000.

Weippert, H.: Das deuteronomische Geschichtswerk. Sein Ziel und Ende in der neueren Forschung. In: Theologische Rundschau 50 (1985), 213–249.

Westermann, C.: Die Geschichtsbücher des Alten Testaments. Gab es ein deuteronomistisches Geschichtswerk? Gütersloh 1990–2000.

Würthwein, E.: Studien zum deuteronomistischen Geschichtswerk, Berlin 1994.

Zur Schule Martin Noths:

Dietrich, W.: Prophetie und Geschichte. Eine redaktionsgeschichtliche Untersuchung zum deuteronomistischen Geschichtswerk, Göttingen 1972.

McKenzie, S. L./Graham, M. P. (Hg.): The History of Israel's Traditions. The Heritage of Martin Noth, Sheffield 1994.

Noth, M.: Überlieferungsgeschichtliche Studien, Tübingen 1943, 3–109.

Smend, R.: Das Gesetz und die Völker. Ein Beitrag zur deuteronomistischen Redaktionsgeschichte. In: Wolff, H. W. (Hg.), Probleme biblischer Theologie. FS G. von Rad, München 1971, 494–509.

Veijola, T.: Das Königtum in der Beurteilung der deuteronomistischen Historiographie. Eine redaktionsgeschichtliche Untersuchung, Helsinki 1977.

–: Moses Erben. Studien zum Dekalog, zum Deuteronomismus und zum Schriftgelehrtentum, Stuttgart 2000.

Wolff, H. W.: Das Kerygma des deuteronomistischen Geschichtswerks. In: Zeitschrift für die alttestamentliche Wissenschaft 73 (1961), 171–186.

Zur Harvard School (Frank M. Cross):

Cross, F. M.: The Themes of the Book of Kings and the Structure of the Deuteronomistic History. In: Ders., Canaanite Myth and Hebrew Epic, Cambridge 1973, 274–288.

Halpern, B./Vanderhooft, D.: The Editions of Kings in the 7th-6th Centuries B.C.E. In: Hebrew Union College Annual 62 (1991), 179–244.

McKenzie, S. L.: The Trouble with Kings. The Composition of the Book of Kings in the Deuteronomistic History, Leiden 1991.

Nelson, R. D.: The Double Redaction of the Deuteronomistic History, Sheffield 1981.

k) Chronik:

Graham, M. P./u. a. (Hg.): The Chronicler as Historian, Sheffield 1997.

Japhet, S.: I & II Chronicles. A Commentary, London 1993.

Noth, M.: Überlieferungsgeschichtliche Studien, Tübingen 1943, 110–180.

Steins, G.: Die Chronik als kanonisches Abschlußphänomen, Freiburg i.Br. 1995.

Willi, T.: Die Chronik als Auslegung, Göttingen 1972.

Williamson, H. G. M.: 1 and 2 Chronicles, London 1982.

l) Historiographie in der Bibel:

Brettler, M. Z.: The Creation of History in Ancient Israel, London 1995.

Edelman, D. V. (Hg.): The Fabric of History. Text, Artifact and Israel's Past, Sheffield 1991.

Halpern, B.: The First Historians. The Hebrew Bible and History, San Francisco 1988.
Philips Long, V. (Hg.): Israel's Past in Present Research. Essays on Ancient Israelite Historiography, Winona Lake 1999.
Seters, J. van: In Search of History: Historiography in the Ancient World and the Origins of Biblical History, New Haven 1983.

m) Geschichte Israels:

Allgemein anerkannte Ansätze:

Ahlström, G. W.:The History of Ancient Palestine from the Palaeolithic Period to Alexander's Conquest, Sheffield 1993.
Alt, A.: Kleine Schriften zur Geschichte des Volkes Israel, I-III, München 1953–1959.
Bordreuil, P./Briquel-Chatonnet, F.: Le temps de la Bible, Paris 2000.
Donner, H.: Geschichte des Volkes Israels und seiner Nachbarn in Grundzügen. I-II, 2. Aufl. Göttingen 1995.
Hayes, J. H./Miller, M. J. (Hg.): Israelite and Judaean History, London 1977.
Miller, M. J./Hayes, J. H.: A History of Ancient Israel and Judah, London 1986.
Niemann, H. M.: Herrschaft, Königtum und Staat. Skizzen zur soziokulturellen Entwicklung im monarchischen Israel, Tübingen 1993.
Noth, M.: Geschichte Israels, Göttingen 1950.
Vaux, R. de: Histoire ancienne d'Israël, Paris 1971.
Weippert, M.: Geschichte Israels am Scheideweg. In: Theologische Rundschau 58 (1993), 71–103.

Minimalistischer Ansatz:

Davies, P.: In Search of ‹Ancient Israel›, Sheffield 1992.
Grabbe, L. L. (Hg.): Can a ‹History of Israel› Be Written?, Sheffield 1997.
Lemche, N. P.: Is it Still Possible to Write a History of Ancient Israel? In: Scandinavian Journal of Old Testament 8 (1994), 165–190.
Thompson, T. L.: Early History of the Israelite People, Leiden 1992.
–: The Bible in History. How Writers Create a Past, London 1999.

n) Annales-Schule:

Braudel, F.: Wie Geschichte geschrieben wird, Berlin 1998.
Febvre, L.: Das Gewissen des Historikers, Berlin 1988.

1. Die Suche nach den Erzvätern

a) Genesis:

Vgl. die Literaturangaben zur Einleitung, *i) Pentateuch.*

Blum, E.: Die Komposition der Vätergeschichte, Neukirchen-Vluyn 1984.

Carr, D. M.: Reading the Fractures of Genesis, Louisville, KY 1996.

Rad, G. von: Das erste Buch Mose, Genesis, 11. Aufl. Göttingen 1981.

Speiser, E. A.: Genesis: Introduction, Translation, and Notes, Garden City 1964.

Wénin, A. (Hg.): Studies in the Book of Genesis. Literature, Redaction and History, Löwen 2001.

Westermann, C.: Genesis, I-III, Neukirchen-Vluyn 1974–1982.

b)Jahwistische Quelle:

Vgl. die Literaturangaben zur Einleitung, *i) Pentateuch.*

Friedman, R. E.: The Hidden Book in the Bible, San Francisco 1999.

Levin, C.: Der Jahwist, Göttingen 1993.

Seters, J. van: Prologue to History. The Yahwist as Historian in Genesis, Louisville 1992.

c) Elohistische Quelle:

Jenks, A. W.: The Elohist and North Israelite Traditions, Missoula 1977.

Wolff, H. W.: Zur Thematik der elohistischen Fragmente im Pentateuch (1969). In: Ders., Gesammelte Studien zum Alten Testament, München 1973, 402–417.

d) Priesterschrift:

Frevel, C.: Mit Blick auf das Land die Schöpfung erinnern. Zum Ende der Priestergrundschrift, Freiburg i.Br. 2000.

Haran, M.: Behind the Scenes of History: Determining the Date of the Priestly Source. In: Journal of Biblical Literature 100 (1981), 321–333.

Hurvitz, A.: Dating the Priestly Source in Light of the Historical Study of Biblical Hebrew a Century after Wellhausen. In: Zeitschrift für die alttestamentliche Wissenschaft 100, Suppl. (1988), 88–100.

Lohfink, N.: Die Priesterschrift und die Geschichte (1977). In: Ders., Studien zum Pentateuch, Stuttgart 1988, 213–253.

Perlitt, L.: Priesterschrift im Deuteronomium? (1988). In: Ders., Deuteronomium-Studien, Tübingen 1994, 123–143.

Pola, T.: Die ursprüngliche Priesterschrift. Beobachtungen zur Literarkritik und Traditionsgeschichte von Pg., Neukirchen-Vluyn 1995.

Schmidt, L.: Studien zur Priesterschrift, Berlin 1993.

e) Allgemeine Literatur zur Tradition der Erzväter:

Dever, W. G./Clark, M. W.: The Patriarchal Traditions. In: Hayes/Miller 1977 (s.o. S. 347), 70–148.

McCarter, P.K.: The Patriarchal Age. Abraham, Isaac and Jacob. In: Shanks, H. (Hg.), Ancient Israel. From Abraham to the Roman Destruction of the Temple, Washington, D.C. 1999, 1–31.

f) Frühere Theorien zur Tradition der Erzväter:

Albright, W. F.: Abraham the Hebrew. A New Archaeological Interpretation. In: Bulletin of the American Schools of Oriental Research 163 (1961), 36–54.

Alt, A.: Der Gott der Väter (1929). In: Ders., Kleine Schriften zur Geschichte des Volkes Israel I, München 1953, 1–78.

Gordon, C. H.: Biblical Customs and the Nuzu Tablets. In: Campbell, E. F./Freedman, D. N. (Hg.), The Biblical Archaeologist Reader, Vol. II., Garden City 1964, 21–33.

Mazar, B.: The Early Biblical Period. In: Historical Studies, Jerusalem 1986, 49–62.

Vaux, R. de: Histoire ancienne d'Israël, Paris 1971, 157–273.

g) Kritische Studien zur Tradition der Erzväter:

Blum, E.: Die Komposition der Vätergeschichte, Neukirchen-Vluyn 1984.

Dietrich, W.: Die Josephserzählung als Novelle und Geschichtsschreibung, Neukirchen-Vluyn 1989.

Donner, H.: Die literarische Gestalt der alttestamentlichen Josephsgeschichte (1977). In: Ders., Aufsätze zum Alten Testament aus vier Jahrzehnten, Berlin 1994.

Kirkpatrick, P. G.: The Old Testament and Folklore Study, Sheffield 1988.

Köckert, M.: Vätergott und Väterverheißungen. Eine Auseinandersetzung mit Albrecht Alt und seinen Erben, Göttingen 1984.

Redford, D. B.: A Study of the Biblical Joseph Story, Leiden 1970.

Schmid, K.: Erzväter und Exodus. Untersuchungen zur doppelten Begründung der Ursprünge Israels innerhalb der Geschichtsbücher des Alten Testaments, Neukirchen-Vluyn 1999.

Seters, J. van: Abraham in History and Tradition, New Haven 1975.

Thompson, T. L.: The Historicity of the Patriarchal Narratives. The Quest for the Historical Abraham, Berlin 1974.

Wahl, H.-M.: Die Jakobserzählungen. Studien zu ihrer mündlichen Überlieferung, Verschriftung und Historizität, Berlin 1997.

h) Geschichte und Archäologie Jordaniens:

Bienkowski, P. (Hg.): Early Edom and Moab. The Beginning of the Iron Age in Southern Jordan, Sheffield 1992.

Dearmann, J. A. (Hg.): Studies in the Mesha Inscription and Moab, Atlanta, GA 1989.

Edelmann, D. (Hg.): You Shall not Abhor an Edomite for He is Your Brother. Edom and Seir in History and Tradition, Atlanta, GA 1995.

Homès-Fredericq, D./Hennessy, J. B. (Hg.): Archaeology of Jordan, I-II, Leuven 1986–1989.

Hübner, U.: Die Ammoniter, Wiesbaden 1992.

Knauf, E. A.: Midian. Untersuchungen zur Geschichte Palästinas und Nordarabiens am Ende des 2. Jahrtausends v.Chr., Wiesbaden 1988.

McDonald, B./Younker, R. W. (Hg.): Ancient Ammon, Leiden 1999.

Timm, S.: Moab zwischen den Mächten: Studien zu historischen Denkmälern und Texten, Wiesbaden 1989.

i) Zu den frühen Arabern:

Ephal, I.: The Ancient Arabs, Jerusalem 1982.

Knauf, E. A.: Ismael. Untersuchungen zur Geschichte Palästinas und Nordarabiens im 1. Jahrtausend v. Chr., 2. Aufl. Wiesbaden 1989.

2. Hat sich der Auszug aus Ägypten wirklich zugetragen?

a) Die bisherige Theorie über den Exodus und die Spätbronzezeit:

Frerichs, E. S./Lesko, L. H. (Hg.): Exodus. The Egyptian Evidence, Winona Lake 1997.

Sarnah, N. A.: Israel in Egypt. The Egyptian Sojourn and the Exodus. In: Shanks, H. (Hg.), Ancient Israel. From Abraham to the Roman Destruction of the Temple, Washington 1999, 33–54.

b) Kanaan und die Spätbronzezeit:

Lemche, N. P.: Die Vorgeschichte Israels, Stuttgart 1996.

Leonard, A.: The Late Bronze Age. In: Biblical Archaeologist 52 (1989), 4–39.

Singer, I.: Egyptians, Canaanites and Philistines in the Period of the Emergence of Israel. In: Finkelstein, I./Naaman, N. (Hg.), From Nomadism to Monarchy. Archaeological and Historical Aspects of Early Israel, Jerusalem 1994, 282–338.

Weinstein, J. M.: The Egyptian Empire in Palestine. A Reassessment. In: Bulletin of the American Schools of Oriental Research 241 (1981), 1–28.

c) Untersuchungen entlang der überregionalen Straße im nördlichen Sinai:

Oren, E. D.: The «Ways of Horus» in North Sinai. In: Rainey, A. F. (Hg.), Egypt, Israel, Sinai. Archaeological and Historical Relationships in the Biblical Period, Tel Aviv 1996, 69–119.

d) Nildelta, «Zeit der Hyksos» und Exodus:

Bietak, M.: Avaris the Capital of the Hyksos: Recent Excavations at Tell el-Daba, London 1996.
Görg, M.: Die Beziehungen zwischen dem alten Israel und Ägypten, Darmstadt 1997.
Redford, D. B.: An Egyptological Perspective on the Exodus Narrative. In: Rainey, A. F. (Hg.), Egypt, Israel, Sinai. Archaeological and Historical Relationships in the Biblical Period, Tel Aviv 1987, 137–161.
–: Egypt, Canaan and Israel in Ancient Times, Princeton 1992, 98–122.

e) Das Nildelta in der Saïtenzeit und die Überlieferung vom Auszug aus Ägypten:

Redford, D. B.: Egypt, Canaan and Israel in Ancient Times, Princeton 1992, 408–469.

f) Kommentare zum Buch Exodus:

Houtman, C.: Exodus, I-III, Kampen/Leuven 1993–2000.
Noth, M.: Das zweite Buch Mose. Exodus, Göttingen 1958.
Propp, W. H. C.: Exodus 1–18, New York 1999.
Schmidt, W. H.: Exodus, Neukirchen-Vluyn 1974ff.
–: Exodus, Sinai und Mose, Darmstadt 1983.

3. Die Eroberung Kanaans

a) Zur Theorie von einer militärischen Eroberung:

Albright, W. F.: The Israelite Conquest of Canaan in the Light of Archaeology. In: Bulletin of the American Schools of Oriental Research 74 (1939), 11–23.
Malamat, A.: Conquest of Canaan: Israelite Conduct of War according to Biblical Tradition. In: Encyclopedia Judaica Year Book 1975/76, 166–182.
Wright, G. E.: Epic of Conquest. In: Biblical Archaeologist 3 (1940), 25–40.
Yadin, Y.: The Transition from a Semi-Nomadic to a Sedentary Society in the Twelfth Century BCE. In: Cross, F. M. (Hg.), Symposia Celebrating the Seventy-Fifth Anniversary of the Foundation of the American Schools of Oriental Research (1900–1975), Cambridge 1979, 57–68.

b) Die Ausgrabungen von Hazor:

Ben-Tor, A.: The Fall of Canaanite Hazor – the «Who» and «When» Questions. In: Gitin, S./Mazar, A./Stern, E., Mediterranean Peoples in Transition. Thirteenth to Early Tenth Centuries BCE, Jerusalem 1998, 456–467.

Finkelstein, I.: Hazor XII-XI with an Addendum on Ben-Tor's Dating of Hazor X-VII, Tel Aviv 2000, 231–247.

Fritz, V.: Das Ende der spätbronzezeitlichen Stadt Hazor Stratum XIII und die biblische Überlieferung in Josua 11 und Richter 4. In: Ugarit-Forschungen 5 (1973), 123–139.

Yadin, Y.: Hazor. The Discovery of a Great Citadel of the Bible, London 1975.

c) Zur Kritik an der Theorie von einer militärischen Eroberung:

Finkelstein, I.:The Archaeology of the Israelite Settlement, Jerusalem 1988, 295–302.

Fritz, V.: Conquest or Settlement? The Early Iron Age in Palestine. In: Biblical Archaeologist 50 (1987), 84–100.

–: Die Landnahme der israelitischen Stämme in Kanaan. In: Zeitschrift des Deutschen Palästina-Vereins 106 (1990), 63–77.

Weippert, M.: Die Landnahme der israelitischen Stämme in der neueren wissenschaftlichen Diskussion, Göttingen 1967.

–: The Israelite «Conquest» and the Evidence from Transjordan. In: Symposia Celebrating the Seventy-Fifth Anniversary of the Founding of the American Schools of Oriental Research (1900–1975), Cambridge, MA 1979, 15–34.

d) Ätiologische Sagen:

Noth, M.: Bethel und Ai (1935). In: Ders., Arbeiten zur biblischen Landes- und Altertumskunde I, Neukirchen-Vluyn 1971, 210–228.

–: Die fünf Könige in der Höhle von Makkeda (1937). In: ebd., 281–293.

e) Erklärungen für das Fehlen von Belegen für die Eroberung Kanaans:

Albright (wie in Abschnitt 1.f), 16.

Glueck, N.: Rivers in the Desert, New York 1959, 114.

f) Das Buch Josua:

Fritz, V.: Das Buch Josua, Tübingen 1994.

Nelson, R. D.: Joshua. A Commentary, Louisville 1997.

Noort, E.: Das Buch Josua, Darmstadt 1998.

Noth, M.: Das Buch Josua, 2. Aufl. Tübingen 1953.

g) Die biblische Erzählung von der Landnahme:

Bieberstein, K.: Josua – Jordan – Jericho. Archäologie, Geschichte und Theologie der Landnahmeerzählungen Josua 1–6, Fribourg 1995.

Nelson, R. D.: Josiah in the Book of Joshua. In: Journal of Biblical Literature 100 (1981), 531–540.

h) Seevölker:

Bietak, M.: The Sea Peoples and the End of the Egyptian Administration in Canaan. In: Biran, A./Aviram, J. (Hg.), Biblical Archaeology Today. Proceedings of the Second International Congress on Biblical Archaeology, Jerusalem 1990, Jerusalem 1993, 292–306.

Deger-Jalkotzy, S.: Griechenland, die Ägäis und die Levante während der «Dark Ages» vom 12. bis zum 9. Jh. v. Chr., Wien 1983.

Dothan, T. und M.: People of the Sea, New York 1992 (= Die Philister. Zivilisation und Kultur eines Seevolkes, München 1995).

Dothan, T.: The Philistines and their Material Culture, Jerusalem 1982.

Noort, E.: Die Seevölker in Palästina, Kampen 1994.

Oren, E. D. (Hg.): The Sea Peoples and Their World. A Reassessment, Philadelphia 2000.

Singer (wie in Abschnitt 2.b).

Stager, L. E.: The Impact of the Sea Peoples (1185–1050 BCE). In: Levy, T. E., The Archaeology of Society in the Holy Land, London 1995, 332–348.

i) Datierung des Endes der Spätbronzezeit:

Ussishkin, D.: Levels VII and VI at Tel Lachish and the End of the Late Bronze Age in Canaan. In: Tubb, J. N. (Hg.), Palestine in the Bronze and Iron Ages. Papers in Honour of Olga Tufnell, London 1985, 213–228.

–: The Destruction of Megiddo at the End of the Late Bronze Age and its Historical Significance. In: Tel Aviv 22 (1995), 240–267.

j) Die Krise am Ende der Spätbronzezeit:

Fritz, V.: Die Entstehung Israels im 12. und 11. Jahrhundert v.Chr, Stuttgart 1996, 66–74.

Gitin, S./Mazar, A./Stern, E.: Mediterranean Peoples in Transition. Thirteenth to Early Tenth Centuries BCE, Jerusalem 1998.

Ward, W. A./Sharp Joukowsky, M. (Hg.): The Crisis Years: The 12th Century B.C. From Beyond the Danube to the Tigris, Dubuque 1992.

k) Das Königreich von Ugarit:

Kinet, D.: Ugarit – Geschichte und Kultur einer Stadt in der Umwelt des Alten Testamentes, Stuttgart 1981.

Yon, M.: La Cité d'Ougarit sur le tell de Ras Shamra, Paris 1997.

l) Kanaan in der Amarna-Zeit und in der Spätbronzezeit:

Vgl. die Literaturangaben zu Abschnitt 2.

Finkelstein, I.: The Territorio-Political System of Canaan in the Late Bronze Age. In: Ugarit-Forschungen 28 (1996), 221–255.

Naaman, N.: The Network of Canaanite Late Bronze Kingdoms and the City of Ashdod. In: Ugarit-Forschungen 29 (1997), 599–626.

Singer (wie in Abschnitt 2.b).

4. Wer waren die Israeliten?

a) Zur Theorie von einer friedlichen Infiltration:

Aharoni, Y.: Nothing Early and Nothing Late. Re-writing Israel's Conquest. In: Biblical Archaeologist 39 (1976), 55–76.

Alt, A.: Kleine Schriften zur Geschichte des Volkes Israel, I, München 1953, 89–175.

Jericke, D.: Die Landnahme im Negev. Protoisraelitische Gruppen im Süden Palästinas. Eine archäologische und exegetische Studie, Wiesbaden 1997.

Thiel, W.: Die soziale Entwicklung Israels in vorstaatlicher Zeit, Berlin 1980.

–: Vom revolutionären zum evolutionären Israel. Zu einem Modell der Entstehung Israels (1988). In: Ders., Gelebte Geschichte, Neukirchen-Vluyn 2000, 110–121.

Weippert, M.: Die Landnahme der israelitischen Stämme in der neueren wissenschaftlichen Diskussion, Göttingen 1967.

b) Zur Theorie von einem Aufstand der Landbevölkerung:

Gottwald, N. K.: The Tribes of Yahweh, New York 1979.

Mendenhall, G. E.: The Hebrew Conquest of Palestine. In: Biblical Archaeologist 25 (1962), 66–87.

c) Verbreitete Theorien zur Entstehung des frühen Israel:

Coote, R. B./Whitelam, K. W.: The Emergence of Early Israel in Historical Perspective, Sheffield 1987.

Dever, W. G.: Ceramics, Ethnicity, and the Question of Israel's Origins. In: Biblical Archaeologist 58 (1995), 200–213.

Finkelstein, I.: Ethnicity and Origin of the Iron I Settlers in the Highlands of Canaan: Can the Real Israel Stand Up? In: Biblical Archaeologist 59 (1996), 198–212.

–: The Great Transformation: The ‹Conquest› of the Highlands Frontiers and the Rise of the Territorial States. In: Levy, T. E. (Hg.), The Archaeology of Society in the Holy Land, London 1995, 349–365.

–:The Archaeology of the Israelite Settlement, Jerusalem 1988, 295–302.

–/Naaman, N. (Hg.).: From Nomadism to Monarchy: Archaeological and Historical Aspects of Early Israel, Jerusalem 1994.

Fritz, V.: Die Entstehung Israels im 12. und 11. Jahrhundert v. Chr, Stuttgart 1996.

Lemche, N. P.: Early Israel, Leiden 1985.

Levin, C.: Das vorstaatliche Israel. In: Zeitschrift für Theologie und Kirche 97 (2000), 385–403.

Stager, L. E.: The Archaeology of the Family in Ancient Israel. In: Bulletin of the American Schools of Oriental Research 260 (1985), 1–35.

Weippert, H. und M.: Die Vorgeschichte Israels in neuem Licht. In: Theologische Rundschau 56 (1991), 341–390.

d) Zu den Apiru und den Shasu:

Giveon, R.: Les bédouins Shosou des documents égyptiens, Leiden 1971.

Greenberg, M.: The Hab/piru, New Haven 1955.

Loretz, O.: Habiru-Hebräer, Berlin 1984.

Naaman, N.: Habiru and Hebrews: The Transfer of a Social Term to the Literary Sphere. In: Journal of Near Eastern Studies 45 (1986), 271–288.

Rainey, A. F.: Unruly Elements in Late Bronze Canaanite Society. In: Wright, D. P./Freedman, D. N./Hurvitz, A. (Hg.), Pomegranates and Golden Bells, Winona Lake 1995, 481–496.

Rowton, M. B.: Dimorphic Structure and the Problem of the Apiru-Ibrim. In: Journal of Near Eastern Studies 35 (1976), 13–20.

Staubli, T.: Das Image der Nomaden im alten Israel und in der Ikonographie seiner seßhaften Nachbarn, Fribourg 1991.

Ward, W. A.: The Shasu «Bedouin». Notes on a Recent Publication. In: Journal of the Economy and Social History of the Orient 15 (1972), 35–60.

e) Zum Buch der Richter:

Becker, U.: Richterzeit und Königtum. Redaktionsgeschichtliche Studien zum Richterbuch, Berlin 1990.

Boling, R.G.: Judges, New York 1975.

Richter, W.: Traditionsgeschichtliche Untersuchungen zum Richterbuch, Bonn 1966.

5. Erinnerungen an ein Goldenes Zeitalter

a) Kommentare zu den Büchern Samuel und 1. Könige:

Caquot, A./Robert, P.: Les Livres de Samuel, Genève 1994.
Dietrich, W./Naumann, T: Die Samuelbücher, Darmstadt 1995.
Fritz, V.: Das erste Buch der Könige, Zürich 1996.
Gray, J.: I and II Kings. A Commentary, London 1970.
McCarter, K. P.: I Samuel, Garden City 1980.
–: II Samuel, Garden City 1984.
Noth, M.: Könige I.1–16, Neukirchen-Vluyn 1968.
Stoebe, H. J.: Das Erste Buch Samuelis, Gütersloh 1973.
Würthwein, E.: Die Bücher der Könige. I Kön 1–16, 2. Aufl. Göttingen 1985.

b) Das Vereinigte Königreich, David und Salomo:

Dietrich, W.: Die frühe Königszeit in Israel, Stuttgart 1997.
Fritz, V./Davies, P.: The Origins of the Ancient Israelite States, Sheffield 1996.
Halpern, B.: David's Secret Demons: Messiah, Murderer, Traitor, King, Grand Rapids 2001.
Handy, L. K. (Hg.): The Age of Solomon, Leiden 1997.
Knauf, E. A.: King Solomon's Copper Supply. In: Lipinski, E. (Hg.), Phoenicia and the Bible, Leuven 1991, 167–186.
McKenzie, S. L.: König David, Berlin 2001.
Niemann, H. M.: Megiddo and Solomon – A Biblical Investigation in Relation to Archaeology. In: Tel Aviv 27 (2000), 59–72.
Särkiö, P.: Die Weisheit und die Macht Salomos in der israelitischen Historiographie. Eine traditions- und redaktionskritische Untersuchung über 1 Kön 3–5 und 9–11, Göttingen 1994.
Schipper, B. U.: Israel und Ägypten in der Königszeit, Fribourg 1999.
Veijola, T.: David. Gesammelte Studien zu den Davidüberlieferungen des Alten Testaments, Helsinki/Göttingen 1990.
Wälchli, S.: Der weise König Salomo: Eine Studie zu den Erzählungen von der Weisheit Salomos in ihrem alttestamentlichen und altorientalischen Kontext, Stuttgart 1999.

c) Die «minimalistische» Sicht vom vereinigten Königreich:

Vgl. die Literaturangaben zur Einleitung.

d) Die herkömmliche Theorie von der Archäologie des vereinigten Königreichs:

Dever, W. G.: Recent Archaeological Discoveries and Biblical Research, Seattle 1990, 85–117.

Kenyon, K.: Royal Cities of the Old Testament, New York 1971, 53–70.

Mazar, A.: Iron Age Chronology: A Reply to I. Finkelstein. In: Levant 29 (1997), 155–165.

Ussishkin, D.: King Solomon's Palaces. In: Biblical Archaeologist 36 (1973), 78–105.

Yadin, Y.: Megiddo of the Kings of Israel. In: Biblical Archaeologist 33 (1970), 66–96.

e) Zur ‹Low Chronology› der eisenzeitlichen Strata:

Finkelstein, I.: The Archaeology of the United Monarchy: An Alternative View. In: Levant 28 (1996), 177–187.

–: Bible Archaeology or Archaeology of Palestine in the Iron Age? A Rejoinder. In: Levant 30 (1998), 167–174.

–: Omride Architecture. In: Zeitschrift des Deutschen Palästina-Vereins 116 (2000), 114–138.

f) Die Siedlungsstruktur in Juda:

Ofer, A.: ‹All the Hill Country of Judah›: From Settlement Fringe to a Prosperous Monarchy. In: Finkelstein, I./Naaman, N. (Hg.), From Nomadism to Monarchy. Archaeological and Historical Aspects of Early Israel, Jerusalem 1994, 92–121.

g) Jerusalem in der Zeit der Vereinigten Monarchie:

Cahill, J.: David's Jerusalem, Fiction or Reality? The Archaeological Evidence Proves it. In: Biblical Archaeology Review 24/4 (1998), 34–41.

Knauf, E. A.: Jerusalem in the Late Bronze and Early Iron Periods: A Proposal. In: Tel Aviv 27 (2000), 73–89.

Steiner, M.: David's Jerusalem, Fiction or Reality? It's Not There. Archaeology Proves a Negative. In: Biblical Archaeology Review 24/4 (1998), 26–33, 62.

Ussishkin, D.: Solomon's Jerusalem: The Text and the Facts on the Ground, Tel Aviv 2000.

h) Die Inschrift von Tell Dan:

Biran, A./Naveh, J.: The Tel Dan Inscription: A New Fragment. In: Israel Exploration Journal 45 (1995), 1–18.

Dietrich, W.: dâwîd, dôd und bytdwd. In: Theologische Zeitschrift 53 (1997), 17–32.

Halpern, B.: The Stela from Dan: Epigraphic and Historical Considerations. In: Bulletin of the American Schools of Oriental Research 296 (1994), 63–80.

Kottsieper, I.: Die Inschrift vom Tell Dan und die politischen Beziehungen zwischen Aram-Damaskus und Israel in der 1. Hälfte des 1. Jahrtausends vor Christus. In: M. Dietrich/I. Kottsieper (Hg.), «Und Mose schrieb dieses Lied auf». Feschrift O. Loretz, Münster 1998, 475–500.

Lemaire, A.: The Tel Dan Stela as a Piece of Royal Historiography. In: Journal for the Study of the Old Testament 81 (1998), 3–14.

Lemche, N. P.: Bemerkungen über einen Paradigmenwechsel aus Anlaß einer neuentdeckten Inschrift. In: M. Weippert/S. Timm (Hg.), Meilenstein. Festschrift H. Donner, Wiesbaden 1995, 99–108.

Müller, H.-P.: Die aramäische Inschrift von Tel Dan. In: Zeitschrift für Althebraistik 8 (1995), 121–139.

Muraoka, T.: Again on the Tel Dan Inscription and the Northwest Semitic Verb Tenses. In: Zeitschrift für Althebraistik 11 (1998), 74–81.

Schniedewind, W.M.: Tel Dan Stela: New Light on Aramaic and Jehu's Revolt. In: Bulletin of the American Schools of Oriental Research 302 (1996), 75–90.

Tropper, J.: Eine altaramäische Steleninschrift aus Dan. In: Ugarit-Forschungen 25 (1993), 395–406.

i) Die Philister:

Vgl. die Literaturangaben zu 3. *h) Seevölker*.

6. Ein Staat, eine Nation, ein Volk?

a) Der Gegensatz zwischen Nord und Süd im westjordanischen Bergland um die Jahrtausendwende:

Finkelstein 1995 (wie in Abschnitt 4.c).

b) Das Bergland in der Amarnazeit:

Finkelstein 1996 und Naaman 1997 (wie in Abschnitt 3.l).

Naaman, N.: Canaanite Jerusalem and its Central Hill Country Neighbours in the Second Millennium B.C.E. In: Ugarit Forschungen 24 (1992), 277–291.

c) Staatenbildung in der Levante:

Finkelstein, I.: State Formation in Israel and Judah: A Contrast in Context, a Contrast in Trajectory. In: Near Eastern Archaeology 62 (1999), 35–52.

Knauf, E.A.: The Cultural Impact of Secondary State Formation. In: P. Bienkowsky (Hg.), Early Edom and Moab: The Beginning of the Iron Age in Southern Jordan, Sheffield 1992, 47–54.

Marfoe, L.: The Integrative Transformation: Patterns of Socio-political Organization in Southern Syria. In: Bulletin of the American Schools of Oriental Research 234 (1979), 1–42.

d) Der Feldzug des Pharaos Schischak:

Kitchen, K.A.: The Third Intermediate Period in Egypt, Warminster 1973, 293–300.

Mazar, B.: The Early Biblical Period. In: Historical Studies, Jerusalem 1986, 139–150.

Noth, M.: Die Schoschenkliste. In: Ders., Arbeiten zur biblischen Landes- und Altertumskunde, II, Neukirchen-Vluyn 1971, 73–93.

Schipper, B. U.: Israel und Ägypten in der Königszeit, Fribourg 1999, 119–132.

7. Israels vergessenes erstes Königreich

a) Kommentare zu 2. Könige:

Cogan, M./Tadmor, H.: II Kings, Garden City 1988.

Fritz, V.: Das zweite Buch der Könige, Zürich 1998.

Würthwein, E.: Die Bücher der Könige. 1. Kön 17 – 2. Kön 25, Göttingen 1984.

b) Die Mescha-Stele:

Dearman, J. A. (Hg.): Studies in the Mesha Inscription and Moab, Atlanta 1989.

Lemaire, A.: La stèle de Mésha et l'histoire de l'ancien Israël. In: D. Garrone/F. Israel (Hg.), Storia e tradizioni di Israele. Festschrift J. A. Soggin, Brescia 1991, 143–169.

Naaman, N.: King Mesha and the Foundation of the Moabite Monarchy. In: Israel Exploration Journal 47 (1997), 83–92.

Smelik, K. A. D.: Converting the Past, Studies in Ancient Israelite and Moabite Historiography, Leiden 1992, 59–92.

c) Die Inschrift von Tell Dan:

Vgl. die Literaturangaben zu 5. *h).*

d) Samaria:

Kenyon, Royal Cities (wie in Abschnitt 5.d).

e) Megiddo und Hazor im 9. Jahrhundert (nach Yadin):

Yadin, Megiddo (wie in Abschnitt 5.d).

f) Die Wassersysteme der Eisenzeit II:

Shiloh, Y.: Underground Water Systems in the Land of Israel in the Iron Age. In: Kempinski, A./Reich, R. (Hg.), The Architecture of Ancient Israel. From the Prehistoric to the Persian Periods, Jerusalem 1992, 275–293.

g) Die Paläste vom bit-hilani-Typus:

Ussishkin, King Solomon's Palaces (wie in Abschnitt 5.d).

h) Jesreel:

Naaman, N.: Historical and Literary Notes on the Excavations of Tel Jezreel. In: Tel Aviv 24 (1997), 122–128.

Ussishkin, D./Woodhead, J.: Excavations at Tel Jezreel 1990–1991: Preliminary Report. In: Tel Aviv 19 (1992), 3–56.

–: Excavations at Tel Jezreel 1992–1993: Second Preliminary Report. In: Levant 26 (1994), 1–71.

–: Excavations at Tel Jezreel 1994–1996: Third Preliminary Report. In: Tel Aviv 24 (1997), 6–72.

Williamson, H. G. M.: Jezreel in the Biblical Texts. In: Tel Aviv 18 (1991), 72–92.

Zimhoni, O.: Studies in the Iron Age Pottery of Israel: Typological, Archaeological and Chronological Aspects, Tel Aviv 1997, 13–56.

i) Protoäolische Kapitelle:

Shiloh, Y.: The Proto-Aeolic Capital and Israelite Ashlar Masonry, Jerusalem 1979.

j) Der Staat der Omriden:

Finkelstein, I.: Omride Architecture. In: Zeitschrift des Deutschen Palästina-Vereins 116 (2000), 114–138.

Olivier, H.: In Search of a Capital for the Northern Kingdom. In: Journal of Northwest Semitic Languages 11 (1983), 117–132.

Timm, S.: Die Dynastie Omri, Göttingen 1982.

Williamson, H. G. M.: Tel Jezreel and the Dynasty of Omri. In: Palestine Exploration Quarterly 128 (1996), 41–51.

k) Die Darstellung der Omriden im Deuteronomistischen Geschichtswerk:

Ishida, T.: The House of Ahab. In: Israel Exploration Journal 25 (1975), 135–137.

Whitley, C. F.: The Deuteronomic Presentation of the House of Omri. In: Vetus Testamentum 2 (1952), 137–152.

8. Im Schatten des Reichs

a) Aram-Damaskus und die Aramäer:

Daviau, P.M. M./u. a. (Hg.).: The World of the Aramaeans, I-III, Sheffield 2001.

Dion, P.-E.: Les araméens a l'âge du fer, Paris 1997.

Lipinski, E.: The Aramaeans: Their Ancient History, Culture, Religion, Löwen 2000.

Reinhold, G. G. G.: Die Beziehungen Altisraels zu den aramäischen Staaten in der israelitisch-judäischen Königszeit, Frankfurt 1989.

Sader, H.: Les États araméens de Syrie depuis leur fondation jusqu'à leur transformation en provinces assyriennes, Tübingen 1984.

b) Hasaël und der Krieg gegen Israel:

Lemaire, A.: Hazaël de Damas, roi d'Aram. In: Charpin, D. und Joannès, F. (Hg.), Marchands, diplomates et empereurs, Paris 1991, 91–108.

Zur Dan-Stele vgl. Abschnitt 5. *h).*

c) Hazor und der Norden in der Eisenzeit II:

Finkelstein, I.: Hazor and the North in the Iron Age: A Low Chronology Perspective. In: Bulletin of the American Schools of Oriental Research 314 (1999), 55–70.

d) Die Ausgrabungen in Dan und Bethsaida:

Arav, R./Freund, R. A./Shroder, J. F.: Bethsaida Rediscovered, Long Lost City Found North of Galilee Shore. In: Biblical Archaeology Review 26/1 (2000), 45–56.

Bernett, M./Keel, O.: Mond, Stier und Kult am Stadttor, Fribourg 1998.

Biran, A.: Biblical Dan, Jerusalem 1994.

e) Die Ostraka von Samaria:

Lemaire, A.: Inscriptions hébraiques I: Les ostraca, Paris 1977.

Rainey, A.F.: The Samaria Ostraca in the Light of Fresh Evidence. In: Palestine Exploration Quarterly 99 (1967), 32–41.

Renz, J./Röllig, W.: Handbuch der althebräischen Epigraphik. Band I: Die althebräischen Inschriften. Teil 1: Text und Kommentar, Darmstadt 1995.

Shea, W.H.: The Date and Significance of the Samaria Ostraca. In: Israel Exploration Journal 27 (1977), 16–27.

f) Die Bevölkerungsdichte Israels und Judas in der Eisenzeit II:

Broshi, M./Finkelstein, I.: The Population of Palestine in Iron Age II. In: Bulletin of the American Schools of Oriental Research 287 (1992), 47–60.

g) Die «Ställe» von Megiddo:

Davies, A. I.: Solomonic Stables at Megiddo After All? In: Palestine Exploration Quarterly 120 (1988), 130–141.

Herr, L. G.: Tripartite Pillared Buildings and the Market Place in Iron Age Palestine. In: Bulletin of the American Schools of Oriental Research 272 (1988), 47–67.

Herzog, Z.: The Storehouses. In: Aharoni, Y. (Hg.), Beer-sheba I, Tel Aviv 1973, 23–30.

Niemann, H.M.: Megiddo and Solomon: A Biblical Investigation in Relation to Archaeology. In: Tel Aviv 27 (2000), 61–74.

Pritchard, J.B.: The Megiddo Stables: A Reassessment. In: Sanders, J.A. (Hg.), Near Eastern Archaeology in the Twentieth Century, Garden City 1970, 268–275.

Yadin, Y.: The Megiddo Stables. Magnalia Dei: the Mighty Acts of God. Essays on the Bible and Archaeology in Memory of G.E. Wright, Garden City 1976, 249–252.

h) Die assyrischen «Pferdelisten»:

Dalley, S.: Foreign Chariotry and Cavalry in the Armies of Tiglath-pileser III and Sargon II. In: Iraq 47 (1985), 31–48.

i) Die Elfenbeinfunde von Samaria:

Crowfoot, J. W./Crowfoot, G. M.: Early Ivories from Samaria, London 1938.

j) Die assyrischen Eroberungszüge:

Tadmor, H.: Philistia under Assyrian Rule. In: Biblical Archaeologist 29 (1966), 86–102.

k) Der Fall Samarias:

Becking, B.: The Fall of Samaria, Leiden 1992.

Naaman, N.: The Historical Background to the Conquest of Samaria (720 BC). In: Biblica 71 (1990), 206–225.

l) Die Deportation der Israeliten:

Naaman, N.: Population Changes in Palestine Following Assyrian Deportations. In: Tel Aviv 20 (1993), 104–124.

Oded, B.: Mass Deportations and Deportees in the Neo-Assyrian Empire, Wiesbaden 1979.

Younger, L.K.: The Deportations of the Israelites. In: Journal of Biblical Literature 117 (1998), 201–227.

9. Die Transformation des Königreichs Juda

a) Geschichte Judas im 9. Jahrhundert:

Levin, C.: Der Sturz der Königin Atalja: Ein Kapitel zur Geschichte Judas im 9. Jahrhundert v. Chr., Stuttgart 1982.

b) Der Aufschwung Judas im 8. Jahrhundert:

Finkelstein, I.: The Rise of Jerusalem and Judah: The Missing Link. In: Levant 33 (2001), 105–115.

Jamieson-Drake, D.W.: Scribes and Schools in Monarchic Judah: A Socio–Archaeological Approach, Sheffield 1991.

c) Die Rolle Ahas' in der Geschichte und im Deuteronomistischen Geschichtswerk:

Irvine, S. A.: Isaiah, Ahaz, and the Syro-Ephraimitic Crisis, Atlanta, GA 1990.

Naaman, N.: The Deuteronomist and Voluntary Servitude to Foreign Powers. In: Journal for the Study of the Old Testament 65 (1995), 37–53.

Nelson, R. D.: The Altar of Ahaz: A Revisionist View. In: Hebrew Annual Review 10 (1986), 267–276.

Smelik, K. A. D.: The New Altar of King Ahaz (2 Kings 16). Deuteronomistic Reinterpretation of a Cult Reform. In: Vervenne, M./Lust, J. (Hg.), Deuteronomy and Deuteronomic Literature, Leuven 1997, 263–278.

Tadmor, H./Cogan, M.: Ahaz and Tiglath-Pileser in the Book of Kings: Historiographic Considerations. In: Biblica 60 (1979), 491–508.

d) Zur Datierung der Liste der von Rehobeam befestigten Städte:

Fritz, V.: The ‹List of Rehoboam's Fortresses› in 2 Chr. 11:5–12 – A Document from the Time of Josiah. In: Eretz-Israel 15 (1981), 46–53.

Naaman, N.: Hezekiah's Fortified Cities and the LMLK Stamps. In: Bulletin of the American Schools of Oriental Research 261 (1986), 5–21.

Niemann, H. M.: Herrschaft, Königtum und Staat. Skizzen zur soziokulturellen Entwicklung im monarchischen Israel, Tübingen 1993, 96–132.

e) Inschriften und Siegel aus der Eisenzeit II:

Avigad, N./Sass, B.: Corpus of West Semitic Stamp Seals, Jerusalem 1997.

Keel, O.: Corpus der Stempelsiegel-Amulette aus Palästina/Israel. Von den Anfängen bis zur Perserzeit, Fribourg 1995.

McCarter, K. P.: Ancient Inscriptions: Voices from the Biblical World, Washington 1996.

Naveh, J.: Early History of the Alphabet, Leiden 1982.

Renz, J./Röllig, W.: Handbuch der althebräischen Epigraphik, I, Darmstadt 1995.

f) Die Massenherstellung von Keramik in Juda während der Eisenzeit II:

Zimhoni, O.: Studies in the Iron Age Pottery of Israel: Typological, Archaeological and Chronological Aspects, Tel Aviv 1997, 57–178.

g) Besiedlungsgeschichte Judas:

Ofer, Settlement Fringe (wie in Abschnitt 5.f).

h) Die Kontinuität Jerusalems in der Spätbronzezeit und der frühen Eisenzeit:

Naaman, N.: The Contribution of the Amarna Letters to the Debate on Jerusalem's Political Position in the Tenth Century B.C.E. In: Bulletin of the American Schools of Oriental Research 304 (1996), 17–27.

i) Religion in Juda (und Israel):

Ackerman, S.: Under Every Green Tree: Popular Religion in Sixth Century Judah, Atlanta 1992.

Albertz, R.: Religionsgeschichte Israels in alttestamentlicher Zeit, Göttingen 1992.

Dietrich, W./Klopfenstein, M. A. (Hg.): Ein Gott allein? JHWH-Verehrung und biblischer Monotheismus im Kontext der israelitischen und altorientalischen Religionsgeschichte, Fribourg 1994.

Keel, O/Uehlinger, C.: Göttinnen, Götter und Gottessymbole. Neue Erkenntnisse zur Religionsgeschichte Kanaans und Israels aufgrund bislang unerschlossener ikonographischer Quellen, 4. Aufl. Freiburg i.Br 1998.

Köckert, M.: Von einem zum einzigen Gott. Zur Diskussion der Religionsgeschichte Israels. In: Berliner Theologische Zeitschrift 15 (1998), 137–175.

Niehr, H.: The Rise of YHWH in Judahite and Israelite Religion. Methodological and Religio-Historical Aspects. In: D.V. Edelman (Hg.), The Triumph of Elohim. From Yahwisms to Judaisms, Kampen 1995, 45–72.

Smith, M.: Palestinian Parties and Politics That Shaped the Old Testament, New York 1971.

Weippert, M.: Jahwe und die anderen Götter. Studien zur Religionsgeschichte des antiken Israel in ihrem syrisch-palästinischen Kontext, FAT 18, Tübingen 1997.

j) Die Expansion Jerusalems im 8. Jahrhundert:

Avigad, N.: Discovering Jerusalem, Oxford 1984, 31–60.

Broshi, M.: The Expansion of Jerusalem in the Reigns of Hezekiah and Manasseh. In: Israel Exploration Journal 24 (1974), 21–26.

k) Die eisenzeitlichen Friedhöfe in Jerusalem:

Barkay, G./Kloner, A.: Jerusalem Tombs from the Days of the First Temple. In: Biblical Archaeology Review 12/2 (1986), 22–39.

Ussishkin, D.: The Village of Silwan: The Necropolis from the Period of the Judean Kingdom, Jerusalem 1993.

l) Die religiöse Reform Hiskias:

Camp, L.: Hiskija und Hiskijabild. Analyse und Interpretation von 2 Kön 18–20, Altenberge 1990.

Naaman, N.: The Debated Historicity of Hezekiah's Reform in the Light of Historical and Archaeological Research. In: Zeitschrift für die alttestamentliche Wissenschaft 107 (1995), 179–195.

Rosenbaum, J.: Hezekiah's Reform and the Deuteronomistic Tradition. In: Harvard Theological Review 72 (1979), 23–43.

m) Zur Möglichkeit einer frühen Deuteronomistischen Geschichtsdarstellung:

Halpern, B./Vanderhooft, D.: The Editions of Kings in the 7th-6th Centuries B.C.E. In: Hebrew Union College Annual 62 (1991), 179–244.

Lemaire, A.: Vers l'histoire de la rédaction des livres des Rois. In: Zeitschrift für die alttestamentliche Wissenschaft 98 (1986), 221–235.

Provan, I.W.: Hezekiah and the Books of Kings: A Contribution to the Debate about the Composition of the Deuteronomistic History, Berlin 1988.

Weippert, H.: Die «deuteronomistischen» Beurteilungen der Könige von Israel und Juda und das Problem der Redaktion der Königsbücher. In: Biblica 53 (1972), 301–339.

10. Zwischen Krieg und Überleben

a) Die Revolte Hiskias:

Camp, L.: Hiskija und Hiskijabild, Altenberge 1990.

Gonçalves, F.: L'Expédition de Sennacherib en Palestine dans la littérature hébraïque ancienne, Paris 1986.

Halpern, B.: Jerusalem and the Lineages in the Seventh Century BCE: Kinship and the Rise of Individual Moral Liability. In: Halpern, B./Hobson, D. W. (Hg.), Law and Ideology in Monarchic Israel, Sheffield 1991, 11–107.

Naaman, N.: Hezekiah and the Kings of Assyria. In: Tel Aviv 21 (1994), 235–254.

b) Die Außenbeziehungen Judas in der Zeit Hiskias und Manasses:

Evans, C.D.: Judah's Foreign Policy from Hezekiah to Josiah. In: Evans, C. D./Hallo, W. W./White, J. B. (Hg.), Scripture in Context: Essays on the Comparative Method, Pittsburgh 1980, 157–178.

Nelson, R.: Realpolitik in Judah (687–609 B.C.E.). In: Hallo, W. W./Moyer, J. C./Perdue, L. G. (Hg.), Scripture in Context II: More Essays on the Comparative Method, Winona Lake 1983, 177–189.

Schoors, A.: Die Königreiche Israel und Juda im 7. und 8. Jahrhundert v. Chr, Stuttgart 1998.

Spieckermann, H.: Juda unter Assur in der Sargonidenzeit, Göttingen 1982.

c) Die Ausdehnung Jerusalems nach Westen:

Avigad, Discovering, und Broshi, Expansion (wie in Abschnitt 9.j).

d) Lachisch und seine Einnahme durch Sanherib:

Gallagher, W. R.: Sennacherib's Campaign to Judah: New Studies, Leiden 1999.

Ussishkin, D.: The Conquest of Lachish by Sennacherib, Tel Aviv 1982.

e) Vorratskrüge mit Königs-Stempel:

Naaman, N.: Sennacherib's Campaign to Judah and the Date of the LMLK Stamps. In: Vetus Testamentum 29 (1979), 61–86.

Ussishkin, D.: The Destruction of Lachish by Sennacherib and the Dating of the Royal Judean Storage Jars. In: Tel Aviv 4 (1977), 28–60.

Welten, P.: Die Königs-Stempel. Ein Beitrag zur Militärpolitik Judas unter Hiskia und Josia, Wiesbaden 1969.

f) Die Zeit Manasses:

Finkelstein, I.: The Archaeology of the Days of Manasseh. In: Coogan, M.D./Exum, J. C./Stager, L. E. (Hg.), Scripture and Other Artifacts: Essays on the Bible and Archaeology in Honor of Philip J. King, Louisville 1994, 169–187.

g) Zur Bewertung Manasses in der Bibel:

Ben-Zvi, E.: The Account of the Reign of Manasseh in II Reg 21:1–18 and the Redactional History of the Book of Kings. In: Zeitschrift für die alttestamentliche Wissenschaft 103 (1991), 355–374.

Eynikel, E.: The Portrait of Manasseh and the Deuteronomistic History. In: Vervene, M./Lust, J. (Hg.), Deuteronomy and Deuteronomic Literature, Leuven 1997, 233–261.

Halpern, B.: Why Manasseh was Blamed for the Babylonian Exile: The Revolution of a Biblical Tradition. In: Vetus Testamentum 48 (1998), 473–514.

Keulen, P. S. F. van: Manasseh through the Eyes of the Deuteronomists, Leiden 1996.

Schmid, K.: Manasse und der Untergang Judas: «Golaorientierte» Theologie in den Königsbüchern? In: Biblica 78 (1997), 87–99.

Schniedewind, W. M.: The Source Citations of Manasseh: King Manasseh in History and Homily. In: Vetus Testamentum 41 (1991), 450–461.

h) Die Prosperität des Südreichs im 7. Jahrhundert:

Bienkowski, Early Edom (wie in Abschnitt 1.h).

Finkelstein, I.: Horvat Qitmit and the Southern Trade in the Late Iron Age II. In: Zeitschrift des Deutschen Palästina-Vereins 108 (1992), 156–170.

i) Die Ölproduktion in Tel Miqne:

Eitam, D./Shomroni, A.: Research of the Oil Industry during the Iron Age at Tel Miqne. In: Heltzer, M./Eitam, D. (Hg.), Olive Oil in Antiquity, Haifa 1987, 37–56.

Gitin, S.: Tel Miqne-Ekron in the 7th C. BC: City Plan, Development and the Oil Industry. In: Heltzer, M./Eitam, D. (Hg.), Olive Oil in Antiquity, Haifa 1987, 81–97.

j) Zur Bewertung der Könige von Juda in der späten Königszeit:

Naaman, Hezekiah (wie in Abschnitt 10.a).

11. Eine große Reform

a) Josia und seine Reform in der Deuteronomistischen Geschichte:

Alt, A.: Judas Gaue unter Josia. In: Palästinajahrbuch 21 (1925), 100–116.

Eynikel, E.: The Reform of King Josiah and the Composition of the Deuteronomistic History, Leiden 1996.

Gieselmann, B.: Die sogenannte josianische Reform in der gegenwärtigen Forschung. In: Zeitschrift für die alttestamentliche Wissenschaft 106 (1994), 223–242.

Hoffmann, H.-D.: Reform und Reformen: Untersuchungen zu einem Grundthema der deuteronomistischen Geschichtsschreibung, Zürich 1980.

Laato, A.: Josiah and David Redivivus: The Historical Josiah and the Messianic Expectations of Exilic and Postexilic Times, Stockholm 1992.

Levin, C.: Joschija im deuteronomistischen Geschichtswerk. In: Zeitschrift für die alttestamentliche Wissenschaft 96 (1984), 351–371.

Lohfink, N.: Die Kultreform Joschijas von Juda. 2. Kön 22–23 als religionsgeschichtliche Quelle. In: Ders., Studien zum Deuteronomium und zur deuteronomistischen Literatur II, Stuttgart 1991, 209–227.

Naaman, N.: The Kingdom of Judah under Josiah. In: Tel Aviv 18 (1991), 3–71.

Niehr, H.: Die Reform des Joschija. Methodische, historische und religionsgeschichtliche Aspekte. In: Gross, W. (Hg.), Jeremia und die «deuteronomistische Bewegung», Weinheim 1995, 33–56.

Spieckermann, H.: Juda unter Assur in der Sargonidenzeit, Göttingen 1982.

Uehlinger, C.: Gab es eine joschijanische Kultreform? Plädoyer für ein begründetes Minimum. In: Gross, W. (Hg.), Jeremia und die «deuteronomistische Bewegung», Weinheim 1995, 56–90.

Würthwein, E.: Die Josianische Reform und das Deuteronomium (1976). In: Ders., Studien zum Deuteronomistischen Geschichtswerk, Berlin 1994, 188–216.

b) Deuteronomium:

Braulik, G. (Hg.): Bundesdokument und Gesetz. Studien zum Deuteronomium, Freiburg i.Br 1995.

Kratz, R. G./Spieckermann, H. (Hg.): Liebe und Gebot. Studien zum Deuteronomium. Festschrift L. Perlitt, Göttingen 2000.

Lohfink, N. (Hg.): Das Deuteronomium: Entstehung, Gestalt und Botschaft, Löwen 1985.

Nielsen, E.: Deuteronomium, Tübingen 1995.

Otto, E.: Das Deuteronomium. Politische Theologie und Rechtsreform in Juda und Assyrien, Berlin 1999.

Perlitt, L.: Deuteronomium-Studien, Tübingen 1994.
Preuß, H. D.: Deuteronomium, Darmstadt 1982.
Rad, G. von: Das fünfte Buch Mose: Deuteronomium, Göttingen 1964.
–: Deuteronomium-Studien, Göttingen 1948.
Weinfeld, M.: Deuteronomy and the Deuteronomic School, Oxford 1972.

c) Zur internationalen Lage in den letzten Jahrzehnten des Südreichs:

Malamat, A.: Josiah's Bid for Armageddon. In: Journal of the Ancient Near Eastern Society 5 (1973), 267–279.
–: The Kingdom of Judah between Egypt and Babylon: A Small State within a Great Power Confrontation. In: Classen, W. (Hg.), Text and Context, Sheffield 1988, 117–129.

d) Ägypten und die Levante in der Zeit der 26. Dynastie:

Redford, D. B.: Egypt, Canaan and Israel in Ancient Times, Princeton 1992.

e) Dtr1:

Vgl. die Literaturangaben zur Einleitung.

f) Bilderverehrung und Bilderkritik im alten Israel:

Berlejung, A.: Die Theologie der Bilder. Herstellung und Einweihung von Kultbildern in Mesopotamien und die alttestamentliche Bilderpolemik, Fribourg 1998.
Keel, O./Uehlinger, C.: Göttinnen, Götter und Gottessymbole, 4. Aufl. Freiburg i.Br. 1998.
Mettinger, T.: No Graven Image? Israelite aniconism in its Ancient Near Eastern Context, Lund 1995.
Schroer, S.: In Israel gab es Bilder, Fribourg 1987.
Toorn, K. van der (Hg.): The Image and the Book. Iconic Cults, Aniconism, and the Rise of Book Religion in Israel and the Ancient Near East, Löwen 1997.

12. Exil und Rückkehr

a) Dtr2:

Literaturangaben zur Deuteronomistischen Geschichte (Harvard School) in der Einleitung, besonders Halpern und Vanderhooft (Abschnitt j).
Zu König Manasse vgl. 10. *f)*.

b) Das Babylonische Reich:

Albertz, R.: Die Exilszeit. 6. Jahrhundert v. Chr, Stuttgart 2001.

Lipschits, O.: The Fall and Rise of Jerusalem *(in Vorbereitung).*

Vanderhooft, D. S.: The Neo-Babylonian Empire and Babylon in the Latter Prophets, Atlanta 1999.

c) Die letzten vier Verse des Buchs der Könige (die Begnadigung Jojachins):

Becking, B.: Jehoiachin's Amnesty, Salvation for Israel? Notes on 2 Kings 25, 27–30. In: Brekelmans, C./Lust, J. (Hg.), Pentateuchal and Deuteronomistic Studies, Löwen 1990, 283–293.

Levenson, J. D.: The Last Four Verses in Kings. In: Journal of Biblical Literature 103 (1984), 353–361.

d) Der Mythos vom leeren Land. Besiedlung und Demographie in der Provinz Jehud:

Barstad, H. M.: The Myth of the Empty Land, Oslo 1996.

Carter, C. E.: The Emergence of Yehud in the Persian Period, Sheffield 1999.

Grabbe, L. L. (Hg.): Leading Captivity Captive: «The Exile» as History and Ideology, Sheffield 1998.

Knauf, E. A.: Wie kann ich singen im fremden Land? Die «babylonische Gefangenschaft» Israels. In: Bibel und Kirche 55 (2000), 132–139.

e) Die Provinz Jehud und das Entstehen des Judentums in der Zeit des Zweiten Tempels:

Becking, B./Korpel, M. C. A. (Hg.): The Crisis of Israelite Religion. Transformation of Religious Tradition in Exilic and Post-Exilic Times, Leiden 1999.

Berquist, J. L.: Judaism in Persia's Shadow, Minneapolis 1995.

Davies, P. R. (Hg.): Second Temple Studies 1. The Persian Period, Sheffield 1991.

Eskenazi, T. C./Richards, K. H. (Hg.): Second Temple Studies 2. Temple and Community in the Persian Period, Sheffield 1994.

Galling, K.: Studien zur Geschichte Israels im persischen Zeitalter, Tübingen 1964.

Hanson, P. D.: Israelite Religion in the Early Postexilic Period. In: Miller, P. D./Hanson, P. D./McBride, S. D. (Hg.), Ancient Israelite Religion, Philadelphia 1987, 485–508.

Hoglund, K. G.: Achaemenid imperial administration in Syria-Palestine and the missions of Ezra and Nehemia, Atlanta, GA 1992.

Kratz, R.G.: Die Entstehung des Judentums. Zur Kontroverse zwischen E. Meyer und J. Wellhausen. In: Zeitschrift für Theologie und Kirche 95 (1998), 167–184.

Lemaire, A.: Histoire et administration de la Palestine à l'époque perse. In: Laperrousaz, E.-M./Lemaire, A. (Hg.), La Palestine à l'époque perse, Paris 1994, 16–24.

–: Populations et territoires de la Palestine à l'époque perse. In: Transeuphratène 3 (1990), 32–45.

Sérandour, A.: Les récits bibliques de la construction du second temple: leurs enjeux. In: Transeuphratène 11 (1996), 9–32.

Willi, T.: Juda – Jehud – Israel, Tübingen 1995.

f) Die materielle Kultur in der persischen Zeit im allgemeinen und in der Provinz Jehud im besonderen:

Mildenberg, L.: Vestigia Leonis. Studien zur antiken Numismatik Israels, Palästinas und der östlichen Mittelmeerwelt, Fribourg 1998.

Stern, E.: Material Culture of the Land of the Bible in the Persian Period, 538–332 B.C., Warminster 1982.

g) Die Wirklichkeit der exilischen und nachexilischen Zeit hinter den Erzählungen des Pentateuch:

Clines, D. J. A.: The Theme of the Pentateuch, Sheffield 1997.

Hoffman, Y.: The Exodus – Tradition and Reality. The Status of the Exodus Tradition in Ancient Israel. In: Shirun-Grumach, I. (Hg.), Jerusalem Studies in Egyptology, Wiesbaden 1998, 193–202.

Seters, J. van: Abraham (wie in Abschnitt 1.g).

Register
(Orte, Personen, Völker)

Geschichte Israels und Palästinas

Manfred Clauss
Das alte Israel
Geschichte, Gesellschaft, Kultur
1999. 126 Seiten mit 4 Abbildungen und 5 Karten. Paperback
(Beck'sche Reihe Band 2073, C.H. Beck Wissen)

Gudrun Krämer
Geschichte Palästinas
Von der osmanischen Eroberung bis zur Gründung des Staates Israel
3. Auflage. 2002. 440 Seiten mit 14 Abbildungen und 9 Karten. Paperback
Beck'sche Reihe Band 1461

Bernhard Lang
Jahwe, der biblische Gott
Ein Porträt
2002. 320 Seiten mit 37 Abbildungen. Gebunden

Christoph Levin
Das Alte Testament
2001. 128 Seiten. Paperback
(Beck'sche Reihe Band 2160, C.H. Beck Wissen)

Bernard Wasserstein
Jerusalem
Der Kampf um die heilige Stadt
Aus dem Englischen von H. Jochen Bußmann
2002. 432 Seiten mit 18 Abbildungen und 12 Karten. Gebunden

Helga Weippert
Palästina in vorhellenistischer Zeit
Handbuch der Archäologie, Vorderasien II, Band 1
Mit einem Beitrag von Leo Mildenberg.
1988. XXIX, 744 Seiten mit 201 Abbildungen im Text und 71 Abbildungen auf 23 Tafeln. Leinen

Verlag C.H. Beck München